視

野

寶鼎出版

視

野

寶鼎出版

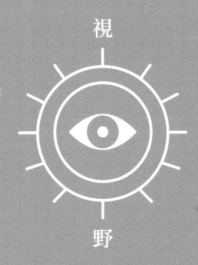

意外的衝突

美中「冷戰2.0」，全球地緣政治衝突下的明天

ACCIDENTAL CONFLICT

AND THE CLASH OF FALSE NARRATIVES

史蒂芬·羅奇
STEPHEN ROACH

葉家興、葉嘉●譯

給我的學生們

目次

第二部 美國對中國的不實敘事

第三部 中國對美國的不實敘事

第四部 敘事的對決

以續爲序

我上一本書《失衡的經濟》（*Unbalanced*）末尾的預警，現在看來，竟是沉痛而不爭的事實了。當時我擔心美中兩國經濟關係相互依賴，將釀成大禍，現已不幸言中。兩個最強大國的互賴關係，由始至終帶著原生的危險。現在的公然衝突，可以說是一種必然的發展。

我們早該知道事必至此。雙方交涉方式一旦劇變，自然會有衝突。二〇一四年《失衡的經濟》出版時，美中關係處於分岔路口，去向未明。路向其一，按我的解釋是一種「不對稱的再平衡」，即一方有所改變，另一方維持原狀；路向其二，則是雙方均願意改變，促成對稱的互動。不對稱者，往往用於解決衝突。對稱者則能避免衝突，讓兩國秉持協作精神，在各自應對自身發展和地緣策略挑戰的同時，能達致近乎和諧的狀態。怎樣選擇，是兩國的決定。

後來情況如何，大家都知道，沒有什麼陰暗的祕密：中國改變了，美國仍滯於其道。某程度上，中國的改變是迫於其自身發展的挑戰，是勢在必行的。自一九七八至二〇〇七年，中國經濟年增長維持在驚人的一〇％，經濟的高速發展已趨於關鍵臨界點。在此期間，中國人均收入翻近十倍，經濟也迅速進入所謂「中等收入陷阱」（middle-income trap）的地帶，一定會遇到障礙，無法倖免。

對中國而言，發展至此，訊號已非常明確：一定要變革。變革也確實發生了。中國或出於先見之明，或賴於得天獨厚，近年已開始重覓平衡之道，經濟增長的源頭從外至內轉移。對外部門愈發不穩定，那就擴大內需，扶植本土創新。然而，變革的作用，其實遠不止實現經濟的再平衡。在中國的權力和意識型態下的政治經濟同時也在變化，讓人大感現實如戲，亦令人生憂。至於美國，因為固守不合時宜的發展模式，也日益疲於社會經濟的極化矛盾，眼前已擺出一盤死局：中美關係徹底失穩，貿易和科技大戰全面爆發。

兩國關係生變，也是「下一個中國」（the Next China）的說法內因。「下一個中國」展示一種弔詭的局面：中國一躍成為全球經濟增長的最大引擎，同時也爬升至讓傳統大國深感不安的位置。但中國的啟示還有更多。中國的崛起，揭示出低儲蓄、高繁榮、大透支的偉大美國模式也有內患。衝突一旦萌出，就會自行滋長，引發致命的終極大戰。類似的場面，歷史上豈無前車可鑑？但這一個冉冉升起的強國，的確已與長踞不下的霸主發生著激烈的碰撞。

事無定數，我們還有機會避免最壞的結果。至關重要的問題是，中美兩大強國是否有足夠的遠見和政治決心，在不可收拾之前，主動去化解衝突？美國前國務卿季辛吉（Henry Kissinger）有言，若新一輪冷戰是一座峰頂，中美兩國已於「山麓」待發。不難預見，過去相互依附的關係，現已進入危險地帶，激化為不斷升級的衝突。當務之最急，是美中兩國另尋新模式，從而繼續往來，繼續共存。此為《失衡的經濟》一書的終結，也是本書的開始。

引言：權宜話術

歷史充滿不實論述。古有地平說、托勒密地心說，近有飛碟種種振振有詞，今有川普及其支持者廣布大選舞弊的「大謊言」（Big Lie）。扭曲事實以自圓其說，一直是人類的核心常態。如此看來，美中雙方對彼此的態度，都源於自己深信有關對方的不實論述。

一項陳述是真或假，往往難於辨析。真相最終要由時間驗證。科學上的謬誤，須由科學的新發現來糾正。同理，「假新聞」（fake news）可經事實去推翻，政治上的死胡同也可另闢新徑來避開。不過，推翻不實論述是極為困難的事情。川普任期結束後，美國出現種種政治活動。從中可見，僅僅基於事實提出反駁，也許還不足夠。謊話一再重複，就會讓人深信不疑。在網路社群媒體大行的時代，有科技手段來替人重複撒謊，效應更是前所未有。一項不實的論述，若一直不經挑戰，就會自我實現，直到經驗使之站不住腳為止。可是，到人們醒悟那一刻，不實的論述早已活出自己的生命，改寫並生出自己的那段歷史。

如今，在美國的大部分地區，有一件事絕對不假：關於中國的負面說法大量存在。這和美國民意的普遍趨勢是相互呼應的。美國皮尤（Pew）民調研究中心的調查發現，在二〇二一年中，足有七六％的美國民眾對中國持負面看法；對比起二〇一八年美中貿易戰開打時，該百分比上升高達二九%，創下二〇〇五年有此調查民意以來的歷史新高，不可謂不驚人。

中國對於美國的態度也飽受負面情緒之困。多年以來，中國希望擁有匹敵美國的經濟實力，也希望進駐與美國相當的全球霸主地位，但觀察美國事務時，仍然帶有一己之見。中國恐懼自己的成長和發展會受美國的規限，深信二〇一八至二〇二一年的貿易戰將延續至未來，也一心認為自己仍要抵住美國日益濃重的保護主義及國家主義，在狹縫中謀求生機。

與此同時，中國不少人已徹底相信美國衰落論。在過去二十年危機與不穩之後，這一說法尤得認同。關於美國，中國有一項最終極的不實論述：意識型態大戰中，社會主義終會勝過資本主義。此說的堅固，映射出美中衝突的一個截然不同的層面。可以看出，兩種意識型態已被對立起來，兩種價值體系都根深蒂固、不容動搖，彼此幾乎沒有讓步的空間。中國共產黨只要仍然執政，就不可能捨棄這種在意識型態上具戰略作用的話術。

美中關係已深受傷害，若繼續互以不實論述相向，結果只會有禍無福。美國堅持中國是全球威脅，而中國認定美國是其主要威脅，兩種看法行將交鋒，一觸即戰。對於雙方而言，不實論述的背後都有再合理不過的恐懼情緒，再強硬的行動也都出師有名。你來我往之後，美中雙方的確已發生真真切切的衝突。

事情何以至此？簡單來回答，就是因為錯生的恐懼。恐懼是最烈的侵蝕劑，能破壞任何關係，於人如此，於經濟亦然。美國的恐懼源於美國勞工和家庭的經濟憂慮。人們長期害怕失業，害怕低薪，恐懼之深，已讓美國曾引以為傲的製造業活力大失。這些就業恐懼又與龐大的貿易逆

經濟上的不安感，還不是恐懼的全部。雪上加霜的是，兩個史上罕見的「黑天鵝」事件即小概率的大震盪已迎面撞上，在極短時間壓縮至速爆。第一件事是二〇二〇年新型冠狀病毒（Covid-19）的大流行。現在，美、歐在內的大部分主要經濟體已在疫後復甦，中國本土卻仍與變種病毒搏鬥。疫情緩和之後，流行病毒的震盪必將留下廣闊陰影，長期影響個人、企業和公共財政的行為模式。世界被疫情碾壓，再從疫情走出，現在必須學會與病毒共存，緩解餘震，也要學會排遣籠罩整個二〇二〇至二〇二一年的集體恐懼。單靠胳膊上那一劑，絕不可能藥到病除。

第二件事是疫症爆發兩年後，即二〇二二年打響的俄烏戰爭。表面上看，這是美俄王者對決的典型場面，但其實中國也難以獨善其身。中國剛剛簽下對俄「無上限」的夥伴協議，旋即置身槍來彈往之間。中國若按照協議、甚至超乎協議地去支持俄方，就難逃西方的譴責。所謂譴責，顯然不能不引發制裁之類的實質懲罰。如此一來，美中衝突將更加嚴重。

兩個事件的雙重震盪後，若中美任何一方比對方更掙扎，那麼彼此之間已然激烈的指罵勢必升級。舉例來說，美國政客一直不肯放過新冠疫情源於中國的說法。按他們的邏輯，病毒既然源於武漢，那麼一切已知及未知的惡果，都應怪到中國頭上。有了這套說法，就沒人去考究在整個二〇二〇年裡，美國如何因政治考量而拒絕應對疫情，以致最後無力招架。這時把矛頭指向他人，當然是權宜之計；「他人」當然就是中國。同理，對烏開戰一事，中國本無角色，但俄羅斯是剛剛刷新友誼的夥伴，又事關重大軍事侵略，中國光是默許就足資譴責，更別說去助攻。

事情會怎樣發展，沒人能說得準。對於現狀，當然不乏其他的論述方向，經濟狀況尤其應另作解讀。股票市場波動已久，亟需一場強而有力的經濟復甦，才能迅速好轉。通膨率和利率若一直上揚，經濟前景就不會樂觀。戰亂若持續不止，大國頻發衝突，未來的世界也不會有轉機。

不管後事如何，兩大強國的對峙升級，無疑會影響深遠。兩個國家是兩種不同的經濟模式，背後有意識型態之別，也有時間觀念之分。所謂「美國例外論」（American exceptionalism）主張先消費、後儲蓄。大致就是因為這種心態，美國國內儲蓄長期不足，而國內儲蓄正正是一個國家經濟發展的種子基金。

相比之下，中國採取長遠發展策略，一直從豐足的國內儲蓄取資，一邊大興國家大型發展項目，一邊擴大產能、基建，加深人力資本，扶助本土創新，配合發展方向。中國的大問題是如何逐步建立近於美國的消費者模式。對於美國而言，同樣大的問題是能否參考中國模式，恢復儲蓄能力，以推動有利於未來經濟增長的投資項目。

想法的差異有著顯著的現實後果。美國重視短期成效，帶來日益深重的儲蓄與外債問題。美國儲蓄不足，但仍熱衷投資，尋求增長，惟有不斷舉借外債。外資尚未進入，美國已常年出現國際收支逆差，對外貿易亦處於不利位置。相比之下，中國一直以國內儲蓄為未來發展的基礎，與美國形成強烈反差。不過，中國的儲備過高也有反作用。比如說，中國因貿易盈餘龐大，一直廣受國際批評，說中國重商主義嚴重膨脹，已導致不公平貿易。

可見，美中在經濟事務上的價值觀念確有差異。在兩國經濟互相依存的趨勢下，這一差異逐漸顯著起來。八、九〇年代，美中經濟各取所需，完美契合。當時中國剛經過二十年動盪，經濟低迷，亟需新的增長方式；美國礙於停滯性通膨，經濟增長緩慢而通貨膨脹率持續上升。美國的製造業轉移至中國，有助美國公司縮減成本，提高利潤，穩定商品價格，消費者生活水準也得以提升。九〇年代末至千禧年初那一段短暫時期，因有美國的龐大需求，中國經濟透過出口而蓬勃增長；另一面，從中國進口的低成本商品，亦令美國消費者購買力大大提升。那是一段互惠互利的蜜月時光。

此一時彼一時。往日的緊密互賴，今日已成近身互搏。在全球供應鏈上，中國越攀越高。美國希望獨占的一些高端產品和新型產業，在中國已成熟起來了。反觀美國，民眾仍然困於經濟憂慮，難以振作；美國領袖無能也無意推行改革，只偏執於中國威脅美國未來存續與繁榮的政治話術。

事情發展下去，「下一個中國」將帶來不可避免的變化，全球社會的應變方式將直接影響美中論戰的走向。中國知道，經濟行穩致遠，是完成發展目標、解決對外衝突的關鍵。中國專注以人工智慧帶動本土創新，是近年發展的重心，也是達成二〇四九年成為世界經濟強國的宏大目標關鍵。這一目標也附帶著挑戰。中國的國企負債急需改革，金融體系仍然落後，有待開放。這些轉型未完成之前，中國是否已具備全面科技創新的實力呢？

同樣的問題，也可供美國思考。儲蓄的難題不解決，美國可以持續發展嗎？儲備不足，無法大行投資，無法展開科學研究，那如何能立於創新的前沿？美國確實需要讓經濟紮實起來，不能用老辦法去處理新問題。美國必須對未來有新的一番設想，未來的圖景一樣要包括崛起的中國。

美中衝突能否解決，取決於兩國如何在解決自家問題的同時，也一起為彼此解難。

目前全球氣氛充滿焦慮，凡事皆不確定。一旦發生衝突，大家更覺得迫在眉睫，非解決不可。我們正共同面對一系列併發的挑戰。疫後的全球復康，歐洲的軍事衝突，都不是易事。令情況更複雜的是種種科技突破、政治動亂、金融市場的間歇性震盪，還有最近對全球衛生和氣候安全的憂慮。這些才是真正的難題。若不實的論述繼續瀰散，難免會讓人迷失，看不到至關重要的危機。

但對於美中兩國而言，不實的論述總藏於政治話術中，危機更大。政治手腕再高明，操弄的也只是權力，無益於經濟好轉，也無助於地緣策略。權鬥越是依賴不實論述，不實論述就越難根除，長此下去，就形成一個難以打破的惡性循環，意外的衝突將更難避免。還有最大的危險是，不實論述實在太魅惑人心，人們有上一次錯信的經驗，未必能在下一次去偽存真。美中雙方的不實論述已引發劇烈衝突。找到解決辦法，是避免永久損傷的唯一出路。我們迫切需要一個新的方案。

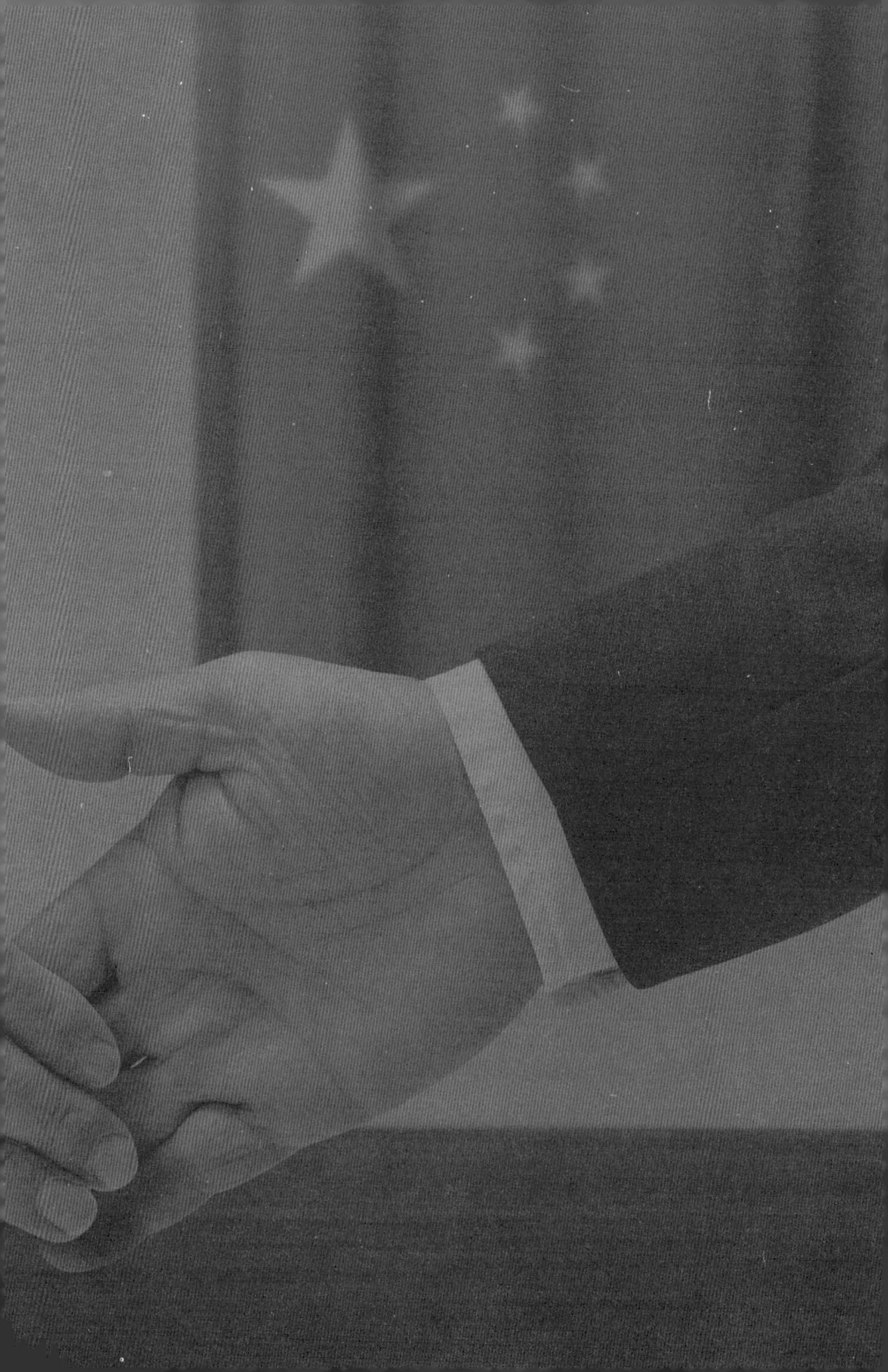

第一部

中美關係

在現代中國，對外關係的變化和經濟發展策略之間總有一種張力。在中華人民共和國開國元首毛澤東的方針下，政治要革命，意識型態要革命，經濟的支持卻沒有，那是一種不可持續的組合。毛時代的中國與蘇聯結下飽受爭議的盟，自縛了手腳，實際並無強而可靠的國際夥伴。一九七〇年代中期，毛澤東氣數將盡，中國在內衰弱，在外無援，承受著大躍進和文革後的餘盪，政治經濟都陷於愈來愈深的困頓。那個時刻，必須要有些斷捨。

中國的新路向，乃經過毛澤東後數任領袖，直至實幹派的鄧小平上台，才顯出清晰的輪廓。毛掌權最後二十年的動盪不安之後，提出以「改革開放」主導中國轉型，可謂勢在必行。「改革開放」終結鎖國的毛時代，讓中國的經濟與世界接軌，並在新一波全球化巨潮中成為最大的受益國。

那時，中國不是唯一欲靠合作來解決嚴重經濟問題的國家。因著一些機緣巧合，一些有意安排，中國和美國走到一起，同行過一段路。那是一九七〇年代末，中國正在尋求新的發展方式，美國也一樣。在停滯性通貨膨脹（stagflation）中，美國通膨率飆升不止，經濟成長停滯，此時已到非變不可的地步。

中國之於美國，在好幾方面都是救星。其一，中國為美國消費者提供低廉產品，讓他們的購買力在通膨持續飆高、薪資水準停滯時仍有提升。其二，中國出現了對美元金融資產的需求。此時美國儲蓄短缺，急需外資來解決財赤，中國就是一股助力。其三，大企業主帥的美國經濟發展已遇瓶頸，中國正好形成一個新市場，並悄悄躍升為美國第三大且發展最迅速的出口市場。

美國之於中國，也是一劑速效藥，能急救搖搖欲倒的中國經濟。正因美國對中國產品有大量需求，中國才能順利落實出口為主導的發展策略，經濟迅速起飛，增長率連續三十年實現史無前例的一〇%。中國出口商品的生產需要大量投資，以興建工廠、分銷中心和基礎設施，這一切也構成其經濟成長的龐大動力。

時間飛逝，中美兩國互予所求，彼此的吸引也日深。互相扶持的利處，對於兩國而言都愈來愈重要。到一九九〇年代末，中美經濟因一時所需的結合已飽滿起來，發展成全面的相互依附關係。

中國的發展機遇確實不錯，但在全球關係上，特別是對美關係上，中國仍有一些取捨的困難。中國的強勢經濟成長一直以出口帶動，二〇〇一年加入世界貿易組織後更如虎添翼，但隨之而來的是國內宏觀經濟發展失衡，與貿易夥伴的關係變得緊張。此二因素已讓人懷疑，中國神話般的騰飛是不是可持續的現象。

中美經濟互賴的關係，也投下一道光，讓人看到中國經濟發展可持續性的另一面。中美兩個世界最大的經濟體，在國內儲蓄和貿易量上有著巨大差異，勢必迎頭撞上，正面衝突。此外，中國現任領導人習近平也為中美交鋒抹上新的色彩。習近平的「中國夢」發乎一種民族復興的情愫，懷著二〇四九年前成為世界強國的宏願。在美國眼裡，這愈發是一種威脅，直迫美國自二戰後以來世界霸主和繁榮大國的地位。

往日互給所需的美好，漸漸演化成因過分互賴而致的衝突，實在令人不安。兩國自然而然的反應，就是養成一種歸咎於彼方的習慣。互相詆毀之下，相互依附的關係已失去穩定。貿易戰是衝突的第一波，接著是科技戰，然後就是新冷戰的前哨。中美大肆傳播對彼此的不實陳述，「中國夢」和「美國夢」勢必發生危險交鋒。這段撕裂的關係，目前最需要的是修補。

第一章
共享的歷史

有四千多年文明的中國與建國二百五十年的美國發生交集，看上去可能會是錯配。但毫無疑問，兩國已共同走過一段豐厚的歷史。美國在十九世紀漸成工業大國，二戰後躍升爲全球霸主，期間中國從帝制時代甦醒、復強，美中關係逐漸發展成現代世界秩序的關鍵因素。

過去五十年對美中兩大經濟體的挑戰尤爲嚴峻。國內問題數之不盡，全球環境也亂象叢生。一九七〇年代，石油價格波動，通貨膨脹肆虐；一九九〇年代，金融風暴席捲亞洲；二〇〇五至二〇〇九年，金融危機震盪全球；二〇二〇年初開始，新冠狀病毒竄流不息，烏克蘭戰火未止。這一切讓人清楚看到，當危機來臨，我們的世界愈來愈脆弱。全球化的時代裡，一切都跨界互聯，沒有一個國家能倖免於難。

中文「危機」對應英文的「crisis」，詞裡有「危險」的「危」，也有「機遇」的「機」。這種兩重性恰恰也存於美中關係，曾致其經濟策略數度調整，意外因此頻發，衝突也在所難免。

甫入二十世紀，中國走的是一道毀滅之路。大清之亡，固然是經濟政治重壓日積月累的結果，但「百年恥辱」的主因仍是外國對華軍事行動，先有十九世紀中至末期兩次鴉片戰爭，後有一九三〇年代日本侵華。此時中國屢戰屢敗，先後割讓土地予英國、日本和蘇聯。中國民族自尊的創傷，單一「恥」字不足以表。領土的喪失，自我形象的萎靡，都深深挫傷著中國❶。

中國處於敗勢時，美國一直隔岸觀火。第二次鴉片戰爭時，美國是一個正値內戰且脆弱的前英國殖民地，甚至有人擔心大英帝國會否趁火打劫❷。對於中國的戰事，美國在政治上保持中立，經濟上卻很積極，只顧迅速從英國打開的廣州口岸通商中分一杯羹❸。一九三一年日本進軍中國東北三省，美國也沒有干涉❹。直到十年後日本突襲珍珠港，美國才對日宣戰，與華結盟。

美中抗日同盟是短壽的。二戰後，毛澤東領導的中國共產黨茁壯起來，國共宣戰，美中關係粉碎，一九五〇年更在朝鮮半島激化爲衝突。在朝鮮戰爭中，剛成立的中華人民共和國和相對年長的美國各有弱點，形成出一個衝突鮮明、矛盾紛起的戰場。諷刺的是，中蘇攜手在朝鮮半島與美國作戰，而蘇聯卻是在日本之前占據東北的國家❺。

一九四七年，美蘇冷戰開始。一九五三年，韓戰停火，美中衝突隨之趨緩。經過朝鮮戰爭的中蘇軍事合作，又見於毛澤東中國日益依賴蘇聯經濟援助，美國很清楚美蘇拉鋸下的中國持何立場。此時美國是一個不安的勝者。中蘇的意識型態及軍事已結盟，對美國而言一直是心腹大患❻。

在二次大戰取勝、韓戰苦戰至平局之後，美國已筋疲力盡。世界仍脆弱得不堪一擊，戰爭卻已成常態。隨之是核戰時代，大規模毀滅的交鋒蓄勢待發。冷戰一不小心就會爆出火線，局面根本不能緩和。在一九五〇至一九六〇年代的緊張氣氛中，美中關係的建設性發展是一種虛妄的希望。

重設舞台：中國的角度

冷戰的世界壁壘分明，美國和中國各有命運，所述的歷史毫不相通，甚至截然相反。按中國的說法，當時歷史的主流有意識型態革命，也有中蘇政治軍事戰略夥伴關係。事實已表明，蘇聯不能幫助中國脫離經濟苦境[7]。美國對戰後經驗的展述則完全不同。按其說法，美國在戰爭中幾乎毫髮無損，有能力領導戰後世界的重建，藉此也會擁有經濟振興的非凡機遇。

就如歷史上眾多經典的諷刺一樣，中美各自想走的道路，最後都證明走不下去。毛澤東的才幹，在於政治、鬥爭、意識型態論戰，不在經濟發展。一九四九至一九七六年在任期間，毛澤東將新生的中國經濟推至崩解的邊緣。在他任內，中國經濟成長時好時壞，大起大落。一九五〇年代末大躍進運動和一九六〇至一九七〇年代文化大革命是他任內最危險的實驗，不僅破壞政治穩定，也令經濟全面癱瘓[8]。

上述動盪沒有完全反映在中國整體經濟數據中。雖然，據官方估計，經通膨因素調節（或實質）的國內生產毛額在一九五二至一九七七年間年增長率六%，但這不足以讓全國脫貧。一九七六年，毛澤東去世，文革結束。這時中國總產出的重心仍在占三五%的農業。而農業的勞動生產力低下，比服務產業低二〇%，只有製造業的一二%[9]。增長結構失衡滯礙了國家繁榮。結果，中國在經濟發展調整上的「遲緩症」誘發長期的滯後，拖累長遠的經濟表現[10]。中國有四分之三的農村人口處於赤貧，長此下去，是不勝負荷的[11]。國家依然貧窮，再無經濟轉型，社會政治動亂勢必再起。此刻一定要有所行動。

可想而知，毛澤東之後的領導人所面臨的挑戰非常艱鉅[12]。中國這時亟需經濟發展的新策略。究其核心，是需要新的經濟成長來源。新領導人面對的是毛澤東時代意識型態鬥爭後一整代疲竭、怨懟的國民，還有經濟衰敗帶來的燃眉之急。他們別無選擇，只能向外尋找需求，才能帶動經濟發展。中國不僅需要對經濟成長模式作出重大調整，也需要將國外的經濟成分完全納入經濟成長計算公式之中。

一九七八年，鄧小平復出，重振經濟。這個身材矮小、「三起三落」的領袖推行以事實爲基礎的經濟評估，提出「改革開放」。鄧的方針從鬥爭轉移到發展，與鬥爭高於發展的毛澤東反向而行，有著劃時代的反差。

一九七八年十二月在一次黨的工作會議上，鄧小平作了一次舉世聞名的致詞。這次會議安排在中國共產黨第十一屆中央委員會第三十次全體會議（簡稱「三中全會」）的前夕，鄧小平在會上的致詞清晰而響亮地宣告新的經濟發展方針[13]。歷經二十年舉國蒙難的社會、政治和經濟動盪，這次致詞標誌著一次重大的轉折。鄧小平與毛澤東劃下清晰界線，強調「文化大革命已經成爲我們社會主義歷史發展過程中的一個階段」。換言之，文革結束了。此時此刻，必須走出革命狂熱，全力肩負起振興經濟繁榮的重任[14]。

鄧小平敦促黨中央解放思想，「實事求是」。他的方針總以堅定不移的政治話語一再傳達，可見他眼光清銳，做事務實。他強調「團結統一」，表明中國會繼續由黨領導。影響至爲深遠以「現代化」爲核心的發展戰略，則揉合實幹苦幹的價值觀、敢於先發的精神，但也同時忽視黨內一些具前瞻性、追求其他目標的能人志士[15]。

改革開放迅速收效，成果斐然，但不無障礙。毛澤東時代畢竟有些根深蒂固的利益關係，遺留下來就成爲阻力[16]。不過，鄧小平一直堅定不移落實改革開放，使中國一直保持強勁增勢。政策實施之後，實質國內生產毛額（Gross Domestic Product，下文簡稱GDP）連續三十五年達到年增長一〇％，增長速度比毛澤東時代高出多於五五％。把人口增長也計算進來的話，經濟提速更見顯著。一九七八年之後，人均GDP年增長八·五％，高於毛澤東時代的三·六％。「鄧式騰飛」（Deng takeoff）帶來超增長若能持續至二〇二〇年，那中國實質GDP將會比以毛時代增長率發展的結果高出足足四倍[17]。現代中國在第一次轉型中昇華了。

鄧小平的超增長策略不僅舒緩中國的經濟困難，也嘗試解決一個關鍵的問題：中國經濟尙無法創造足夠的就業機會，去安置龐大而貧窮的剩餘勞動力。不論是過去或現在，中國人口都處於從農村向城市重新轉移的歷史階段。中國經濟重心從需要繁重勞動力的農業領域，轉向生產效率較高的製造業。惟有提高經濟成長速度，才能吸收從農村遷往城市的大量勞工。直接來說，承載著剩餘勞動力的經濟必須加快發展速度，才能維持社會穩定，提高國民生活水準。

這一騰飛式的發展階段，並不是憑空出現的。在鄧小平的偉略中，焦點在於經濟「供」的方面。「四個現代化」指明要同時實現工業、科學技術、國防、農業的現代化⑱。這套戰略目標幾乎不談「求」的方面。的確，當時國家仍屬貧窮，一九八〇年人均產出僅五〇〇美元，要談內需還言之過早⑲。所以，中國將目光投向國外的世界，希望透過加大供應，配合鄧小平的增長戰略。如果沒有轉向外需，改革開放的轉型是不會成功的。

三十年後，中國經濟迎來另一個關鍵轉型期。超增長戰略的確能解決勞動力過剩的問題，但也引出一個新的問號：鄧小平的經濟神話，還有沒有持久力呢？猶記得二〇〇七年三月，時任國家總理溫家寶那次傳爲佳話的中外記者會。溫家寶談到中國高速發展的表面下，正醞釀著深層問題，令他憂心。他說，中國經濟正呈現出越來越「不穩定、不平衡、不協調、不可持續」的危險跡象。

溫家寶批評中國增長戰略時提到的「四不」，引發激烈的內部辯論⑳。鄧小平的一〇%經濟增長解方，也許是在大躍進及文革後避免經濟失敗的正確策略。但這個發展策略已經失去其有用價值並產生一系列問題，需要愈來愈多的關注。

溫家寶確實言之成理，他所說的不平衡包括過高的國內儲蓄率和固定投資，當時分別已高至占GDP的五〇％和四〇％。同樣，中國的經常帳（current account）——即國家所處國際地位的最廣泛指標——也趨於失衡，占GDP比例高達一〇％，是歷史新高[21]。中國的失衡之深，比起其他主要經濟體都要更嚴重。

同一時間，國內經濟則有「不穩定」的趨勢，投資、出口太多，而國內個人消費不足。中央政府一貫長於宏觀調控，但此時也無法控制大局。不少省市級幹部大權在握，已令治理系統愈發分裂、無法協調。

然而，「四不」中最發人深省是溫家寶對於可持續性的憂慮。他談到能源（特別是煤燃能源）過度消耗的時候，馬上指出自然環境惡化、污染嚴重的問題，百姓呼吸的空氣、飲水品質都在下降。可持續性的討論也覆及收入和財富分配不均而深化的社會不公平問題。在這一點上，溫家寶暗示的發展策略和習近平那有待闡明的「中國夢」是有分歧的，姑且不談，容後再表。現在要指出的是，溫家寶的評論所關注的是中國這英文國名中的詞，即「People's Republic of China」（中華人民共和國）中的「人民」。

「四不」表明中國經濟發展所需的一種重要戰略性權衡。鄧小平要彌補毛時代的失敗，所以聚焦於經濟發展的「量」。超增長策略立竿見影，甚至惠及一整代人，但也創造出新的難題，例如經濟結構不平衡與不平等、空氣與水的品質惡化等等。溫家寶雖然從不明說，但他的論述確實指向一種徹底的反思，希望中國增長模式能重新平衡「質」與「量」的追求。溫家寶認為，鄧小平時代的成功方案，在未來是行不通的。

溫家寶的意見很有先見之明。那次記者會之後的一年半，即二〇〇五年，全球金融危機爆發，全球需求以空前的速度收縮，為出口主導的中國經濟帶來致命威脅。對於一個一直安心仰賴全球需求的出口大國來說，這是一聲關鍵的警鳴。

在全球化日盛、貿易愈趨自由化的世代，全球貿易暴漲，中國是最大的收益者。中國出口量連年上升，至二〇〇七年已高占GDP的三五%，可謂聞所未聞。這比起六年前中國剛剛加入世界貿易組織時，足足高出一五%。而在二〇〇一至二〇〇七年期間，中國整體GDP年增長率達一〇．八%，是鄧小平神話後續階段中發展最為迅猛的六年[22]。這樣看來，鄧小平的超增長方案無疑是一個異常依賴於向外國市場的出口貿易策略。

全球金融危機爆發後，中國經濟還能否依賴外國市場的支持，就成為一個嚴肅的問題。金融危機之前，全球貿易一再創下新高；危機過後，世界經濟的回復緩慢，伴隨的是環球貿易的惰態。全球貿易作為世界生產總值的一部分，風光大不如前[23]。這一系列事件，加上中國對外貿易的摩擦和保護主義的跡象，讓人不禁懷疑中國出口為主導的經濟成長戰略是否仍具持久力。

溫家寶的「四不」凸顯出中國發展初期「量」和「質」之權衡的必要。同時，對於中國與危機頻生的世界之間諸多經濟聯繫，也提出深深的質疑。在此，我們又一次看到，一九七〇年代末的經濟轉型創造了必要的對外關係，而這些關係已給中國的未來發展戰略帶來層層壓力。

此後十年，中國的變革荊棘滿途。全球依然充滿危機感，貿易摩擦時時令人不安，中國再平衡戰略的成效最多只能說是好壞參半。中國經濟仍以出口和投資掛帥，內需仍然不足，個人消費尤其乏力。二〇一七年，中國迎來另一個發展轉折點。如果說溫家寶對於中國轉型戰略的洞見是基於分析，那麼新任主席習近平這時的論述則是更基於意識型態[24]。

意識型態與強大領導人的組合，實在不無諷刺。從很多方面而言，習近平的時代都讓人想起毛澤東。不過，習近平的手法不同於毛澤東以意識型態先於國家繁榮的做法。二〇一七年的轉折，關鍵是將社會主義思想徹底滲透在中國的經濟成長和發展方案中，同時也強調一個重要的變化：往日毛澤東將建國以前的私有制經濟徹底解散，今日習近平則在溫家寶的分析基礎上提倡一種結構性的新平衡。但是，習近平還將一個意識型態的框架加諸發展戰略之上，即「習近平思想」。習近平的判斷是，單憑經濟分析，力度還不夠，不足以將中國引向康莊大道。他認為國家已有正確的經濟戰略，但沒有付諸實行的意志[25]。戰略的實踐是問題所在，而對習近平而言，黨和黨的意識型態肌理是有效、有序實踐的關鍵因素。

習近平的構想遠比溫家寶的再平衡策略要全面。整套構想的展述，始於對一個深具國家主義色彩的「中國夢」之堅定呼喚。習近平在二〇一二年十一月就任中央黨委總書記時早已提出「中國夢」，同年稍後再發起空前嚴厲的反貪腐建設，明言僵化鬆散的黨組織必致惡果。再一年後，即二〇一三年，習近平在十八屆三中全會上初提全面深化改革方案，並預示變革陸續有來㉖。但習近平改革方案就如溫家寶的再平衡戰略一樣，實踐仍是最大問題。會上不少行動方案，在會後都按而不動㉗。顯然，國家需要一個更具約束性的新執行方法。

二〇一七年十月二十八日中共第十九屆全國代表大會召開，習近平致開幕詞，勾勒出他的改革藍圖。這場致詞長逾三小時，語調平緩，鉅細無遺，闡述一個以黨爲核心的新中國未來。三十年前鄧小平的劃時代演講言簡意賅，而習近平則以詳實全面見稱㉘。致詞指出，中國將在政治、文化、經濟、社會和生態「五位一體」的布局中迎接經濟挑戰；經濟政策的「四個全面」強調當務之急是供給側結構性的深化改革，堅持「去產能、去庫存、去槓桿、降成本」，要求「房住不炒」，即消除過度的住房供應。此外，習近平亦自信十足地提醒，中國要堅決打好三大「攻堅戰」，即化解（重大且不必要的）風險、扶貧脫貧和污染防治㉙。

這套戰略大多是新瓶舊酒，不過是將存在多年的政策方向換個口號發表而已。尤其是一系列有助經濟再平衡的動議，其實早在十年前「四不」時已然成形。溫家寶提出的消費者主導的再平衡策略，就經習近平換述爲國際國內「雙循環」（詳見本書第九章）㉚。二〇一七年的致詞也更跟上時代，焦點包括產業創新、潔淨能源、對生態友善的城市化規劃、家庭政策，還有各個方面一大串的改革方案。

習近平也大力支持「混合所有制」模式。這種模式內有矛盾，一方面繼續堅定支持壓倒性的國有企業，另一方面又一再認可經濟要以市場爲主導；強調人民當家做主，治理要以民爲本，但集體主義仍高於個人主義。綜合來看，二〇一七年這組包羅萬有的方案希望面面俱到，無所不及，但戰略而言並無突破，無助於中國經濟轉型爲一種更優質的發展模式。

話雖如此，習近平的十九大致詞仍是一次劃時代的重大發言，因爲它鋪設出一種全面徹底的實施方案，於中國是至關重要的。在此之前多年，許多承諾無法兌現，改革漸露疲態。這時的習近平堅信，要恢復改革態勢，必須大力鞏固以黨爲基礎的治理機制。二〇一二年開始長達五年的反貪腐建設，在這一刻突然顯出意義。一個貪污腐敗的黨，自然無力落實新策；於是，反貪反腐成爲推行有秩序、有焦點之改革方案的唯一方式，是社會達致平等繁榮的迫切需求[31]。

這種論調聽來是老生常談，很像長期主導中共重要會議的社會主義話語。其實，話中有著根本的區別。習近平認爲，中國的經濟戰略，不論在理論上有多正確，在實踐上仍是紙上談兵。中國共產黨擁有約九千五百萬黨員，是世界上最大的政治組織，也是在中國唯一能將理論結合實踐的建制。不受貪腐侵蝕的黨，是一切政策實施的關鍵；而如何實施，一直是中國發展戰略中缺失的成分。對於習近平而言，黨的改革是一切。這也成爲習近平思想的核心，迅速爲人廣知。對於中國而言，這次致詞將帶來這個時代中最激進的變革。

究其內在思路，習近平思想源於並改寫著中國社會主義的一個核心概念——馬克思主義的「主要矛盾」（principal contradiction），改寫的意義非常重大。馬克思的「主要矛盾」意在對資本主義制度下的社會鬥爭提出辯證批評。馬克思認爲，這些鬥爭若得不到解決，將導致社會不穩、系統潰敗，甚至引發革命㉜。一九八二年，鄧小平以這一馬克思主義概念爲基礎，創出改革開放的思想形態，希望解決「人民日益增長的物質文化需要與落後社會生產之間的矛盾」。三十五年之後，中國不再落後，鄧的說法自然已不合時宜。

習近平思想正是基於對中國主要矛盾的一次大膽改寫。在二〇一七年的致詞中，習近平指出中國的主要矛盾應改述爲「人民日益增長的美好生活需要和不平衡、不充分發展之間的矛盾」㉝。鄧、習的矛盾論都以人民爲中心，不同之處在於鄧小平時期的落後經濟已不存在，取而代之的是二十一世紀高度成熟之中國經濟下發展不平衡、不充分的種種挑戰。可以說，習近平思想其實能將黨的意識型態和溫家寶的再平衡策略更妥帖地融爲一體。這種理性分析與意識型態並重的話語，消除了國家發展前路的一切不確定因素。

習近平思想的核心理念是不容誤解的：重點不是要朝哪個新方向前進，而是要堅定不移地完整落實全套改革方案。國家既需要整黨治黨，以保證政策實施，也需要投射一種黨治黨政至上的精神。這種精神，自毛澤東時期之後，還不曾如此顯著過。

習近平的言辭具迫切感，彷彿中國體制已瀕於災難，行將倒垮，與馬克思論主要矛盾時的情操一脈相承。習的支持者稱，惟有一位權威的（authoritarian）領袖，才能免國家於滅頂之災㉞。黨內對習的致詞反應殷切，將他推至毛澤東時代之後空前未見的崇高地位。只看「習近平思想」這一命名，一切已盡在不言中；過去只有毛澤東曾把個人政治理念稱爲一種「思想」。相較之下，鄧小平的「理論」顯得無力，更不要說江澤民的「三個代表」和胡錦濤的「科學發展觀」[35]。

習近平致詞的超然地位，也符合他早前在黨內獲得的「領導核心」角色。「領導核心」過去是毛澤東專屬稱號[36]。由此開始，中共領導層醞釀換班，消息廣為傳播，到二〇一八年三月正式交接完畢。也在這時，中國國家主席的任期有新變化。原本任期十年為限，最多連任兩屆。從一九九二年鄧小平至江澤民，二〇〇三年江澤民至胡錦濤，都是如此過渡。二〇一八年致詞之後，這一規定廢除了。習近平可以終生擔任國家主席[37]。

至於未來，最重要的是習近平會如何運用他的權力。就政治修辭的字面所見，目標再清晰不過：中國要在建國百年（即二〇四九年）成為社會主義強國。目標不存疑問，問題只在於方式。

就目前跡象看來，習近平的治理方式將比毛澤東後任何時期都要更加強硬。他會強化內治，也會對外展示力量。鄧小平式「韜光養晦」的低調作風，現在已被視為不適用[38]。習近平的領導有對內的聚焦，包括要鞏固政權、反貪反腐、遏制諸如過去西藏或目前新疆發生的社會動亂。同時，他也有對外的工作重點，包括實施「一帶一路」戰略，在南中國海輻射實力，在香港、台灣問題上堅持立場。

但是，正因中國出現自毛澤東後最強大的領袖，一系列衝突也由此發生。在此，必須再次提醒各位，中國的轉變已帶出牽涉中國對外關係的深層問題。數百年來，過度的權力投射曾令一個又一個極權政府崩解。習近平能不能將權力強化至能推行改革的程度，而不至於被誘入歷史的輪迴呢[39]？

重設舞台：美國的角度

二戰之後，美國和中國一樣，幾經重大經濟轉折，每一次都深深影響著國家在世界的角色。美國的大轉折點也有三個：一九七〇年代中期的大通膨，一九九〇年代末朝向資產依賴型經濟的轉型，以及二〇一六年開始分外明顯的貿易保護主義。每一個轉折，究其原因，都源於美國政治經濟一路飽經挑戰下的種種權衡；一個又一個決定都無可避免地引致美中衝突。

經濟學家仍在辯論一九六〇至一九七〇年代的大通膨成因。所知的因素有很多，比如當時世界經濟的同步繁榮、重要工業原料和商品出現短缺，以及第四次以阿戰爭後石油輸出國組織（OPEC）對特定國家實行石油禁運，導致油價飆漲近四倍。多種因素並發，就引起大通膨。再者，當時生產力停滯不前，薪資卻與通膨率連動，無疑加重成本。此外，美國政策屢有失誤，也讓經濟惡化。聯邦準備理事會（簡稱聯準會）在通膨上升初期錯判形勢，以爲高通膨是短暫過渡現象，沒有及時緊縮貨幣政策，到發現情況不對時，爲時晚矣[40]。同一時間，財政部門也誤以爲可以把「槍砲與奶油」的經典手法玩得漂亮，一心想兼顧越南戰場的龐大軍費和美國「偉大社會」（the Great Society）的需求，結果也是弄巧成拙[41]。

結果有多慘烈，是有目共睹的。據消費者物價指數的統計，一九六〇年代通膨率從初期的一%上升至十年後的五．五%，再攀至一九七四至一九七五年的一〇%，後於一九八〇年以一三．五%見頂[42]。幸有伏克爾（Paul Volcker）上任聯準會主席，雷厲風行，最終透過上調利率，遏制通膨瘋漲。聯邦資金利率一再推高至一九八一年的一九%，達到歷史最高位。美國隨之進入二戰結束後最蕭瑟的一場大衰退[43]。

這時美國經濟面臨著進入現代、結束二戰之後最嚴峻的考驗，通膨率狂飆不止，利率居高不下，消費者收入長勢疲軟。層層重壓之下，經濟成長已呈現明顯頹象。這是「停滯性通貨膨脹」的時代，兼具弱增長和高通膨的特徵。在這樣的非常時期，美國自然要徹底反思經濟戰略[44]。緊縮貨幣政策確實有用，但不能解決一切。到一九八〇年代初，美國經濟愈來愈渴望尋求新的經濟來源。有政治人士提議減稅，敦促解除市場管制，希望能讓自由市場系統能夠卸下重壓，恢復活力。

這些都不足夠。最後我們看到，過去的美國和中國有一個關鍵的相似點：所需的是一個新的增長來源。但立足當時，要有此見又談何容易。與中國不同的是，美國一直視對外貿易爲本國繁榮的威脅。威脅的徵兆，就是一九八〇年代初起不斷擴大的貿易逆差。美國將外貿問題歸咎於兩點，一是過高估值的美元，二是疑似充滿不公平貿易的日本重商主義經濟。由此，美國策劃一九八五年的「廣場協議」，迫使日本接受日元升值和美國進口日貨的種種限制[45]。

但這些也還不夠。美元貶值，日本威脅也解除，但美國經濟仍然掙扎不前。最後，中國站了出來，給出美國正好需要的東西：一是廉價的貨物，能投美國消費者所好；二是充分可利用的資本，恰可塡補國庫缺口，解決財政赤字。美國從中國的商品進口價值從一九八〇年的一百億美元增至十年後的一千二百億美元，目前維持在五千億美元[46]。中國購入的美國長期債券增幅更加顯著，一九八九年爲二億美元，二〇二一年已達一・一兆美元[47]。

上述只是一九八〇年代美國尋求新增長方式故事的一半。在故事的另一半，聯準會在通膨壓力消退後放鬆貨幣政策，產生有力的影響。聯邦資金利率在一九八一年達到一九％的歷史頂峰，之後逐漸下調，一九八六年底降至不到六％，美國經濟亦在預料之內強勢反彈。當時的情況，就是總統雷根（Ronald Reagan）對如釋重負的美國民眾說的那句話，「美國又迎來了清晨」[48]。能出此言，固然得力於聯準會的決策。美國民眾也開始明白，利率槓桿的神力能左右美國經濟的榮枯。

大通膨的退散是禍福參半的。通膨回穩對美國中產階級近乎全無幫助；薪資中位數停滯長達十年，幾乎再也沒有好轉。不過，利率的迅速下調打開了一扇大門，引領美國經濟走向一場能量爆表的結構轉型。美國的經濟成長模式即將從收入主導型，轉化爲資產依賴型。在此期間，低通膨和低利率效應強大，金融資產（包括股票和債券）的價值暴漲，財力雄厚的投資者可以大賺一筆。

對於具經濟實力的人而言，這一切就如灑於蛋糕的糖霜，或者說是錦上添花。資產持有者開始充分利用經濟學家所說的「財富效應」（wealth effects）。簡單來說，他們付出一部分的所有，購得資產，就可以受惠於資產的恆久增值。金融市場的管制放鬆也帶來新轉機。這時候，不動產持有者可將不動產作二次抵押，新設立的房屋淨值信用額度也隨之壓低。由此，持有者可以從自己最大的資產——房產——獲得購買力，新的購買力可支持個人消費。換言之，金融市場泡沫化，資產相應升值，恰好填補薪資停滯所致的嚴重缺口。這一系列發展之下，雖然不平等的趨勢愈發顯著，但一個新的經濟成長來源終於出現了。到一九九〇年代末，美國經濟從以收入爲基礎，變爲以資產爲基礎。經濟轉型完成。

可嘆的是，轉型的結果並不完美。美國金融市場泡沫化日趨嚴重，股票、房地產乃至信貸市場本身接連出現泡沫。同樣不幸的是，收入寬裕的美國消費者早已在心理上內化「財富效應」，也確實能直接自房產投資獲得資本收益，由此養成富足的生活方式。後來，從二〇〇〇年的股市，到二〇〇六年的房市，再到二〇〇五年的信貸市場，泡沫一個接一個爆破，依賴資產的美國消費者生活被迫劇變，開支銳減。在數字上看，開支的調整較科技泡沫時要小，但幾年後房市泡沫迸裂，信貸危機來到，美國消費就陷入史上最嚴重的大蕭條[49]。新的增長來源既是美國經濟過去的需要，也是今天的需要。

儲蓄差異的政治經濟學

上一節簡要回顧過去四十五年美中各自的經濟態勢，其中有一個反覆出現的主題，即兩國都在尋求新的經濟成長來源。兩國有各自的挑戰，關鍵的不同在於，美國是一個巨富之國，但眼高手低，入不敷出；中國則相反，新型經濟成長收穫甚豐，但不能也不想分享給龐大的消費者人口。因此，兩國之間出現深刻的儲蓄差異，許多深遠的影響也自此而發。

從任何標準來看，美中兩國的儲蓄差異都十分顯著。中國的儲蓄總量居全球之冠，美國則是世界上儲蓄最嚴重不足的經濟體。兩國的儲蓄差異近年略有收窄，但數字依然驚人。二〇二一年，中國本地儲蓄（domestic saving）總量占GDP的四五％，美國的同一占比是一九％，即中國是美國的接近二．五倍。按美元計算，差異也很明顯。二〇二一年中國本地儲蓄量達七．五兆美元，美國為四．六兆美元[50]。

本地儲蓄量是家庭、企業和政府等儲蓄量都計算在內的一個廣泛指標。美國政府常年出現赤字，固然是拖累本地儲蓄的主因；美國的個人及企業儲蓄普遍低於中國，也是不容忽視的因素。中國本地儲蓄整體偏高，不論家庭、企業等界別都有高儲蓄，就算某些政府部門出現赤字，也足可抵消。

用經濟學術語來說，上述引用的數字代表「儲蓄毛額」（gross saving），將每一個國家的資本存量按年的折舊因素（例如損耗、過期）都計算在內。扣除折舊，算出的就是儲蓄淨額

（net saving）。按理來說，淨儲蓄是日後可用於提升國家生產能力的經費。在二十世紀最後三十年，美國本地淨儲蓄在國民收入的占比爲六．三％，屬於正常範圍。在二〇二一年，該占比爲三．二％，僅達常態的一半。也就是說，美國幾乎沒有什麼本地儲蓄可用於未來經濟成長。

中國淨儲蓄在GDP的占比是多少，目前並無官方數據可考。不過，有理由相信，該占比約在二〇％至三〇％之間，是美國的七至十倍[51]。淨儲蓄占比的差異，意味著兩國經濟成長前景大有不同，也會帶來重大影響。中國更有實力大行投資，加大產能，資助研發，提升人力資本，一切都有助提高生產力，扶植本地創新，擴大競爭力。在這些方面，儲蓄不足的美國顯然力所難及。

美中儲蓄差異的形成，並非無緣無故。除了政府連年財政赤字之外，資產依賴型的經濟模式也是美國儲蓄率低下的主因。美國的資產持有者深信，自己買下的股票和房產會持續升值，所以不需要把勞動收入存起來。那些「先花未來錢」的美國消費者尤其有此心態。結果，收入爲基礎的個人儲蓄率在可支配的個人所得（disposable personal income）占比連年下滑，從一九八二年末期的一三％，一直降至二〇〇五年中期房市泡沫高峰時的二．五％。在新的資產依賴型經濟中，大家都覺得錢是不需要用老辦法去存的。

上述趨勢內有一個重大隱憂。任何經濟體——就算是新生的資本依賴型美國經濟——都需要儲蓄，才會有未來的投資和增長。時間慢慢過去，資產依賴性的儲蓄並不足以支持經濟成長，更何況這些儲蓄的性質本身就是泡沫，遲早會爆破。因爲收入爲基礎的儲蓄量不斷減少，政府也長期財赤，美國本地儲蓄在二〇〇五年至二〇一〇年間進入負數區。直至二〇二一年，個人儲蓄率在可支配個人所得的占比才勉強回升至三．二％[52]。

也在這時，對外關係開始進入美國的經濟圖景。美國儲蓄不足，但仍有投資和增長的需求，那就必須從國外引入過剩儲蓄。要吸引外國資本，就必須保持國際收支赤字，毫無疑問會帶來貿易逆差。美國經濟體本身非常龐大，儲蓄不足量亦蔚然可觀，貿易逆差自然十分驚人，箇中關涉衆多貿易夥伴，難以一筆帶過，且待第四章詳述。

行筆至此，我們應該能看到，一國的本地儲蓄不足會引致貿易逆差，而貿易逆差也會引起重大後續發展。美國人一直不喜歡貿易逆差，理由很充分。最顯見、最重要的原因，是貿易逆差即代表一國經濟出現漏洞。所謂漏洞，可能是一些本地可進行的經濟活動，因爲交給貿易夥伴去做，導致本地產量下降、就業機會減少或經濟成長放緩，貿易夥伴卻從中得益。人們對這些漏洞沒有好感，美國政客也常據此大作文章，藉以說明反貿易舉措之必要性，承諾可以修補漏洞，把就業機會帶回本土。總統雷根和老布希過去就是這樣制裁日本。川普則刷新論述，將戰意升級，要讓「美國重新偉大起來」，要對中國發動貿易戰。

美國的領袖在選戰宣傳、政治話術方面訓練有素，往往會迴避整個脈絡的一個關鍵點：政府才是本地儲蓄不足的最大責任人。政府的財政赤字在國民收入帳中記錄爲負儲蓄。自二〇〇一年起，美國聯邦政府每年都出現財政赤字；在一九六二年之後的五十九年歷史中，有五十四年出現赤字[53]。若非赤字持續，國家對外資的需求肯定會大大減少，也就不須因爲接受外資而連年維持的貿易逆差。美國政客一般會隱晦地說，他們可以讓美國魚與熊掌兼得。一方面，他們說支持消除貿易逆差，爲此會用盡一切辦法，包括打貿易戰；另一方面，他們又仍繼續造就美國人的慣性消費模式，而這恰恰是貿易逆差的最初成因。對此，美國政客一般會聲稱自己是無辜的，並把矛頭指向外面。一九八〇年代是日本，現在是中國。

政治領袖不願承擔責任，不願承認經濟困境源於過度消費。這種論調在製造公眾輿論時非常好用[54]。不過，這一輿論的養成有其經濟背景，美國的儲蓄模式也應放在更廣的光譜中分析。在一九八〇至一九九〇年代，資產市場和富裕的資產持有者獲取不合乎正常比例的低通膨紅利。資產經濟產生既有收益，可以供給消費，也是一種資產爲基礎的儲蓄。這種收益模式早已穩定了下來。

這一經濟模式轉變的初期效應，美國政客是很歡迎的，因爲這樣既實現美國要靠國內收入帶動經濟產量的承諾，也能讓美國人超前消費。不過，當中產階級承受的壓力越來越大，一個堅決的、民粹的轉向就此發生，美國的政治氛圍隨之改變，貿易摩擦和貿易保護主義也出現。儲蓄或儲蓄不足的問題，成爲美國對外關係衝突中的主要誘因。美國現在最想制衡就是中國。

相對於美國而言，中國的儲蓄情況在光譜的另一端。中國的儲蓄太龐大了，當務之急是善用盈餘，令之可推動經濟發展，並可緩解中國與美國及其他各國的緊張關係。

一九八〇年代，中國的儲蓄當然要大量投放於宏偉的新發展戰略。在文化大革命初期，中國是一副衰敗零落的景象，四處廠房破落，公路殘延[55]。當時的中國不具備現代化的生產能力和基礎建設，無法建立其對內或對外的組裝和分銷產業。落後的局面必須打破，才能達到鄧小平改革開放計畫對出口量的要求。

有賴於雄厚的儲蓄，中國果眞達成目標。在一九八〇年，中國國內儲蓄在GDP的占比高達三三％，此後整整十年穩定攀升，一九九四年達到四三％[56]。不少發展中國家的經濟都依賴國內儲蓄，但中國善用機遇，成效尤著。一九八〇年中國儲蓄率比其他新興及發展中國家的整體儲蓄率高出約三〇％。到一九九四年，中國儲蓄率是全體發展中國家的兩倍。改革開放初期，中國將堅實的儲蓄用於大型投資，成功落實以出口帶動的增長策略。儲蓄必須永遠與投資相等，這是再明白不過的經濟學準則，中國將之付諸實行了。

可是後來，中國的儲蓄策略出現問題。一九九〇年代末，國有企業改革開始，引發兩股影響國民儲蓄的大趨勢，其一，是超過四千萬工人失業，「鐵飯碗」打碎，一系列住房、膳食、教育和醫療的終生福利隨之失效。在國企改革的旗號下，許多生存所需和福利幾乎消失殆盡，靠國家給的儲蓄自然也會嚴重流失。這一轉變，催生一股發乎恐懼、具危機意識的儲蓄熱潮，大家的目的是爲自己補回國家曾經會給的保障。中國的本地儲蓄率只在一九九〇年代末至千禧年初略有回落，在二〇〇五年已升至五二％[57]。

這一後果不利於經濟的穩定發展。中國家庭未雨綢繆，都不願將收入所得用於購買汽車、家具、電器、奢侈品等高額商品。以消費爲主導的經濟發展目標顯然不易實現。中國GDP中私人消費的占比不升反跌，從二〇〇〇年的四六％降至二〇一〇年的三四％。中國的經常帳盈餘在二〇〇七年升至歷史頂峰，占該年GDP高達九．九％，儲蓄盈餘也大大超過本地投資[58]。當時，國際社會視中國爲發展最不平衡的國家，並指責中國在二〇〇五至二〇〇九年全球金融危機前夕爲世界帶來不穩定的氣候[59]。

中國的龐大盈餘，除了擾動國際金融市場之外，也爲國家的對外關係上帶來更多不明朗因素。美國的儲蓄不足，使其對約一百個貿易夥伴國常年保持貿易逆差；另一邊廂，中國的雄厚儲蓄，則使其對近一百六十個國家保持貿易順差[60]。同時，中國不放鬆貨幣政策，常被批評在貿易上作法不公平，再加上常年的盈餘，這一切看起來確實就如一九八〇年代那個嚴控貨幣的重商主義日本。中國的強大儲蓄和盈餘，令其與世界各國的關係失穩。這可以說是出於愚昧不智，但也可能——而西方不少國家確實認爲——是藏著危險的意圖。

誰來儲蓄？如何儲蓄？

美國和中國的儲蓄差異，讓我們更能理解兩國關係的種種問題。中國是解決美國儲蓄虛空的主力。中國儲蓄傾向過剩，同時一直對外出口，既直接構成全球供應鏈，亦透過廣闊的貿易夥伴網絡穩紮於全球供應鏈中。美國多年來都是中國最大的貿易夥伴。當然，美國的赤字和中國的盈餘也分散於其他貿易夥伴國。具體怎樣計算才準確，是一個複雜的問題，詳見第四章。

知道問題所在，不代表能找出解決方案。從邏輯而言，中國固然應該減少儲蓄，美國則提高儲蓄。但實行起來，任何一國都會遇到邏輯不能預測的困難。我們只需看看未來幾年，就知此言非虛。世界正進入後新冠時代，美國的儲蓄問題反而更嚴峻了。二〇二〇年起，美國政府推出七兆美元財政刺激措施，但財赤依然攀至GDP的一五％。按此趨勢，美國公債總值將在二〇三一年前五年間平均達到GDP的一〇三％，只差一點點，就會追平二戰後一九四六年一〇六％的歷史高位[61]。聯準會向來有求必應，使得美國保有零利率環境，那麼，以利息支出彌補公債的方案幾乎是沒意義的，也沒有壓力能促進財政紀律。美國的儲蓄缺口只會越開越大。聯準會若能馬上調整利率，使之正常化，以抵消不斷疊加的通膨壓力，也許情況會有所改變。可惜，國會仍強烈反對聯邦政府的預算控制。

在未來同一時間，低儲蓄也將導致美國經常帳赤字出現驚人增幅。由此發展下去，美國對外貿易逆差將持續居高不下，甚至是愈發嚴峻的難題。政客普遍認為，美國只要與某些國家大打貿易戰，就可以連帶解決儲蓄不足而造成的多邊貿易逆差。依我看來，這是不智的。迴避儲蓄問題的政客，往往沉迷於經濟學版的「打地鼠」遊戲，希望借打擊他國來收窄本國赤字，見一個打一個，先打的是日本，現在是中國。美國儲蓄仍然短缺，接下來的問題是下一個該打誰。

中國面對自己的儲蓄問題，同樣要嚴陣以待。多年以來，中國一直強調「儲蓄吸收」（saving absorption），迫切需要將儲蓄過剩降低，從而釋放經費去修補社會安全網。社會安全網鞏固起來，預防性儲蓄（precautionary saving）就會回落，非必需品消費（discretionary consumption）就會解鎖回彈，健康的消費主義就會回歸。這一規劃，第九章將有詳細解釋。不過就目前看來，中國的進展緩慢而痛苦。本地儲蓄率在二〇〇五年以五一．六%創下歷史新高之後，只有小幅回落，二〇二一年仍在四五%的高位，比起所有新興及發展中國家的整體平均值要高出一一%[62]。

中國知道如何緩解過剩儲蓄傾向所帶來的壓力。它坐擁一大筆資金，這可能是其一直追求新增長源泉的關鍵。例如，如果中國將其總儲蓄率降至其他開發中國家的平均水準，就能釋放出一．七兆美元的資金，可以用於增強其脆弱的社會安全網[63]。中國既自稱實現全面小康，就不妨與已開發國家儲蓄率的平均值看齊，將本國比率進一步降低至二〇%，那麼儲蓄吸收所釋放的資金將會更可觀。這些資金也可以作爲善意手段，改善一些看似長痛不止的對外關係。再者，中國若能降低預防性儲蓄，提高本地消費，也會爲主要貿易夥伴（包括美國）創造大量商機。

如何激發中國的儲蓄吸收並不是祕密。從政策而言，首要目標應該是重建一九九〇年代後期大規模削減的社會安全網。擁有社會保障，家家戶戶才會有信心去計畫將來。第九章會詳細說明，建立妥善社會保障，是促使人們把薪資從恐懼主導的預防性儲蓄，轉而投向非必需品消費的誘因。此過程涉及退休、健保等多方面社會保障的制度改革。這些改革在中國一直有著虎頭蛇尾的歷史。時至今日，情況會不會有變呢？

知之可行與坐言起行是兩碼事。習近平思想顯然注意到「想」和「做」的落差，期令改革者提升至新的層次。處理儲蓄問題，就是習近平思想落實在國內治理的一次絕佳壓力測試。解決儲蓄過剩，不僅能讓本地經濟恢復到期待已久的平衡狀態，也有助中國重新定向，以立於更有利的位置，去應對一些盈餘大國勢必直面的對外關係問題。

第二章

從互利到互賴

與人連結，能育一己之精神。同樣的道理，經濟體相互往來，一直是成長和繁榮的核心條件。全球化日趨成熟，經濟互通的局面無疑日漸複雜。跨國交往關涉政治經濟的考量，本來就講究精準的平衡，到了今天，分寸更須拿捏至毫釐。

拿捏不易，主要是因爲經濟成長與貿易之間有著一種相互制衡。政治大國結成經濟合作組織，不僅能開拓成長機遇，也能盡用貿易自由化的優勢，實現多方互利，美國和歐盟就是範例。但是，因爲政治的緣故，結盟也可能會解散，如前蘇聯的解體；國家之間也會發生貿易衝突，如一九三〇年代那場全球蒙難的貿易大戰。今日的美中衝突，同樣也深深根植於兩國在平衡經濟成長和貿易時的政治經濟考量。

我們可以肯定的是，今天「貿易」已「面目全非」。貿易最初純爲跨越邊境，交換貨物，至十九世紀方成規模，後來構成經濟學家李嘉圖（David Ricardo）所言「比較優勢」（comparative advantage）的基礎；國與國透過貿易互惠互利的模式，遂有說可立，有理可循。時至今日，貿易已演化成多國參與的裝配和生產平台，複雜得無以想像，概稱爲「供應鏈」，正規的術語是「全球價值鏈」（global value chain）❶。貿易局面複雜，國際關係也變得棘手，國與國的衝突隨時升級。

美國與中國的關係恰恰就是如此。近來，這兩個經濟大國都在轉型，美中關係也在多個層次失穩。經濟轉型不僅會改變夥伴國參與貿易時的遊戲規則，相互間也很容易被誤解成威脅，此國與彼國就敵對起來。意外的衝突不是一種可能而已，是已成現實了。

美中衝突首先應理解爲一種關係的不和。國際交往就如人際交往，總要相互吸引，彼此有利，才會走到一起。隨著時間過去，最初單純的往來，漸漸發展成深入的夥伴關係，挑戰也隨之增加。在此期間，有一種元素卻始終缺失，那就是互信。美中互信有順差逆差，下文還將詳細討論，但信任的重要性，是毋庸置疑的。夥伴國一旦缺乏信任，日常摩擦也時有得失，矛盾就會輕易激化，開始相互怪罪、譴責，甚至爆發公然衝突。沒有信任，拆夥和割裂就會成爲眞實的危機。

至此，我們應針對美中經濟關係的性質，提出一些重要的問題。美中經濟關係有何特殊，以至於這樣容易爲各自的經濟轉型所威脅？這些威脅如何一步一步升級成公然的衝突？惡性循環已經開始，現在阻止還來得及嗎？

環球貿易的新弔詭

現代的經濟體遠遠稱不上能自給自足。它們往往缺乏原材料、高教育和高技術勞動力等關鍵資源，必須取之於外，補先天不足。李嘉圖的「比較優勢」學說告訴我們，一國可以善用他國的固有優勢和資源條件來獲取巨大利益。這是「雙贏」的核心精神，一直支撐著國際貿易應不斷發展來達致集體共利的信仰。堅持「雙贏」的說法，既是一種經濟策略，也是出於政治考慮❷。

可是，跨境貿易早已開始變革。李嘉圖曾以英格蘭和葡萄牙的布料與紅酒貿易作爲經典案例，說明雙邊互利是怎麼回事。這在當年還解釋得通，現在就不適用了。現在的貿易遠不止從前那樣，不是一個國家內生產完成的產品，跨洋過海，穿越邊境，賣給另一個國家而已。事實上，「製成品」（finished goods）的概念本身已徹底改變，永不逆轉了。

自李嘉圖的時代至大約一九六〇年代，製成品基本上是本地完整生產過程的產物，過程涉及一國的勞動力和資本，或說勞工和原材料。時至今天，從裝配線上掉下來的一個製成品，往往由數之不盡、來自各地的零組件所構成，集全球各地生產和裝配平台的輸出於大成。現在的製成品來自多國、多階段的裝配與生產，與李嘉圖那種來自垂直整合、工廠製造的概念，已有迥然的區別。

這裡說的產程就關乎全球價值鏈。全球價值鏈把各國生產、裝配編織成網，將各地資源投入和零組件生產盡納其中。全球價值鏈得力於資訊和通訊科技的重大突破，大大降低運輸成本，徹底改變人們對產品流程聯通、物流組織的傳統認知。全球價值鏈也顛覆「全球競爭」的概念，任何跨國經濟關係都須慎思箇中的重大啓示。中美經濟合作亟需反思，自不待言。

經濟學家鮑德溫（Richard Baldwin）致力研究全球化進程中多重轉移下全球價值鏈的變化，稱之爲一系列的「分拆」（unbundlings）[3]。當一個自給自足的村莊從本地以外獲得食品和其他必需品時，第一次「分拆」就發生了。這時「分拆」的本質是生產者和消費者的分離。隨著貨運成本不斷降低，尤其至十九世紀，軌運和航運已趨成熟，貨物交換就擴展爲國際貿易，遍布全球。

於是，鮑德溫認爲，第二次的「分拆」歸因於技術。因爲物流發展，生產過程化整爲零。零組件分別生產，最後裝配爲製成品。這時全球價值鏈分拆的本質，是生產者與國家疆界的分離。第一次分拆促成國家之間的競爭，第二次分拆則促成全球競爭的「去國家化」[4]。

「分拆」是美中貿易衝突內諸多弔詭的根本原因。目前，國家貿易數據和全球價值鏈並不同步。按現在的計算方式，一個產品在離開裝配過程的最後一站，準備送往目標市場的那一刻，即成了製成品。在啓程的口岸，一個製成品的價值計算基於最後一站的工廠累積成本。至於在其他國家的哪些生產過程、哪些裝配線上發生過什麼事情，才有此最後一步的製成品，是不會計算在內的。也就是說，在國家統計系統裡面，並沒有空間去計算全球價值鏈中間階段各種來來往往、或合或散的生產裝配。同樣，貿易量的統計方法本身乃爲「捆綁」（bundled）式的、邊界分明的國家而設，貿易數據尙未跟上全球價值鏈世代的「分拆」節奏。

蘋果手機是貿易統計與全球價值鏈脫節的典例。大多數手機都在中國河南省鄭州市裝配，再從上海運往美國，出廠成本爲每台二四〇美元。蘋果手機每年在美國本地銷售量約六千萬台。美國的統計系統用每台二四〇美元的成本，來計算從中國進口的那「部分」蘋果手機。這樣一算，美國就有近一百七十億的貿易逆差。但事實上，眞正在中國發生的生產過程所產生的價值其實只有八·四六美元，占一台手機平均成本約三·五％❺。從重至輕來排列，一台蘋果手機的附加價值依次來自日本、台灣和南韓的零組件生產，三者大約合占出廠成本的五五％。

蘋果手機本質上是全球價值鏈生出的產物。這一點，美國的統計系統完全沒有捕捉到，美國的政客也不具慧眼。川普在二〇一九年揚言威脅，要開啓新一輪關稅戰，堅稱「蘋果在中國製造產品」❻。其實，他應該說蘋果在中國裝配產品，才比較準確。

上述不只是爲了斟酌數字。根據美國官方公布的貿易數據，二〇二一年中國向美國出口價值約爲五千零六十億美元❼。然而，這些出口貨品中，有很多都不是完全在中國製造，不僅含有來自其他國家的附加價值，其零組件也分別來自不同的複雜跨國供應鏈。從中國運往美國的最終產品，確實來自中國的裝配流水線，但不是誕生於中國的生產線。全球價值鏈的趨勢之下，中國已從「世界製造廠」轉型爲「世界裝配廠」。這意味著，自中國至美國的出口量中，「中國製造」的占比遠低於五千億美元[8]。

雖然事實如此，美中商品貿易逆差的說法仍然甚囂塵上。根據美國政府統計，二〇二一年逆差達三千五百五十億美元。這個數字馬上占據報章頭條，呼應著公衆已就中國貿易事務展開的激烈辯論。美國商務部官方數據顯示，二〇二一年商品貿易逆差有三二%來自中國；中國赫然成爲美國貿易失衡的主因[9]。沒有人注意到，中國的占比近年已一再下降，原因有很多，其中最重要者，固然是川普政府自二〇一八年大幅加徵關稅。中國久蒙責難，貿易事務被指不公不允，導致美國流失產量、職位和收入[10]。可是，這種指責有過分誇大之嫌，被針對的生產零組件、生產投入、產品設計和其他具附加價值的活動，其實都源於別的國家。

現在，人們已有方法計算國際貿易中涉及全球價值鏈的數據誤差。經濟合作暨發展組織（Organization for Economic Cooperation and Development，簡稱ＯＥＣＤ或經合組織）和世界貿易組織（World Trade Organization，簡稱ＷＴＯ或世貿）已聯手製定一套統計框架，可將全球價值鏈中各階段的附加價值單獨分開計算。據測，中國對美國的出口量被高估三五%之多[11]。也就是說，在美國商品貿易逆差內，中國占比實際爲近二〇%，而不是美國政府目前公布的三二%。就數字而言，二〇%仍屬高比例，但這一落差表明，中國導致的工作流失並沒有美國政客想要的那樣嚴重。不論樂意與否，他們都必須承認，指責中國的主要理由來自一個古老過時的數據統計系統，完全不能反映今日全球價值鏈驅動下世界貿易的現實。

如上所述，廣為採用的貿易數據已不能反映現實世界的全球貿易，不足為「證據」了。這一落差能啓發我們去省思美中關係。美國的外來貨品價值有很大一部分流經中國，實際上是其他國家的生產結果。究竟是哪些國家呢？在美國貿易失衡的謎題中，這些國家該放在什麼位置去考量？能否透過這些國家，去看清中美貿易關係的眞正性質？如果貿易衝突要發展成一場「正義的戰爭」，就須於道理於倫理服眾。那麼，我們一定要為上述問題找到客觀的、基於事實的答案。

偶然的連理

美中關係的故事要從一九七九年初鄧小平訪美說起。那是一九四九年建國之後首次國家領導人外訪。鄧小平原本只打算正式到訪華盛頓府，最後行程卻幾乎是美洲大陸之旅，從喬治亞州、德克薩斯州到華盛頓州，探訪企業公司、視察科技發展，還頻頻亮相於文化活動。在休士頓一場牛仔特技表演中，一五〇公分高的鄧小平戴著超大頂斯泰森（Stetson）牛仔帽，這經典一幕被捕捉下來，成為多家報刊的頭版頭條⓬。訪問途中，有抗議示威，甚至有暗殺危機，但鄧小平始終是尋常百姓的模樣，幾乎有點可愛，神祕莫測的中國也彷彿有了平易近人的一面。

一九七九年二月三至四日，鄧小平到訪華盛頓州西雅圖市。這兩日行程從未為人傳頌，卻是整個訪美之旅中至爲重要的一站。鄧小平乘飛機來，徐徐降於西雅圖南端的波音機場，這一切絕非偶然。抵達後，鄧小平首先見過季辛吉（Henry Kessinger）。季辛吉在一九七二年安排總統尼克森（Richard Nixon）歷史性訪華，之後就成爲中國的老朋友。不過，鄧小平此行，意不在敘舊，而在一件更重要的事情。中國的經濟起飛需要飛機。美國波音是全球最大的飛機製造商，此時恰恰渴望開拓商機。中國這樣的新客戶，來得正是時候[13]。

二月四日星期天下午的行程，安排在華盛頓州西雅圖以北二十五英哩處的埃弗里特（Everett）市。鄧小平去參觀波音最大的747客機製造廠和裝配線，一看就是幾個鐘頭[14]。這時，中國已訂購三架波音747，未來還要更多。現代科技發展之精，令鄧小平大爲讚歎，前一天休士頓太空中心一行更讓他眼界大開。在歸途上，鄧小平眼中的747不一樣了。他構想出中國發展機遇新藍圖，當中就有波音飛機的角色。

鄧小平參觀波音的埃弗里特廠房，前後共三個小時，時間遠多於那天早上面見季辛吉的三十分鐘。波音之行確實震撼了他。有在場的人說，鄧小平的反應「像極了一個小孩子！」[15]這孩童般讚歎的片刻，未來將有深遠效應。當時波音公司和鄧小平都沒有料到，中國將在二十年內成爲波音最大的客戶；美國政客和國會議員們也沒有看出，商用客機擁有無限前景，甚至會因鄧小平一行而躍升爲美國最大的出口產業。

在一九七九年，中美跨境貿易近乎於無，兩國進出口量合共四十億美元，比起二〇一八年六千六百二十億美元的峰值，只能算個零頭[16]。這時的雙邊貿易內容簡單，美國向中國進口的主要是中國製造的紡織品（衣物）和玩具，對中國的出口大多是玉米、黃豆和小麥爲主的農產品。從美國的角度計算，此時進口遠高於出口，美中貿易逆差約三〇億美元，在連年小幅波動的美國整體貿易逆差中占比略高於一〇%。當時看來，這些都不是什麼大問題。美國對整體貿易逆差不抱憂慮，對於貿易失衡內的中國成分也不在意。

二月四日，鄧小平乘波音707回國，一下飛機就全心投入到滿滿的日程中。那天早上，他在西雅圖醒來的時候，還患著感冒，發著高燒。四十小時之前的他才剛剛降落在波音機場上。但當回程的飛機在同一機場起飛，駕著暴風雨騰空而上，他的腦子裡已轉出一個欣喜的念頭，中美夥伴關係即將迎來重大機遇。

美國此時也心有靈犀。一九七九年初，美國經濟苦戰「停滯性通膨」，總統卡特（Jimmy Carter）只能勉力而爲。早在伊朗人質危機發生之前，他已力不從心。美國經濟困境愈發深重，久覓出路而不得，地緣政治同樣危機四伏，隨時失控。鄧小平到訪前一個月，卡特宣布美國在外交上承認中華人民共和國。繼而，在鄧小平到訪華盛頓時，兩國簽訂貿易和投資協定。鄧小平訪美之旅，包括西雅圖的黃金四十小時在內，前後總共八天。經過這八天，美國也有了新的希望：中國或許能幫助我們⑰。

鄧小平訪美是個新開始。一九七〇年代初，雖有尼克森和季辛吉訪華，與毛澤東和周恩來破冰，但兩國經濟往來仍在休眠狀態。鄧小平一行之後，情況慢慢發生變化。美中貿易量（出口加進口）在一九八五年升至八十億美元，一九八九年（即訪美十年後）升至一百八十億美元，美國從中國的進口量超出其對中國出口量約六〇億。雙邊貿易不平衡已經出現，在未來只會持續擴大。

細察美中貿易的構成，也可發現一些關鍵轉變。美國對中國產品表現出愈來愈廣泛的興趣。除了衣物和玩具，美國也開始從中國購入各種各樣日益精良的機器和資本設備，還有車輛零組件、家用電器以及戰略性原料，包括電池和電子產品產程必不可少的稀土[18]。在一九八〇年代，美國向中國的進口增長速度，的確比美國對中國的出口增長來得更高，但也須留意，這時美國輸往中國市場的是比過去更優質的產品。飛機就是出口的龍頭。來自中國的波音訂單幾乎接不完。一九七九年鄧小平參觀埃弗里特時合共訂購四架波音飛機。如今，在中國投入服務的波音飛機已超過兩千架。

當代美中經濟互動就這樣開始。兩個奮力掙扎的經濟體，懷著單純的誠意，偶然地結合起來成全了彼此。有好一段時間，雙方都有可觀的回報。中國正在擴大外需，配合出口為主的發展戰略，出口量在GDP的占比從一九八〇年的六%，升至一九九〇年的一五%，再至二〇〇九年的三七%。這一時期，美國是中國最大的外國客戶。中國在一九八四至二〇〇七年的累計出口增長中，向美國的出口量占比近二〇%之高[19]。

美國也有重大得益。消費者收入水準長期受壓，低廉的中國產品正好能提升消費者購買力。經通膨因素調節後的可支配（稅後）個人收入也見增長，一九八〇至一九九〇年代的年均增長率一直維持三．二%。數據也反映出反通膨的趨勢正旺，壓低了消費者物價指數為基礎的通膨率，數值從一九八〇年的一三．五％降至一九八九年的二．二％[20]。如果沒有中國，沒有中國之於全球化的角色，美國的反通膨力不會如此顯著，美國勞工的實際收入、通膨因素調節後的收入和稅後可支配收入的增幅也會小得多[21]。

此時，備受挑戰的美國企業，也因中國的投入加大且成本低廉，而實現收益的增長。在一九八〇至一九九九年間[22]，美國企業稅後利潤穩占美國本地總收入的五．二％。有充分理由相信，美國企業如果沒有機會將高成本的在地產程轉移至中國而創造出成本效益，也沒有機會購買低廉的中國機器或其他要素投入，那麼當時的利潤所得一定會微薄得多。鄧小平訪美後兩國貿易的迅猛增長，並不是歷史的偶然，而是共享的歷史上一次天時兼地利的契機，讓各有所求的雙方，剛好能以一己之長，供對方所需，如同一場互行便利的連理。

病態依賴的形成

曠日經年，美中關係加深。起初互行方便的往來，最後演變成必不可少的關係。兩國增長需求愈迫切，關係愈顯得關鍵。美國對中國製造的產品需求，是兩國關係的重心，不僅促進中國以出口帶動的經濟成長，也刺激著美中之間金融資本的流動。對於中國來說，這種聯繫的重要性源於一九九〇年代亞洲金融危機學到的兩點教訓：對於發展中國家而言，貨幣穩定是攸關存亡的條件；在經濟動盪時期，外匯儲備更是本國貨幣的護身符。

在亞洲金融危機中，貨幣大幅貶值，拖垮不少正在快速發展的經濟體，惟中國能獨善其身。究其原因，是中國的資本帳相對封閉，人民幣不易因國際投機而受狙擊，剛剛起步的國內金融市場也能免於環球動盪[23]。

多年過去，金融改革終於要列入中國的重大發展戰略。金融改革的方向包括進一步開放資本帳，以及採用市場主導的匯率。中國的領導層對此一向謹慎，一直強調任何改變必須循序漸進，精密調控。這意味著，中國貨幣管理者一定會保證外匯儲備的主體是以美元為基礎的金融資產（如美國公債），從而緊密監控人民幣兌美元匯率，維持窄幅波動[24]。自一九九〇年代末，中國的貨幣儲備規模不斷擴充，最初總額不到二〇〇〇億美元，目前官方公布的外匯儲備已達三．二兆美元，雖較二〇一五年四兆美元的歷史高位有所回落，但足以抵住外圍壓力，令中國經濟不致在環球危機中喪失出口增勢[25]。中國要行此道以自保，就不能沒有美元。

中國偏重持有美元計值的資產，最大得益方固然是美國。正如第一章所述，美國之得益，主要因為國內儲蓄不足，無法填補財赤、維持固定投資，更遑論拉動經濟成長。中國傾力投資美元為基礎的資產，實際上等於將相當一部分的儲蓄盈餘「借」給儲蓄不足的美國。目前，在中國持有的國債內，長期美國公債總額約一．一兆美元，略低於日本的一．三兆美元[26]。大多數意見甚至認為，中國外匯儲備約六成是美元為基礎的資產。換言之，中國持有的美債——美國公債、特許房貸（即房利美Fannie Mae、房貸美Freddie Mac和吉利美Ginny

Mae）、公司債、證券和短期存款的總和——約達一．八兆美元，較美國財政部統計高出六〇％[27]。

美國之得益，同樣源於中國對美國出口產品需求的快速增長。在二〇〇〇年，美國總體商品出口量有二％進入中國。此後二十年，美國向中國的出口量年均增長率達一二％，高於美國向任何一國家的出口增長。至二〇二一年，中國占美國出口總量近九％，僅次於與美國接壤的加拿大（一八％）和墨西哥（一六％）[28]。在美國的出口對象國中，中國論量排名第三，發展也最迅速，對美國製造業和勞工而言，是莫大的支持，卻一直不被珍視。美國不少具影響力政客仍然認爲，中國只是美國出口市場的一個小角色，無關要害。這顯然是誤見[29]。

鑑於上述，我們把美中關係置於經濟互賴的框架中討論，是大有必要的。中國需要美國市場來保證出口外需，也需要美國金融來維持貨幣穩健。美國需要從中國進口低廉貨品，以提升消費者購買力和企業利潤，也越來越依賴至中國的出口。此外，美國還需要中國資本去填補國內儲蓄的重大缺口。到二〇一〇年，諸此種種已演化爲你來我往、活躍不息的狀態，兩國已形成相互依賴、各得其利的關係[30]。

互賴也是中國與全球其他地區關係的明顯表現。中國經濟已經緊密地編織進愈來愈全球化的世界之中，而這當中並非無跡可尋。自一九九〇年代末開始，世界歷經一連串全球性危機。對於全球化是禍是福，人們已產生根本的質疑。全球化看似會爲世界經濟帶來新的韌性，實際上則導致金融市場和全球貿易流動出現割裂與錯位，相互依存的經濟體紛紛曝露出新的弱點。中國向來非常注意任何潛在的脆弱因素，二〇〇五至二〇〇九年全球金融危機之後，中國態度變得更審慎，也開始反思自己是否過分依賴著環球經濟和全球化趨勢。

經過反思，中國開始將經濟戰略往自給自足的方向調整，從依賴外需轉向擴大內需（比如國內消費支出）。如第一章所述，自二〇〇七年總理溫家寶「四不」的批評即可見端倪，現更已廣為人知。二〇一九年國家主席習近平進一步闡其要義，易其名目，提出「雙循環」，強調須同時兼顧外需和內需。

中國策略一經調整，美中互賴關係就會遭遇重大挑戰。中國國內消費若有提升，儲蓄盈餘就很可能縮小，無疑會對儲蓄短缺的外國構成壓力。比如美國，一心在無儲蓄的條件下實現經濟成長，慣於「借用」中國盈餘。一旦中國達致自給自足，美國不可能不受影響，教訓也將非常深刻。

目前，美中衝突的種種張力，無疑是上述關係交互拉扯的結果。對中國來說，成長和發展一直是治國重心，是國家走出長年動盪、邁向偉大復興的關鍵。最初，中國復興的助力來自貿易夥伴，特別是本身亦處於發展瓶頸的美國。然後，中國開始重審自我，調整策略。日益深化的美中關係，自然受其撼動而失穩。衝突的種子早已播下，滋長在即。

轉折而生的衝突

美國和中國，從互行便利到相互依賴，關係的演化並非無因可循。觀其主因，是美國和中國自身都歷經著轉折。這裡說的「轉折」，是經濟活動的變化呈現出明顯階段的時刻。成長和發展期間的轉折屬於自然現象，只是在美中關係一事上，兩國自身的轉折動搖彼此的互賴。我們必須先理解過去美中關係轉折點背後有哪些複雜的來龍去脈，才能拆解現在的美中衝突有哪些因素在相互角力。

廣泛而言，從互行方便到相互依賴的轉折，反映著兩國關係從淺至深的顯著進展。互行便利的偶和，實質是一種膚淺的經濟聯繫，縱有跨境貿易和資本流動，於兩國對外關係而言，分量仍是相對爲輕。既然是膚淺的聯繫，那麼失去夥伴，也談不上有什麼後果。相互依賴的關係就不一樣了，其中的經濟聯繫是深層的，所涉的跨境貿易和資本流動在對方國家的相關總量中占重大比例。既然是深層的聯繫，那麼夥伴的支持，就對自己具戰略意義。失去這樣的支持，存亡便受威脅，大局就會失穩。

互行便利的淺層關係若發生變化，至多帶來一些摩擦，一些迴轉，極少引發衝突。深層的互賴關係若出現變數，卻會嚴重影響貿易或資本流動。慣於依賴外部支援的國家，其經濟體往往不甚穩健。比如美國和中國，兩方都有儲蓄失衡的問題。本身既已失衡，自然更易被深層對外關係的變化所擾亂。如果這些變化是不對稱的，後果就更嚴重。所謂不對稱的變化，意即一國策略有所調整，而另一國未作相應調適。這樣的結果改變兩個夥伴關係之間的互動條件，是一種對雙方相互脆弱性的嚴重威脅。

我們有了膚淺和深層關係之辨，就更能將美中衝突看個明白。兩國經濟體制雖然迥異，但有一個關鍵的相似點：美中都是爲了面對重大經濟挑戰，才與對方發展深層關係。兩國都希望從外爲內部發展矛盾找到解決方案。於是，每當轉折迫近，他們對外的反應往往都針對彼此。這就是美中關係的問題之源。

對於中國而言，當代發展戰略基於鄧小平「改革開放」方針，一開始就深深依賴美國的外需以帶動出口，其後增長和發展也確實驚人。對於美國而言，與中國建立深層聯繫，有助解決三大經濟難題。其一，以中國進口的低廉商品取代本國製造的高成本商品，釋放長期受壓的消費者購買力。其二，利用中國資本，彌補本國巨大的財赤。其三，大幅提升向中國的出口量，刺激本國經濟成長。若沒有彼此的深層聯繫，不論是中國的發展困境，還是美國的停滯性通膨，都難有絕處逢生的一天。

一九七〇年代末到一九八〇年代初，中國亟需改革開放，美國亟需終止停滯性通膨。美中就是在這樣緊迫的轉折態勢下開始往來。正因迫於解困，兩國對彼此提供的解決方案都欣然接受，也願意分享其成，形成典型的雙贏局面。這個時期，不論內部轉型的方向，還是外部深層的互動，兩國的策略都是相輔相成的。

這一禮尚往來的階段並不持久。兩國的儲蓄差異始終沒有收窄，最終動搖互賴的關係。

感恩遂化爲仇愾，勢成對決。美國貿易逆差和儲蓄的缺口不減，內傷已深，同時中國的儲蓄盈餘也一直居高不下，正是衝突的火種。

不過，儲蓄差異只是冰山一角。在美中兩國，社會矛盾也同時加劇經濟和貿易衝突。首先，兩國都長期疲於應對中產階級的怨懟。在美國，問題見於實際資薪的停滯、日益嚴峻的不平等，以及自殺、酗酒、嗑藥而致的「絕望死」（deaths of despair）[31]。在中國，問題源於農村過剩勞動力難以吸收，人口日趨老化，社會安全網未及充分。時至今日，兩國還要長期承受新冠肺炎過後的種種重壓，還要應對歐洲戰火中一再升級的全球危機。美中各自的發展在過去十年已是挑戰重重，未來的困難也不見得會減輕。經濟、社會、政治和地緣戰略的種種張力，更將美中關係衝突帶入複雜的境地。

毫無疑問，美中衝突會令各自的經濟問題更加複雜。美國之於中國，是萎縮中的出口市場，但中國仍視美國爲出口增長的一大來源。如果美國關稅持續打壓中國向美國的出口貿易，那麼中國就要另覓夥伴，塡補缺口。鄧小平時期促成的中美貿易，正是一個補缺的嘗試。另一方面，美國的生產力增長率下滑，人口結構不理想，外債有增無減，一切都迫在眉睫，令美國經濟舉步維艱。美國也要找新的方法，再創經濟繁榮。除此之外，兩國也有一些共同的疑難，例如社會不平等、教育、氣候變遷、衛生醫療、種族（美國）和民族（中國）歧視等問題。爲此，兩國的經濟成長策略無疑也需相應調整，挑戰之大，可想而知。

美中兩國在疲於衝突之際，能否化解上述矛盾呢？若任由衝突激化，索性化友爲敵，事情顯然會更難收拾。然而，目前情況恰恰如此。美國過去對中國的低廉商品敞開大門，現在卻視任何來自中國的物事爲威脅，要除之後快。中國也一樣頑固，堅信美國一心遏制自己的發展願景，要群起反抗。不論布設威脅，還是對抗威脅，都會讓衝突更難化解。

從上述種種可以預見，美中兩國很可能在未來須長期小心拿捏內需和外需之間的平衡，也終有一天要給出徹底的解決方案。這番角力早已形成惡性循環，還會愈演愈烈。耶魯大學歷史學者蓋迪斯（John Lewis Gaddis）談及毛澤東的做法，「鬥爭是團結的手段」，對外發動戰爭，就是對內維持團結的主要途徑[32]。這是否也適用於習近平時代？美國是否也在做同樣的事情？

團結一國上下，加入一致向外的公義對決，這爲當前貿易戰的兩方提供一個重要的支持因素。只不過，習近平欲燃起民眾的愛國熱情，是否必須以中美關係破裂爲代價、爲催化劑，才能成功？過去川普又是否一定要用保護主義來包裝戰術，才能駕馭政壇，才能「讓美國再次偉大」（Make America Great Again）？

就當前而言，兩國無疑都需要馬上行動，當務之急是經濟成長。在習近平任內，中國人均GDP的年成長率跌至六．一％，明顯低於鄧小平、江澤民、胡錦濤三任主席管治時期的八．一％，但勝於毛澤東時代的三．六％[33]。一國元首要如何讓中國民眾相信，經濟成長放緩只是暫時的犧牲，爲的是一個中國等待已久的轉型，爲的是從追求成長的「量」，轉爲提高成長的「質」？這取決於習近平會怎麼做。

美國面臨的問題也很相似。全球金融危機之後，美國人均實質GDP年成長率自二〇〇七年開始一路跌至〇．六％，與一九五〇至二〇〇六年期間的二．三％相比，成長速度只有過去的四分之一[34]。歷史可鑑，每次經濟成長放緩，總會曝露出底層的經濟與社會弊端，貿易戰之類的國際衝突就會隨之加劇。美國的經濟成長挑戰龐然若此，該如何解決？這要看美國的領袖會怎麼做。

以上問題縱然嚴峻，仍不乏希望之光。兩國正爲勢所迫，如臨深淵，是時候仰賴求生的意志和領袖的智慧，找到一線生機。鄧小平的眞知遠見，曾在舉國蕭條的困難時期爲中國人開闢新途。美國聯準會主席伏克爾也曾憑其獨到眼光和嚴明處事，帶領美國完成史上最艱鉅的一次經濟轉型[35]。美國與中國的管治體制雖然大不相同，但在關鍵時刻，兩國都試過在政治經濟和繁榮目標之間周旋出一條出路。這樣的轉機，能否再一次發生？

關係的框架

經濟互賴是一種深層的關係，意義遠超出可量化、可目察的夥伴關係。兩方交往若像偶然的連理那樣，只停留在膚淺層次，那麼關係就可有可無，彼此不作承諾，來去自如，得失不放心上。互賴乃基於具重大意義的連結，性質嚴肅得多[36]。互賴的雙方傾力投入彼此，以對方的支持維生。本書後文也會談到，互賴關係的終止如同分手會摧毀彼此。美中兩個世界經濟大國的互賴關係正處於衝突期，也面臨著同樣的風險。

用人際交往的病態，去解釋經濟關係的危機，可能有過分延展概念的嫌疑。心理學是關於人的心智與行動的學問；經濟學則是研究個人（微觀）和經濟體（宏觀）對有限資源之分配的學科。最執著的經濟學家內心通常是不得志的數學家，都慣於藐視經濟分析的心理學層面[37]。經濟學和物理學一樣，視「數學性」（mathiness）爲形容學問超群的褒義詞[38]。人類的慾求、敘事、關係等模糊概念不易化爲數學模型。經濟學家凡遇到這些概念，卻無法表諸數學建模時，一律以「理所當然」處之，假定所有個人和企業都是在「完美資訊」條件下運作的「理性決策者」[39]。想想便知，現實有那麼多不完美，怎會有「理所當然」。主流經濟學有此缺失，行爲經濟學便前來彌補。行爲經濟學是相對較新的領域，重於研究認知和情感因素對於經濟決策的影響[40]。儘管行爲經濟學已誕生好幾位舉世景仰的學者，但學科本身在很大程度上仍然是傳統經濟學的一個神祕分支。

話雖如此，互賴心理會如何演繹成經濟行爲，仍是一個誘人的課題。從書的開頭至此，「互賴」在字面上的英文對應詞爲Codependency。考其定義，中文表述爲「病態依賴」亦妥。根據美國精神醫學學會（American Psychiatric Association）出版《精神疾病診斷與統計手冊》（*Diagnostic and Statistical Manual of Mental Disorders*，簡稱DSM或《手冊》）的定義，Codependency是一種「關係成癮」（relationship addiction），患者通常過分在乎別人的需求，而將自己的需求放在次要位置[41]。《手冊》接著指出，關係成癮具漸進性，規律符合

「防禦性運作量表」（defensive functioning scale），並且強調在互賴關係循等級加深的同時，衝突也會跟著升級。所以，這樣的關係起初具高適應性，但最終會演變爲徹底的決裂，最後的一拍兩散屬於一種「防禦失調」（defensive dysregulation）[42]。

從精神醫學角度看美中關係，有可能不易理解。但我們不妨以表1（見P.73）爲嘗試。表1希望合併心理學和政治經濟學角度，在同一表格呈現美中互賴關係的演變。此法至少能提供一個有效而具條理的框架，解釋美中關係的各大進展，透視種種意外衝突之不實敘事的內在肌理。在此基礎上，本書第二部、第三部將詳細展述兩國關係的內情。

表1列出美中衝突升級過程中的七大事件，並將事件逐一對應至DSM防禦性運作量表的相應級別。「美國」和「中國」豎欄若標記爲X，代表該國是這一階段衝突的始作俑者。若事件對應的橫欄有兩個X（即兩國各一），代表兩國都難辭其咎，或有以牙還牙的報復，或兩種情況兼而有之。這一列表並不是爲了計算兩國在「責難遊戲」中誰得分高、誰是主犯，而是希望藉助DSM量表，呈現出衝突升級期間事態的漸進發展。至於哪一國在相比之下更應視作衝突的「元兇」，並不是這個列表要處理的問題。

表1的對應關係當然不盡嚴謹。在後文章節，我還會詳細分析衝突升級時一些複雜曖昧的細節。但在這一刻，我們採一抽離的角度，試用易發衝突的病態依賴關係模型去解釋美中紛爭，應該是合理而可行的。這種關係有三大特點，或者正是兩國衝突避無可避的原因。

其一，病態依賴關係本質上基於**反應**。美中往來初期，兩國都有脆弱的一面，收到對方發出的合作訊號，會立時反應。對於任何一方而言，對方的支援如果突然消失，自己的反應會誇大或過激。美國儲蓄不足，也缺乏經濟上的自我身分。於是，一旦中國的儲蓄盈餘資本有所下降，或將資本調離美元爲基礎的投資，美國就會深感威脅。同理，中國缺乏內需支持，不易實現消費者導向的經濟成長。一旦美國對中國出口加徵關稅，或者制裁重要的中資企業（例如華爲），中國也會深感威脅。畢竟，美國消費者仍然是構成中國產品的重要外需，美國也仍是中資公司希望迎合的市場。

其二，病態依賴關係傾向引起**不對稱**的回應。很多時候，互賴的雙方中只有一方覺察到變化的需要。一個經濟體求變自救，往往需要制定可持續的成長戰略。在中國，這可能意味著減少儲蓄、增加消費，並在實施經濟改革方面更加規範。至於美國，要做的可能是量力而爲，提高儲蓄，並利用這些儲蓄資金投資於新的產能、基礎設施和人力資本。

每當互賴的一方有所改變，而另一方沒有，不對稱的問題就來了。打個比方，如果有一天，中國眞的推行且完成經濟成長的結構調整，成功將重心轉至私人消費、服務業、本地創新，也縮小了儲蓄盈餘，而同一時間，美國卻保持不變，繼續在消費者爲導向、低儲蓄、高赤字、高外債的環境下，那麼美中的關係勢必失去穩定。中國經濟如果能找到新的平衡，減輕對於出口和金融資本盈餘的依賴，未來就不再對美國有求必應。由於不對稱的關係帶來的可行後果，見諸行動，就會釀成衝突。

當然，不對稱的關係變化不只出現在經濟層面。目前，政治勢力的轉移尤其值得注意，不僅在許多人認爲民主正受到嚴重威脅的美國，也包括在中國，正如我們後面章節馬上要談到的，習近平領導下的政治戰略已經發生戲劇性的變化[43]。兩國的政治局勢都有可能引發重大震盪，實在難說哪一方的變化更具威力。但在這一刻，我們可以肯定的是，兩國內有政治經濟之變，外有交互角力，這也是中美關係失衡的重要成因。

其三，病態依賴關係關係是一種**漸進**的失調。在表1，我們將美中衝突的重大事件逐一與DSM防禦性運作量表的級別並排列出，就是爲了說明何爲「漸進」。病態依賴關係是一種基於

表1　衝突的分析框架

DSM防禦性運作量表	美國	中國	美中衝突的重大事件	衝突起源的說明
高度適應期	X	X	偶然的連理	美國發生停滯性通膨；中國結束大躍進和文化大革命，進入經濟動盪期；兩國均需求新的成長來源
心理壓抑期		X	民族復興	雪「百年恥辱」、揚國族主義的「中國夢」
輕度形象扭曲期		X	習近平思想	不屬於重大戰略突破，更重於修正主義的改革落實；習近平上升至毛澤東的地位
否認期	X		雙邊赤字固化	對宏觀經濟儲蓄不足的反思較多，對不公平貿易的反省較少
重度形象扭曲期	X		美國貿易代表署《301條款報告》	基於邏輯謬誤和薄弱理由的指責；性質近於一九八〇年代美國對日本的政治責難
行動期	X	X	貿易戰／資訊戰	事件反映兩國對於存亡的深層恐懼：中國害怕被美國箝制；美國害怕中國的科技支配
防禦失調期	X	X	冷戰2.0	兩國的措辭和行動均有早期徵兆（如：兩國互列黑名單），處於冷戰2.0的「山麓」

《精神疾病診斷與統計手冊》（DSM）防禦性運作量表的資料來源：American Psychiatric Association, *Diagnostic and Statistical Manual of Mental Disorders*, 4th and 5th eds. (Washington DC: American Psychiatric Publishing, 2003 and 2013)。

反應的失調，所以不對稱的變化易生摩擦、易致緊張。美中任何一方若對經濟成長戰略作出調整，另一方都會視作威脅，也會確切感受到威脅。任何一方只要有一點脆弱，缺一點自信，就會因受威脅而責難對方，也會自視爲受害者，爲求一種心理防禦。事若至此，衝突就會漸進而升級[44]。

上述的行爲反應，並非憑空發生。一切都可以在人類行爲相關的陳述中找到根源。在下一章，我將通覽美中政治經濟衝突的誘發和傳播過程，探討雙方的敘事（narrative）在此中的關鍵作用。

每到關係生變，須作風險評估的時候，關鍵是判斷所見的風險是否果有其事，眞實的敘事有多可信，不實的敘事有多薄弱。明辨事實與故事之別，有助揭示引發衝突的人爲動機。即使不爲找動機，我們也能看清一事：病態的互賴關係，因其內在性質，注定會令行動和反應漸進升級，於經濟如此，於個人亦然。二〇一六年美國大選那些拉票的戲碼，現已演變成一次貿易大戰，一場科技大戰，甚至新一輪冷戰。可以想像，美中兩國都會否認自己有錯，只會責怪對方挑釁。衝突的升級可說是自圓其說的過程，也很可能有自我毀滅的結果。

以心理分析的角度去思考經濟，的確可能是一種方法論的過度延伸。但是，一段先天失調的關係，必然會引發危險，這是毋庸置疑的事實。經濟學、心理學等社會科學的研究，都強調第一個步驟是診斷，然後再解決衝突、修復關係。美中關係病重已久，病態依賴是不是準確的診斷？如果是，那治療的方案是什麼？

第三章

兩個夢想

關係的衝突，若要深思起來，難免令人不快。不過，就算像經濟學的科學原理那樣讓人抑鬱的物事，也總有光明的一面。關係不一定要趨於惡化，歿於衝突。坎坷常在，但只要彼此互存信任，樂於設想並接受變化，機遇就會發生，可讓衝突化解，讓雙方蛻變。此爲一切關係長久互惠的根本。人與人相處如此，國家與經濟體之間的往來也如此。

一個國家的夢是一番關於可能性的暢想。美國夢和中國夢都是國族品格的體現，根在史論傳說，表於昇華的語言。美國歷史學家亞當斯（James Truslow Adams）是美國夢的使者，見知於一九三一年大蕭條時期❶。現任中國國家主席習近平是現代版中國夢的倡導，功成自二〇一二年底就任中共中央總書記的時刻❷。最初的美國夢傾於一種描述社會現實的文學意象，新生的中國夢則近乎一位新的領袖發乎鴻鵠之志、出於國族理想的政治宣言。

這兩個夢，都旨在賦予國民自信，指明前進方向。然而，兩者各有焦點。美國夢說的是獨立個人的機遇，中國夢談的是偉大民族的復興。兩者也各自處於不同歷史語境❸。美國夢在大蕭條最低谷、舉國嚴重絕望中應運而生，中國則是在國力躍升時得其雛型。

習近平提出「中國夢」後的幾年裡，相關評論排山倒海而至[7]。他在展述時加上的三句話，悉以「人民」爲核心，而且冠在初次宣告的那句話之前。這三句話尤其值得注意。畢竟，觀其英文，中華人民共和國是「人民共和的中國」（People's Republic of China）。言及國家的夢，而不顧國名的首字，恐怕會誤放訊號，彷彿宣稱國家的權力高於人民的需求。話若這樣說，就極易被解讀成一種惡意的威脅，讓人以爲這個躍升中的國家新任領袖竟如此強勢，罔顧國民的意願。話的開端加上這三句，正是自我修正之舉。「中國夢」不僅關乎力的展現，也關乎力的運用如何能滿足百姓所求[8]。後來，習近平成爲毛澤東之後最強勢的國家主席。這三句意在修正的話，也引來深深的質疑（詳見本書第三部分）。

對於習近平來說，經過展述的「中國夢」形成一則無所不及的信條。這既是他與人民連結的基石，也是激發愛國情懷的呼召。同時，這個「夢」也是政治宣言、社會前景和經濟目標，於內於外都有重大影響。「夢」合乎集體繁榮的理念，構成從全面小康社會走向偉大社會主義國家的宏大願景。也許，更重要的是，「夢」傳達出中國重奪全球大國之位的決心。諸此種種，都師出有名，爲求「復興」。

中國處於躍升期，其「復興」於地緣戰略也有重要影響，軍備和盟友的發展都在此列。習近平提倡中國人民解放軍的現代化，是尤其顯著的舉動[9]。在外交方面，習近平最具標誌性的戰略是「一帶一路」。在此戰略下，中國大力投資於同時也極力影響著超過一百四十個國家，投放高達三十兆美元興設超大型基建，網絡遍及亞洲、非洲大部分地區、歐洲，並開始涉足南美洲[10]。「復興」對於國內經濟也有深遠意義。中國目前產出占全球產出約一九%，較其在十九世紀中期所占的三五%，只有一半左右。中國在重振其全球經濟領導地位之前，仍需要在復興的道路上走得相當遠[11]。

與此同時，強調「中國夢」的本質在於「復興」，可能也有誤導的風險，讓人覺得中國一直自輕爲外侮的受害者。按照「中國夢」的邏輯，若沒有往昔的列強侵華，今日的中國當可輕鬆穩守大國地位。如此說法內含一種前設，即中國不需爲清末民初內患日深、帝國滅亡乃至國力重挫的悲慘歷史負上責任[12]。這一說法也避談中國在失落技術大國一事上的責任。有史以來，至十七世紀，中國一直是創新的國度。後因集權之故，科技未能日新，最後竟沒有躋身十八至十九世紀工業革命的前沿。有「復興」的前設，此事可存而不論[13]。中國若只執迷於復興，拒不接受過去因失誤所致的厄運，最終就會習慣將自身的問題歸咎於他人，也將一種虛假的衝突置於自己夢想的中心。下面我們會慢慢發現，有此傾向的不只是中國。

對比來看，打造「中國夢」的是政治領袖，構想「美國夢」的則是作家兼歷史學者。築夢者亞當斯在著作《美國史詩》（*Epic of America*）寫下這樣的篇章：

> 美國夢是關於一方土地的夢。在這片夢之土地上，每一個人的生活都更富足，更飽滿，每一個人都擁有合乎其能力、對應其成就的機會。
>
> 這不只是一個開轎車、領高薪的夢，而是一個社會秩序的夢，裡面每一個男人，每一個

女人，都能夠將自己的天賦發揮至淋漓盡致，都能夠因忠於自己而得到認可。……如果美國夢終將實現，我們共同的精神和智識生活將遠遠高於其他地方，那些地方的階級社群各有各的利益、習慣、市場、文藝和生活，他們的社會涇渭分明。……如果我們要親手實現美國夢，我們必須一起努力，未來建起的一切不再需要更大，而必須變得更好。有追求量的時候，也有追求質的時候⓮。

這段話寫在一九三一年，是絕境中的發聵之聲，能喚起國民的樂觀精神。當時美國經濟出現有史以來最嚴峻的收縮，實質GDP在一九二九至一九三三年間跌幅達二六％，全國失業率升至二五％⓯。

這時的美國心情沉重，陷於深深的自我懷疑，亞當斯卻不畏懼，反而敦促大家要重拾自信，懷抱希望。對於身心俱疲的美國人來說，亞當斯的話語不僅是一番鼓舞，甚至是一種近於信仰的精神啓迪。亞當斯強調，人們能夠憑能力收穫回報，社會利益應該大於物質慾求，階級分野應堅決拒絕。這一切都在說明，美國就是那片能爲所有人帶來偉大機遇的國土。在極端的困境和匱乏之中，亞當斯的話是美國人亟需的一聲高尚而鏗鏘的宣告。

之後幾十年，亞當斯的願景備受質疑。美國的性別和種族不平等持續惡化，中產階級薪資滯停的問題無法解決，種種矛盾撕扯著社會，而社會愈發以物慾爲本。這些大事，以及其他更多，都日積月累下來，讓亞當斯的理想顯得幼稚。儘管如此，每逢國難當前，亞當斯的呼召，總會一再喚醒美國人對美好未來的希望。在國運昌旺的時期，美國夢也仍然是一個豐實的精神模型，讓人能想像可望也可即的種種可能。

一個國家既要持續繁榮，也要優質生活，是無可厚非的。只是，極少國家能兼得魚與熊掌。經濟、社會、政治等等的變動之下，前進的道路會分脫開岔，一些夢想在咫尺之距，卻有更多的夢想正在粉碎。中國夢和美國夢反映著兩國在過去幾世紀截然不同的發展軌跡，但兩者也有驚人的相似。習近平的願景可從國內和國際的角度來解釋。同樣，美國夢也有對內和對外的意義。回溯美國歷史，美國人一直希望一代比一代享有更優質的生活，一步接一步消除貧窮和疾病，也一點一點擺脫財富帶來的物慾牽絆，並且，一切仍如亞當斯所堅持的那樣，能力和付出可獲得相稱的回報。

自外而觀，則不難發現，美國夢長久以來一直以開放邊界，廣納移民爲前提。自內來看，美國的超卓軍事力量則顯示著某種準備[16]。不論從哪一角度而言，美國一直堅守的理念和理想是機會，一直捍衛的是強韌的國民品格，這一切都受到法治的保護，重視公平的結果。

在亞當斯的理想國，質量高於數量。這恰恰呼應著中國當前的戰略挑戰。亞當斯寫美國時說，求量有時，求質亦有時。中國何嘗不是？鄧小平的超速經濟增長戰略，已逐漸代以溫家寶和習近平的穩速優質增長方案。隨著經濟發展至成熟，領導人開始關注品質，是意料之中，也是爲勢所迫的事。對於兩國來說，繁榮的夢想終究會遠遠超乎徒有的增長。亞當斯的宣告已有明言，溫、習的國策亦有暗示。

當然，不論哪一個夢，都附著一份應許，承諾夢想可以實現，特別是在國家因對外衝突而受重壓的時候。若如上一章所說，美中之間是互賴的關係，那麼中國夢可能與美國夢相互衝突。摩擦的根源在於兩國都有以人民爲本的理想，但國情非常不同，經濟發展階段極不相稱，而兩國都有將自己的問題歸咎於他人的壞習慣。互賴的局面已令儲蓄和貿易的不平衡演成禍心，兩國各自的增長動力也愈發脆弱，一切都會讓兩國的夢想之途再遇荊棘。

一個國家的夢想，最重要是能投出向前瞻望的視野，給出充滿希望的目標。中國夢發乎雪恥之心，美國夢源於絕境的自救。兩個夢都勾勒出往前向上的軌跡，竭力走出沉墜的歷史。兩個夢都是未完成的浩大工程。曾經赤貧、如今小康的中國，仍有許多發展目標要實現，追求繁榮的任重而道遠。早已富強的美國，內有嚴峻的結構缺陷，要繼續繁榮，穩定增長，前路也一定不易。

不論看待哪一個夢，我們都不能只考慮經濟。經濟方向若沒有政治體系的配合，任何夢想都會破滅。國家的夢想需要政治經濟來扶持；政治經濟的決定因素在於治理和領導。

再思繁榮

不論「美國夢」或「中國夢」，都不是兩國當前的靜態寫照，也不是往日成就的榮譽紀錄。美國人均收入在一百五十年內增加十五倍，中國用四十年增加二十五倍⑰。往績確實值得驕傲，但不是「夢」的本質。「夢」是前瞻的，是不管過程有多麼困難，有多少不確定，仍然對未來的一切可能性充滿盼望⑱。

經濟學家、政治人士和政策制定者習慣以GDP來衡量夢想實現的程度。現在我們已經很清楚，這一方法不論用於結算往績或預測將來，都有很多紕繆。國際通用的國民收入帳系統一直備受批評的原因之一，就是不把負面的外部性考慮在內。諸如自然環境惡化、交通運輸擁擠、廢物排解不暢、勞工安全不足、化工及核廢料日增、氣候變遷加快等因素，現在仍然是經濟統計的盲點⑲。一個籠統的GDP也幾乎不能反映國民收入的分布情況，無助於公平和平等的議題。更重要的是，基於GDP的計法獨厚經濟成長的「量」（比如規模和速度），而輕視經濟成長的「質」。

GDP有上述不足，也有具啓發的一面。透過GDP，我們可以看到一個國家企盼的成長軌跡。經濟成長的可信度和可實現度，都是GDP可以反映的關鍵層面，是國家夢想中種種可能性的現實基礎。「夢」似是一種幻想，也是一種檢驗現實的對照。

對於中國來說，有待檢驗的是經濟轉型的成效。當前的轉型目標是一個強而有力，並吻合溫家寶「再平衡」方向的成長模式。這次盛大而複雜的轉型，倘若順利完成，人均收入在二〇二一至二〇四九年間將有三至四倍的增長，「偉大社會主義國家」的百年大業也指日可待⑳。這些是實現「中國夢」的基本條件。

不公平現象持續惡化的趨勢，出現在中國這樣的發展中國家，其意義大大不同於在美國這樣的富裕國家。在一九八〇年代，鄧小平就曾指示，經濟發展初期的成果預計不能平均惠及社會所有階層[25]。他強調，經濟發展的回報最終還是要從先富起來的人手上，轉移到最初落後的社會大眾。這是一個不言自明，卻意義非凡的觀點。的確，在一個發展中國家經濟起飛的時候，首先由優先發展地區的高學歷、高技術勞動人口來創造繁榮，繼而形成財富分配不均，這也是正常的暫時現象。而最終的目標，還是要讓越來越普遍的人口參與經濟發展，從而消除貧困。

鄧小平經濟發展階段論的核心，後來成爲習近平「共同富裕」政綱的焦點。「共同富裕」強調必須縮窄不斷擴大的收入和貧富差距[26]。有跡象表明，中國的收入和財富最初集中於東部城市化地區，現已逐步向全國其他地區流動[27]。不過，「共同富裕」的政綱在全世界引起的情緒還是以疑慮爲主（見本書第四部分）[28]。一個歷來收入和財富分布不均、不公平現象日趨嚴重的國家，忽然提倡共同富裕，此中應有另一些暗示，值得深究。

習近平與鄧小平不同。他認爲要改變不是財富的地區分布，而是財富分配的整體原則。這一想法有其道理。截至二〇一五年，中國整體財富已達收入水準的七·一倍[29]，遠遠高於同年美國的四·七倍，比起中國一九八〇至一九九〇年代四·三倍的平均「財富/收入比」要高出整整六五%。中國的房地產市場迅速冒起，似乎是「財富/收入比」持續攀高的主因。所以，中國的新繁榮並沒有什麼「共同」可言[30]。在所謂「和諧社會」裡面，不斷擴大的貧富差距，已經懸殊到無法忽視的程度。

從貧富懸殊的趨勢，可見「中國夢」裡的經濟回報有一種內在的分裂。目前，中國就業率和實質薪資正不斷提高，勞動人口的收入水準亦在提升，可是，這遠遠追不上在城市化和土地規劃進程中房地產所有權所激發出的強烈物慾和巨大利潤。從這一點來看，中國和其他愈來愈依賴房地產經濟體所經歷的波折是一樣的。習近平有意遏制某些財富的過度積累，於是提出「共同富裕」的概念，刻意與過去四十年的發展模式作一切割，同時也賦予「中國夢」一套新的發展目標。

不公平的惡化趨勢同樣威脅著美國，但痛在別處。美國普遍愈來愈不相信共享繁榮的願景，原因有很多，包括公共教育制度不善，城市和社會風氣萎靡，酒精和藥物濫用嚴重，家庭結構潰散不穩，而且，國內有一種只利於資本持有者、不利於一般勞動人口的體制，已經固化成型了。美國曾經能維持較快的經濟成長，但不是每一個人、每一產業都能逐流而上。二〇〇〇年後經濟成長放緩，社會不公受到激化，許多人自然對「美國夢」的美好承諾產生深深的懷疑[31]。

每一個國家的夢想都對未來抱著樂觀的願望，但不能保證願望成眞。一直深深依賴彼此的兩國，在互賴的同時，還能不能實現各自的夢想，也是未知之數。我在上一本書《失衡的經濟》曾提出一個觀點：美中兩國若要共享繁榮，最有機會成功的方案，就是兩國同步改革經濟結構，共同扭轉失衡的格局。這一改變目前尚未發生。

我們用互賴的框架去理解美中關係，最終是希望表明，美中經濟歷來互取所需，是一件福禍相依的事。多年以來，這段關係利大於弊，兩國互相提供發展動力，鞏固經濟實力，離夢想愈來愈近。不論美國或中國，都需要依靠對方來實現成長目標。在一開始，這樣的關係是一種極偶然的互利。

然而，到了最後，這段關係不再是水到渠成，也不能細水長流。衝突，是現在的新常態，大有可能將美中的夢想捲入毀滅的漩渦。沒有多少人能察覺出危機的迫近。我在二〇一四年的舊作說過，這樣的衝突發展起來，一定是場「惡夢」。當時的我卻也樂觀地說，惡夢不像好夢，大多不會成真。不幸的是，我在書中推演出一系列惡夢的情節，有一些居然不受任何法則約束，已演成現實。貿易戰就是其一。每到夜深，我想起自己曾設想過的夢魘，總不禁背脊發涼，徹夜難眠。

每一個國家的夢想都像一件新衣裳，由不同的布料裁成，沒有一模一樣的。美國和中國，一個早已雄霸世界、富冠全球，一個正在迅速崛起、實力日厚，處境當然很不一樣。主宰兩國經濟成長和財富分配的制度雖然不同，但兩國都面臨著同樣的挑戰，即如何在不傷及他國的前提下，解決自己的成長困難。這是一項攸關命運的挑戰。美國和中國各有追夢的命運，有著不同的旅途。此方的夢想，完全不需以犧牲彼方來達成。

敘事身分與敘事衝突

美國和中國的「夢」在根源與歷史上的差異，其實是兩種國格的反映。這些差異引出更深層的問題：提出一個國家的「夢」，爲的是什麼？國家的「夢」如何融入更廣闊的政治、社會及經濟話語？

誠然，這些問題沒有簡單的答案。「夢」可以發出團結愛國的呼召，可以傳達政治領袖的宣言，可以給企業家和冒險家一種激勵，也可以給予普通民衆一種關於公平和機遇的承諾。「夢」也可觸及兩國關係的某些議題。不論重點在哪裡，一個國家的「夢」基本上是一個故事，一個關於未來之可能的敘事。

國家的敘事自有一種使命，並非一般的簡單故事。心理學學者提出一個概念，叫「敘事身分」（narrative identity；亦譯「敘事認同」），指一個個體對於過去生成一種自傳性的重構，並在重構的基礎上想像的一個未來㉜。這個概念契合於上文對美國夢和中國夢的溯源。兩國的「夢」飽含的願景離不開歷史的磨難，例如美國的大蕭條，中國的百年國恥。征服逆境的歷史經驗，無疑在兩國都催生出希望與夢想，指向一個昂揚的未來。

目前的問題在於，國家重構出來的歷史，正影響著關於未來的敘事。時間可以療癒不少創傷，但也往往會令記憶模糊，甚至扭曲。中國國家敘事的核心是「復興」，而正如上文所說，「復興」的力量具有雙重性既是一種激勵國家克服「百年國恥」的正能量，也是一種慣將自己的問題怪罪於人的負能量。美國的國家敘事也有類似傾向。大蕭條固然是一場始料不及的浩劫，毫無準備的民眾深陷其害。但是，這場經濟崩潰也是由當時的國人一手釀成的，內因可追溯到「咆哮的二〇年代」前後那種不顧後果、極盡奢靡的風氣，相關論述已有不少[33]。

人們對於一段歷史，可以產生截然不同的敘事，箇中差異是判別眞僞的關鍵。在本書第二、三部分，我將提出一個論點：美國與中國現在陷入衝突，很大程度上是因爲兩國任由不實的論述來左右自己的敘事身分；這些不實敘事主要關於兩國各自的歷史，裡面既有錯置的印象，也有扭曲的觀點。

敘事經濟學大師席勒（Robert Shiller）早已指出，敘事對於經濟議題有著重要影響，但經濟學家一直對敘事的作用輕描淡寫[34]。席勒相信，敘事的影響值得重視。顧名思義，「敘事」提供的是一種故事發展的敘說，能引導人們的反應，能作爲理據支持人們的行動，也會左右事情的結果。「敘事」能感染人心，因爲其言說總會觸及重大問題，總會引起辯論，並構成辯論的氛圍，也總會牽動公眾的反應。

國家敘事對公眾話語的影響，往往會高速傳播。我們不妨從流行病學的角度，試加解釋。流行病學強調，制控傳染病的散播，關鍵在於兩點，一是曝於傳染病源之人群的易感性，二是傳染病的傳播性[35]。Covid-19新型冠狀病毒就是一個顯著而合時的例子。這種病毒是新近出現的，沒有自然免疫力可言，因此它有更大的可能攻擊高度脆弱的人口。很快，人們發現，新冠病毒可經空氣粒子傳播，傳染力很高。

如流行病一般，國家敘事傳播起來，就構成現今的美中衝突。一國的「夢」具有脆弱和易感的性質，但凡遇到關繫國家存亡、有損國家願景的威脅，就變得特別敏感。如果一個國家沒有「夢」，就沒有什麼可受威脅。正因爲美中兩國深切互賴，衝突頻發，處處是危機，所以「夢」才這樣脆弱而易感。

圖1數據來自Google Ngram Filter，顯示「US-China conflict」（「美中衝突」）這一英文詞組使用頻率的變化曲線。從中可見，美中衝突的話語確實像病毒一樣爆發、傳播；話語既是病毒的使者（如頻率峰頂的「川普效應」），也是病毒流行的媒介（如政治分化的社群媒體）[36]。話語剛好出現在某一時機，配合當時的語境，就會令人們對某些言論更趨易感，更大肆傳播。美中衝突的言論一直升溫，呈現近乎病毒大流行的傳播模式，是有原因可循的。全球經濟放緩，美國民粹主義與中國民族主義頻發碰撞，新冠疫情爲環

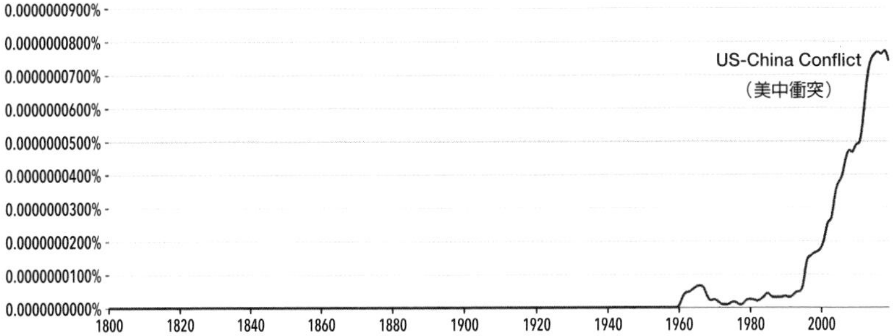

圖1　「US-China Conflict」（美中衝突）為關鍵詞的搜尋結果

數據來源：Google Ngram Book Search, 1800-2019; Google Books Ngram Viewer, http://books.google.com/ngrams。

球各國增長帶來震盪，都是關鍵成因。正如席勒所說，這些擔憂的廣泛結合，特別是它們自我加強的集體影響，是使敘事傳播得如此迅速的原因。美國和中國之間的衝突，觸及兩國各自一些深層而龐大的焦慮情緒。

流行病學給世人的經驗是，但凡傳染，終有停緩的一日。我們從新冠肺炎也認識到，要控制疫情，一則靠群體免疫，也就是說，社區在一大部分人口感染之後，就會有自然抗體，疾病就會受控；二則靠醫學干涉，即爲社區人口注射疫苗，截斷感染鏈條。

說到這裡，我們就很難繼續疾病傳播與美中衝突敘事蔓延之間的類比了。從Google Ngram所載「US-China conflict」的搜尋頻率可見，人們對「中產階級的焦慮」或貿易戰之類的經濟問題並不會產生自然抗體；再者，我也不認爲任何針對經濟問題的補救政策能有疫苗的功用，讓兩國免疫於衝突。

本書旨在提出一種批判思維，以區分眞實的論述和不實的論述。時間將爲任何論述之眞僞下一個終極的證明。然而，這一證明的得出，可能需要很長時間。在等待判斷的期間，不實敘事可能持續有著影響，甚至危害至深，以致社會憤懣，政治敗壞。二〇二〇年美國總統大選的「大謊言」就是最讓人瞠目的例子。

「大謊言」絕不是一個孤例。我們現在知道，虛妄遠遠比眞相更容易爲大衆輿論所接受。這一觀點早已得證於麻省理工媒體實驗室（MIT Media Lab）研究人員在二〇一八年的一項精彩研究[37]。在這項研究中，學者搜集社群媒體推特（Twitter）上發布及轉發的四百五十萬則推文，發現當中十二．六萬則推文屬於「傳言」（rumors），曾以各種不同的模式傳播出去。這項研究所涉時段是二〇〇六至二〇一七年間，比起製造「大謊言」的二〇二〇至二〇二一年還要更早。研究團隊有六位獨立的事實查核員（fact-checker），負責將這一時期的推特「傳言」分為「眞實」和「不實」兩種。最後，整體的結論非常明確：推特裡的不實謠言傳播遠遠高於眞實資訊的傳播，兩者比例是六：一。

這項研究的眞正奧祕在於細節：大衆對於不實謠言的接受行為，還可以細剖出特徵來。研究團隊觀察傳言散播的不同層面，包括「規模」（即一個推特發出的傳言在某段時間內急速廣傳時所獲的點閱數）、「深度」（轉發飆升的次數）、「廣度」（推文在某一時間點的最高點閱數）和「速度」（一則推文達至「結構性傳播」所需的時間）。在這四個層面，不論就規模、深度、廣度或速度而言，不實謠言的傳播都高於眞實的資訊。

在研究關涉的所有資訊類別，學者都得到相同的結論。對於美中關係衝突的評估來說，麻省理工這項研究還有一點發現，尤其值得我們深思，甚至會挑戰我們的認知：關於政治的不實傳言，是所有傳言中散播得最厲害的一類，傳播量遠遠高於關於恐怖主義、自然災害、城市問題和金融消息的假新聞。

同時，研究也發現，雖然機器或機器人的確可以加速資訊傳播，但說到散播眞實和不實傳言的效力，機器與眞人是一樣的。不實謠言的轉發量是眞實資訊的六倍之多，當中的差距顯然源於那些有意識自覺散布謊言的個人。換言之，我們對資訊傳播的普遍印象可能是錯

計算出兩者之間的「資訊差距」（information distance），並從中發現，「新知因子」（novelty factor）是虛妄謠言最吸引人的特質。這也許反映出人類畢竟傾向於良性刺激，或者也如席勒所說，反常規的事物內有一種「震驚值」（shock value），讓人自然感到興奮。席勒還說過，一項不實的論述之所以持續不止，原因可能在於人既有禮尚往來、也有以牙還牙的行爲傾向。構成這種行爲傾向的本源，在於人們一旦發出指控，總不願意撤銷指控；一旦有懲罰或報復的機會，總會急於事成，誓達目的，就算會招致物質經濟的損失，也不在乎[45]。

上述分析也有助於我們看到，美中互賴關係走入衝突之際，種種的摩擦內也有「震驚值」。川普貴爲美國前任「推特指揮官」，早已迅速掌握以政治造謠來操縱民意的手法。再者，麻省理工的溯源研究已發現，一些政治謠言之所以瘋狂流傳，成因多在於意圖明顯的人傳人分享，而非機器人的推送。可知，美中衝突不是機器化通訊的結果，而是有人持續在激烈修辭上大做文章的結果。對此，川普是樂而不疲的。席勒也曾指出，虛假謠言對公眾輿論影響深遠。目前美國仇中情緒仍在歷史高位，恰恰吻合席勒的說法[46]。

不論成因是什麼，不實敘事已處於社會政治話語的核心，在美國如此，在中國也如此。不實敘事對輿論的影響之深，絕對不容低估。狹義範圍來看，不實敘事會令社會失穩，長期干擾一國的本土話語。從國際而言，不實敘事也會放大每一國對他國的恐懼。在一段經濟互賴、內患積蓄已久的國際關係中，這種危機更有可能發生。

本書第二、三部分聚焦於美國和中國投向彼此的不實敘事。我的論點是，不實敘事是美中關係衝突升級的禍心。這些不實敘事影響一國對於另一國的感知，扭曲了雙方的往來，破壞應有的穩定。種種錯失之後，兩國對彼此留下錯誤的印象，相互關係深深受損。不實敘事也傷及互信。對方國家在交往中的動機和意圖，從自己國家的眼裡看來，總顯得十分可疑，甚至被理解成一種針對自己弱點、破壞國家夢想的威脅。在此基礎上最嚴重的後果，即不實敘事已爲意外的衝突作好鋪墊。

上述發展趨勢固然令人擔憂，但也不完全在意料之外。病態依賴的關係有此後果，是常見的。雙方在交往時的行動一旦不對稱，就會醞釀衝突。不實敘事會激化衝突，讓一般的摩擦惡化成破壞存在感的威脅，甚至引發新一輪衝突的升級。現實中還有一個新的變數，不容忽視：在廣闊的社群網路上，一切敘事都以超高速、近乎無滯後地即時廣傳。這意味著，不實敘事的運作秩序已截然不同。危機近在咫尺，美國和中國必須立即認清狀況，否則將無法挽回。拆解危機的第一步非常重要：我們要把激發衝突的不實敘事找出，把失眞的表象披露出來。

但就算我們能去假存眞，也不能保證美中關係會歸於和樂。單憑修正不實敘事的病根，或僅僅遏止不實敘事的擴散，並不足以治好那些久受污染的輿論。目前，美中關係已進入危險地帶。在這一時刻，災害防控是不夠的；我們亟需的是一種全新的往來模式。

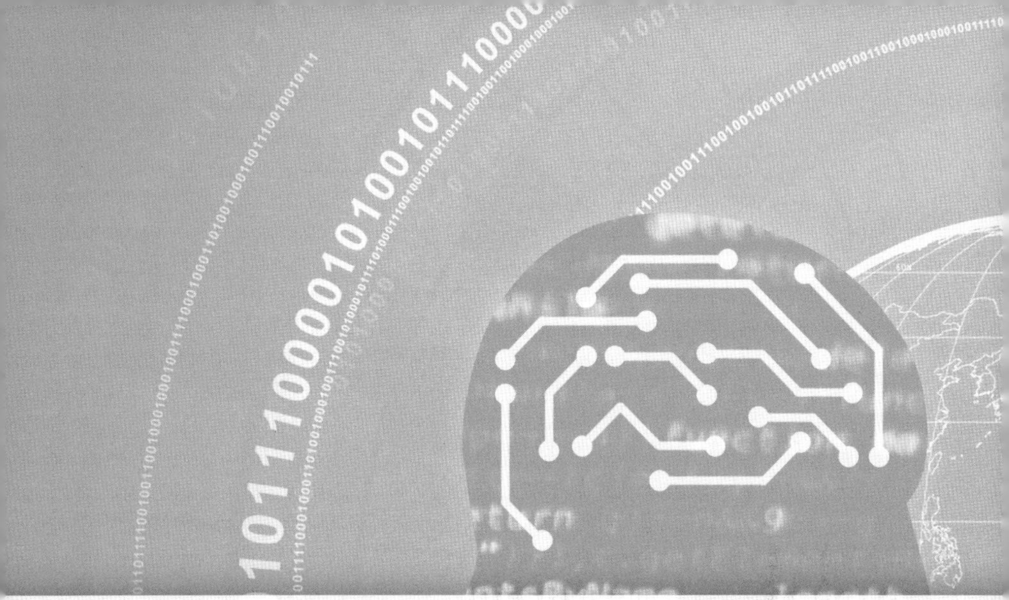

第二部

美國對中國的不實敘事

關係敘事是一種獨特的學問。關係敘事與以自我為中心的一手資料不同，不僅記錄他人行為，還強調相互作用。任何感知都難免帶著偏見，也有扭曲的視角，因為我們對他人的敘事，總是基於我們對自己的看法而建構。在人際關係中，人們以自己的經歷去衡量合作夥伴的動機和行為，已非易事；在國家關係中，問題則更要複雜得多。自由民主國家普遍持有共同的經濟、社會和政治價值觀，於是難以認同或評鑑相對不自由的專政政權。這種廣泛的偏見，正深深影響著美國和中國的關係敘事。

長期以來，中美一直傾向以不實敘事相投，這是兩國關係中最腐蝕性的特徵之一。相關問題很少因為教育交流和觀光旅遊之類的人際直接互動而發生，而一旦政府政策對公眾輿論有所導向，事情就完全不同了。

美國對中國許多不實敘事的主幹是中國崩潰的前景。中國與大多數現代經濟體一樣，也有自己的潛在系統性風險，債務積壓、資產泡沫、不平等和環境惡化都在其列。但美國對中國的關注更深，許多人相信中國的一黨專制社會主義國家最終將被社會動盪推翻。關鍵字是「最終」。這種劇變尚未發生，並不能保證將來不會發生。

中國之所以能夠避免那種可怕的終局，是由於領導層巧妙地管理了政治經濟的關鍵平衡，即穩定與增長之間的平衡。這一戰略成功地實現符合中國價值觀的經濟發展和繁榮——或者，正如黨的言論所說，符合中國特色。這種說法在美國被置若罔聞。

長期以來，美國一直認為，中國內部問題會因外部壓力而加劇，直至體制難以為繼、政府垮台。美國碰上前蘇聯這個不相容的系統，爆發冷戰，最後就是這樣結束的。現在美中之間的緊張局勢令人想起那個早期時期，許多人認為新冷戰預示著類似殘局的開始。

烏克蘭戰爭是一個全新的、令人擔憂的複雜局面。如果中國按照俄羅斯總統普丁（Vladimir Putin）和習近平在二〇二二年二月達成的「無上限」合作夥伴關係協定，配合俄羅斯進擊的話，局面更不堪設想。但是，無論美國的對手是一個還是兩個，新冷戰都有一個重要的轉變：美國目前的經濟實力已不能與第一次冷戰時相提並論了。以美國現在的經濟地位，不管是單和中國還是和中俄夥伴發生衝突，都難保勝算。我們無法保證美國在第一次冷戰中的經濟勝利是第二次冷戰的範本。

由川普發起、拜登政府支持的美中貿易戰，為支援對中國施加外部壓力的不實敘事提供一個重要而切時的例子。長期以來，美國一直擔心巨額雙邊貿易逆差會影響其產出、就業和收入。正如三十年前日本被認為是罪魁禍首一樣，中國今天也被視為威脅。然而，我們知道，美國的雙邊貿易逆差其實是國內儲蓄短缺的症狀，那麼，貿易衝突也可以被視為不實敘事的產物，掩蓋著兩種制度之間更深層次的政治衝突。

但雙邊貿易失衡只是美國指責中國不公平貿易行為的冰山一角——竊取智慧財產權、強制技術轉移、對國有企業的不公平補貼、持續的網路間諜活動。最近還有新冠疫情源頭的指責遊戲，以及美國就新疆和香港人權問題的關注，也加深這種對中國的疑慮。所有這些都使公眾愈發把中國視為一種威脅，視為對美國價值觀的緊迫挑戰。然而在這裡，指控的依據也是薄弱的證據和大量的不實敘事。不實敘事是美國逃避自身問題責任的方便藉口，並且變相推進一場愈來愈危險的責備遊戲之宣傳戰。

這些虛假不實的敘事所引發的觀感，構成美對中焦慮的核心，行將引發一場貿易戰、科技戰以及新一輪冷戰的早期階段。這符合「修昔底德陷阱」的不祥預兆——新興強國和現有強國之間軍事衝突的歷史趨勢。在這樣的氛圍下，熱戰的傳聞不足為奇。俄烏戰爭更將這些傳聞升級為震耳欲聾的呼喊。在台灣海峽和南海地區緊張局勢加劇的背景下，美國和中國之間意外衝突的可能性正在增加。

為什麼美國總以挑撥衝突來捍衛其核心原則和普世價值？所謂威脅，究竟是真實的，還是想像出來的？美國在二十世紀兩次世界大戰及其後的冷戰中取得勝利，隨後屢有斬著，結果都適得其反。一切主要是因為美國行動總在不實的敘事中獲得正當性。不管是越南的多米諾骨牌理論，還是伊拉克藏有的大規模殺傷性武器，還是到九一一事件之後在阿富汗建立國家的必要性，都可見意外衝突已成常態，而非例外。美國是否正在犯同樣的錯誤，在逐漸升級與中國的衝突的同時，正步向一場悲劇呢？

第四章

雙邊恫嚇

一九八二年在密西根州底特律發生的陳果仁（Vincent Chin）謀殺案，象徵著虛假敘事對一個國家社會結構和政治經濟的影響。陳果仁生於中國，後爲美國公民，事發時二十七歲，職業爲繪圖師。婚禮的八天前，他在婚前單身派對上被兩名美國汽車工人毆打致死。兇手怨於日本對其生計的威脅，怒而行凶。陳果仁無疑是因種族和經濟標籤而遇害。兩個兇手根本不能、亦不想去分辨日本人和中國人。對他們而言，歸咎於亞洲人是最要緊的事。

美國前總統川普很快就明白，任何敘事都需要一個大喇叭來影響國家情緒和政策。但是一個響亮的聲音，即使經由推特放大，也不夠震耳它需要有個怨懟的對象來激起辯論。對川普來說，這個對象就是中國。

萊特海澤（Robert Lighthizer）是發起這一投訴的最佳人選。作爲一名律師，他已經在美國的貿易衝突談判前線工作近三十年。一九八〇年代初，他任美國副貿易代表，首先發起對日本一系列不公平貿易的指責。川普準備對中國發起輿論戰時，萊特海澤的早年經驗正好能派上用場。二〇一七年初，川普任命萊特海澤為第十八任美國貿易代表。

萊特海澤的行動方針，基本上以川普的經典虛假敘事為主線。川普任內的目標就如二〇一六年的競選口號所說：「讓美國再次偉大。」在他看來，任務是從曾經的輝煌過去中復興一個昔日驕傲的經濟——在某些方面，這是一個復甦使命，與習近平的中國夢沒有太大的區別。川普相信，要做到這一點，就必須消除美國前進道路上的障礙。而他認為，中國是美國經濟復興最難以克服的障礙。

川普的說法或許也有可信之處。按他的印象，昔日美國輝煌的基石是充滿活力的製造業；在一九五〇年代初，三分之一的就業人口從事製造業。相比之下，二〇一七年川普任期開始時，美國製造業只聘用十二分之一的就業人口，且工作地點往往是老化、陳舊的工廠。川普認為，不斷擴大的對外貿易逆差是美國經濟向中國示弱的一個腐蝕性症狀。按川普的論點，中國不僅占美國貿易逆差的最大部分，還使用不光彩和非法的手段來達到這一結果。

川普堅持認為，除非中國停止剝奪美國社區和勞工應得的生計，否則美國無法再次偉大。在中國對美國構成威脅一事上，川普及其志同道合的前任總統立場一致，但有個主要區別：川普決意要以行動回應。他揚言，中國勢必立刻改變，否則將為越界行為付出高昂代價。因此，川普就任第四十五任總統時，馬上給萊特海澤第一個任務：推出一套反對中國的理由，為行動發展一套敘事情節。

萊特海澤的宏觀謬誤

萊特海澤在一九八〇年代的日本經驗對新任務很有幫助。他沿用老路，根據很少引用的一九七四年美國貿易法第301條款來指控中國❶。二〇一八年三月，美國貿易代表署（Office of the US Trade Representative，簡稱USTR）呈出一份長達一百八十二頁的第301條款相關調查報告（下稱《301條款報告》），詳細指控中國廣泛的不公平貿易行爲，特別是有關創新政策、強制技術轉移、智慧財產權保護、不公平的工業政策和網路間諜活動的行爲。報告內有一千一百三十九個資料豐實的註腳，後加五份附錄，其論據之蔚然，足以迅速構成美中貿易戰的基礎，戰爭行將打響❷。這份報告是川普反中敘事的精髓所在。

在細讀研讀萊特海澤報告之前，我們有必要回顧一下背景。《301條款報告》涉及中國貿易和經濟行爲的合法性。這些指控很重要，因爲當中之說法對美國的宏觀敘事提出根本的質問。美國的貿易問題有多嚴重？我們如何評估中國在其中所起的作用？

正如第一章所指，美國對中國的貿易逆差是一個表徵，來自一個更深層次的問題——國內儲蓄的長期短缺。二〇一六年川普當選時，國內淨儲蓄率爲二．九%，遠低於一九六〇年至二〇〇六年七%的平均水準。這讓美國別無選擇，只能從國外借入過剩儲蓄來爲經濟增長提供資金。這意味著，美國爲了吸引外國資本，必須長期維持國際收支赤字。每一個國際收支赤字的背後都是一個多邊貿易赤字，也就是對每一個交易夥伴國都廣泛存在著赤字狀態。

這不是什麼深奧的經濟理論；這是一種通用的會計運算法則，適用於任何一個國家❸。

美國也不例外。二〇二一年，美國多邊商品貿易逆差來自一〇六個國家，略高於此前十年與一〇〇個國家的雙邊逆差平均水準。在這場貿易大廝殺中，就統計數據而言，中國占了絕大部分。幾十年來，隨著兩國總體貿易失衡的加深，中國在美國總逆差中的占比在二〇一五年升至四八％的峰值。截至二〇二一年的十年中，中國平均占美國商品貿易總逆差的四三％，略高於緊隨其後的八個最大逆差國（墨西哥、日本、德國、義大利、印度、韓國、加拿大和台灣）合計的四〇％❹。

近年來，中國在美國整體貿易逆差的占比已開始縮小。到二〇二一年，這一比例已從二〇一五年四八％的峰值降至三二％。此爲二〇〇五年以來的新低，也追平二〇〇五年三二％的最低值。這一萎縮很大程度上源於川普政府在二〇一八至二〇一九年對中國徵收的高關稅，下文將再述。中國在美國多邊貿易赤字中占比減少，表面上令人欣慰，也符合川普—萊特海澤的劇本，但對於美國整體經濟來說，基本上毫無意義。

之所以說毫無意義，主要原因是，貿易逆差的根源在於宏觀經濟儲蓄失衡，而失衡的狀況沒有改善，反而每況愈下。淨國內儲蓄率在川普上任時二〇一七年第一季度已見低迷，僅有三．二％，到二〇二〇年川普任期結束時，再降至二％。在儲蓄下降的環境中，雙邊貿易保護主義只會適得其反。只對一個交易夥伴施加壓力而不解決潛在的儲蓄問題，無助於減少總體貿易逆差。就像打地鼠遊戲的那隻地鼠一樣，不平衡只是從一個國家轉移到其他國家而已。

從美國最近對中國的關稅和其他制裁，可觀察貿易轉移的發生過程。在二〇二〇年，即川普政府的最後一年，美國對中國的雙邊商品貿易逆差比二〇一八年減少一千零八十億美元；這一「改善」主要反映川普的關稅政策和新冠肺炎的影響。而同一時期，美國對其他夥伴的貿易逆差增加一千五百一十億美元。美國對越南、墨西哥、台灣、新加坡、印度、韓國和香港貿易逆差增幅尤爲顯著❺。

將中美貿易逆差的縮小與從中受益領域的赤字擴大相加，可能會產生對川普—萊特海澤敘事最最嚴厲的駁斥：美國的整體商品貿易逆差在二〇二一年達到近一．一兆美元的紀錄，比川普貿易戰開始的二〇一八年增加了一千九百七十億美元。正如國民收入經常帳所顯示，儲蓄不足的美國經濟若想透過壓榨一個夥伴來改善現狀，所能期望的最好結果只是將貿易逆差轉移到其他夥伴身上。將美國貿易逆差歸咎於中國，只是政治話術對經濟算術的險勝。事實上，總體貿易逆差有增無減。總體貿易逆差正正是一切圍繞美國勞工及製造產業困境的政治焦慮的根源；逆差沒有改善，焦慮亦不會消減。

這種貿易轉移還有另一個同樣陰暗面：以其他國家的逆差來彌補中國的貿易逆差，在功能上相當於對美國公司和消費者增稅。此中部分原因在於，比起其他受益於貿易轉移、高成本的夥伴國和夥伴區域，中國是一個成本相對較低的生產國❻。再者，美國上調對中國進口商品徵收的關稅，又會再次增加美國企業和消費者的成本。那麼，在川普—萊特海澤敘事裡所說可藉擠壓中國而獲得的好處，實際上已消失無蹤。

最後，必須強調的是，在當前形勢下，美國貿易赤字在未來幾年可能會變得更加棘手。新冠疫情影響下，聯邦預算赤字激增，美國的儲蓄缺口相應拉大。在這種情況下去談什麼雙邊解決方案，都會顯得無比牽強❼。

可見，川普─萊特海澤對華貿易敘事所依據的宏觀經濟案例存在嚴重缺陷。當我們重審《301條款報告》關鍵的結構性指控，對各個論點詳加評估時，切勿忘記這份報告乃基於不實的論述，發乎一個重大的概念錯誤。報告體現的是一種政治權宜，提出的是一種不可能的任務，即以雙邊解決方案去拆解多邊問題。

這種謬誤也不算是出人意料。萊特海澤的本行是貿易法，不是經濟學。他背後有川普政府所有經濟顧問的支持和協助，只可惜這個專家團隊早已被政治拉攏，無法看到最基本的要害❽。正因爲忽略宏觀經濟態勢，川普對中國貿易逆差的觀點注定不過是虛張聲勢。

強制技術轉移

據報，中國政府使用各種工具……要求或強求將技術和智慧財產權轉移至中國企業。

——二〇一八年三月美國貿易代表署《301條款報告》，頁5。

強制技術轉移已成爲美中經濟衝突的標誌。所謂「強制技術轉移」，最基本的意義指美國公司被中國強迫交出專有技術，以換取在中國市場營運的機會。這是一項非常嚴重的指控，深深打擊著基於創新的美國核心競爭力。強制技術轉移令中國直接獲得美國開發的先進技術，實際上亦讓中國免於本應承受的研發重擔。這相當於一種智慧財產權的盜竊。

要判斷這一說法有沒有道理，必須先解決兩個關鍵問題：據稱發生強制技術轉移的平台是什麼？強迫美國企業將其核心技術移交給中國企業的機制又是什麼？

據稱，轉移是在合資企業的結構內進行的。合資企業的相關安排乃基於外國公司與其國內合作夥伴之間經過法律協商、受合約約束的合作夥伴關係。合資企業的安排在商業世界有著悠久的歷史，可溯至埃及、腓尼基、巴比倫和敘利亞的古代貿易[9]。中國與許多國家（包括美國）都支援合資企業結構，視之爲鼓勵新生企業增長和擴展的模式。目前，有超過五六〇〇〇家合資企業在中國營運，而自一九八五年以來，世界各地已建立約二十萬家合資企業和戰略聯盟[10]。

值得注意的是，美國和其它跨國公司自願加入這些合法協商的安排，乃出於商業上的合理理由，一方面爲了在中國快速增長的國內市場站穩腳跟，另一方面也爲了透過利用成本更低的中國離岸生產和組裝平台來降低全球生產成本。所以，美國公司並不是合資安排的無辜受害者。這與《301條款報告》予人的印象大相逕庭。美國企業一直知道自己將進入什麼狀況，而且是自願進入的[11]。

合資企業內進行智識轉移或資源共享，其實是無需爭議的。合資企業理應融合各路人員、商業策略、營運平台、產品設計，當然還有生產技術，目標就是讓合作夥伴共同建立一個強大、富競爭力、獨當一面的企業。任何一個國家，若能獲得國內人士的加盟，好處都是顯而易見的。他們充分認識國內市場、供應網絡、分銷管道，也有助符合各種監管要求。這些知識對初入貴境、茫無頭緒的外國投資者而言，無疑十分寶貴。不過，《301條款報告》的指控並不以「自願共享」形容合資關係。報告的用詞是「脅迫」，即強迫受合約約束的夥伴放棄一些原本不會放棄的東西。這一指控透著一種假設——那些老練精明的美國跨國公司，竟然會愚蠢到自願把自己的核心專有技術奉予中國合作夥伴。

接下來講的事實，或許你無法相信：強制技術轉移是美國指控中國的關鍵論點，但就這一論點，美國貿易代表署並未提出確鑿證據。《301條款報告》的文本只提到，所謂「脅迫」，據稱是以閉門口頭指示的形式發生，實質證據仍然欠奉⑫。故此，美國貿易代表署轉求間接證據，比如在美中貿易全國委員會等貿易組織進行技術轉移的調查中發掘理由。最後，《301條款報告》引述二〇一七年發布的二〇一六年美中貿易全國委員會調查，稱有受訪企業曾因中國對待專有技術的方式而感到不安。

說到這裡，又要從細節找魔鬼。在《301條款報告》撰寫時，只有二〇一六年美中貿易全國委員會調查可供引述。調查表明，只有一九%的受訪企業聲稱曾受壓力，要向中國合資夥伴轉移技術。顯然，這意味著八一%的受訪企業表示沒有這種脅迫⑬。無論轉移背後的動機是什麼，性質是強制還是非強制，大多數美國企業都不認爲這是一種嚴重的威脅。二〇一八年發布的美中貿易全國委員會後續調查中，九九%的受訪者表示，在過去一年，智慧財產權的保護沒有出現實質惡化[14]。換言之，美國貿易代表署不僅缺乏實據來支撐強制技術轉移的指控，用於指證其後果的軟性證據也欠說服力。

萊特海澤以強制技術轉移作爲中國不公平貿易的主證，背後還有更深層次的謬誤。首先，合資企業作爲外國在華投資的一種結構形式，目前正在萎縮，並可能會加速衰落。在二〇〇三年的巔峰期，中國與全球財富五百強的跨國企業成立近九百五十家合資企業；二〇一六至二〇二〇年間，每年交易達成量已減少一半以上，每年新成立的合資企業不到四百家[15]。中方統計資料顯示，從二〇一七到二〇一九年（筆者可獲得的最近期資料），按投資額計算，外商獨資企業超過合資企業近三倍；按交易數量計算，前者更是遙遙領先[16]。

此外，新頒布的《中華人民共和國外商投資法》於二〇二〇年生效，要求逐步取消許多關鍵產業的外國所有權上限，相關產業涉及石油和天然氣勘探、核能生產和眾多金融領域。這將進一步降低對合資企業的需求，並鼓勵外國企業透過直接收購在中國建立全資企業[17]。這樣看來，萊特海澤對中國合資企業的耿耿於懷，早已不合時宜。

萊特海澤的文件高調抨擊強制技術轉移一事，實則也顯示出一項重大的忽略：中國明確認同技術轉移的合法程序，也願意爲獲得技術轉移而支付重金。根據彼得森國際經濟研究所高級研究員及經濟學教授拉爾地（Nicholas Lardy）的估算，二〇二〇年，中國爲使用外國智

美國貿易代表署《301條款報告》還指控中國另一項看似獨具特色的工業政策，即國家對特定產業的補貼。相關論述聲稱中國政府獨厚高科技產業，並暗示其他負責任國家並沒有同類舉措；論述也指責中國異常積極的對外投資活動（以中國話說，就是「走出去」），旨在收購美國領先的技術公司。這種論證認爲，中國在國內做不到的事情，將透過對外掠奪來完成，尤其是對美國。美國貿易代表署指責中國一直利用國家支持，不斷從市場自由開放的經濟體系中奪取競爭優勢。這些體系與中國不同，遵循著截然不同、而且顯然是公平的市場規則。

關於工業政策的長期扶植傾向，中國向來直認不諱。自一九五〇年代蘇聯式計畫經濟時代以來，由國家扶植工業產業，一直是中國經濟戰略的一個積極因素。長期以來，國家特別厚待政府有意支持的產業，主動提供融資機制，以助達成發展目標。過去十年，每個五年計畫的工業政策都會有一些引人注目的側重。在技術領域，早期先有「戰略性新興產業」（二〇一〇年），再有圓熟的「中國製造二〇二五」（二〇一五年）、「互聯網+」行動計畫（二〇一五年）和「新一代人工智慧發展規劃」（二〇一七年）；此外，也有大量針對特定產業的計畫，包括政府對電動車輛、替代能源、機器人、生物技術、資訊技術、積體電路和航空航太等先進產業的扶持措施。當然，還有其他發展戰略，特別是「一帶一路」，也頗有工業政策的色彩，但與《301條款報告》關於中國技術戰略的論點不太相關，在此不表。

「中國製造二〇二五」戰略計畫甫推出時，尤其觸動人們的神經。在美國，這項戰略被解讀成一種初步證據，表明中國圖謀不軌，有意在一些未來的偉大產業中奪下全球霸主地位；諸如自動駕駛車輛、高速鐵路、先進的資訊技術和機床、創新材料、生物製藥及類似的高精醫療產品，以及新能源和先進的農業設備等製造產業，都在中國的計畫之內。美國表面有此反應，潛台詞就是不滿中國正在瞄準美國聲稱屬於自己的未來產業。川普政府前貿易顧問納瓦羅（Peter Navarro）有一句名言：「中國瞄準美國未來的產業。……如果中國成功拿下這些新興產業，美國將沒有經濟前途。」[25]

對此，我們可以問幾個問題：其一，中國工業政策戰略的「特色」確實有獨到之處嗎？只聽美國貿易代表署的表述，彷彿全世界只有中國在推行這些戰略似的。其二，中國試圖透過工業政策來實現什麼？中方明確表示，國家工業政策側重於加強國內進行新型技術的設計和生產的能力，從而發展自主創新的實力。這一計畫，在美國貿易代表署、納瓦羅以及川普眼中，無異於前蘇聯構成的生存威脅；中國人則認爲這就是國家重要發展方向之一。孰是孰非，這裡眞有必要判別嗎？

對於第一個問題，《301條款報告》從正面進攻，明指「美國與中國不同，美國沒有廣泛的工業政策。[26]」正因爲如此，美國貿易代表署得出結論，說中國相對於美國擁有顯著而不公平的優勢。然而，這一說法有違事實。中國並不是精心部署工業政策的唯一國家。大部分主要的發達經濟體都有自己的部署，美國也不例外。

美國前任總統艾森豪（Dwight Eisenhower）總統在一九六一年的告別演說中，就首次提請國民注意，美國在國家扶植、納稅人資助的創新領域方面正取得廣泛進展，強大的軍工複合產業是核心所在[27]。核心的進展以美國國防高等研究計畫署（DARPA）爲代表，該署位於五角大廈，一九五八年由艾森豪總統主持設立，也就是一九五七年蘇聯發射人造衛星之後那一年。

目前，美國的軍事預算總額超過七千億美元，超過中國、俄羅斯、英國、印度、法國、日本、沙地阿拉伯和德國的國防預算總和；國防高等研究計畫署和國防部的相關科學研究工作享有相當豐厚的國家資助[28]。國家資助催生了美國許多重大技術進展，包括NASA相關的副產品、網際網路、全球定位系統（GPS）、半導體、核能、成像技術的突破，以及一系列廣泛的新型藥物，特別是在新冠肺炎疫苗研發中開創先河的「曲速行動」[29]。

上述突破很大程度上仰賴於政府的積極支持，也捍衛著美國在科技創新的領先地位。本書付印前後，美國參議院和衆議院分別透過針對國內半導體產業和其他美國公司的定向援助方案，原因是政府認爲這些公司深受中國競爭對手的壓力。此外，有鑑於潛在的外來技術威脅，美國也在收緊相關規約。比如，美國外資投資委員會（Committee on Foreign Investments in the United States）的權力正日益擴大；美國的多邊協作也在加強，最近有關成立美國和歐洲聯合貿易和技術理事會的提議，可見一斑。上述舉措一致表明，美國工業政策正在進一步顯化，愈發可見[30]。

美國也不是唯一將工業政策定爲國家經濟戰略關鍵的國家。在一九七〇至一九八〇年代的日本，工業政策就是所謂「理性規劃發展狀態」的核心，也是該時期經濟快速增長的基礎[31]。日本通商產業省精細規劃出國家補貼信貸分配和關稅安排，保護日本的朝陽產業；二〇二一年，通商產業省的後繼部門經濟產業省提出「經濟和工業政策新軸心」，集中研發新技術、戰略物資，完善法規和法律體系，從而應對氣候變遷、公共安全和不平等的問題，達到相關的社會發展目標[32]。

德國也有過類似的規劃，才在戰後實現叫人驚嘆的「經濟奇蹟」（Wirtschaftswunder）。德國產業規劃的重點一直是大力扶植中小企業。新近「工業4.0」（二〇一三）的焦點與規模皆與中國的「互聯網+」計畫遙相呼應[33]。法國也有著名的「指示性規劃」，其模式可追溯到戴高樂總統一九六六至一九七〇年的第五個計畫，強調一種可將法國工業體系與國家體制合併的「經濟和政治權力的融合」[34]。

然而，美國貿易代表署的報告還有更偏頗的觀點。報告指責中國工業政策是掠奪性收購美國科技公司的工具；中國在「走出去」的戰略下，透過在美直接投資而獲取美國技術。中國在美投資行為被描述為一種獨具特色的、由國家策動並資助的計畫，目的是吞併無辜和不受保護的新興美國企業及其專有技術。《301條款報告》指出，中國的技術盜竊一面是經海外收購而完成，另一面則透過合資企業內部轉移和所謂不公平許可來進行。惟在報告中，關涉前者的篇幅比後者多出兩倍有餘。指控堅稱，中國公然攫取美國作為世界領先創新者的最寶貴資產。最後，基於幾家中國收購美國科技公司的個案評估，報告得出如下結論：「美國貿易代表署認定，中國政府一直在指揮中國企業對美國企業和資產進行系統性投資和收購，並爲中國企業提供不公平的便利，以獲得尖端技術和智慧財產權。[35]」

在此，我們再次看到一個強烈鮮明、卻缺乏事實基礎的指控。美國企業研究所（American Enterprise Institute）關於中國在美併購和收購活動的年度統計顯示，在二〇〇五至二〇一七年期間（即萊特海澤《301條款報告》調查的幾年前），技術產業只有十七宗這樣的併購或收購[36]。房地產業則有五十二宗。在此期間，中國收購美國科技公司的成交金額也不及金融、能源、交通和娛樂領域的成交個案。如果眞有一個虎視眈眈的掠奪者，一心在矽谷裡搜捕有利可圖卻有心無力的小科技公司，那麼它留下的足跡一定不止如此。

至此，我們得出的結論是，中國在工業政策上的積極，既非獨一無二，亦非針對領先的美國技術公司，沒有什麼異樣。這就引出一個更深層的、關乎意圖的問題：中國希望透過其以技術爲中心的工業政策實現什麼？美國（特別是美國貿易代表署）有合理合法的依據去質疑這一意圖嗎？

問題的答案取決於技術突破和創新在經濟發展中的關鍵作用。在早期發展階段，貧窮落後的國家通常依賴進口較先進國家開發的技術。隨時間推移，發展中國家的技術使用逐漸適應其企業和人民日益增長的需求，進口式創新就會過渡到自主式創新。這時，發展重點就要從技術引進轉移到本地研發，突破點往往在於研究型實驗室、公司、初創企業和大學院校。

許多人認爲，從進口創新到自主創新，標誌著經濟發展的關鍵轉型。發展中經濟體愈是接近發達經濟體的創新前沿，就愈需要這種轉變。如果轉變不成，通常就會落入「中等收入陷阱」，即發展中國家達到中等收入門檻時，經濟成長隨之放緩的狀態[37]。這一推論是否具實證基礎，是否有效，目前仍存在激烈爭論，但毫無疑問，自主創新最終對任何國家來說都是一個重要的目標[38]。下一章也將表明，中國是這一重大轉變的先行者，這種看法是大有道理的[39]。

然而，在《301條款報告》裡，中國對自主創新的重視一再被描述爲對美國的嚴重威脅。這種指責與其說是一種針對盜竊的指控，不如說是一種大膽任性的自我感覺。不論萊特海澤、納瓦羅還是川普，他們一致的論證前設是中國無權自己發展一套有機的技術變革和創新體系。中國若成功，就會被看作是奪走美國自視爲專屬的未來。固然，美國貿易代表署有權質疑中國自主創新的手法，也有權探討其於法律和道德是否正當（儘管目前的研究實在強差人意），但絕無資格否定任何國家透過創新、創造繁榮的願望。不管美國貿易代表署怎樣對中國叫囂，自主創新從來不是由美國壟斷的權利。

網路駭客

中國針對美國企業的網路活動，令美國企業的成本劇增，也給美國商業加上重擔。

——二〇一八年三月美國貿易代表署《301條款報告》，頁176。

網路間諜是美國貿易代表署對中國的第三項指控。毫無疑問，有證據表明，中國人民解放軍在針對美國商業利益的網路入侵中，扮演著重要的角色。問題的確嚴重，以至前任總統歐巴馬要在二〇一三年六月「陽光之地」峰會上向習近平主席提交關於中國政府策動電腦駭客攻擊的詳細絕密證據[40]。

時至二〇一四年五月，賓夕法尼亞州大陪審團以網路駭客的罪名起訴五名解放軍軍官。此舉只爲輿論效果，沒有實際作用。但美中就網路駭客行爲的正面對抗，在此後一段時間內確實產生些積極效應。隨後，爲期兩年的談判開始，最後在二〇一五年美中達成協議，進行聯合網路通訊監察[41]。自那之後，很多調查報告都表明，中國的網路襲擊有所減少[42]。諷刺的是，二〇一八年美國貿易代表署報告列出的中國惡意網路活動數據大多都是錄於二〇一五年協議之前。

《301條款報告》就中國的企業濫權、不公平政策和過分監管，提出連篇累牘的案例。有關網路盜竊智慧財產權的章節特別厚重。該章節詳細載錄多家美國企業對中國的投訴，包括美國太陽能世界公司（SolarWorld）、美國鋼鐵公司（US Steel Corporation）、阿勒格尼技術公司（Allegheny Technologies Inc.）、美國鋼鐵工人聯合會（United Steelworkers）、西屋電氣公司（Westinghouse）和美國鋁業公司（Alcoa）。該章節還特別著重引述美國麥迪安網路安全公司（Mandiant）二〇一三年的一份報告，該報告詳細披露中國人民解放軍駐上海部隊的網路駭客活動。這支部隊又名APT1，即「進階持續性滲透攻擊」（Advanced Persistent

Threat）的先發部隊。

這份麥迪安報告長達七十五頁，讀起來像科幻小說。報告提供了駭客鍵盤指令圖解，追蹤到個別駭客的網名（UglyGorilla、Superhard和Dota），還將駭客基地精準定位到上海浦東大同路解放軍網路部隊61398部隊的所在地，有效呈現出一份內部人士對國家操縱駭客活動的揭祕文件。但就像《301條款報告》一樣，麥迪安報告也從微觀個案推出宏觀結論，難免又落入籠統的窠臼。舉一個關鍵的例子：報告指控APT1部隊是一個威脅集團；自二〇一〇年以來，該集團的網路襲擊「至少瞄準了七個戰略性新興產業中的四個產業」，而戰略性新興產業一直是中國工業政策的重點[43]。然而，經過仔細觀察，可知這一指責缺乏理據：根據麥迪安報告數據，受襲美國企業所屬的產業，與中國的戰略性新興產業，是並不重疊的[44]。

這觸及一個更深的問題：美國貿易代表署用於評析中國威脅的方法論是有缺陷的。在中國或美國這樣的大型經濟體中，人們總能找出一些不端行爲的例子。但是，僅僅根據經過篩選、過濾的軼事證據，來提出關於不公平貿易行爲的廣泛指控，是不負責任的論證。軼事證據無論多麼有力，畢竟只反映局部情況。在強制技術轉移、對外投資、工業政策和網路安全方面，美國貿易代表署的確實有此慣性。這是一種方法論的漏洞。

儘管網路攻擊的指控和證據不相匹配，但對於美中關係來說，駭客無疑是一個嚴肅的問題。中美兩國都面臨著日益猖狂的網路安全威脅。不論是奉國家之命還是非國家背景的行動者，都一再滲透對方國家的網際網路內部結構，對企業、消費者甚至整體經濟活動造成持久而代價高昂的破壞。下文第十三章也將提到，最近還有勒索軟體的猖獗。駭客會製造破壞，藉此勒索牟利。如此一來，網路安全問題更顯複雜。

目前，經濟體系正愈趨數位化，網路破壞的後果也會更嚴重。但幾乎可以肯定的是，在經濟增長潛力方面，網路破壞對中國的影響將大於對美國的影響。這部分是因爲中國經濟內數位化成分的增長起點低於美國。根據國際貨幣基金組織統計，中國數位化經濟在GDP占比目前約爲三〇%，而美國約爲六〇%[45]；據測，到二〇三〇年，兩國的數位化經濟於GDP的占比將接近相等，約爲七〇%。這意味著中國方面的占比將增加四〇個百分點，是美國一〇個百分點預期增幅的四倍。

上述國際貨幣基金組織的預測凸顯這樣一種可能性：與美國相比，中國在未來十年可能會有一個更加數位化密集型的增長軌跡。這一預測顯然吻合中國工業政策預期實現的戰略目標，相關計畫包括「中國製造二〇二五」、「互聯網+」、「新一代人工智慧發展計畫」。網路衝突若不斷升級，勢必妨礙偉大願景的實現。正因如此，中國未來若與美國和其他國家發生網路衝突，更有可能引發經濟中斷。網路安全對中國的意義遠勝於其他國家。爲保增長潛力，中國應在網路安全方面更加當心。

網路衝突的危險也凸顯美中關係的暗面。美中兩國都參與著駭客攻擊，而且投入越來越深，頻率越來越高。然而，這兩個國家似乎都無法掌控這些活動的廣度和深度。對兩國以及兩國關係來說，建立正確對待網路活動的框架是當務之急。說到底，這不是一場互相責難的遊戲，而是一個需要聯手解難的課題。這在第十三章也會進一步探討。

最後，我應該指出，美國貿易代表署在長達一百八十二頁的《301條款報告》中僅以二十頁來討論網路問題。這不及中國「走出去」戰略相關的智慧財產權問題的四分之一，也只有強制技術轉移問題的一半篇幅。顯然，美國貿易代表署在建構對中國不利的論證時，網路問題只是邊角材料，主要的理據在別處。

日本的教訓

「當有政府允許假冒或仿冒美國產品時，他們正在偷走我們的未來，自由貿易已不復存在。」

——雷根，一九八五年九月二十三日。

我們都看過這部電影。一九八五年九月二十二日，雷根總統在紐約的紐約克廣場酒店參加主要國際財長會議，會後說過這番話。在會上，美國、日本、德國、英國和法國剛剛簽署「廣場協議」，迫使日本將日元升值，以期緩解美元匯價的嚴重高估。當時人們普遍認為，美國製造業已陷入困境，美元匯價高企會進一步削弱製造業競爭力，挫傷美國經濟。

一九八〇年代，日本被廣泛描述成美國最大的經濟威脅國。這不僅因為雷根總統和其他人指控日本盜竊智慧財產權，還因為美日之間存在巨大的雙邊貿易不平衡。日本與美國的對峙中，不小心犯了一系列政策錯誤，導致大規模資產泡沫膨脹，繼而爆破，隨後就是通貨緊縮和至少三十年的經濟停滯，也稱為「失落的三十年」。日本略有閃失，就付出高昂代價㊻。今天，同樣的情節彷彿正在中國上演㊼。

日中兩國有些共通之處。比如，兩國都實行叫人反感的重商主義。再如，美國的壞習慣是將自己的經濟問題歸咎於他人，日中兩國都是那個不幸的「他人」。不論是一九八〇年代時針對日本，還是在今日針對中國，美國都是因為宏觀經濟失衡、前景日益晦暗而有此舉。在這兩段歷史中，美國國內儲蓄都因急劇短缺，令經常帳戶和貿易長期出現赤字。這是美國與亞洲兩個經濟強國捲入惡戰的事實基礎。

雷根一九八一年一月就職時，美國國內淨儲蓄率為國民收入的七．八％，經常帳基本平衡。雷根廣受歡迎的減稅政策實施後的兩年半內，聯邦預算赤字激增，國內儲蓄率驟降至三．七％。結果，經常帳和商品貿易差額變成了永久赤字㊽，受儲蓄和投資拉扯的國民收入狀況維持不變。美國國內儲蓄短缺，因而面臨嚴重的貿易問題，責任主要在自己。

然而，雷根政府否認此一責任。那時大家還不太清楚儲蓄和貿易失衡之間的聯繫。美國反將責任歸於日本。在一九八〇年代上半葉的美國貿易逆差中，日本占比高達四二％㊾。日本在美國受到痛擊，繼而燃起怒火。美國普遍認為日本的貿易行為不公平，甚至於法不合，舉國蔓延著對日的怨懟情緒。帶頭痛擊日本的人就是上文提到的萊特海澤。那時他仍是一位年輕的美國貿易代表。他發現解決貿易爭端的有效方案——美國貿易法301條款[50]。

我們快速來到三十年之後，便會發現，今昔的相似是如此驚人，又如此令人沉痛。川普的時代不同於雷根，前任總統並沒有爲他留下一個儲蓄充足的經濟。川普在二〇一七年一月上任時，淨國內儲蓄率僅爲三%，遠低於雷根時代開始時的一半。但川普和雷根仍有些相同：兩任總統都大幅減稅，而且都有自己的口號，一個大談「美國又迎來了清晨」，一個則大嚷要「讓美國再次偉大」。

結果如何呢？任何預測都能料到，聯邦預算赤字只會持續擴大。一般來說，隨著經濟成熟，私人儲蓄會出現短暫激增。但此時的私人儲蓄增長完全蓋不過赤字的增幅。最後，到二〇二〇年，美國國內淨儲蓄率實際上降至國民收入的二%，美國國際收支（包括經常帳和商品貿易逆差）已深陷於赤字的泥潭。

多年以後，中國承擔和一九八〇年代的日本一樣的角色。表面上看，今天的中國似乎是更可懼的威脅。在二〇一五年的高峰期，中國在美國商品貿易逆差的占比爲四八%，高於日本在一九八〇年代初的峰值四二%。然而，正如之前所說，在二〇二一年前的十年裡面，中國在美國貿易逆差總額中所占比例與三十年前的日本完全相同，恰好是四二%[51]。對於不公平貿易的受害者來說，這恐怕是最叫人哭笑不得的巧合了。在美國人眼中，中國和日本這兩大亞洲貿易惡霸，在數字上簡直是一對同卵雙胞胎。

一九八〇年代美國「痛擊日本」（Japan bashing）時，就置儲蓄短缺的問題於不顧；今天批評中國時，同一問題依然被隨手擱在一邊。罔顧儲蓄短缺是一個嚴重的錯誤，在過去如此，今日也如此。美國能夠排擠日本，但無法減少其整體貿易逆差。雷根一九八一年上台時，商品貿易逆差為占美國GDP的〇・八%；當他一九八九年一月離任時，差距擴大到二・三%。後來，美日雙邊總體貿易逆差部分轉移到德國等成本更高的交易夥伴手中，這完全不叫人意外[52]。一九八〇年代末貿易流量自日本移出是「廣場協議」後日元升值的結果。這與川普利用關稅使貿易量從中國轉出的手法沒有什麼不同。在一九八〇年代對日貿易問題上，以雙邊方案解決多邊問題的做法並不奏效。今天用同一招應對中國，同樣也會失敗。

川普召見萊特海澤，商量如何指控中國時，距一九八〇年代已有幾十年了，但這段時間裡，美國貿易代表署彷彿沒有什麼長進。萊特海澤在二〇一八年的見解毫無宏觀論點可言，和一九八五年是一樣的狀態。在這兩個時代背景下，美國的自我否認都是一種癡妄的表現。在一九八〇年代，雷根政府受到未經檢驗的供給面學派經濟理論所感召，如沐春風，尤其熱忱地相信減稅有助集資，卻未能意識到預算赤字和貿易赤字之間的聯繫[53]。今天，川普政府和國會兩黨同樣受著低利率的誘惑，以及所謂「現代貨幣理論」（Modern Monetary Theory）的「巫毒經濟學」（voodoo economics）影響，於是在歸咎中國一事上達成共識[54]。

宏觀經濟的規律，明顯對儲蓄短缺的美國經濟構成諸多限制，但一再被忽視不是沒有理由的。首先，沒有政治黨派或代表曾提出要透過削減預算赤字、提振國內儲蓄，從而減少貿易赤字。再者，美國一直強求面面俱到，但醫療保健系統已占GDP的一八%，國防開支又高踞世界之冠，超過其後七個最大軍事國家的預算總和，減稅更使GDP在聯邦政府收入中的占比遠低於過去五十年的平均水準，如何能照顧周全呢[55]？如果加大儲蓄意味著要削減任一種過度開支，那麼儲蓄就恐怕會被視爲一件「很不美國」的事情。

現在，美國重演陳年舊戲，收效是微乎其微的。美國再一次相信，指責其他國家——當時的日本，現在的中國——比量入爲出要容易得多。但是舊戲重演，結局可能會非常不同。中國已仔細研究過日本的教訓，不太可能任由美國針對雙邊關係大肆叫囂。在此，或可問一個更深層次的問題：爲什麼美國在應對經濟挑戰時，似乎總是需要一隻替罪羔羊？

究其根源，答案畢竟關乎儲蓄。或者可以說，就美國而言，答案關乎儲蓄的缺失。儲蓄差距是病態依賴的經濟體發生衝突的內因，也是經濟增長出現重大差異的成因。儲蓄是生產力、基礎設施和人力資本投資的支撐。一個國家若儲蓄過少，選擇無非就這兩種：要麼削減投資而降低增長潛力，要麼從其他國家借剩餘儲蓄來填空。

中國擁有豐厚的盈餘儲蓄，目前還不需要作這種選擇。國內儲蓄長期下降的美國則選擇了第二種做法，給自己帶來多邊貿易赤字。然而，這不是因爲美國對巨額雙邊貿易逆差情有獨鍾。沒有國家會喜歡這種狀況，美國也不喜歡，不管對方是一九八〇年代的日本，還是今天的中國。但是，美國也不喜歡儲蓄，於是現在別無選擇，只能將貿易轉移到低成本的生產國，以塡補儲蓄和支出的落差。貿易赤字是美國不願爲未來儲蓄的癥狀，鮮明而刺痛。美國的眞正威脅不是與某一個國家——不管是當時的日本還是現在的中國——的雙邊不平衡，而是國內儲蓄短缺；這是美國與許多國家存在多邊貿易逆差的原因56。

美國貿易代表署聲稱中國的貿易威脅，是基於單薄無力的證據和千瘡百孔的分析。《301條款報告》是一份存有偏見的政治文件，發表以來已進一步煽動美國的反中情緒。顯然，美中的病態依賴已嚴重出錯，而儲蓄不足的美國卻越來越認定自己是受害者。

就如任何大國一樣，中國是個不會永遠按規則行事的強硬對手。因此，中國的確要受注視，要爲自己負責。不過，美國貿易代表署對中國的指控以及所涉的關稅安排並不是合理的做法，而是政治權宜之計，目的是透過操縱貿易政策，逃避自己製造的問題，推卸自己的責任。川普策動的貿易戰適得其反，害到自己，失敗的原因非常明顯，也不叫人意外。由此之後，美國對於中國貿易違規的不實敘事還可能會爲經濟帶來嚴重而持久的影響。距離對日貿易戰已有大約三十五年，美國不願意汲取教訓，或許也沒有能力汲取教訓。如今，美國正在重蹈覆轍，將中國誣作替罪羔羊。

克萊斯勒工廠主管艾本斯（Ronald Ebens）和他的繼子、被解僱的汽車工人尼茲（Michael Nitz）最初被控二級謀殺陳果仁。兩人後來與檢察官達成妥協，承認犯有較輕的過失殺人罪。罪成之後，艾本斯和尼茲沒入獄服刑。他們被判緩刑三年，每人罰款三千美元，並被責令支付七百八十美元訟費。他們後來在聯邦法院受到仇恨罪名的起訴。尼茲最後被判無罪。艾本斯最初的定罪在上訴中被推翻，隨後所有指控均獲撤銷。

年輕的華裔美國人陳果仁在一次出於「痛擊日本」的暴行中無辜遇害，令人哀慟，也讓人震怒。在美國肆意指責他人而獨善其身的漫長歷史中，這是至爲醜陋的事件。從此案也可見，美國深受虛假敘事的吸引。這是一種極爲明顯且後果嚴重的傾向。在二〇二一至二〇二二年間，反亞裔仇恨犯罪在美國各地屢屢爆發，迫使我們提出一個攸關現實的問題：陳果仁遇害案的教訓，美國汲取到了嗎？

第五章 華為陷阱

深圳曾經是一個跨越珠江三角洲的小漁村，靠近香港，三十五年前還不是一個中心城市。深圳最著名的企業華爲也是如此。如今，深圳是一座擁有一千三百萬人口的超現代化大都市，擁有近二十萬員工的華爲是中國領先的科技公司。在美中關係衝突的故事中，中國和華爲共同的故事更多是關於恐懼，而不是關乎規模。對美國來說，華爲已成爲美中科技戰爭的頭號公敵，是現代大規模殺傷性武器的設計師和生產商，可能會帶領中國在網路大戰的決定性戰役中取得勝利。

很大程度上，這種恐懼源於一種極端的不實敘事。要解密中國公司華爲，不僅需要仔細審視華爲本身，還需要檢視美國自身科技焦慮的根源。簡而言之，我的論點是，美國在科技領先方面已經失去優勢，同時誇大來自強大對手的威脅。華爲的例子是衝突升級中的一個案例研究。

華爲並非一張白紙。過去三十五年，華爲面臨著各種各樣的指控，從軟體盜版和持有贓物，到工業間諜以及最近違反國際制裁。然而，這一記錄遠非獨一無二。這實際上使華爲與英特爾（Intel）、思科（Cisco）、谷歌（Google）和蘋果公司（Apple）都曾被指控在資訊時代有類似不當行爲。較之十九世紀末英國和美國捲入工業間諜活動那段漫長歷史，華爲的所行也沒有太大出入。

圍繞華爲的焦慮，其根源不在公司本身的錯誤行爲，而在於對其意圖的投射。華爲是5G電信設備（新一代移動、無線、蜂巢式技術）的全球領先開發商和生產商，人們自然會憂慮它是否會轉化爲網路戰爭的工具❶。這種觀點認爲，在全球5G基礎設施中建立一個「祕密通道」是相對簡單的事情。有了「祕密通道」，就可以在世界各地部署網路武器，來抗衡對中國不利的政治話術，特別是美國的言論。華爲被認爲是即將到來的網路戰爭中的神祕「特洛伊木馬」。

華爲的可懼形象與其創始人任正非的背景不謀而合。任正非生於一九四四年，和同時代的許多中國年輕人一樣，他曾在中國人民解放軍服役。在九年軍事生涯中，任正非開始是一名土木工程師，後因其技術方面的專精，提拔至副團級幹部（沒有軍銜）❷。接下來，大家會有好萊塢電影式的聯想：一天是軍人，一生有軍魂。然後恐懼就發生了❸。據稱，只要國家有令，軍人的榜樣任正非會毫不猶豫帶領華爲投入戰鬥。

可以說，一種偏執的焦慮就是源於兩點背景事實的集合：華爲建築合法「祕密通道」的能力，加上任正非的軍人背景。華爲模糊的所有權結構也令這種擔憂加劇。這些因素加總起來，人們對華爲的意圖和能力再無任何懷疑。它是一種致命的組合，因爲類似組合在過去曾引發戰爭❹。在脆弱的美國眼中，華爲與過去遇到的威脅沒有什麼不同。目前環境證據已足以支持這種說法。而另一種基於推斷而非確鑿證據的敘事，現在更已成爲美國廣泛接受的普遍共識。

我們評估美國對中國不實敘事時，這種基於推斷的華爲威脅論是相當關鍵的問題。我們從前面的章節知道，美國以301條款指控中國不公平貿易行爲的證據並不充分。那麼，華爲案例的問題，我們也不應該陌生。在二〇一八年，川普政府先發制人，對華爲發起一場咄咄逼人的攻擊，想首先透過很少使用的商務部「實體清單」，將華爲拉入黑名單，然後對華爲供應鏈網絡實施類似的制裁，包括向華爲提供關鍵半導體的美國公司。川普政府的論點是，廢掉「特洛伊木馬」的武功，就可以讓自己免受可怕的威脅，防止中國進一步領先世界通信技術，甚至奪下霸主之位。

世事要是這麼簡單就好了。

崛起的創新者

華爲代表美國心中最大擔憂之一：美國本爲世界領先創新者，卻將被一個敵手取代。創新的能力不僅僅代表軍事優勢，創新還以技術變革支持生產力增長，而生產力增長是國家繁榮的重要組成部分。因此，科技創新的霸主之戰，長期以來一直是大國鬥爭和國際經濟競爭的決定性因素。美國作爲全球霸主，長期以來被譽爲世界領先的創新大國，自然認爲崛起的中國在這兩方面都是嚴重威脅。

然而，美國對華爲的擔憂，不僅反映出中國構成的任何具體挑戰，也反映出美國在創新領域的領導地位其實是出奇地脆弱。爲了妥善評估美國對華爲的指控，讓我們先仔細回顧一下，美中過去如何捲入瞬息萬變的全球創新競賽。

衡量這場競賽的最佳標準是全球創新指數（Global Innovation Index，簡稱GII）。GII是對一百三十多個領先國家創新能力的綜合衡量❺。最新數據顯示，中國正在迅速縮小差距。過去十年，中國GII排名從二〇一〇年的世界第四十三位，上升到二〇二一年的第十二位❻。中國在所謂中上收入國家中排名第一，現在得分略高於日本；日本一直是全球技術的強大力量，二〇二一年排名第十三位。自二〇一三年以來，美國一直保持在前五名，二〇二一年排名第三，僅次於瑞士和瑞典。

GII整體排名隱藏著大量細節，可供我們進一步瞭解中國作爲新興創新大國的實力是如何增長起來的。中國今年在GII中所謂以產出爲基礎的組成部分（即一國創新活動的成果）有特別亮眼的表現❼；中國在知識創新、工業設計、專利和商標等領域排名也特別高。總體計算下來，按GII創新等式的產出計算，中國在二〇二一年排名第七，僅比排名第四的美國落後三位。

在GII的「投入」方面，中國則顯得滯後。所謂「投入」，就是創新活動的有利因素，如機構支持（監管和政府監督）、網際網路和電信網絡以及市場成熟度。二〇二一年的這部分GII組成指標，中國在全球一百三十二個國家中排名第二十五位，遠遠落後於美國（第三）、韓國（第九）、日本（第十一）、德國（第十四）和以色列（第十八）。

中國GII產出排名相對較高，投入則相對落後，其間的落差表明，中國創新源動力具有一個重要特徵：它能夠從相對欠發達的創新基礎設施中獲得客觀的實際效益。因此，中國在GII「創新效率」（創新產出對創新投入的比率）中排名接近榜首。然而，目前的狀態也會不禁讓人懷疑，如果中國繼續在投入方面落後於人，基礎建設滯後，未來是否能夠保持驚人的發展態勢呢？

GII排名榜也讓我們進一步關注，中國創新進步有一最重要的方面，就是善於將稀缺資源特別是潛在大量知識工作者的人力資本，悉數轉爲先進技術企業中大量的工程和主管職位。近年中國正賦予這種人力資本愈來愈高的重視。成效已非常明顯：中國現在已擁有領先產業的世界級企業，領域廣涉電子商務、金融科技，乃至生命科學和自動駕駛汽車。也許最重要的是這些領域的突破性應用，也一致推動著人工智慧方面的驚人進步。人工智慧就是創新科技的新催化劑，這也是美國如此擔心的原因。人工智慧和華爲結合起來，美國自然會擔心中國將是一個愈戰愈強的科技威脅。

新型人工智慧超能力？

人工智慧不僅推動創新，也激發創新。它依賴於資訊處理能力和速度的強大結合，即基於大規模而快速擴展數位化經驗觀測的「大數據」，以及處理機器的「神經」深度學習網絡。機器學習的形式多樣，包括無監督模式識別處理、人工監督基於類別的預測，或基於法則累積而強化的決策判斷，都有機器驅動或人工智慧的基本特徵[8]。

人工智慧時代的建構基礎已經發生重要演變，研發的成效已經從理論轉向應用。最初，只要研究出能夠啓動機器學習的強大演算法，已是科學的進步；現在，只有演算法還不夠好，要能解決應用問題，產生可量化的效益，才是更重要的事情。人工智慧本身不再是一個獨立的產業，而是更像是把其他產業編織在一起並推動它們發展的基礎設施。

這裡我們要提到李開復博士。李開復是中國風險投資家，生於台灣，在美國接受教育，曾任職於多家矽谷企業。他有一個觀點，相當令人信服：人工智慧從理論到應用的轉變恰恰符合中國的優勢[9]。深度學習演算法的數學和計算模型主要於美國、加拿大和英國開發。中國在人工智慧研究和專利方面進展卓越，亦已進駐全球領先行列，但在人工智慧發展的第一階段，中國的角色大致仍是觀察和模仿。李開復認爲，中國初階段的理論工作仍有待成熟，方能見諸最終產品，但目前已頗具規模，也足以建構起廣義稱爲「開放科學」的網路研發平台[10]。

在李開復的設想中，世界將進入「實施的時代」（Age of Implementation），龐大網路市場將不斷催生出新應用驅動型企業，也會助其成長。「開放科學」的平台恰恰爲中國提供進入這一時代的關鍵切入點。在時代轉型中，大數據是中國勝於他國的優勢。這一優勢得力於中國將個人隱私委於中央監管的國家機制。中國本身也非常樂意從目前世上最大的網路社群中，蒐集前所未有的巨量數據⓫。

人工智慧創新從理論到應用的轉變，是資訊時代從硬體到軟體早期轉變的後續⓬。中國在此二階段都沒有天生的先發優勢。但是，正如李開復的觀察所言，在人工智慧應用方面，中國的機遇空前澎湃。騰訊的微信、阿里巴巴和螞蟻、百度、字節跳動的今日頭條、小米和美團等強大「電商平台企業」，足證中國人工智慧應用業務蘊藏著非凡的潛力。

然而，目前的發展趨勢也遇到一個前所未有的重要轉折。中國最近多番加強監管，目標恰恰集中在各大電商平台公司。種種監管行動表明，政府對在網路平台傳播的內容（如遊戲和音樂）之社會和政治影響越來越不滿意⓭。本書後半部分也會討論到中國在人工智慧和社會穩定之間的權衡。在深入探討之前，至少我們可以認同，一直以來看似無拘無束的中國人工智慧發展已到轉捩點；國家監管將爲人工智慧轉型創造新的問題。

我們可以看到，未來縱有變數，仍可肯定中國政府將堅定致力開發大數據及其在商業和國防中的潛在應用，也會積極運用大數據，從而更有效結合犯罪執法和社會控制⓮。這一點，國家主席習近平自一開始就高度重視。早在二〇一三年，習近平就強調「浩瀚的資料海洋就像工業化時期的石油資源一樣，蘊含著巨大的生產力。[15]」第四章討論的「新一代人工智慧發展規劃」於二〇一七年七月推出，並有後續發展，引起人們對人工智慧和大數據的關注。在二〇一七年十月中共十九大致詞中，習近平強調大數據與實體經濟之間的聯繫，對推動資料驅動的應用給與由上而下的大力鼓勵[16]。幾個月後，習近平再次明確這一發展趨勢。他主持中央政治局關於中國國家大數據戰略的特別研究會議時，尤其強調「數位經濟和實體經濟的一體化發展」[17]。

因應習近平的指示，中國監管機構迅速採取後續行動，國家發展和改革委員會、工業和信息化部以及教育部的反應最明顯[18]。美國智庫蘭德公司（RAND Corporation）二〇二〇年一項研究指出，中國對數據驅動的公共安全應用值得大家留意。特別需要關注的是中國極具爭議的社會信用系統。該系統根據共產黨的標準對個人行為進行「評分」，能夠利用面部識別系統，進行國家監控和犯罪執法。同時，人工智慧技術也廣泛用於軍事用途。例如，數據驅動的分析可用於掌握外國軍事活動，對準敵方的有形目標，擴大涉及密集數據的軍事採購和設備維護系統，還有助於戰爭演習及戰鬥人員培訓。蘭德研究得出一項結論：中國對大數據分析的利用，是一種「政府全方位」的策略[19]。

美國對大數據分析利用還沒有這樣的正式投入，至少現在還沒有。雖然美國網路公司有類似的機會進入新數位化市場，但與中國相比，它們有一個嚴重的缺陷，即大數據支援的規模不足[20]。資料隱私問題限制了數據收集，因此基於大數據的分析也受限制，即使是匿名數據庫也沒有特別優勢。中國已經捕獲、複製和建立出優質大數據庫，比美國的任何數據庫都要大得多[21]。美國的數據分析在很大程度上局限於私人商業應用，主要依賴於谷歌、臉書和亞馬遜採用的可擴展數據提取策略。哈佛大學教授左伯夫（Shoshana Zuboff）稱之爲「監控式資本主義」（surveillance capitalism），強調人工智慧引起的行爲修正，正逐漸配合著美國數據驅動網路商的利潤目標[22]。

不過，美國和中國在大數據應用的相通之處僅限於此。中國從國家層面對大數據運用的關注，強度遠遠超過美國私營企業。此外，調查表明，中國公衆對大數據被提取的接受程度比美國高得多[23]。因此，隨著時間推移，中國將處於愈來愈有利的地位，可以利用人工智慧的數據和應用所驅動的分析所得，實現最大的槓桿作用。美國不久前才意識到中國的人工智慧威脅，反應太慢了。國家安全委員會最近才作出有關警告，用委員會主席艾利森（Graham Allison）和施密特（Eric Schmidt）的話說，中國已經是「美國在人工智慧商業和國家安全應用方面的全方位競爭對手。[24]」因此，美中創新差距很有可能進一步縮小。

說到底，中國、美國或任何一國都必須確保人工智慧的機器學習符合各自社會的規範和價值觀[25]。技術若有違倫理，就會起反作用，導致社會不穩。人們在投身ＡＩ人工智慧熱潮時，字母「A」（artificial，即人工、人爲、人造的）的意義經常被拋諸腦後。人工智慧是對人類情感和智力的一種人造模仿，但不是完全的天然複製。能否意識到「人工智慧」與「人之智慧」的區別，很可能是關係衝突會作何發展的關鍵因素。

備受威脅的創新者

擁有四大發明的中國，可以說是古代技術創新史的主筆。美國在現代也扮演同樣的角色。從富蘭克林（Benjamin Franklin）、愛迪生（Thomas Edison）、福特（Henry Ford）到賈伯斯（Steve Jobs），天才發明家一直是美國經濟繁榮的星星之火。然而，天才不是憑空出現的。天才的誕生，須具備一系列條件，包括優質教育的堅定承諾，科學探索的精神，創業的熱情，冒險的勇氣、政府和私營企業相互支援的機構夥伴關係，還有激烈的競爭。有些人覺得，美國作爲一個創新大國的黃金時代已經過去。但是，美國近年在生命科學、替代能源及人工智慧屢有突破，也許又令人刮目相看[26]。

無論美國目前在創新世界的口碑如何，中國對自主創新的推動，無疑都給美國的經濟平衡注入新的不安感。貿易衝突只是問題的一面；科技創新的競賽凸顯世界主要經濟大國之間又一層緊張關係。此處可引出兩個相關問題：世界創新領袖之爭，結果是否只能以輸贏而論？說不定在創新的頂端，也許有足夠空間去容納多於一個創新領袖國？

科技戰的雙方對撼，其微妙的深層矛盾可能更甚於所謂「零和」或「雙贏」。正如第四章所示，美國貿易代表署《301條款報告》將中國描述成一個非法創新的國家，背後有大量不法操作，涉及智慧財產權盜竊、強制技術轉移、濫用工業政策和縱容網路駭客。川普總統發動的貿易戰，讓這種論點變爲現實的衝突。川普針對華爲的科技戰也有同樣的後果。

然而，《301條款報告》大部分控訴都脫離實據，顯示出美國宏觀經濟的脆弱性。此亦爲美中創新衝突的另一面。美國有國內儲蓄短缺之慮，也有第四章談到的巨額貿易逆差之累，如此一來，美國思及中國這個「全方位」的人工智慧競爭對手，是不是會更焦慮呢？由此產生的雙邊衝突，是否也掩蓋了困擾美國創新戰略中更深層次的問題？

上述提問表明，我們應該停止將美國視爲創新衝突的受害者，而應該將美國視爲主角。我們需要問一問，貿易戰是否是一個煙幕，旨在轉移人們對美國自己製造問題的注意力。所謂自己製造的問題，就是創新能力的下降。這與我們早前對美國長期儲蓄不足的分析有著直接的關係。美國缺乏國內儲蓄，在許多領域均投資不足，尤其是製造業能力、基礎設施和人力資本。此外，在儲蓄不足的壓力下，美國不僅沒有爲急需的教育改革創新等式中培養天才的要素提供資金，而且，對於科技研究開發（Research and Development，簡稱R&D或「研發」）這一未來創新的管道，投資也越來越不足。

過去十年，美國總體R&D在GDP的占比相對穩定，約爲二·七五%，但這一占比最近出現不祥的轉變。現在美國研發支出的很大一部分是由企業直接投資，而不是由聯邦政府資助。商業R&D在一九七〇年代相對穩定在GDP的一%，到二〇一七年倍增達到近二%[27]。這是了不起的增長。然而，因爲私營企業的研發往往比科學社群的基礎研究活動更有力，那麼R&D也會相應變得更易趨於商業化。結果是，美國的R&D已經從以「R」（研究）爲主，轉向至偏重於「D」（開發）。

聯邦R&D支出的下降尤其值得注意。聯邦政府資助的R&D一度從一九五三年占GDP的〇．七%飆升至一九六五年的一．九%。這是美國「國防高等研究計畫署」（Defense Advanced Research Projects Agency）大力推動人造衛星研發的結果。從那以後，自美國贏得登月競賽開始，一切都在走下坡路。聯邦政府在美國研發支出中的占比從一九六四年的六七%，下降到二〇〇〇年的二五%，而且還在繼續下降。到二〇一七年，聯邦政府資助的研發在GDP中所占比例，已回落到一九五〇年代初的〇．七%[28]。

尤其令人擔憂的是，美國撥給基礎科學研究和實驗性開發的R&D資助已出現銳減。這些類別的研發是創新的關鍵驅動力，主要用於從事純科學理論和實驗研究的政府和學術實驗室。這些純學術科學研究計畫不少都以失敗告終，很少能提供即時的商業回報，通常要幾年或幾十年後才會衍生出商業應用。但不能忘記，R&D的基礎研究部分是創新的玉米種子，需要時間才有遍野的收穫。

基礎研究項目往往反映著政府資助和大學執行之間的協同作用。例如，二〇一七年，美國聯邦政府資助約四二%的基礎科學研究，而高等教育機構負責管理和執行四八%的專案項目。自二〇〇〇年以來，基礎和實驗研究一直相對穩定保持在略低於美國研發總支出的二〇%。因此這種趨勢可以被解釋爲一個不斷縮小的蛋糕中不變的一個切片[29]。

綜上，美國總體研發資助模式有此轉變：聯邦資助的基礎研究減少，企業對開發的導向日益商業化。這才是美國創新的眞正癥結。值得注意的是，資助的轉變與美國儲蓄問題也密切相關。從一九六五年開始，聯邦政府的R＆D在美國GDP占比下降，幾乎與國內儲蓄的長期下降趨勢相吻合。國內淨儲蓄率在一九六四年第四季度達到國民收入的七．二％峰值，與此同時，R＆D政府占GDP的占比也達到最高水準。此外，隨後國內儲蓄率從一九六四年末的高點下降到二〇二〇年僅占GDP的二％，這與研發資助的下降趨勢也相符。

有人會說，這是個巧合。但我們有充分的理由相信，國內儲蓄和聯邦政府R＆D投入的增減趨勢是相關的。在冷戰最激烈時，美國面臨後人造衛星時代的蘇聯技術威脅，當即認定創新對國家非常重要。然後，自滿情緒開始出現，國家事務的優先次序也發生變化。美國登上月球，蘇聯開始崩解，在越南的軍事行動吞噬了越來越多的聯邦預算。R＆D被邊緣化，美國創新的一個關鍵來源開始衰退。

這一頹勢不能歸咎於中國；這完全是美國自己製造的問題。然而，歸咎於中國，正是美國貿易代表署《301條款報告》的目的。如果能說明美國的創新潛力受到中國強制技術轉移、智慧財產權盜竊或工業政策的影響，那就可以順理成章得出結論，認定美國的創新困難大部分是由中國所致。事實恰恰相反，指責中國是基於不實敘事的行爲。縱然如此，指責一事本身，與創新的困難，也是不可混淆的兩回事。

把創新問題和中國威脅混爲一談，就會忽略掉兩國創新競爭中更重要的一個方面：中國在研發方面正走著與美國相反的路。考慮到兩國不同的儲蓄模式，這一差異其實並不令人驚訝。中國的儲蓄盈餘用於提升研發資助，而美國的儲蓄赤字伴隨著研發資助的削減。

中國是世界上最大的儲蓄國，當然有能力支援密集型增長的R＆D。到二〇一七年，其研發支出總額約爲四千九百六十億美元（按購買力平價計算），超過歐盟，僅比美國的研發支出水準低一〇%。因此，在截至二〇二〇年的十年裡，中國的R＆D強度若以GDP占比表示，則已從占GDP的一．五%上升至二．四%。這仍略低於美國目前二．七五%的占比。但就近期趨勢來看，未來幾年，中國的研發條件可能會更有改善[30]。

但我們也要知道，中國推動創新的能力，其實是在其優越儲蓄實力基礎上的超水準發揮。如前所述，這是進口研發轉向本土研發戰略之下的產物，旨在令中國致力接近世界頂尖的創新前沿。中國的太空計畫就是一個典型。從嫦娥五號登月任務，天問一號火星探測（到二〇三三年將有後續的載人火星任務），以及新近天宮太空站的設立，都是實力的展現。最近，中國在激光天文學、量子計算、載人潛艇「奮鬥者」爲標誌的深海探測，以及和高超音速導彈開發方面都有傲人發展，都可見重點培育基礎研究所得到的世界級回報[31]。

中國科技部部長王志剛公布的數據顯示，中國R＆D總支出中的基礎科學研究部分現已超過六%[32]。這一數字表明，中國已達成第十三個五年計畫（二〇一六至二〇二〇年）列明的基礎科學研究部分支出翻一番的目標。不過，基礎研發在中國R＆D支出總額的占比，仍不到美國近一七%之比例的一半。看到這一比較，那些擔心中國創新威脅迫在眉睫的人，也許會感到安慰一些。中國欲縮小與美國的基礎研發差距，可能還有很長的路要走[33]。除非世情有變，否則，中美差距消失的那天大抵是一定會到來的，而且只會提前，不會推遲。

至此，最基本的論點，概括如下：美國自身存在創新問題，卻安於中國是非法創新者的錯誤指控，拒絕爲自己的宏觀經濟失衡承擔責任。這種失衡已經對美國的投資需求構成限制，其中創新的R&D支出正受箝制。美國若不能正視其作爲儲蓄短缺國家的內傷，那麼未來的結果將變得沒有能力、或不願意靠創新去創造持續繁榮。此時，又要提出本書常問的問題：爲什麼美國如此急於將自己的不足歸咎於中國？

技術衝突與回流

最終，證據的眞僞並不重要。脆弱的創新國對崛起的創新國放了硬招。不出所料，川普政府在二〇一八年對中國加徵關稅，掀起雙方的報復行動。美國對中國進口商品所徵的關稅，從貿易戰開始前二〇一七年的三%升至二〇一九年底的二一%。中國也作出回應，同一時期將美國出口商品的關稅從八%提高到二一%[34]。這些關稅行動除了助長敵意之外，幾乎沒有其他成效。結果就如前所述，美中雙邊貿易失衡確有縮小，但美國的多邊貿易逆差繼續擴大，最近一次是在二〇二一年，逆差範圍多達一百零六個國家。

然而，美國無視持續對敵的徒勞，反而加大賭注，與中國捲入一場全方位的科技戰。華爲首當其衝。雖然未有確鑿證據表明華爲具威脅性，但因其5G平台產品作爲「祕密通道」潛力，目前已被美國視爲一宗國家安全重大風險。華爲是美國貿易代表萊特海澤提出的一個重要案例。他將《301條款報告》框定爲一份針對「中國」概念的指控，是有問題的；報告對一家知名中國企業採取針對性的行動，又是另外一種問題。

最初，美國的做法是將華爲列入黑名單，實際上切斷其進入美國市場的戰略通道。華爲被列入的是美國商務部工業與安全局管理的「實體清單」。實體清單旨在提供一種機制，防止美國的出口被對手國家轉用於生產大規模殺傷性武器。被拉黑的外國企業必須申請補充許可證，並接受國際清算銀行的審查，才能獲得美國產品。雖然華爲沒有被完全禁止接觸美國供應商，但一旦被列入實體清單，表明未來很有可能直接遭禁。

美國的實體清單在一九九七年建立，此後第一個十年內幾乎沒有被使用；只有大約二百家外國企業入列，其中大部分涉及航空航太、化工、物流和技術（電信除外）。然而，從二〇〇五年開始，越來越多的人意識到，實體清單可以更積極地用於解決安全、貿易和外交政策問題，於是，被置於其限制範圍內的外國企業急劇增加；到二〇一七年初，實體清單上已有大約七百家企業。清單在歐巴馬和川普任內的使用頻率日增。當二〇一九年五月總統行政命令建議將華爲列入清單時，國際清算銀行迅速執行了命令。然後，圍繞華爲的大戰升級，實體清單大幅加長，二〇二〇年底已達近一千四百家企業[35]。

美國把華爲列入實體清單，實際上就扼殺華爲最關鍵的投入，也就是於美國製造的高端半導體晶片的設計和生產。沒有這些晶片，華爲全球領先的5G通信設備和智慧手機（當時是全球第二大熱門手機）的生產將會受阻。中國經過多年努力，仍然落後高通

（Qualcomm）、英特爾、應用材料（Applied Materials）、科林研發（Lam Research）和科磊（KLA-Tencor）等美國半導體公司，也尚未趕上益華電腦（Cadence Design Systems）、新思科技（Synopsys）、Ansys和明導國際（Mentor Graphics，現由德國西門子所有，仍在美國有大量業務）等晶片設計公司。這些公司對於設計和生產更先進的中央處理器（CPU）、圖形處理器（GPU）和現場可程式化邏輯閘陣列（field-programmable gate arrays，簡稱FPGA）至關重要，全部都是華爲全球產品流的命脈[36]。

但這對於川普政府的科技戰來說，還不足夠。川普政府將華爲列入實體清單後，就揚言要對華爲全球供應鏈相連的一系列美國公司實施許可限制。隨後，政府很快意識到此法的「妙處」。透過操縱實體清單，就能解決其他針對中國的抱怨，同時也擴大科技戰的規模。

比如說，爲了打擊據稱與監控新疆維吾爾自治區維族穆斯林同胞有關的中國公司，實體清單進一步擴大，新納入的中國公司涉及影像監控（海康威視和浙江大華）、語音辨識（科大訊飛）、資料取證（夏門美亞柏科信息）、奈米技術（頤信科技）和人工智慧（商湯科技）等領域。這只是開段，清單後來進一步拉長。截至二〇二一年底，超過二百家中國科技公司被列入美國實體清單[37]。這不僅迎合著美國對中國人權問題的擔憂，也瞄準中國新興專注於人工智慧的科技公司，阻止它們領導一場與美國的創新科技較量。實體清單本爲防止外國大規模毀滅性武器的威脅，現在的用途已遠遠超出其初衷。

目前，美中技術衝突已傷及全球貿易和全球化新網絡的核心。這種衆所周知的「供應鏈武器化」在應對外國威脅方面遠比雙邊關稅戰來得更有效。美國針對特定公司的制裁，不僅加劇美中雙邊衝突，還透過供應鏈的連通性，爲相互依賴的全球化世界互聯性帶來新的不穩定因子。

由此，不妨聯繫第二章提出的觀點，即全球價值鏈在推動世界貿易和經濟增長方面的作用越來越大。在過去二十五年，全球價值鏈的快速增長使得世界空前緊密地交織在一起。國際貨幣基金最近一項研究發現，一九九三年至二○一三年期間，全球價值鏈占全球貿易總增長的七三％[38]。隨著全球貿易本身的擴大，全球價值鏈占同期世界國內生產總值增長的七○％，全球價值鏈聯繫成爲全球增長日益重要的引擎[39]。

供應鏈武器化可能損害世界經濟，其惡果絕不可低估。效率紅利（投入成本降低及相關的產品價格下降）將受到特別嚴重的打擊。在壓力時期，供應鏈中的薄弱環節之表現，尤能揭示生產效率和生產瓶頸之間的權衡。喬治華盛頓大學政治學和國際事務教授法雷爾（Henry Farrell）和喬治城大學政府學系及外交學院教授紐曼（Abraham Newman）聯手開發一種基於網路的全球化理論，強調供應鏈在消除懈怠以及構成國家間武器化壓力方面具關鍵作用[40]。本書第十一章將就武器化的論點展開進一步討論，表明除了供應鏈的武器化之外，基於美元的跨境金融流動也正被武器化，大大增加美國、中國和現在的俄羅斯之間冷戰的風險和後果。

除此之外，我們還要考慮一個更直接的影響。如果全球供應鏈受損，則其於抑制通貨膨脹和擴大美國家庭購買力的關鍵作用也會削弱，美國宏觀經濟的許多基本成分將面臨顛覆的風險[41]。至少，對外貿易自然轉向成本更高的外國生產商。時間一長，這種「回流」的「最終解決方案」一定是將產量移回到成本更高的國內生產平台。如果沒有低成本帶來的效率紅利，企業和消費者最終都須花愈來愈多的錢，買愈來愈少的東西。生活水準勢必會受負面影響。

全球供應鏈若發生斷裂，中國所受的打擊可能會特別嚴重。二〇〇一年底加入世界貿易組織後，中國國內生產總值連續十八年年均增長率高達九％，城鎮就業人口增加二億人，貧困人口減少五億多人。中國「入世」後的經濟增長在很大程度上以出口爲導向，愈發由全球價值鏈驅動，這都不是巧合。

目前，各國政治領袖越來越確知，網絡效應是經濟和外交政策的新槓桿，可在壓力下巧妙運用。供應鏈的武器化是美中衝突的結果，刺激對回流「供應鏈解放」的廣泛需求，以將離岸生產帶回國內。「友岸外包」（friend-shoring）戰略則能阻斷供應鏈，使盟友國的敵方無法獲得資源，這在俄烏戰爭中又別具意義。全球化網絡曾經是經濟、金融和政治一體化的強大力量，現在有可能成爲割裂和分歧的新根源[42]。

然而，去全球化的地緣政治自身也帶有種種複雜的性質。事實證明，全球價值鏈是不容易切斷的。任何企業都不能迅速從一個市場的供應商轉向到其他外國市場。最近的研究強調全球價值鏈的這種「黏性」[43]。長期以來，以供應鏈實力聞名的蘋果公司已有如此經歷。庫克（Tim Cook）在成爲蘋果公司CEO之前，曾任營運長，負責供應鏈管理。他花費多年時間，才將**iPhone**供應鏈重新設計成目前的狀態[44]。供應鏈的調整須費大心血，遠遠不是許多政客以爲的那樣，像按個開關一般輕而易舉。

今天，全球化在許多方面都備受抨擊。供應鏈將迄今爲止支離破碎的生產、裝配和分銷組件有效編織在一起，現在已經成爲現代全球經濟的平台。全球價值鏈不僅採用最新的技術和物流，還提供日益高效和近乎即時的商品和服務交付。新冠疫情開始之後，到二〇二一年，供應鏈大受震盪，人們又對其效率紅利提出尖刻的懷疑[45]。最初，人們以爲震盪只是暫時的，不過讓世界再次領悟全球價值鏈確實是環球商業引擎核心而已。現在大家都知道，那時的想法是錯判形勢了。此刻，不論是拆散供應鏈，還是武器化供應鏈，也不管是誰動手，都會讓所有來之不易的成果付諸東流。

正如前文所說，貿易衝突不是什麼新鮮事。各國長期以來一直在爭奪工業實力及其支持技術。在某種程度上，今天的戰鬥與十九世紀工業革命早期的衝突，有著驚人的雷同。當時的美國是一個崛起的大國，在挖角工人、走私機器、濫用專利保護和竊取英國工業設計方面，表現得非常兇猛[46]。雖然戰鬥武器今非昔比，但賭注是一樣的高：創新主導的經濟增長、生產力提升和最終的經濟優勢始終是必爭的領域。這是美中貿易戰的基本意義，而貿易戰已經演變成一場科技戰。

特洛伊的海倫

現在，讓我們回過頭來，再看華爲的傳奇故事，以及華爲作爲科技戰「特洛伊木馬」角色。古希臘神話說的特洛伊木馬，是特洛伊戰役中的決定性武器。維吉爾（Virgil）寫道，在十年圍困後，希臘軍隊放棄了營地，揚帆遠航，看似踏上歸程，實則停泊在附近的一個港口看不見的地方，留下一個巨大的木馬狀結構，藏著三十名希臘戰士，作爲禮物送給特洛伊人[47]。特洛伊人打消疑慮，將巨馬拉進城門。那天晚上，躲藏的戰士自隱密的門戶爬出，打開城門，迎來伺機已久的希臘大軍。大軍一舉進入，洗劫了古城，特洛伊戰爭告終。

荷馬的《奧德賽》（*Odeyssy*）提供了一個非常不同的敘事[48]。宙斯的女兒海倫被稱爲最美麗的女人。她可能遭綁架，也可能受了引誘，最後到特洛伊尋求庇護。希臘人帶著偉大的木馬投入戰鬥去營救她。海倫出於矛盾的忠誠，竟不願被救，還發現了特洛伊木馬的祕密。她說著希臘語，繞著馬轉了三圈，把孤獨的戰士誘出暗門。戰士飽受折磨一一被殺，爭奪特洛伊的戰鬥持續不止。心神枯朽的海倫被送回斯巴達，面臨死刑的判決[49]。

那華爲呢？該企業被塑造成美中衝突的現代特洛伊木馬，現已被帶進城門，卻被重重包圍，無法打開其5G基礎設施的「祕密通道」，就沒有辦法控制美國的各大電信平台。

我們對特洛伊木馬神話的理解，也適用於解讀華爲嗎？答案觸及反對華爲的核心原因：意圖。人們的確有足夠的理由懷疑華爲是否具有全球公民意識。華爲與思科（二〇〇三年）、摩托羅拉（Motorola，二〇一〇年）和T-Mobile（二〇一九年）的訴訟和法律行動，足已引起相當的懷疑。此外，華爲的所有權構成一直模糊不明，讓人有揮之不去的疑慮。因此，華爲與中國政府密不可分的假說愈發顯得可信。

最新的轉捩點發生在二〇一八年。當時，華爲被控違反美國對伊朗的制裁，加拿大逮捕華爲CEO兼董事長任正非之女、華爲財務長孟晚舟，禁錮她長達三年之久。對於孟晚舟的指控沒有提到「祕密通道」間諜活動，只是一再渲染華爲的企業形象問題，加深對其意圖的懷疑。據其推理，如果一家企業與當局所謂的敵人有業務往來，那麼這家企業自然願意對美國發動網路攻擊。實際上，說到違反制裁美國主要金融機構長期以來都如此，而且明目張膽，只是一再被當局忽略不計而已。然而，這似乎並不重要[50]。

川普在任時，以激烈的言論，大聲宣告退出上屆政府與伊朗的核協議。經他煽動，美國公眾幾乎一致譴責華爲是美國國家安全的一大威脅。然而，對華爲的指控最終在庭外和解，證實與「祕密通道」指控無關。孟晚舟於二〇二一年九月與美國當局達成的「暫緩起訴協議」，期間也完全沒有提及工業間諜活動[51]。

大致而言，所謂華爲擁有「祕密通道」武器的關鍵指控認爲，華爲在操作軟體中嵌入祕密代碼，能使中國政府透過華爲採取行動，繞過安全控制，進入電腦系統或獲取加密資料。直到今天，仍然沒有確鑿證據可證明這一指控。但指控暗示的「意圖」，是既不能得證也無法反駁。「意圖」在公共話語已據突出地位，令本已爭議紛紛的貿易衝突，又多一層恐懼，令人憂心。

結果表明，所謂華爲「祕密通道」的實體存在，只有一個公開報導。歐洲最大的電信提供商沃達豐（Vodafone）在二〇一一年披露，在其義大利固定線路網路中，由華爲安裝的軟體裡發現有漏洞；這些漏洞可能危及透過寬頻網路閘道引導流量的家庭路由器和光纖服務節點的安全[52]。在沃達豐的要求下，華爲最終修補了這些漏洞。而在任何時候，都沒有任何報告，顯示華爲曾透過「祕密通道」，以可疑的手法來攫獲數據或進行系統性控制活動。最後，沃達豐對結果感到滿意，此後越來越依賴華爲作爲其第四大設備供應商，僅次於蘋果、諾基亞和愛立信。同時，也從來沒有跡象表明「祕密通道」打開的漏洞曾被武器化。這一切都發生在美國貿易代表署提出《301條款報告》的十年前。

這是否意味著華爲沒有能力建立這樣一個「祕密通道」，並使之成爲網路戰的武器呢？當然不是。這一事件所確切表明的是，東道國網路安全專家可以發現「祕密通道」。據合理推測，這也意味著現有的網路安全協定可以提供任何「祕密通道」的早期預警，確保違規行爲在網路戰發生之前就被遏止。在沃達豐的案例中，我們要看到一個重點：儘管華爲在義大利的作業系統曾有明顯弱點，但並沒有進行國家撐腰的邪惡行爲。

美國想證明華爲對自己的電信基礎設施構成致命威脅，但證據不足。然而，針對華爲的情緒只會變得愈來愈劇烈。敵意日漲的一個重要原因，可溯至本書第四章的一論點。第四章有言，美國儲蓄短缺，無以爲長期經濟增長提供必要投資，卻一直用中國來遮掩問題。同樣，美國在5G業務中也是能力不足，卻以華爲作爲遮掩。

由此，我們可提出一個關鍵問題：如果5G是一個如此重要的平台，重要得能徹底改變從網路、電話、影像到電子商務的所有電信服務層面，那麼美國企業在應對這一競爭挑戰方面，目前處於什麼位置呢？我們可以在朗訊（Lucent）的悲劇性沒落中找到一個簡單的答案。一九八四年，美國政府下令將貝爾系統公司解體，朗訊從中分離出來，當時仍擁有貝爾實驗室，即世界最爲領先的研究平台之一[53]。在3G網路早期開發中，朗訊與加拿大北電合作，初顯優勢，但到5G時代，它失敗了，主要原因是短期的財務困難[54]。此後，朗訊的掙扎浮沉，是衆所周知的。二〇〇六年，朗訊被法國阿爾卡特收購，而阿爾卡特在二〇一六年被諾基亞買下。

剩下的就是歷史了。現在，華爲、愛立信和諾基亞主導著5G業務，合計占全球市場的八〇%以上。美國公司完全不在主導名單上。與美國說法相反的是，華爲的5G領先地位不僅僅是賴於中國政府的補貼貸款[55]。華爲在R＆D的巨額預算，二〇二一年已超過二百二十億美元，是二〇一五年預算的兩倍，與美國科技領導者亞馬遜和Alphabet在R＆D的支出相當，遠高於蘋果公司；此外，華爲近兩千名員工中有一半以上參與研究工作，使得華爲在5G專利競賽中領先世界[56]。這是強大商業化戰略的基本要素[57]。

華爲在全球的成功，引發這樣一種明顯的可能性，即美國制肘華爲，與其說是出於對可怕「祕密通道」毫無根據的擔憂，不如說是源於對自身競爭力缺乏的不安，也是出於政治化仇中情緒的滋長。美國的目的是透過削弱華爲，使之不能成爲5G世界領導者，而且不能對美國進行先發制人的攻擊。同時，削弱華爲，也有利於與美國方向一致的歐洲競爭對手（愛立信和諾基亞）搶占市場占比，還能讓一些民衆相信，這麼做可以爲美國公司進入全球5G市場創造機遇。

上述一切，並不是想澄清華爲沒有嚴重問題。被捲入貿易紛爭是一回事，但成爲科技衝突的焦點是完全不同的問題。華爲在回應美國及其盟友提出的指控時，一直在採自我辯護的態度，但沒有主動解答眞正的問題。華爲對擔憂和批評的回應是混淆、輕蔑和傲慢的結合。當思科公司在二〇〇七年指控其路由器中嵌入軟體盜版的詳細證據時，任正非主席傲慢地回答出一個詞語：「巧合」[58]。華爲有一種不幸的本領，就是讓人懷疑自己。

此外，華爲也一貫迴避所有權結構不透明的問題。在美國和其他西方國家，公司所有權的資訊非常重要。他們擔心華爲是國家的工具，可以很容易地在升級的科技衝突中被利用。華爲架起的防線並無助於消除這種擔憂。目前，華爲標準回應都是強調中國國家安全法中沒有任何內容要求企業代表國家行事[59]。在所有權問題上，華爲堅稱企業由員工所有，不受國家干預。這未免是言過其實。華爲九五％以上股份由一個「工會委員會」持有，該委員會的成員、資金以及與中國政府的關係都還不甚清楚[60]。

透明度從來不是中國企業的一個顯著特徵。然而，透明度正是華爲需要解決其嚴重形象問題，並消除美國恐懼的關鍵。如果沒有任何東西需要隱藏，那麼公開透明就沒有任何可擔心的。然而，華爲一直不願這麼做。公司的回應是中國公共形象問題的同樣症狀，本書稍後將更詳細地討論這個問題。

川普任內對華爲發動全面攻擊。到了拜登政府，壓力並沒有緩解。這可能會引發意想不到的嚴重後果。華爲對美國制裁的最初反應是將其供應鏈從美國轉向台灣和日本[61]。但它也積極推動自給自足，這符合中國政府由上而下的戰略重點。華爲一直在加倍努力推進半導體的發展，尤其著力於其海思（Hisilicon）子公司，同時得到台灣聯發科技（MediaTek）的支持。二〇一九年九月發布的新智慧手機型號Mate 30在生產時已沒有用上任何美國組件。

所以，把華爲拉入實體清單，結果可能適得其反。美國發出制裁的當下，華爲一度占據主導地位的智慧手機業務確實受過嚴重影響，二〇二一年總收入暴跌近三〇%[62]。但是，事情總會隨時間而發展。在壓力下，華爲加快達成自給自足。也就是說，美國不再是供應的來源，也不構成供應鏈的潛在瓶頸，影響力大不如前。美國一味渲染華爲現代特洛伊木馬的不實敘事，同時任由國內儲蓄持續不足，未來則更有可能繼續忽視國內的嚴重挑戰。特洛伊神話中的海倫會很快找到另一匹木馬。然後，新的一場戰役又將以敗陣告終。

第六章 贏得冷戰

一九八九年末，柏林圍牆倒塌，世界傾斜了。冷戰在升溫之前已近結束，期待已久的和平就要到來，經濟即將復甦。轉眼之間，三十三年過去，烏克蘭戰爭爆發，世界可能會再次倒退。沿襲前蘇聯的俄羅斯聯邦打破冷戰後的和平局面，令歐洲乃至全世界陷入無法想像的大屠殺之險。

俄烏戰爭震盪全球的同時，世界另一邊也有一場冷戰，似乎正不可阻擋地發酵著。在美國和中國之間，衝突正日益升級。貿易戰的磨擦迅速演變成科技戰，現在更呈現出明顯的二十世紀式冷戰的影子。在俄烏戰爭的陰霾下，美中關係的緊張局勢不斷升級，有人天眞地認爲這種情況是可控的。拋開衝突所帶來的浪費和危險不談，包括經濟效率低下、地緣政治緊張和世界大戰爆發風險增加。並且，目前美國、中國、俄羅斯都堅信站在歷史的正確一方。

在我們審視導致美中衝突的不實敘事時，也應特別留意，新的一場冷戰是否有可能爆發。歷史上不乏國與國關係緊張而至交戰的先例。但對於今天的人們，眞正重要的先例只有一個，即美國和蘇聯自一九四七年到一九九一年長達四十四年的冷戰[1]。然而，早期的教訓似乎已不起作用。美國作爲冷戰的勝利者，顯然認爲，過去怎麼收拾蘇聯，現在就怎麼收拾中國。中國作爲冷戰早期的蘇聯盟友，也堅定地相信，自己對眼前的風險瞭如指掌。美中兩國都因歷史經驗而充滿自信，全然不覺有必要馬上緩解局勢。

如此的自信是危險的，也有點叫人驚訝。美中雙方都知道自己正捲入全球霸權之爭，只許成功，不容失敗。一旦淪爲輸家，國家夢的理想承諾就會粉碎，全球的權力平衡和經濟態勢都會掉進不穩定狀態，舉世難安。對此風險，兩個大國似乎不屑一顧，讓每一個人都如坐針氈。

第一次冷戰早已給出啓示，引導我們思考第二次冷戰。過去，美國和蘇聯都背負著軍費飆升的沉重負擔。在軍備技術上，兩國旗鼓相當；但在經濟上，實力是有差距的。當時的美國經濟足使蘇聯相形見絀。一九四七年冷戰開始時，蘇聯經濟規模略低於美國的三〇％[2]。美國經濟增長在一九五〇至一九六〇年代處於最佳狀態，一九七〇至一九八〇年代初遇困難。蘇聯經濟規模較小，雖然表面上看來強勢，但實際上一直苦苦掙扎。美國的經濟實力最終占了上風，而蘇聯經濟由於極度低效和承擔過多軍事負擔，最終崩潰。

美國能指望在第二次冷戰也如此作結嗎？正如本書第一部分所強調，美國經濟正面臨嚴峻挑戰。潛在的經濟增長已經大幅放緩，自發逆轉的前景暗淡。自鄧小平主導的經濟騰飛以來，三十年已過去，中國經濟的高速增長速度也有所放緩，但其成長速度仍接近四倍於美國經濟之高。美中經濟規模的差異也與第一次冷戰時大不相同，那時蘇聯經濟遠小於美國，

單。冷戰往往涉及多方面的碰撞，也會讓人長期籠於惶恐之中，不得不時刻揣摩冷戰熱化的後果。

美國「冷戰之父」肯楠（George F. Kennan）曾任美國駐蘇聯大使和國務院政策規劃室主任。他以駐蘇大使身分離開莫斯科時，寫下著名的〈長電報〉（The Long Telegram）。這是第一份評估冷戰對美國之意義的文件[8]。〈長電報〉寫於一九四六年二月二十二日，彼時二戰剛剛結束。信件寫給國務卿伯恩斯（James Byrnes），事緣美國政府就蘇聯爲何能拒絕加入新成立的國際貨幣基金組織和世界銀行而發出正式查詢，而肯楠須給出書面回應。這份電報一發出，就成爲國務院史上最長的外交電文[9]。電報的內容結構與肯楠對外交戰略的分析方法一致，分爲五部分，詳細解讀史達林（Joseph Stalin）在十三天前的一次政治演講。肯楠藉此信件提醒美國政府，蘇聯可能有所動作。

〈長電報〉對蘇聯的威脅進行系統性評估。信件強調，史達林政權有內部矛盾，包括密集軍事工業化與農村農業社會的矛盾，領土擴張所致之經濟壓力，以及政府「爲掩蓋弱點而對內部事務持續保密」的做法。肯楠也著重提出，蘇聯的內部矛盾，與蘇聯約束美國所需的國力之間，存在著緊張的張力。他認爲，時間一長，蘇聯體系就會在這些張力下不堪重負，自行崩潰。

然而，在崩潰尚未發生之前，蘇聯確實威脅著脆弱的戰後世界，是全球穩定的重大風險。〈長電報〉強調，克里姆林宮「對全球事務有一種神經質的態度，爲的是要西方大國相互對立。」肯楠也警告說，蘇聯的權力行使高度講求戰略，是西方的強大對手。他認爲蘇聯政權「對理性和原則鐵石心腸，卻高度敏感於武力威脅。⑩」七十六年後，肯楠的描述用在普丁身上，似乎也很貼切。

〈長電報〉的結尾提出一個關鍵論點：美國是蘇聯的主要對手，不能低估衝突升級的風險。對於衝突，「應該像處理戰爭中重大戰略問題一樣，以謹慎的態度求徹底的方案，並且，只要國家有需要，在規劃中就不能削減相關支出。」要行此策略，並不需要發起全面戰爭。相反，需要的是「長期、耐心但堅定而警惕的控制」。肯楠總結道，美國最終會取得勝利，只要美國有「勇氣和自信，去堅持自己的方法，堅守自己對人類社會的理念。⑪」

肯楠關於「控制」的論述，是他留給後世的精神遺產，也是他在美國外交政策史上擁有超然地位的原因⑫。肯楠的預言沒有在當下得到證實，須待一九九一年蘇聯解體，才見結果。那時距〈長電報〉送抵華盛頓，已有四十五年之久。蘇聯解體之後，俄羅斯聯邦崛起，成爲美國的新對手。這是超出肯楠一九四六年觀察範圍的後續。至於有沒有其他潛在的對手，肯楠也沒有說過什麼。他只指出過，中國共產黨及其他與美國不友好的政府可能會支持蘇聯的大業，但從未預言中國將成爲一個迫在眉睫的戰略威脅。這是無可厚非的，畢竟，一九四六年的中國正苦於內戰，前路尚未明朗。

肯楠發出〈長電報〉的七十五年後，一份新的材料問世，題爲〈加長電報〉（The Longer Telegram）。〈加長電報〉由大西洋理事會（Atlantic Council）出版，像〈長電報〉一樣沒有署名（《外交事務》期刊（*Foreign Affairs*）後來登載〈長電報〉的新版本，信中加入筆名「X」）。〈加長電報〉提出對美國冷戰戰略的最新觀點；這一次，美國的對手是中國⓭。這份新材料的名字取得很妙。全文洋洋三萬字，足顯五千字的〈長電報〉之短⓮。

一九四六年〈長電報〉聚焦於蘇聯體制的結構性弱點，〈加長電報〉則採另一寫法。〈加長電報〉闡述美國面臨的中國問題時，給出的不是一份綜合分析，而是一部關於個人的研究，其焦點幾乎完全在於中國領袖習近平的性格和角色。〈加長電報〉甚至敦促，「美國在作出任何關於中國的政治和政策回應時……應該先從習近平本人的角度去對焦。」〈加長電報〉認為，習近平與他的前任胡錦濤和江澤民很不同：「習近平是一個急於成事的人；他的前任領袖不是。」在一些重大事情上，這一說法是對的。習近平上任前的幾年裡，改革和經濟再平衡步伐有所放緩；到他任內再度提速。然而，〈加長電報〉忽略關鍵的一點。習上任前的經濟放緩，曾令人們憂心中國是否出現「改革疲勞」，甚至，是否已陷入不完全轉型的泥淖。如果真是這樣，中國經濟和民生會變得易受外部衝擊，像二〇〇五～二〇〇九年全球金融危機的那種衝擊，往往都有規律可循，會反覆發生⓯。那個時候，加快改革不一定是壞事，也許可讓「再平衡」戰略的落實重上快軌，幫助中國獲得更大韌性，應對類似的外部衝擊。

誠然，如我們所見，習近平比他的前任領袖要堅決得多，從早期的反腐反貪，全面落實三中全會改革，到「一帶一路」，而至結構再平衡的「雙循環」，再到現在的「共同富裕」，都可見他的作風[16]。習近平對意識型態問題的重視，也反映他的個人色彩。然而，在〈加長電報〉中，上述戰略被揉入其他議題一併討論，與中國人權問題及南中國海和台灣海峽的軍事行動合爲一談。〈加長電報〉形容習近平任內的中國爲二戰後最大的威脅，有些文段甚至有萊特海澤《301條款報告》的調性。全文論述大多是糅合未經證實的斷言和間接的證據而提出的。

〈加長電報〉的行文也摻雜著十五個零星的行動方案，以及許多仍待證實卻言之鑿鑿的論斷，例如美國永遠不應允許美元下跌之類。文件開端的觀點倒是完全正確的：美國缺乏基本的對中戰略。只是，隨著論述展開，文件基本上只有詆毀習近平人格之效。

能夠指出美國缺乏基本戰略思維，固然是重要的，但這也不是什麼新見。老布希在一九八八年總統競選時有句名言，坦言自己不擅長「遠見之類的事」；顯然，美國也不擅長[17]。美國的情況並不總是如此。肯楠成功遏制蘇聯的戰略，就是一個特例。但近年來，美國的外交政策似乎的確變得更加衝動，對長遠的思慮失去耐心。之前，在阿富汗和伊拉克，美國迅速捲入軍事衝突，卻遲遲未意識到這些失誤的後果。美國的戰略變得被動，只知以核心價值觀爲本位，而無法構思一個深思熟慮的框架，自然無力應對許多國家共同面臨的複雜挑戰。現在發生俄烏戰爭，美國會不會有所改變，且拭目以待。

美國對中國該行何策略？相關的辯論對於美國而言顯然非常重要。不過，要跟〈加長電報〉的匿名作者去辯論，恐怕很難。文件只提到，這位作者是「一名前任高級政府官員，長年與中國周旋，具備深厚專業知識和經驗」。大西洋理事會「出於合法合理、但必須保密的原因」，同意讓作者身分保持隱蔽⑱。這樣的祕而不宣，不正是肯楠那樣的蘇聯專家以及大部分中國批評者至為反感的作風嗎？

兩份電報在警告冷戰的危險方面有著共同的基調。正如肯楠在一九四六年所說，如果美國專注於從內部自強，就能成功抗退蘇聯。〈加長電報〉似乎也認同這一觀點。但是，前後對照可見，兩份電報有一個重要分別：〈加長電報〉的論述流於人身攻擊和被害妄想，可以說是美國政治階層集體偏見的最佳示範。〈加長電報〉是美中病態依賴走入衝突階段時典型症狀，要走出來是絕不容易的。現在欲與中國冷戰的美國，內心仍傾向於以指責對方做結，而不是靠自我更新來覓出路。

冷戰1.0

第一次冷戰是第二次世界大戰兩個主要軍事勝利國之間政治和意識型態的衝突，歷時長達四十年⑲。冷戰歷史學家蓋迪斯（John Lewis Gaddis）有言，美蘇聯合打擊德國第三帝國時，兩國是「持著不相容的制度，追求相容的目標」⑳。美蘇的「合」而不同，在二戰期間一直非常清晰；德國投降之後，其間的「不同」就赫然明顯起來。

在戰爭分類法中，最顯著有別的兩類戰爭是「冷戰」與「熱戰」。冷戰的特徵是軍備競賽、軍事姿態和摩擦碰撞，偶有古巴飛彈危機那種千鈞一髮的事件。美蘇兩個超級大國不斷遙距開戰，最接近交火的戰場就是在北韓、越南、阿富汗和安哥拉，但兩國一直避免直接的軍事對抗。核武威脅也迫使著美蘇自我克制。故此，兩國縱然總是硬碰硬地有意衝突，但畢竟沒有形成災難。

一九九一年冷戰結束時，美蘇兩種不相容體系之間的巨大經濟分歧就曝露出來。從表面上看，蘇聯在冷戰期間的經濟表現相當不俗。從一九四七年到一九九一年，蘇聯人均GDP平均增長四％，而同期美國為二．一％。細看的話，蘇聯其實有些虎頭蛇尾。一九四七年至一九七六年的三十年間，人均GDP平均增長五．五％，而一九七七年至一九九一年間僅為〇．九％。蘇聯解體前最後兩年，人均產出平均下降四．三％，這預示著，自蘇聯衍生的俄羅斯聯邦也有經濟下降的命運。事實確實如此，俄羅斯在前八年（一九九一年至一九九九年）總計下降三六％[21]。

美國經濟在一九七〇至一九八〇年代面臨著巨大挑戰，但相比之下，其經濟基礎仍算紮實。在一九七七年至一九九一年蘇聯經濟開始大幅放緩的十四年間，美國人均經濟增長率穩定在二．一％，沒有什麼波動[22]。最後，相對強韌的美國經濟戰勝搖搖欲倒的蘇聯經濟。從另一角度看，在冷戰期間，蘇聯的影響力之基礎在其軍事實力，但軍費遠遠超出國家所能承擔的限度；蘇聯還要持續支持蘇維埃聯盟內各個小國，經濟更是雪上加霜。故此，善於國際關係的歷史學家甘迺迪（Paul Kennedy）曾說，蘇聯解體是帝國主義過度擴張的典型結果[23]。

關於美蘇經濟差異的分析，爲我們提供一個有用的範本，可供預測美中冷戰的潛在影響。蘇聯經濟垮台，無疑是第一次冷戰得以結束的關鍵。但是，當時美國的經濟規模比蘇聯龐大得多，韌性也更強，蘇聯的敗倒是不足爲奇的；而現在中國經濟較之美國，顯然有別於美蘇冷戰時的差距。意識到這一歷史上的分別，對於我們借美蘇冷戰來思考美中冷戰，是非常重要的一步。

一九四七年至一九九一年間，美國的經濟實力遠不止於規模之大和增長之快。當時的美國經濟是平衡的，儲蓄和生產力兩大支柱都很堅實。正如前文所說，國民淨儲蓄是衡量一個經濟體能否加大投資的最佳指標。冷戰1.0期間，美國國民淨儲蓄率平均爲國民收入的八·八%，是不錯的；國民經常帳也基本上保持收支平衡，反映儲蓄充足，有緩衝之功。值得注意的是，這時美國的充沛儲蓄不僅支持著商業固定投資，還鞏固著對抗蘇聯所需的大規模國防建設。

在冷戰的前三十年，美國除了國內儲蓄充足、經常帳收支平衡之外，也沒有重大貿易摩擦。對外貿易是經常帳最重要的組成部分。在一九四七年至一九七五年間，美國實現局部貿易順差，占GDP的〇·八%；一九七〇年代中期開始滑向逆差，在一九七六年至一九九一年間平均占GDP的一·六%。在稍後時期，美國與日本的貿易局勢變得緊張，成爲國際經濟衝突的主要根源。不過，這一後續無關於美蘇冷戰。

冷戰1.0期間，美國的生產力增長也很穩定，在一九四七年至一九九一年間，年增長率達二·二%。生產力一直是公認的經濟繁榮重大指標，是提高效率和鼓勵創新的同義詞，是投資導向型增長所催生的新技術產物㉔。在二戰後幾十年內，美國生產力表現極爲可觀，是其高競爭力的關鍵。此外，戰後嬰兒潮一代以創紀錄的速度進入勞動力市場，冷戰時期平民勞動力持續以一·七%的速度增長㉕。既有生產力的穩步提升，也有勞動力的持續增長，兩者結合構成當時美國經濟強勁的增長潛力。

後來我們知道，美國的經濟活力並不持久。前文也提到，美國在一九七〇和一九八〇年代遭遇經濟困難。此時，美國遇到種種滯礙，包括第二章所說的增長放緩、失業率上升和通貨膨脹等等；但是，整體經濟仍具相當的彈性，實力依然可觀。於是，在蘇聯苦於經濟壓力的同時，美國憑其經濟規模和相對健康的經濟態勢，占了冷戰的上風。

冷戰2.0

季辛吉在二〇一九年的評論說，美國和中國已「處於另一場冷戰的山麓」。這絕不是隨意說出口的話㉖。季辛吉是典型的冷戰專家，也是現代美國對中政策框架的設計師。他的評論是大有經驗可依的。

儘管如此，美國許多觀察人士反都對爲當前美中衝突貼上冷戰的標籤㉗。這是因爲，中國看起來並沒有蘇聯對各小衛星國那樣的領土野心。而且，中國現在統一以習近平思想爲主導，所以美中衝突在全球並不像美蘇冷戰那樣有明顯的意識型態陣營之分。再者，美中兩個經濟體是病態依賴的關係，往日的美蘇卻沒有什麼深具意義的聯繫。這是現在與過去的一個重大分別。

但是，最近又有一些新的變化，讓今昔看來似乎有些嚇人的相似。首先，美中已打響貿易戰、科技戰，並在新冠肺炎起源問題上來回指控，同時，美國國會兩黨的反中情緒立場逐漸趨於統一。從這些現象可見，美國深切關注中國事務，牽涉的層面也很廣。近期美國民意調查有力地表明，美國國內消極的反中情緒正在滋長，也由美國政府高級官員不斷表達。美中矛盾已遠遠超出一般地緣政治口水戰的範疇，於是，南中國海的領土爭端也會觸動美國，更不用說發酵已久的西藏、香港和台灣的人權與政治問題，也不消說中國對待新疆維族少數民族的方式所引起的極大爭議。再者，澳大利亞、英國和美國組成的澳英美三邊安全協議（簡稱ＡＵＫＵＳ）顯然也針對中國，寫滿冷戰的訊號。此外，還有一個最強而有力的訊號，就是中國與俄羅斯最近確定的無上限合作夥伴關係。此關係圍繞俄烏戰爭而形成。俄烏戰爭具有極強的毀滅性，可能將世界推入二戰以來從未有過的分裂狀態。總而言之，一切環境的變化都在提出間接證據，叫人相信新的冷戰一觸即發。爲了便於討論，下文會稱這場新的冷戰爲「冷戰2.0」。

那麼，冷戰2.0會以同樣的方式結束嗎？在第一次冷戰中，經濟實力的差異決定最終的勝負。如果同樣以經濟來判斷，冷戰2.0的結果應該會與第一次不同。目前，只要中國堅持落實再平衡和改革的話，其經濟前景一定比那時外強中乾的蘇聯要好。那麼，關鍵就在美國將會怎樣了。不管從哪個方面來看，美國經濟的現狀都比冷戰1.0時要差。

我們不妨把美國最近十年的經濟表現，視作抵禦新冷戰壓力的一個能力指標。回顧下來，情況十分令人擔憂。從表2可見，在二〇一二年到二〇二一年，美國實質GDP平均增長率僅爲二・一％，遠低於第一次冷戰時期的三・五％。勞動生產力增長也相應放緩，冷戰1.0期間爲二・二％，而二〇二一年之前的十年期間爲一・三％。事實上，這個十年的生產力下降趨勢，與二戰後任何一個十年相比，都是非常糟糕的，也是這段歷史中第二次最弱的表現[28]。

今天美國經濟的儲蓄基礎更弱。二〇一二年至二〇二一年，國內淨儲蓄率平均僅爲三・二％，遠不到一九四七年至一九九一年平均八・

表2　美國發動冷戰的能力下降趨勢

美國經濟	過去：1947–1991年	現在：2012–2021年
實質GDP增長	3.5%	2.1%
生產力增長	2.2%	1.3%
國內淨儲蓄率	8.8%	3.2%
經常帳收支	0.1%	2.4%
對外貿易收支平衡	0.1%	4.4%

註：儲蓄率以占國民收入的％表示；經常帳和外貿收支以占GDP的％表示。生產力平均值始於一九四八年；外貿收支以商品貿易計算。

資料來源：美國商務部（經濟分析局）和美國勞動統計局。

八％的一半。由於儲蓄短缺，經常帳和貿易逆差急劇上升，二〇二一年之前的十年期間已出現赤字。而在冷戰1.0期間，這兩項指標顯示出接近收支平衡的狀態。過去與現在的對比是十分鮮明的。

從上述數據，我們看到一個令人不安的圖景。美國的經濟在冷戰1.0期間一直保持著與蘇聯開戰之前的最佳狀態，而到冷戰2.0前夕，卻頻頻遇險，外有二〇〇五至二〇〇九年全球金融危機及二〇二〇年的新冠疫情，內有經濟基礎趨弱的困擾。美國正變得脆弱；這種脆弱在第一次冷戰中並不明顯，現在顯發出來，令人生憂。本書第十二章也會談到，美國的脆弱趨勢沒能逃過中國的眼睛。

許多人認爲，美國屹立世界已久，憑其優越主義，自然會在任何情況中占據上風，無論是與中國的衝突，還是與任何外國的矛盾。然而，美國經濟狀況比五十年前要糟糕得多，往日的韌性恐怕只是一種強求。隨著疫情後預算赤字巨大，可能會持續對國內儲蓄、經常帳及和貿易赤字產生額外的壓力，美國冒著單手綁住的風險與中國捲入一場新的冷戰。

最後，讓我們也對比一下美中的經濟規模。以購買力平價來看，在第一次冷戰開始時，美國經濟讓蘇聯經濟相形見絀；在第二次冷戰前夕，美國的經濟規模卻比中國要小。從冷戰1.0的經驗來看，經濟上壓倒的戰略無疑最具勝算。如果這仍然是冷戰的制勝之道，那麼，經濟趨弱的美國可能即將在冷戰2.0中落敗。

修昔底德和季辛吉

辭令的升溫，也是冷戰的一個顯著特徵。前蘇聯最高領導人赫魯雪夫（Nikita Khrushchev）在一九五六年說過一句舉世聞名的話：「我們將把你們埋葬。」這話真切得讓人深信不疑[29]。於是，一九五〇年代至一九六〇年代初，美國學生定期進行核演習[30]。一九六二年古巴導彈危機期間，人們更有一種切身的恐懼感。中國前領導人毛澤東同樣善於擺出冷戰姿態，揚言打敗「美國侵略者及其走狗」[31]。

尖銳的辭令在病態依賴的衝突階段起著核心作用。精於此道的不僅是中國和前蘇聯領導人，還有美國領袖。一九五〇年代初，威斯康辛州參議員麥卡錫（Joe McCarthy）是惡名昭彰的紅色誘餌（red-baiting）行動的大將。類似他那種對中國的瘋狂指控，不幸地成爲二〇二〇年川普政府認可的行爲，實在可悲。

二〇二〇年夏天，美國政府精心安排一系列公開演講，由四位時任美國最高級官員相繼針對中國發表偉論，極具冷戰的氣氛。其中，國家安全顧問歐布萊恩（Robert O'Brien）稱中國爲意識型態的威脅，聯邦調查局局長雷恩（Christopher Wray）譴責中國的間諜活動，司法部長巴爾（William Barr）大談經濟競爭，國務卿蓬佩奧（Mike Pompeo）更齊集衆論，在加州尼克森圖書館發表演講，向中國發出一次正面襲擊[32]。

蓬佩奧（Mike Pompeo）是美國高級外交政策官員，是在美國總統之下第四順位有權繼任總統的人選，其言語總有著特殊的意義。他說過許多令人難忘的話，例如，說「中國是共產主義的致命菌株」，指責「習近平是一個破產的極權主義意識型態的忠實信徒」，宣稱「自由社會終會勝過威權」。蓬佩奧在尼克森圖書館發表的演講，與一九七二年象徵美中外交新紀元的尼克森訪華相比，就形成一個令人不安的反差。蓬佩奧的用詞那樣尖刻而武斷，可能完全是出自一九五〇年代麥卡錫主義的翻版[33]。言辭的挑釁，在冷戰中不是什麼新鮮事，也不一定會逐步升級。不過，惡意的指控和反詰控難免會破壞信任，加深敵意，也會埋下伏筆，令意外的衝突惡化升級。目前，南中國海和台灣海峽局勢高度緊張，烏克蘭飽受戰爭蹂躪，人們不應輕視意外升級的危險。歷史上已有不少先例表明，偶發的不幸會引發軍事行動，釀成全方位的戰爭[34]。

國際關係學者艾利森著有《注定一戰？中美能否避免修昔底德陷阱》（*DESTINED FOR WAR: Can America and China Escape Thucydides' Trap?*）一書，描繪出當前新興強國和現有強國的衝突背後的深厚歷史圖景[35]。艾利森形容當前局勢是「修昔底德陷阱」（Thucydides's Trap）。修昔底德是古雅典軍事將領，以《伯羅奔尼撒戰爭史》（*The History of Peloponnesian War*）一書傳世。據他的論述，西元前五世紀雅典（統治力量）與斯巴達（崛起力量）的大戰是一場不可避免的戰爭。艾利森借古論今，強調競爭關係很有可能醞釀出直接的軍事衝突。這固然是冷戰惡化到極點的結果，也是我們最擔心一種風險。

艾利森的《注定一戰？》似乎暗示一種令人生畏的假設。該書回顧了十六世紀以來十六宗重要的大國衝突，其中十二宗衝突最終釀成大戰。這是否意味著，美中之間發生軍事衝突的概率是七五%？或許我們不能這麼判斷。其中最重要的原因是，今天衝突的演變過程與核武時代之前已大不相同。如果只看十六、十七世紀鄂圖曼帝國對哈布斯堡王朝統治的頑抗，以及兩次世界大戰的致命衝突，幾乎可以肯定大國衝突勢必引爆戰爭。但隨著常規戰爭逐漸減少，潛在的核對抗逐漸升溫，全面熱戰的可能性幾乎已降至零——至少，我們一度這樣認爲，直至普丁在俄烏戰爭初期說出完全相反的話。艾利森著作的最後三個案例取自二十世紀的三次權力衝突，表明軍事衝突並不完全是因爲核威脅而發生的。

這是否意味著核威懾時代的冷戰，最終只是一場虛張聲勢的地緣政治角逐，或者只會被用作敘事材料，寫成一部逼眞、精彩的驚悚小說[36]？從關係衝突的評估中，我們得到的不應該是這種自欺欺人的結論。第二次冷戰代表著病態依賴的衝突階段最具爭議的特徵，也就是，經濟之相互依存關係的破裂。核威懾幾乎不可能阻礙代價高昂的軍備擴張。普丁在二〇二二年的核武威脅也表明，衝突的升級不會自動剎停。

中國的軍事建設和解放軍部隊現代化一直是習近平的治國要務[37]。美國國防開支目前仍約爲中國的三倍，但本書第十一章將指出，有充分理由相信，這一差距將在二〇三〇年代初消失。幾年前，美國國防機構曾就中國海軍的異常擴張發出警告。現在，中國海軍已經是世界上最強大的海上力量[38]。核武方面，儘管中國的規模相對較小，但甘肅省核導彈發射井的大型擴充，自二〇二一年夏天起變得愈來愈矚目[39]。緊接著，中國進行具有核能力的高超音速武器的測試，震驚了美國國防部門[40]。

美國最高軍事官員、參謀長聯席會議主席米利將軍（General Mark Milley）曾將中國的高超音速武器與在冷戰1.0期間蘇聯人造衛星史普尼克1號（Sputnik）相比。一九五七年史普尼克1號成功發射之後，美國和前蘇聯的國防開支均大幅飆升[41]。許多人認爲，這一發展導致前蘇聯的倒台，原因正如歷史學家甘迺迪所說，是國防經費過高，而經濟已趨疲弱不堪重荷[42]。反觀中國的經濟實力，情況則完全不同，後續發展也應該是相反的。中國在軍備上的驚人進展，完全在其能力範圍之內[43]。

如果軍備競賽旨在制衡，那麼，中國軍事現代化的高速發展，很可能會加重全球制衡的負荷。若這是合理的推測，那我們就應該再次留意兩次冷戰之間的經濟基礎對比。在上一次冷戰，蘇聯經濟日漸衰弱，面對美國和優勢明顯的美國經濟，最終只能退出軍備競賽。而在目前，中國的經濟實力不論和過去衰敗的蘇聯，還是目前明顯走弱的美國經濟相比，實力都更爲強大，足以持續擴充軍事建設。季辛吉已警告世人，不要因爲核威懾時代不太可能出現熱戰，就以爲冷戰2.0只是地緣政治下毫無意義的隔空對峙。新的冷戰和上次一樣，完全可能對全球力量制衡產生深遠的影響。所不同處是，冷戰2.0一旦觸發，修昔底德的教訓大概就不能只是聽聽而已，局勢不會允許人們對歷史置若罔聞。

中俄關係下的冷戰三角

事件的急速迭出，往往會顛覆歷史予人的經驗。修昔底德在古代的教訓，以及季辛吉在現代的詮釋，正從最近的局勢獲得新意義。俄羅斯是第一次冷戰輸家衍生的產物，現在又走進第二次冷戰，再次對世界的和平穩定構成嚴峻威脅。這是現代史上最重大，也可能是最悲哀的一樁諷刺。俄羅斯的介入將進一步擾亂美國對於中國威脅的不實敘事，也會令中國更有可能出現戰略失誤。

俄羅斯帶來的新風險主要源於兩大進展，一是中國與俄羅斯的新夥伴關係，二是俄羅斯進軍烏克蘭的驚世之戰。二〇二二年二月四日，北京冬奧會開幕前夕，習近平和普丁簽署全面夥伴關係協議[44]。該協議涵蓋氣候變遷、健康安全、可持續發展和消除貧困等多個關鍵的共同議題。但這些議題只是門面裝飾，遮掩著中俄地緣戰略和權力共享上的一次重大突破。這份五千多字的文件關鍵句是：「中俄的友誼沒有上限。」

爲了表明新協議之重要，中國外交部長王毅隨後形容，中俄關係遠遠超出正常的盟友之交，俄羅斯現在是中國的「主要」戰略夥伴，「無論國際形勢多麼險惡」[45]。協議簽署二十天後——即北京冬奧會結束後第四天，一個不會造成中方不便的日子——俄羅斯入侵烏克蘭。這是一次單邊侵略行爲，一舉震驚世界。

某程度上，中俄關係的進展似乎借鑑自第一次冷戰。第一次冷戰的轉捩點之一是一九七

○年代初的中美恢復建交。美國總統尼克森一九七二年歷史性訪華，正是在蘇聯經濟基礎開始碎裂的時候。這時美中復交，就孤立蘇聯。從地緣戰略而言，這是一個典型的三角策略：兩個不太可能合作的夥伴，聯手向同一對手施壓。季辛吉當時是尼克森的國家安全顧問，也是籌劃訪華的官員。他後來有言：「美中恢復往來，本是冷戰的戰略部署，後來轉化爲全球新秩序之建構的核心關係。[46]」世人等了十七年，才看到柏林圍牆的倒塌，但蘇聯的解體卻像快得像炸彈的爆破，原因就是三角關係的重壓。

普丁沒有忘記這一痛苦的教訓。他一直形容蘇聯解體爲二十世紀最大的災難[47]。顯然，普丁將深化、無上限的俄中關係視爲重奪大權的重要一步；藉此，往日那不公平的失勢將得到修正。其實，美國早應預見會有這樣的一天。習近平就任國家主席後的首次出訪，就是前往莫斯科，時間是二○一三年初。自那以後，習近平和普丁已經會面三十七次，多於世界上任何兩位國家領導人的會面次數[48]。

然而，事情不僅僅是與習近平有關。早在二○○一年，前國家主席江澤民已和普丁簽署《中華人民共和國和俄羅斯聯邦睦鄰友好合作條約》，作出對雙方共同戰略價值的承諾[49]。對中國來說，那是一個追求和諧、加強全球互聯的時代。同一年的稍後時間，中國在高昂的呼聲中加入世界貿易組織。與此同時，俄羅斯也在增進與西方國家的夥伴關係，並獲得俗稱七國集團（即七大工業國組織，俗稱G7）的加入許可；七國集團由此變爲八國集團（G8），俄羅斯也躍升爲大國。

二十一年後，中俄領袖於二〇二二年二月在北京會面時，兩個國家看到的世界都不同了。俄羅斯因二〇一四年入侵並併呑克里米亞而被逐出八國集團[50]。中國捲入與美國不斷升級的衝突。與此同時，美國自認可以採取激進戰略，透過雙邊貿易和技術壓力來戰勝中國，但對於俄中新夥伴關係的戰略挑戰卻毫無準備。就像美國和在第一次冷戰中的結盟策略一樣，中俄建立三角關係中的鐵雙邊，而美國現正是此聯盟的針對者。

烏克蘭戰爭刷新了新時代三角關係。對中國來說，這充其量是一個小小的波折。中國長期貫徹周恩來總理在一九五〇年代中訂下的「和平共處五項原則」，其國際關係的核心價值觀是尊重領土主權、互不侵犯和互不干涉外國內政[51]。然而，俄羅斯的入侵、隨後對烏克蘭及其人民的野蠻襲擊，都與中國這些核心原則截然相反。中國的核心信念與無上限合作夥伴關係的承諾不能一致，這使中國陷入掙扎。

中國自訂的道德原則已受搖撼，實際的風險還有很多。已經有人質疑，中國為何支持俄羅斯殘酷的烏克蘭軍事行動。中國只要給出最隱晦的默許，或是提供軍事協助，幫助俄羅斯度過西方對俄金融制裁的難關，那麼，中國就會面臨被罪責的風險，被指責是此事的連帶罪犯了。

美國似乎已相信，應該利用加諸於中國的威脅與壓力，向中國再行施壓，以解除新的三角戰略[52]。中國在一九五〇年代末和一九六〇年代初有與前蘇聯鬧翻的歷史。多年以後，中俄兩國的情分原來還在[53]。

然而，這想法幾乎是一廂情願。對於中國，與俄羅斯簽訂無上限合作夥伴協議，固然是一種戰略回應，矛頭指向美國遏制中國的種種戰略，最初是貿易戰，然後是技術戰，現在是冷戰的意識型態對峙和辭令升級。烏克蘭戰爭無疑會撼動中俄，但可以預見的是，中國領袖更正著眼於長遠前景，視野要高於眼下發生的戰爭，要往二〇四九年成為世界大國的目標進發。中國的復興戰略仍然堅定不移，即使眼前的衝突是那樣險惡。顯然，烏克蘭戰爭，無論有多殘酷，都是值得付出的小小代價，因爲與俄的夥伴關係有助於實現習近平所珍視的中國夢之關鍵目標。我將在第十一章探討這種政治計算的智慧所在。

這給美國提出一個同樣重要的戰略問題。烏克蘭戰爭已趨白熱化，在衝突最激烈時去觀察它，豈非易事。但我們還是要一邊觀察一邊問，美國準備好迎戰即將到來的美中冷戰了嗎？俄烏戰爭隨時扭轉美中局勢，這個變數，美國應付得過來嗎？中俄對美實施三角戰略，美國經濟明顯走弱，可以頑抗下去嗎？綜上，與第一次冷戰相比，美國在第二次冷戰的勝算是沒有保證的。美國若認爲上一次奏效的戰略，這一次也會起效，這就錯了。抱此想法的話，美國等同又錯信了一個關於美中衝突的不實敘事。

孫子論勝

隨著局勢變得緊張，冷戰作爲一種框架，對於評估美中衝突的風險和潛在後果而言，是一種愈發重要的工具。就跟熱戰一樣，冷戰的勝出，往往不是靠野蠻的暴力；戰略才是勝負關鍵。這應該讓美國擔心。那封〈加長電報〉就有警句，批評美國目前沒有應對中國的長期基本戰略框架。另一方面，中國素來深諳謀略。西元前五世紀的《孫子兵法》寫道：「夫未戰而廟算勝者，得算多也；未戰而廟算不勝者，得算少也」；言下之意，深謀遠慮，可不戰而勝[54]。曾經有一段時間，美國對戰略的重視有所提高。肯楠在〈長電報〉強調要耐心而控制局面，就非常符合孫子的精神。不幸的是，美國似乎連戰略方面也處於長期的赤字。

然而，冷戰分出勝負後，實際上會是什麼樣子？冷戰1.0後蘇聯解體表明，輸家會發生系統性潰敗，此為一種可能。停火和解除武裝是另一種可能，這樣雙方戰鬥人員都能療癒身心，重新出發。本書第四部分將針對這一可能，探索實現的途徑。然而，冷戰的另一個潛在後果是雙方進入持久對峙，夥伴關係喪失殆盡。這會涉及某種形式的「脫鉤」。貿易、技術、金融資本、勞動力，甚至資訊流之中的各種連接可能會斷裂。一切潛在後果，目前都在冷戰2.0中悄然發生。

隨著貿易量和資本流動的減少，美國和中國在合作多年之後分開，脫鉤的風險受到很多關注[55]。川普的關稅提高和新冠疫情的綜合影響下，美中貿易在二〇一九至二〇二〇年有所下降，此後卻大幅反彈。二〇二二年，美國和中國之間的商品進出口總額達到六千五百八十億美元，僅比二〇一八年六千六百二十億美元的歷史新高略有下降，比二〇一〇～二〇一七年的平均水準高出約一千億美元[56]。中國持有的美國國債在二〇二一年末降至一・一兆美元，雖比二〇一七年的峰值持有量下降了一〇%，但中國仍是美國債務的第二大外國債權者，僅略低於日本持有的一・三兆美元[57]。

類似的趨勢在人與人的交流中也很明顯。二〇一九年，新冠前向中國公民批出的美國簽證數量降至二萬七千五百四十一份。這比二〇一八年的最高紀錄下降三五%，但中國取得的美國外事簽證仍多於印度，位居第一。疫情中的旅行限制影響了二〇二〇年的整體簽證發放數量，但中國在整個疫情期間長踞首位[58]。

不幸的是，新冷戰以及美國反亞裔的高漲情緒，嚴重影響赴美留學的中國公民簽證。在二〇一九和二〇二〇年，美國大學院校錄取的中國學生簽證增長率降至一・二%，是自二〇〇五年和二〇〇六年以來最弱的兩年。然而，仍有超過三十七萬名中國學生在美國學習，幾乎是十年前的三倍。中國仍然是美國教育機構中最大的國際學生生源[59]。拜登政府最近放寬學生和學術簽證限制。人與人之間的交流是關鍵方面，目前已呈現改善的希望[60]。

目前跨界技術產品和服務轉移的急劇減少，以及非技術貿易、資本和人員流動減少，可見冷戰之間持續脫鉤的趨勢。在病態依賴的關係中，兩個國家都會深受上述變化的衝擊。例如，美國貿易轉移向高成本外國生產商，加上關稅，美國對中國出口需求日益減少。相應地，在美留學生購買力大幅削弱，中國留學生和移民也會減少。目前爲止，危害仍是微小的，但隨冷戰持久而變得深重。

美國智庫榮鼎資訊（Rhodium Group）和美國商會中國中心（China Center of the US

Chamber of Commerce）最近一項研究對脫鉤的效應進行更全面的評估[61]。他們計算出具有潛在宏觀影響的四個管道：貿易、投資、人際交流和知識流動。在所有四個管道中，部分脫鉤預計將導致美國的巨大損失，在航空、半導體、化工和醫療設備四個關鍵產業，損失將尤爲嚴重。該研究清楚表明，如果全面脫鉤（範圍將遠遠超出該研究擇先而計算的局部管道），以中國爲中心的全球供應鏈會承受更嚴重影響，並可能爲依賴供應鏈的美國帶來重大國家安全溢出效應。

在一個互聯共存的世界裡，世上最大的雙邊貿易關係脫鉤，必將影響全球。今天的貿易水準高於冷戰1.0時期，脫鉤的全球性影響固然會別具意義。二〇〇五至二〇〇九年期間，全球經濟在金融危機後長期放緩，但貿易仍占世界GDP的二八％左右[62]。這實際上是第一次冷戰一九四七至一九九一年平均一三．五％的兩倍。貿易與全球商業的聯繫越緊密，釐清這些聯繫就越困難。那麼，像一九三〇年代初的全球貿易戰時那種廣泛具破壞性的全球脫鉤，現在應該是較不可能發生的。

這些經濟聯繫之複雜，使得徹底的全球脫鉤變得更不可能。正如前文提到，過去完全在單個國家生產的商品越來越多地分拆給許多國家。現在，大多數商品都是分拆生產零組件，零組件經貿易流切出多個段落，運至在各地組裝，零組件的背後是一個巨大市場中製造的多國全球價值鏈網絡[63]。雙邊貿易早已滲進多國供應鏈網絡；任何兩個經濟體——不論大小——若發生雙邊脫鉤，實際效應總會在供應網中得到某種緩衝。

上述考量對判斷美中貿易衝突的影響至關重要。雖然雙邊脫鉤不一定導致全球脫鉤，但可能導致貿易轉移，並被隨著全球價值鏈而擴大[64]。貿易結構的轉變，乃從單個國家生產的製成品之傳統交換，而至多個生產平台構成的全球價值鏈驅動下的貿易，也反映出日益一體化的泛亞工廠結構的重要轉變。世界銀行和世界貿易組織的研究人員最近發現，自二〇〇一年中國加入世貿組織以來，美中商品貿易逆差的大幅擴大主要源於其他發達國家（特別是日本、韓國和台灣）將生產和組裝轉移到中國[65]。觀點與此大有不同的是，大多數美國政客和一些知名學者將問題完全視爲中國對美國市場的進口滲透[66]。

值得注意的是，全球價值鏈的互通加強，也意味著，美國對從中國出口運輸到美國的成品加徵關稅，實際上不僅會影響中國出口商，也會牽連中國爲中心之供應鏈相關的第三方廠商國家。也就是說，美國最近的關稅安排不僅影響中國，也影響整個東亞對貿易敏感的經濟體。全球互聯的供應鏈已將美國所謂的「中國解決方案」拉伸到整個區域[67]。

這並不意味著，我們可能不會看到美中關係的進一步脫鉤，也就是貿易流動量的變化，資本流動所代表之金融能力的增減，以及技術和勞動力流動的進一步減少。這帶來一個更棘手的政治問題。雙邊脫鉤帶來的貿易分流將意味著，美國的採購將從低成本的中國生產平台轉移到一系列成本較高的外國生產商。正如前文所指，這相當於對美國公司、工人和家庭增稅。

在極端情況下，脫鉤不僅會損害在衝突中首當其衝的美國和中國，還會給世界帶來風險。做個思想實驗，就能說明這一點。使用國際貨幣基金組織的世界經濟展望資料庫，有可能在統計資料中，將中國從全球經濟中「剔除」。這基本上是一個全球增長的算術習題而已。我們從世界經濟的整體增長拿掉中國的成分，可以看看完全脫鉤意味著什麼。

從某種意義上說，這個統計學的實驗結果將與冷戰1.0相去不遠，即達到前蘇聯所謂的自給自足。在曠日持久、爭議不斷的冷戰情景下，美國及其盟友可能會被認爲意圖割裂中國與世界其他地區的經濟聯繫。雖然這不太可能發生，但這一思想實驗提供了一個基準，說明中國的脫鉤可能會對世界其他地區的經濟產生怎樣的影響。

就數據來看，不出所料，中國脫鉤將是一件世界大事。從一九八〇年到二〇二〇年，崛起的中國占全球經濟增長總量的二三%。在這四十年期間，世界國內生產總值的總增長率平均爲三．三%，如果沒有中國，全球經濟每年僅增長二．五%。中國在世界國內生產總值中的占比從一九八〇年的二．五%上升到二〇二〇年的一八%，全球經濟每年增長只有二．五%[68]。

這是一個非常令人擔憂的結果。多數全球商業週期專家認爲，表明世界經濟衰退門檻大約爲二．五%的全球GDP增長率[69]。世界是如此之大，全球衰退很少同時拖垮所有二百多個經濟體；在典型的全球衰退中，收縮發生的比例不到五〇%[70]。二．五%的門檻正可反映收縮發生率的差異。這些結果意味著，如果沒有中國，一九八〇年後的世界經濟往往會徘徊在全球衰退門檻附近。

若我們在二〇〇五至二〇〇九年全球金融危機後的幾年裡，在從全球增長記錄中剔除中國時，這個假設的實驗變得更加有趣。結果表明，中國經濟在二〇一二年至二〇一六年期間的彈性實際上是世界經濟從「低於標準的恢復」到「傾於衰退的倒退」之間的唯一障礙。在這五年中，世界GDP每年增長三．五％，但中國占這一增長的三五％。沒有中國，世界GDP平均增長率僅爲二．三％，略低於二．五％的全球衰退門檻。

上述計算只是一種思考實驗，不能純就字面理解。一個沒有中國的眞實世界經濟，將與我們透過簡單減法得到的結果大相逕庭。但這一實驗可見，中國作爲全球增長引擎，扮演著重要的角色，尤其是在全球金融危機期間。自一九八〇年中國經濟起飛以來，出口導向型的中國經濟嚴重依賴世界其他地區的需求來維持其增長戰略。但與此同時，如果沒有中國的增長，世界經濟將會更加艱難。這意味著，如果一場持久的冷戰會迫使中國徹底脫鉤，那麼沒有人能倖免於難。

今昔兩次冷戰對美中衝突的未來走向有相當大的啓發。最重要的是，美蘇第一次冷戰的結果，不太可能是美中第二次冷戰的有效預測。冷戰1.0強調美國經濟實力和彈性的優勢；冷戰2.0則暗示一個潛在的角色逆轉。今天的美國對於中國，並不具有曾經凌駕於蘇聯的那種經濟優勢。

中國古代軍事家孫子有言，一切在於謀略；善謀者，不戰而勝。儘管美蘇存在過幾個代理人戰爭，但在第一次冷戰中，肯楠的遏制策略基本得到實現，因爲美國擁有必要的經濟槓桿，可以保證國家能打完幾十年冷戰。今天，美國缺乏這種實力。如果美國認為在第一次冷戰中的制勝之道，到了今天還會奏效，那一定是活在危險的虛幻敘事中。聽孫子怎麼說：

「知己知彼，百戰不殆。」

第七章

從川普到拜登：情況越演越烈

美國前任總統川普曾宣稱，貿易戰是一場可以「輕易勝出」的戰爭。衝突將在未來升級，是毫無疑問的。川普認爲美中冷戰是不可避免的。他雖在二〇二〇年十一月連任失敗，但他預示的可能性仍未消失。現任總統拜登會爲川普寫好的衝突腳本再添新章嗎？

川普對中國的看法夾雜著不實敘事。中國一再被斥爲美國問題的根源，不論問題是貿易赤字、美國製造業失勢和空心化，還是技術革新的無力、人力資本投資不足。然而，指責中國的背後是政治意圖，相關的分析並不連貫，所依的證據都有疑點，與宏觀經濟規律也不相符。但指責中國，是美國民衆和民選代表的心之所向。正如孫子所告誡的那樣，矛頭指向別處，總比攬鏡自省要容易得多。

事情不斷重複，就會慢慢被接受。看看川普作爲第四十五任總統的記錄就知道了。事實審查專家發現，他在執政四年裡撒了三萬多個謊❶。但這並不重要，他的民意基礎照樣牢固。川普的民意基礎於在任期間沒有進一步擴大，但民衆的反中情緒卻升溫了。最近，一項不涉人口統計和政治立場的民意調查表明，美國公衆對中國的印象越來越負面❷。就像一九八〇年代指責日本一樣，現在指責中國具有廣泛的吸引力。

美國公衆對中國的看法沒有因爲拜登當選而改變。若說有什麼不同的話，那就是二〇二一年初新冠肺炎起源的辯論重新燃起之後，美國對中國的負面印象更牢固。拜登在二〇二一年一月二十日上任第一天，就扭轉川普許多極具爭議的政策。美國重新加入氣候變遷巴黎協定和世界衛生組織，取消限制穆斯林入境美國的旅行禁令，也叫停墨西哥邊境牆的修建工程。然而，拜登不願失利於民調結果，也非常敏感於民主黨在國會的弱勢，於是，他保留川普的對中政策。

拜登的決定主要出於國內政治的考慮。不過，他可能也另有想法。二戰後大部分時間裡，美國對亞洲各國多行戰術性而非戰略性的策略。最初，當務之急是兼顧戰後日本重建和解決朝鮮半島衝突。至於中國，尤其是在毛時代的動盪中國，乃到後來才進入美國政府視野。正如肯楠在第一次冷戰的〈長電報〉所說，「美國的中國戰略」是自相矛盾的說法，即美國對中國並沒有什麼「戰略」。

一九七〇年代，尼克森和季辛吉積極恢復美中邦交，情況開始改變。到了鄧小平時代，美中關係加速發展。但即使如此，美國的對中戰略仍然沒有焦點，其特點只是在台灣等棘手問題上有意識地保持「戰略性模糊」（strategic ambiguity）[3]。刻意的模糊，是應付國際關係難題的常見方案。但這種模糊只適用於雙方深切互信的情況。信任一旦崩解，就會像今天一樣，導致不可避免的衝突。

早在川普上任之前，美國和中國已經進入病態依賴的衝突階段。川普政府點燃貿易戰和科技戰，是進一步的刺激。川普政府撕裂了任何殘留的美中互信，也凸顯出美國對中戰略確實毫不連貫。川普那種基於「交易的藝術」的關係框架，本身就是與戰略性關係對立的。美國想從這場衝突中獲得什麼呢？川普的目標僅僅是懲罰中國嗎？還是想尋找另一隻代罪羔羊來安內？或者，會不會是美國真的打算在中國政策上求一次徹底的變化呢？

拜登政府若要制定更紮實的對中政策，必須先正視前任政府的缺陷。美國的多邊貿易問題源於其宏觀經濟儲蓄失衡，不能用雙邊策略去挽救。拜登政府必須修正川普的亂局，否則任何善意的戰略再評估都註定要失敗。戰略再評估也應該是雙向的。一面要再思美中關係，一面也要反省美國國內經濟一些最嚴峻的挑戰。最好的結果是，戰略性的再評估能夠在美國和中國之間導入一些富於創意的張力，也許就能創造契機，解決衝突。

失敗的後遺症

川普已經下台，但川普主義依然存在。美國貿易政策特別受其影響。美國貿易一直被放在李嘉圖式互利理論的觀照之下，在川普任內卻變成單邊收益的手段，代表著他所謂「美國優先」的民族主義精髓❹。美國貿易政策的重新定位瞄準中國，動搖美中關係的基礎。

自一九八〇年代以來，貿易一直是美中兩國夥伴關係的支柱。商品和服務的跨境交換將有助制定美中經濟交往規則。這是美國支援中國在二〇〇一年加入世貿的前提。當時，美國領袖希望，世貿成員國的身分能確保中國逐漸與西方規範趨同。也就是說，中國會按照「我們」的規則進行貿易，將變得更像「我們」。回想起來，這真是一個天真的想法。中國背負著「百年國恥」的沉痛記憶，中國領導人斷不會再屈從於他人意志。中國加入世貿之後，自會對國際貿易夥伴作出承諾，但承諾的前提是符合中國自己的輕重緩急，而不是以西方的優先事項爲考慮。中國將帶著其制度、歷史和願景的「中國特色」，去參與全球事務。

美國不僅是與中國交手時才這麼天真，面對俄羅斯也有類似的反應[5]。在過去二十年中，美國及其歐洲北約盟國一次又一次被迫應付普丁對安全問題的偏執。普丁一直關注西側領土的侵擾問題，也一直對前蘇聯的崩壞和最終解體耿耿於懷。這些憂慮早已激發種種衝突，自一九九九年的車臣，二〇〇五年的格魯吉亞，到二〇一四年的克里米亞，再到現在的烏克蘭，都是同源的事件。西方對俄的戰略反應近乎綏靖，以避免軍事衝突爲上，甚至以符合西方價值觀的條件來與俄羅斯不斷交涉。結果，七國集團在一九九七年對俄羅斯敞開懷抱，歡迎它加入精英大國之列。西方對俄羅斯的想法，就像我們已知的美國對中國的想法一樣：俄羅斯與「我們」走得越近，就會變得更像「我們」。

也許事情並不會這樣發展。後續事件表明，中國和俄羅斯沒有趨同的意向。對於俄羅斯，西方已錯判局勢，造成嚴重軍事後果。幸而，中國的情況還未至於此。不過，中國獨有一種質地，確實很難被同化，也會冒犯許多欲將「西方特色」冠予中國的美國人。當他們發現，這些期望原來是基於偏差的論述，是不可能達成的，美中的信任赤字就擴大了。《301條款報告》正是以中國在世貿組織可信度不足，作爲許多違規指控的基礎。報告認爲，美國是上了當，才會出手支持中國加入世貿。

川普打響貿易戰，等於放棄美中雙邊貿易關係的深厚基礎。美中貿易不再被視爲確保互利的方式，而是對美國繁榮的威脅。美國指控中國的不公平貿易行爲，使之成爲美國保護主義論述所針對的目標。關稅、制裁和「實體清單」，讓美國貿易政策走上一條一九三〇年代以來從未有過的路。

對川普來說，這是一場巨大的戰術賭博，只有經驗豐富的交易高手才能制勝❻。美國的貿易談判旨在壓榨中國，要求中國做出重大讓步，以期中國最終會退縮並改變行爲模式，到時，川普聲稱阻礙美國再次偉大的不公平貿易做法就會告一段落。經過一輪又一輪不斷升級的關稅談判，美國和中國於二〇二〇年一月十五日簽署「第一階段」貿易協定❼。川普認爲，這表明協定中的「交易的藝術」正如他承諾的那樣發揮了作用，中國最終就其不公平貿易行爲作出讓步。諷刺的是，拜登也遵循同樣的基本方針，嚴厲制裁對烏克蘭發動惡戰的俄羅斯。在本書付印時，以制裁驅動的和平協議似乎還遙遙無期。

然而，美中「第一階段」貿易協定從一開始就註定要失敗。最重要的原因是，協議希望爲多邊問題提供雙邊解決方案。美國的雙邊貿易逆差國多達一百零二個（此爲二〇一八年貿易戰開始時的官方統計，在二〇二一年已增至一百零六個），但現在只針對中國一個，以期緩解美國中產階級工人的壓力。這種做法幾乎不會有任何成果❽。只要國內儲蓄仍然不足，美國對中國巨額貿易逆差的任何縮減都會轉移到其他國家。正如第四章所示，這一判斷在現實中已應驗：中國在美國貿易逆差的占比有所縮小，代之的是美國對墨西哥、越南、台灣、新加坡、韓國、印度等多國的貿易不平衡。貿易戰爆發以來，美國總體貿易逆差擴大，而不是縮小。以中國為中心的解決方案引起反效果，這實在不是意外。

雖然結果欠佳，但「第一階段」貿易協定當時還是頗受兩國歡迎的。該協定主要特徵是，中國須承諾在二〇二一年底前增購美國產品，增幅至少為二千億美元。協定還有其他內容，大多是就著二〇一八年三月《301條款報告》強調的廣泛結構性問題，放一些空話而已。然而，「第一階段」在強制技術轉讓、智慧財產權保護、國有企業補貼或網路安全方面沒有任何有意義的突破。這就與川普政府的激烈主張背道而馳❾。還有一個關於匯率操縱的條款，也是沒有意義的。該條款有言，若中國進一步壓低人民幣幣值，可能會受到懲罰；這一條款的唯一問題是，中國的貨幣是在升值，而不是貶值。還有一些關於農業的條文，不過是為了取悅對川普總統特別重要的政治選民罷了。

「第一階段」沒有成功，還有許多其他原因。特別是，兩年內要中國增購二千億美元的美國產品。這是從一開始就不現實的目標。該協定乃參照二〇一七年美國對中國商品出口總額一千三百二十億美元的水準而制定。在這個基礎上增加二千億美元，意味著二〇二〇年和二〇二一年的平均年增長率會超過五〇%——實際上根本不可能。這也意味著，二〇〇〇年至二〇一三年的年均強勁增長率達一八%，現在必須將這個增長率增加近三倍。這同樣是不可能達成的增幅。

因爲各種可預見的原因，也因爲疫情期間全球貿易中斷的緣故，「第一階段」的雙邊貿易承諾從未有兌現的機會。美國對中國出口在二〇二〇～二〇二一年確實平均增長一八%，與此前的快速增長持平，但仍遠低於商定好的增長幅度。彼得森研究所（Peterson Institute）經濟學家鮑恩（Chad Bown）對「第一階段」作出逐項合規檢查，發現落差是廣泛存在的。中國對汽車和零件、飛機引擎和零組件以及各總雜項製造產品的採購量均遠低於目標，只有半導體和醫療設備的購買量超標完成[10]。到二〇二一年底，中國對美國製造商品的購買仍比第一階段規定目標低近四〇%[11]。這一雙邊協定是一套錯誤的解決方案，不能解決美國更廣泛的多邊問題；而且，結果也完全沒有達到二千億美元的增購目標。

川普政府素來不善做貿易數學題。這恰恰反映在「第一階段」貿易協定的結果。在川普看來，第一階段協議至少證明關稅的強大槓桿作用。多年來，他一直堅稱自己喜歡關稅，將對中國徵收高額關稅，迫使中國遵守美國的強硬要求[12]。據他所說，關稅是他那充滿「交易的藝術」之談判策略中的終極一擊。到頭來，一切只反映出川普沒有弄清楚關稅是從誰的口袋掏出的。事實與他一再聲稱的相反，關稅費用不是從中國收取的，而是在進入美國的港口向美國進口商收取的。從某種意義上說，川普總統沒有錯——關稅徵收確實激增了，從二〇一七年的三百八十五億美元增加到二〇一九年的七百七十八億美元[13]。但這並不是對中國的懲罰；這相當於對美國公司及最終對美國消費者的大幅加稅⓮。

川普政府的第一階段雙邊框架有這麼多深層缺陷，但拜登政府仍視之為美國對中國貿易政策的支柱。協定為期兩年，在二〇二一年底已期滿結束。但新任美國貿易代表戴琪一再辯稱，中國應為未能達到二〇二〇年一月協定要求的二千億美元增勢而負責⓯。

這樣的結果確實不如人意。尤其是戴琪對美中貿易政策已進行長達九個月的艱苦評估，最後只作如此說法，更令人失望。「第一階段」貿易協定由川普政府提出，是一番註定要失敗的政治努力，幾乎完全無助於解決美中貿易關係衝突。協定的達成早已浪費時間和外交精力。最後，兩國還加深了敵意。這一切似乎都逃過了新一屆美國貿易代表署的檢視。

川普「第一階段」貿易協定是政治戲劇化和糊塗經濟學的不幸結合。到了拜登政府，戲味是減輕了，但最基本的謬誤依然存在：試圖用中國為中心的雙邊方案來解決多邊儲蓄問題，是錯誤的。「第一階段」建基於不實敘事，從一開始就行不通。民主黨人拜登雖然站於川普對立面，也是繼任的總統，但他似乎仍不願或無法從前任身上汲取教訓。

拜登的轉向

二〇二一年三月，美國和中國官員在阿拉斯加州安克拉治召開會議，當時寒冷的不僅僅是天氣。這是拜登政府與中國對等高層進行的首次會晤。政府高層的首次會晤是一種經典的外交場合，通常氣氛輕鬆，點到而止。但這次美中會晤給不出這個感覺，只讓人在冰天雪地中想起冷戰1.0。

美國派出的談判代表是國務卿布林肯（Antony Blinken）和國家安全顧問蘇利文（Jake Sullivan）。他們在闡述拜登政府的中國立場時咄咄逼人，直言不諱⑯。致詞的內容也遠遠超出貿易衝突和十四個月前簽署的「第一階段」協定的範圍。拜登團隊將關注面延至人權和安全問題，並提出中國新疆維民虐待事件以及南中國海的擴張態勢，從而證明話題的轉變大有必要。布林肯和蘇利文顯然更熱衷於「交易的藝術」中主動衝突、請君入甕的策略，而不喜歡美國外交傳統中那種微妙的手腕。對於與中方高層官員的首次會晤，大家預見的大多是後者。

不出所料，美方的言論引起中國代表團、外交事務主任楊潔篪和外交部長王毅的強烈不滿。中國官員以二〇二〇年開始愈發鮮明的「戰狼」姿態，採取異常強烈的措辭，予以反擊⑰。由於大國已復興，並且正在崛起，中國外交官對西方的幾乎任何批評和評論都高度敏感。王、楊均作出長篇回應，嚴正駁斥美方。美方提出的話題統統踩中普世價值的紅線。中方覺得美方態度居高臨下，也認爲美方乃據所謂民主的高地來指責中方，是虛僞之舉，所以大感憤怒。楊潔篪的發言指出，美國所謂的民主，已因系統性種族主義和二〇二一年一月六日國會大廈的政治騷亂而大打折扣。

這次公諸於世的會晤，讓西方大感震懾⑱。會晤的錄影經過審查，剪出一個著重強調中國指控美國侵犯人權的版本，贏得中國民眾的廣泛支持[19]。在此之前四年，中美衝突不斷升級，拜登政府非但沒有平息紛爭，反而在美國國會和公眾輿論的全力支持下，讓局勢進一步升溫[20]。中國也以同樣強硬的姿態回應。沒有一方撤出貿易戰，也沒有一方提出逆轉關稅安排和相互制裁的新方案。

中美兩方代表團各執己見，顯然都將和解視爲軟弱的表現。拜登政府仍無法擺脫川普政府所激起的政治化反中餘波[21]。高舉國族旗幟的中國，以及代表團的「戰狼」姿態，無疑是反思早期被動外交政策之後的結果。鄧小平「韜光養晦」的那一套已被摒棄。安克拉治的會晤有著濃濃的冷戰色彩。在媒體的睽睽眾目之下，會晤一開始就是正面交鋒，指控和反駁連番迭出，根本沒有衝突降級的餘地。

然而，安克拉治會晤的眞正難題是，爲什麼美中兩國仍按「第一階段」框架來進行接觸？爲什麼要堅持一個有缺陷、行不通的協議？這就是情況愈演愈烈的地方。

故事線索首先指向現任拜登政府印度—太平洋國家安全委員會協調員坎貝爾（Kurt Campbell）。坎貝爾曾在國務院任職，是制定「轉向亞洲」（Pivot to Asia）戰略的關鍵一員。「轉向亞洲」是歐巴馬政府標誌性的外交政策動議之一。其基本理念是，美國數十年來專注於中東事務，是時候變換焦點，走下一步。當時的期望是，隨著美國在伊拉克和阿富汗的參與逐漸減少，新的力量會釋放出來，軍事和金融資產可以聚焦於東亞。在崛起的中國那迅速擴大的陰影下，東亞正在衰落。

最初，這一外交轉向以一項重要的政策倡議爲特色，即跨太平洋夥伴關係協議（Trans-Pacific Partnership，簡稱ＴＰＰ）。美國與十一個國家——主要是東亞國家，也包括加拿大、墨西哥和祕魯開展漫長而艱苦的談判，以期建立世界上最大的貿易協定。但這裡有一個明顯而重要的陷阱：按照ＴＰＰ的最初設想，該地區最大經濟體、全球最大貿易國中國是要排除在外的。這種排斥是對中國的公然遏制。雖然美國及其合作夥伴極力否認，但其論點畢竟缺乏說服力，反而顯示出ＴＰＰ就是要遏制中國於該地區及世界上日益增長的影響力㉒。ＴＰＰ提出以美國領導東亞發展爲一種選項。故此，「轉向亞洲」無異於直接冒犯中國「和平崛起」的論述㉓。

ＴＰＰ的源起在於，美國對待中國總想行修正之道。中國二〇〇一年加入世貿，此後因未能遵守相關條款，早已在美國經濟界和外國政策界引起怨聲。相關論述指，中國沒有按照西方規則行事，理應被剝奪泛區域貿易激增所帶來的增長優勢。在「轉向亞洲」之下組織ＴＰＰ，正是希望制衡中國透過違反世貿協定、以不公平手法取得的經濟實力。

從二〇〇九年開始，歐巴馬政府將其全部外交力量投入ＴＰＰ談判。國務卿希拉蕊（Hillary Clinton）很快接受亞洲再平衡的外交政策調整㉔。細節的問題，就交給專理東亞和太平洋事務的時任助理國務卿坎貝爾。坎貝爾積極參與圍繞ＴＰＰ的艱辛辯論和談判。二〇一六年美國總統大選期間，「轉向亞洲」列入候選人希拉蕊的主要外交政綱之一，坎貝爾也親身爲之宣講㉕。

如果希拉蕊贏得二〇一六年總統大選，坎貝爾無疑會繼續發揮關鍵作用，在TPP框架下執行遏制中國的戰略。但那不可能發生，而且被逆轉了。川普總統上任第一天，就將美國撤出TPP，以表對貿易的抗議。其餘十一個國家最終在二〇一八年簽署協定的修訂本，現在被稱爲CPTPP（Comprehensive and Progressive Agreement for Trans-Pacific Partnership，跨太平洋夥伴關係全面進步協定）。協定的主旨不變：自成立以來，無論有沒有美國，TPP都代表著一件最重要的事情：一個沒有中國的亞洲。

奇怪的是，中國後來申請加入CPTPP，藉此回應自己被排除在外的事實[26]。中國是否會達到標準，獲得十一個CPTPP成員全數接受，仍有待觀察。那些與市場准入、勞工權利和政府採購有關的標準，對中國尤具挑戰[27]。要獲得一致通過，可能是不容易的。澳大利亞和加拿大最近都與中國發生衝突，而兩國的同意票是必須的[28]。然而，如果中國能成功繞過澳加兩國的反對，正式加入CPTPP，這將是現代貿易政策史上的一大諷刺：一個由美國主導成立、旨在排除中國的泛地區協定，最終將擴大至包括中國，美國卻要在局外觀看。

希拉蕊在二〇一六年落選，但「轉向亞洲」沒有消失。坎貝爾一直以顧問、智庫首腦和「轉向亞洲」權威著作的作者身分作巡迴演講[29]。現在，他進入拜登政府，任亞洲問題資深官員，正與國家安全顧問和安克拉治代表團成員蘇利文聯手，將「轉向亞洲」轉化爲解決美中問題的新槓桿[30]。「轉向亞洲」最初是歐巴馬的轉向，現在是拜登的轉向[31]。

不出大家所料，在二〇二一年秋季，「轉向亞洲」再度浮出，還伴著一項新的重大外交政策：澳大利亞、英國和美國的三邊安全協議[32]。這項俗稱AUKUS的協議，基點是西方早有限制中國的意圖，其標誌措施是爲澳大利亞配備由美國和英國聯合開發的先進核動力潛艇技術，直接用於抗衡中國在亞太地區日益增長的海軍實力[33]。用季辛吉的比喻來說，AUKUS的成立，無疑使新冷戰的山麓現在看起來更高更陡了。

衝突式共存

美國將轉向何處，目前還不清楚。二〇二〇年川普敗選之後，人們普遍認爲美中關係將迎來轉捩點[34]。二〇二一年三月的安克拉治會晤是一場災難，但拜登政府仍然可能扭轉美中關係。轉捩點固然意味著新方向的打開，但接下來走什麼路，我們且拭目以待。

這也是布林肯在安克拉治開場演說的精髓。布林肯提出未來美中關係的三種可能：敵對、競爭和合作。敵對的道路通往冷戰2.0。正如上一章所說，敵對很可能是嚴重戰略失誤。中國不僅比上次冷戰的對手蘇聯要強大得多，美國經濟也比當時弱得多。轉向冷戰2.0，等於前面沒有了路。

在安克拉治，美中都竭力否認新冷戰的可能。但拜登政府明確將衝突範圍從貿易擴大到人權和地緣政治安全，辭令比之前更具對抗意味。中國的憤怒還擊也有冷戰的色彩，徒令敵意加深。雖然沒有人想要冷戰，但兩國看起來也都沒有試圖避免冷戰。

衝突的升級是一組連續的鏈條，要將之切斷，絕非易事。現在美中關係風險如此之高，衝突更難剎停。本書第四部分將指出，雙方共同努力去解決共同問題如氣候變遷、全球健康和網路安全，對於恢復互信至關重要；沒有互信，就不可能解決更具爭議的問題。拜登政府在成立初期，就努力重返巴黎協定，恢復美國在世界衛生組織的成員資格。這是美國嘗試前往合作方向的幾步路，走得小心翼翼也充滿希望。

競爭介乎衝突和合作中間，是一塊絆腳石。這主要是因爲「競爭」在不同的系統有著不同的定義。美國說的「競爭」，乃以市場爲基礎的自由企業制度爲框架。中國說的「競爭」，則是從社會主義市場經濟角度而言。然而，兩個國家都經常逾越各自爲「競爭」設定的典範。最典型的例子是享有國家大量補貼的中國國有企業。美國的政府也一樣會昭然干預，在頻發的危機中屢放大招。中國的世貿成員身分現在備受爭議，從中也明顯可見，各國對公平競爭的渴望，通常表述爲平等互利的原則，但競爭本身因制度的差異而難以統一去定義，更不用說去實現㉟。各國有相互衝突的價值觀，在國家事務優先次序的排列上也有差異。正因如此，關於中國是否遵守世貿規定之爭辯一直沒有結論。

拜登的轉向很難說是一條修復關係的明路，而更像是一種強調而已。古怪的是，美國政府現在竟提出一種將合作、衝突和競爭三合一的融合體，並用陰暗的冷戰術語「共存」來框定。「共存」指的明明就是兩個制度截然不同之強國間的對峙㊱。美國對中國的外交政策，素有先正其名的慣例，要貼個標籤來定義每一時期的戰略。提出「共存」是合乎傳統的[37]。可惜，「共存」一詞往往泛指跨國關係的一般屬性，並不能點出美國對中國之挑戰的具體方案。

「共存」，對於病態依賴又處於衝突的兩個國家，會意味著什麼呢？表面上，這似乎是一種外交上的存而不決，類似於早期的「戰略性模糊」，即允許每個體系在合理的範圍內決定自己的軌跡，同時制定一些無爭議的應對機制。當一個國家的範圍介入另一個國家的範圍時，問題就出現了。如何架設絆網，劃定「紅線」，以阻止不可接受的侵犯，並懲罰侵犯的行爲，就是可持續共存的挑戰。誠然，還有更重大的問題，就是誰來規定「紅線」，誰來執行越線的制裁。

理論上，這就是貿易協定的意義所在。國家之間更廣泛的契約也是如此，特別是關於開放市場的雙邊投資條約協議。在二〇一六年，這類協議幾乎在美國和中國之間締結，但在二〇一七年被川普政府放棄了。無論重點是商品和服務貿易、跨境投資還是國防和安全，經過仔細談判、可核查、可執行的協議對可持續共存是至關重要的。本書最後部分也會詳述，這是解決衝突的最終方法。

協定、協議或條約經談判達成，並能夠解決關係失調的核心問題，方算是行之有效。「第一階段」貿易協定是一個徹頭徹尾的失敗，因爲它沿自一個錯誤的貿易戰。這項協定是無效果的，因爲它浪費了機會，無法挽救美中關係，無法將衝突升級的態勢轉化爲良性競爭的張力。到最後，這樣的張力還是應該有個解決的方案。這對實現共存是至關重要的一步。實現共存，才能爲互賴而衝突的病態解毒。不論在美國或中國，這都還未發生。

拜登經濟學

誠然，美中關係只是美國第四十六任總統面臨的難題之一。槍械暴力、投票權、移民、系統性種族主義、薄弱的基礎設施、日益加劇的不平等、後新冠疫情時代的修復，以及現在與俄羅斯擦槍走火的地緣戰略對抗等等，重大的要務不勝枚舉。

然而，美國的中國問題不能僅僅被加入要務清單而已。人們須理解中國問題與美國的基本經濟挑戰有何關聯。在美國外交政策議程上，中國問題的確是當務之急。但是，中國問題不能孤立於其他衝擊美國及其經濟的力量而單獨解決。

拜登經濟學的一個關鍵困難是起點太低。拜登二〇二一年初上任時，國內儲蓄、聯邦預算赤字和經常帳都有赤字，情況極不穩定。社會迫切需要疫情緊急救濟，需要基礎設施的支援，需要新的社會福利計畫，這一切都將美國聯邦預算赤字推高，二〇二〇年和二〇二一年平均達到接近GDP一三％，這是和平時期從未出現過的數字。按照預測，赤字將在未來五年（二〇二二~二〇二六年）降至四％，但仍會比長期平均水準高出一個多百分點[38]。可悲的是，美國對於長期預算赤字的樂觀預測一般都不準確[39]。巨額赤字可能是拜登經濟學的持久標誌。

這是拜登政府所面臨的重大宏觀經濟挑戰之一。國內淨儲蓄率正處於歷史低位，拜登上任時國內儲蓄在國民收入占比僅三．二％。在大規模赤字條件下，如果一直過度支出，只會加深中國問題裡最具政治爭議的一個方面：巨額貿易逆差。大規模預算赤字很可能會持續拖累國內儲蓄，經常帳赤字也可能繼續擴大。二〇二一年美國的經常帳赤字已經達到GDP的三．六％，創下十三年來的最高紀錄[40]。這樣的結果，將進一步增加美國龐大多邊貿易逆差的壓力。

在上述困境中，中國令拜登經濟學的課題難上加難。川普加徵關稅之後，中國在美國整體貿易逆差的占比已有所下降，但仍是多邊貿易不平衡中占比最高的國家。隨著國內儲蓄下降和經常帳赤字上升，未來的情況只有兩種可能：要麼美中雙邊貿易逆差繼續大幅攀升，要麼美國對中國產品繼續加徵關稅，迫使更多貿易活動轉向更高成本的貿易夥伴，實際上相當於對美國企業和消費者大幅加稅。若出現上述任何一個結果，美國經濟都會備受困擾，因爲現在正面臨一代人以來首次的通膨浪潮威脅。

換言之，美國的中國政策背後經濟根基越看越有問題，困境至少會持續到二〇二五年。由於利率偏低，拜登經濟下的赤字支出不太可能嚴重影響聯邦政府的償債義務；當然，情況最終可能有變，因爲聯準會現在開始提高利率來對抗通膨。與此同時，財政刺激仍將導致總體貿易逆差上升，尤其是對中國的逆差；事實上，二〇二一年的情況正是如此，多邊和雙邊中國貿易逆差都顯著擴大。早些時候，我認爲美國這樣儲蓄不足的國家，不應將雙邊貿易赤字用作一個可操縱的政策對象。現在看來，似乎可以肯定，不管有無此類操縱，不管宏觀經濟的後果如何，痛擊中國的操作在未來幾年仍會是美國主要政治潮流。

拜登經濟學也可能影響美元的價值。經通膨調整後，美元廣義指數在二〇二〇年最後八個月下跌九％，在二〇二一年反彈約六％[41]。由於美國經常帳赤字愈見嚴重，即使面對強勁復甦和通膨加速，聯準會也可能限制提高基準利率。這樣看來，二〇二〇年美元疲軟可能是一種警號，預示著未來會每況愈下[42]。

隨著烏克蘭戰事持續，美元在二〇二二年初轉而走強。在全球動盪和緊張時期，美元成爲避風港，也屬正常趨勢。但當世界穩定下來，經濟的基本規律應該會重新發揮作用。在過去的五十年裡，美元共經歷三次重大調整，分別在一九七〇年代、一九八〇年代中期和二十一世紀頭十年，跌幅平均略高於三〇％，是二〇二〇年跌幅的三倍。與前幾次調整的經濟背景相比，如今國內儲蓄的下降和經常帳赤字的擴大都更爲嚴重，因此，美元很有可能再次大幅調整。貶值的徵兆，目前只有一點點而已，往後可能會逐漸顯著起來。

美元一旦下跌，可能會相應給人民幣帶來進一步上行的壓力。自二〇〇〇年初以來，經通膨調整後，人民幣已升值約四五％[43]。如果中國當局擔心人民幣升值會損害國家經濟或擾亂金融體系，因而試圖遏止升勢的話，那麼痛擊中國的美國政治只會愈演愈烈。一直以來，但凡人民幣因市場或政策驅使而出現任何下跌，美國的政治人士都會提出批判。人民幣未來若被操縱，他們會更加憤怒。

與此同時，美元若再次貶值，難免讓人疑問，美元是不是即將失去世界儲備貨幣的地位，人民幣是不是會取而代之。我們不能否認，的確有此可能，也許是未來某日某時，但不會是此時此刻。中國金融體系仍處於萌芽狀態，遠不值得擁有儲備貨幣的地位。儘管拜登經濟學在財政上揮霍無度，但美元畢竟長期占主導地位，不太可能在短期內失去其「囂張的特權」[44]。

疫情之後，經濟已強勢反彈。但是，縱有好轉趨勢，美國經濟仍然儲蓄短缺、赤字嚴重，拜登時代很可能要迎接出乎意料的挑戰。這無疑也會深深影響美中衝突。美國國內可能因此累積越來越大的政治壓力，迫切要求解決中國問題，也會對中美兩國提出問題如下：美國是否有解決儲蓄問題的政治決心，或是會繼續將貿易逆差歸咎於中國？中國會不會攫住美國經濟挑戰帶來的機遇，以期擴充其經濟和地緣戰略實力？

美國的否認敘事

美國對中國的不實敘事，特別關乎貿易、技術和地緣戰略衝突的論述，有一個重要的共性。這些論述，究其根源，都是出於對一黨制威權國家的社會和政治批判，因其似乎有違美國民主的核心價值。至於民主制度內部正在自我搗毀一事，是不被討論的[45]。一個兩極分化的國家，往往會養成「你不是也一樣」的詭辯風氣（whataboutism；也俗稱「比爛主義」或「抬槓主義」）。但美國對中國的不實敘事是如此激烈，連比爛、詭辯或質疑的空間都沒有[46]。

也許這就是最大的諷刺。美國已陷入歷史性的自我懷疑，很可能正需要一隻代罪羔羊來證明自己一切都好，無損其世界民主堡壘的地位[47]。在焦慮不安的氛圍中，美國對中國的不實敘事達到白熱化的高峰，這純粹是巧合嗎？

前文已著重提出，政治導向的不實敘事可能出現病毒式傳播。這些不實敘事包括對中國不公平貿易行爲的指控、所謂的華爲威脅，以及美國自信將勝出冷戰2.0的傲慢言語。不實敘事經得起時間考驗，即使已有精細分析和事實查驗去證明其僞，卻仍然經久不息。這表明，不實敘事將未來許多年內仍然繼續左右美國輿論。

這引出更大的問題：爲什麼對中國的不實敘事會成爲美國自我意識中如此重要的元素？是出於對民主制度優越價值——尊重、尊嚴、言論自由和機會平等的深刻道德信念，以及與他人共享這些價值的利他願望嗎？是因爲美國長期以來與中國交往的本能，把對中衝突與第二次世界大戰的「正義之戰」相提並論，而非將其與其他可能更具有腐敗的「永久戰爭」（如在越南、伊拉克和阿富汗的戰爭）混爲一談[48]？或者還有其他的因素起作用，即心理學家長期以來認爲是最強烈的人類情感之一——自我防衛的「否認」[49]？

我們應該認眞對待最後一種可能。想想美國的經濟現狀和未來前景，縱使我們不堪接受，卻也不難發現，美國很有可能正處於否認的狀態。目前的美國確實不容樂觀，收入、性別和種族不平等正在急速加劇，生產力增長已趨緩慢，聯邦赤字和債務不斷增加，國內儲蓄長期低於標準，經常帳和貿易赤字持續擴大，諸多現象拼出一幅叫人悲哀的美國圖景。然而，美國的政治體制彷彿預先設定好似的，會對這些問題視而不見。美國堅信如果指出問題，等於承認自己失敗；承認失敗是無法想像的。美國就這樣堅持不承認，迴避著自己最棘手的經濟困境：一九七〇年代末以來，美國一直入不敷出，並且發現，未來越來越難以用同樣方式存續。

歷史上來看，經濟體自身產生的收入很大程度是薪資形式表現的勞動回報。也就是說，國家須依靠目前生產的所得，來支持基本運作。於此可見美國問題的關鍵層面。在美國，以薪資總額（私營企業和公共部門的總和）為形式的勞動收入在一九七〇年達到高峰，占國內生產毛額的五一．四%，在二〇一三年下降到四二．二%。雖然二〇二一年回升至四四．九%，但仍遠低於高峰[50]。

歷史學者亞當斯（James Truslow Adams）早有暗示，美國若一邊苦於國內勞動收入的短缺，一邊沉浸在「美國夢」的理想裡，勢必會遇到重大挑戰。如果不能透過辛勤工作、得到公平公正之回報並實現繁榮，美國人就會轉向外在的購買力來源，也就是，透過投資房產和金融工具來實現資產增值。在很長一段時間裡，這似乎是很有效的做法。在一九八〇至一九九〇年代的美好光景中，美國消費者都渴望透過投資組合，在心理上收穫意外之財；有賴於金融的創新，美國人也能利用房產淨值信貸額度和二次抵押，直接從他們最大的投資（即房產）提取資本收益[51]。確實，美國人過去沒有擔心的理由。

但是，過度依賴這些購買力的補充來源，最終會導致嚴峻後果。各種基於財富的收入來源都在鼓勵美國家庭用盡來自勞動收入的儲蓄，從而降低收入爲基礎的個人儲蓄率，從一九七一年的一三．五%降至二〇〇五年的三．一%[52]。誠然，如果資產市場可以幫你更快地賺到更多的錢，爲什麼還要從工作收入的傳統方式儲蓄呢？這一觀念的改變，加上曠日持久的聯邦預算赤字，徹底擠壓整體國內儲蓄；這也相應迫使美國從儲蓄盈餘的外國借錢，同時要保持著巨額經常帳和貿易赤字，以吸引外國資本。這看起來也未免太容易了。

到最後，一個收入和儲蓄短缺的國家，當然不能只靠混搭資產依賴型經濟和不斷擴大的貿易赤字，就得出一個可持續的解決方案。資產和信貸泡沫總會導致過度消耗。泡沫一旦破裂，就會引發一九九〇年代日本那種顯於資產負債表的經濟衰退，然後就是乏力的復甦[53]。這在二十一世紀初的美國也發生過。最先爆破的是網路股票泡沫，幾年後是房產和信貸泡沫。泡沫本身就是一種最難叫人抗拒的「否認」表現。泡沫之所以越吹越大，是因爲人們總有投機心理，相信資產價值再高，也未到最高。直至泡沫破裂，人們才終於知道否認的眞實代價。

在美中關係的背景下，資產依賴型的美國經濟所面臨的風險尤其值得一提。對於儲蓄不足的美國經濟來說，擁有大量儲蓄盈餘的中國已成爲其最大的外資來源之一。很大程度上，由於疫情的影響，美國聯邦預算赤字在二〇二〇年和二〇二一年顯著擴大。雖然，總有一些樂觀的預測說預算缺口來年將會縮小，但事實上，相關赤字在未來幾年（甚至幾十年）可能仍會徘徊於歷史高位[54]。因此，國內儲蓄將持續受壓，迫使美國繼續利用外國的儲蓄盈餘，爲大規模投資和經濟增長提供資金。中國是美國最大的債權國之一，無疑將是爲美國補缺的關鍵。然而，美中衝突日益升溫，中國是否仍願意承擔這一角色，也是未知之數。

美國正深處於否認的狀態。美國民衆不願聽到國家也許再不能入不敷出的風聲。哪怕是最輕微的暗示，也會讓他們不安。美國民衆也不願意聽說中國可能不再願意資助美國過度消費的生活方式，不願意相信資產或債務週期的調整，會透過回歸均值或美元貶值來實現。因此，否認成爲一種經典的防禦機制。這不僅僅是因爲「只要音樂還在播放，你就必須站起來跳舞」的短淺理由，也是出於一種對優越權利的應得感。這種應得感源於美國是「地球上人類最後、最大的希望」的自我形象[55]。

否認的心理，不僅是雷根式美國文化的產物，也是美國對中國諸多不實敘事的核心。關於貿易逆差的雙邊叫囂，對於華爲陷阱的恐懼，以及強硬的冷戰言論，都是美國不願爲自己造成的問題承擔責任的跡象。儲蓄，大可說是經濟上負責的終極表現，但許多美國人覺得這是個貶義詞。儲蓄總與「節儉悖論」（paradox of thrift）聯繫在一起。在「節儉悖論」中，儲蓄被視爲經濟增長的威脅。因爲消費者儲蓄增加時，他們的消費減少，進而降低企業的收入，導致整體經濟活動減緩[56]。這是一種短視的觀點。沒有儲蓄，就很難進行人力、基建和創新方面的基礎性投資。除非打破對儲蓄必要性的否認，否則美國長遠的經濟增長只會變得更加嚴峻。

需要指出的是，否認也會導致衝突。美國公眾一邊迴避儲蓄之難，一邊選擇將國家經濟困難的責任歸咎於他人。這個「他人」是三十年前的日本，也是今天的中國。衝突或有各種屬性，威脅也可用不同的方式來解讀。籠統而論，衝突升級可能遠遠超出經濟範圍。一九八〇年代的日本不至如此，但今天的中國就不同了。在冷戰之中，任何否認的苗頭都讓人憂慮，因爲否認往往是意外衝突的潛在根源。

美國人執著於入不敷出，乃有一個祕而不宣的鄙俗理由：否認是廉價的，只要有極低利率和泡沫資產市場就可以，此二者則有低通膨條件即可實現。只要這些不尋常的情況持續下去，美國無疑就能夠繼續安於否認。然而，總有一天，低通膨和低利率條件將不復存在，事情會開始恢復到更正常的狀態。否認的代價不斷上升，那一天也許不遠了，美國終將承認量入爲出的迫切需要。美國逃避得越久，覺悟的過程就越痛苦。

美國無疑會一直缺乏儲蓄，受到貿易赤字的困擾，並且不願或無法解決與中國的衝突。除非自我覺醒，衝破否定儲蓄的牢籠，並且直面現實。兵法家孫子的建議是透過瞭解自己來避免危險，這個建議從未像現在這樣適切。當然，孫子的眞知不僅適用於美國，也適用於中國。中國同樣沉溺在自己的一套不實敘事裡，同樣因爲否認而面臨重大風險。在下一章，我們就把焦點移向中國。

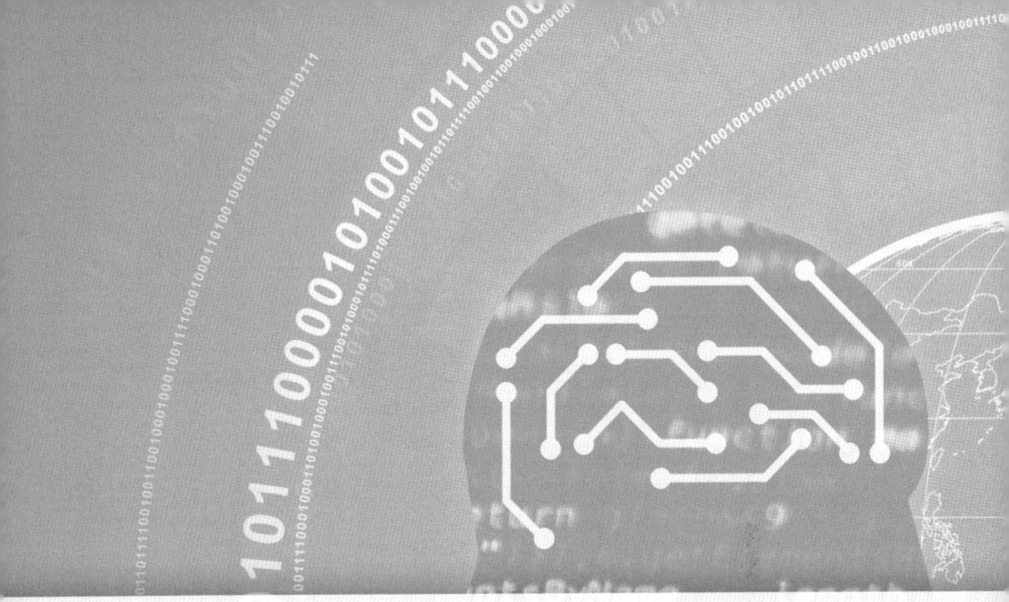

第三部

中國對美國的不實敘事

美國大概沒有不實敘事的壟斷權。中國不遑多讓，甚至可能更明顯。兩國之間的衝突已經因不實敘事的不幸碰撞而惡化。美國社群網路和中國國家審查而致的資訊扭曲，都是不斷延續雙方錯誤認知的關鍵因子。

然而，美中扭曲資訊的方式迥異。在美國，言論自由的憲法特權已經被放大成為在社群媒體平台上不受限制的極端意見表達。毫無根據的陰謀論，例如二〇二〇年美國總統選舉被操縱的「大謊言」，就是一個明顯的例子。同樣也可以說，許多美國針對中國的不實敘事都是如此，從貿易、技術、新冠病毒起源至地緣戰略威脅，都不是例外。

中國的審查是一種截然不同的資訊扭曲形式。那不像美國這樣由社會和政治焦慮的兩極化而引起；那是一個來自不安的專制國家之下的恐懼和鎮壓行動。審查制度在中國人民共和國的宣傳機構中有著悠久的歷史。在習近平的領導下，它變得越來越重要。除了中國防火牆上的網際網路審查之外，還有一種不容辯論、專注於黨的目標、權力和控制的風格化民族主義敘事，已成為國家日益重要的目標。

透過混淆真實和虛假的敘事，中國的審查扭曲國內的自我認知。因此，不實敘事已經與中國夢密切融合。美國則面臨相反的挑戰，由政治和社會兩極化導致的虛假敘事，威脅到美國夢中蘊含的核心國家價值觀。最終，兩個國家夢想所暗示的道路將受到歷史事實檢查。審查和其他形式的資訊扭曲無法改寫歷史，只能扭曲歷史，而且只能持續一段時間。問題在於，到底會持續多久。

審查制度讓不實論述廣泛流傳，扭曲著中國對美國的印象。其中，有三個印象對中美衝突的升級至關重要。

第一個也是首要的印象是消費主義。十五年來，中國一直意識到需要重新調整其經濟增長模式。最初由生產者提供動力的發展起飛，長期則需要從中國龐大的消費人口中獲得更多支持。中國領導人錯誤地認為這將很容易實現。如果美國可以做到，為什麼中國不能呢？然而，儘管敦促不斷，但並沒有太大成效。在很大程度上，這反映出中國對消費社會的陌生和誤解。複製美國成為世界主要消費市場的模式，對中國來說並不容易。而新的監管和「共同富裕」倡議可能更會進一步破壞這一進程，創造不確定性，並抑制家庭和企業家的「動物本能」。如果在消費主義方面沒有更多進展，中國的再平衡將受到阻礙，使其經濟容易脆弱並且容易引發衝突。

第二個是中國長期以來一直試圖效仿美國的經濟和地緣政治影響力。中國的GDP將很快將超過美國，這不會叫人奇怪。然而，規模競賽只是競爭的一個方面。中國一直專注於速度而忽視經濟增長的品質。這需要改變。從量到質的轉變並非易事，對於中國的「混合經濟」而言則更難。中國的戰略旨在將「美式資本主義」和「國家主導的社會主義市場經濟」兩種元素融合在一起。由此產生的混合體系——允許市場在與國家控制合作中發揮所謂的決定性作用，反映出中國「混合所有制模式」的微妙平衡。然而，這種試圖平衡的舉措，誤解美式資本主義的可塑性，預設國家主導的干預可以有效地完善市場的資源配置。中國對混合模式的堅定承諾是否會破壞經濟發展的效率和可持續性，為衝突製造虛假前提？

最後，中國的發展軌跡有著更深層的意義。它是實現中國夢的手段，而不是終點。習近平經常強調，到二〇四九年中華人民共和國成立百年時，要達到成為「偉大的現代社會主義國家」的崇高目標。與這一大國願景相一致，黨在發展所謂的「新型大國關係」方面投入大量精力。這種權力安排最初是習近平設想的，旨在使中國與美國處於同一水平線上，但在二〇二二年二月中俄烏危機爆發之際，習近平和俄羅斯總統普丁簽署無上限合作夥伴關係協議，這一想法已被取代。這兩種努力都是誤導的。中國面臨的風險是，它可能過早地將重心放在未來成為大國的路上，而忽視與西方的地緣戰略衝突，也沒有為自身的內部轉型做出艱苦的努力。歷史上有無數例子表明，基於先前表現推斷未來的過度擴張是存在風險的。一個傾向於衝突的中國忽視了這個教訓，從而將面臨巨大的風險。

為什麼國家會堅持不實敘事？美國和中國是兩個截然不同的系統，卻都有些不幸的傾向。雖然傾向的緣由不同，但不實敘事已相互碰撞，並引發關係衝突。在此關鍵層面，美中的不實敘事之影響力是相同的。美國和中國化解衝突的前提是放棄這些根深蒂固的錯誤認知。除此之外，要實現化解的目標，還需要什麼呢？

第八章

審查制度的衝突

中國共產黨中央宣傳部（簡稱中宣部）總部位於北京市西長安街5號，毗鄰工業和信息化部（簡稱工信部），亦離中國領導權力核心中南海不遠。中宣部與權力的接近程度遠遠不止體現於地理位置上。早在一九二〇年代，中華人民共和國成立之前，中宣部就已經緊密協調共產黨為爭奪政治控制權的革命運動。從那時起，這種夥伴關係就蓬勃發展。除了文化大革命期間，從一九六六年到一九七六年暫停活動十一年之外，中宣部在中國治理下的幾乎所有方面都發揮了關鍵作用。

中央宣傳部監察著一個龐大的資訊控制網，滲透到中國各方面的言論❶。據估計，至少有二百萬名「輿論分析員」分布全國各地的辦公室，構成龐大網絡，監控資訊傳播❷。然而這只是冰山一角。除中宣部外，還有許多其他機構同時積極參與資訊控制，包括統一戰線工作部（統戰部）和對外宣傳辦公室等黨層面機構，以及國家新聞出版署和中央網絡安全和信息化委員會等國務院（政府）機構，再加上解放軍內部的多種資訊控制活動，中國政府對國家話語在各個方面的觀察、聆聽和影響的能力是毋庸置疑的❸。

在任何社會中，審查制度都是虛假論述的培養皿。它扭曲了現實、思想和價值觀，抑制觀點交流、窒礙發現，並使杜撰資訊網絡不斷擴大，成爲官方事實陳述。若走到極端，審查制度會掏空國家靈魂，失去眞正的自我意識，並創造出一種虛假、最終脆弱的國家認同。

嚴苛的資訊控制扼殺中國人的表達。從國家主導到自我主導的審查制度，意味著中國極度缺乏資訊、思想和意見的自由與公開交流。對於內部生成的內容如是，也同樣適用於進出國內外的資訊。中國人被灌輸由國家一手製作、指導、撰寫和策劃的新聞，亦懼怕公開討論其內容眞實性。

控制著對話的不僅只有國家，審查員亦有效定義話語。黨的路線正是如此——從上而下把持資訊流向，緊密結合以共產黨爲中心的國家指令。資訊不只是被過濾，而是修改至符合共產黨中心的官方觀點。愈來愈多的敏感問題迅速從公共討論中消失。在中國，審查制度主導了內部辯論，並在外部辯論中注入國家支持的觀點。這是中國作爲一黨制威權國家最腐朽的特徵之一。

具中國特色的政治宣傳

中國的審查制針對所有形式的媒體，包括報章、電視、電影、文學、音樂和教育。多媒體網路平台更透過惡名昭彰的「防火牆」嚴格過濾關鍵字，因而受到特別關注❹。紐約時報、華爾街日報和彭博社等美國主要媒體被完全封鎖；印度的報章最近同樣受到類似的限制[5]。部分總部設在英國（例如金融時報）、日本（讀賣新聞）、德國（圖片報）和新加坡（海峽時報）的主流國際新聞平台則享有更大自由度，但仍需嚴守內容限制。然而，當這些海外媒體過於接近挑動審查當局敏感的神經時，往往會受到懲罰和警告[6]。

為追蹤上述進展，總部位於美國的民主和人權組織「自由之家」（Freedom House）在其年度全球自由評估中，一貫將中國排在榜末附近。二〇二一年，中國在全球自由指數中，僅獲得一百分中的九分，在二百一十個國家和地區中排名倒數一〇%，並且是所有主要國家中排行最低。自由之家的網際網路自由指數包括樣本較少，在七十個國家中，中國僅得一百分中的十分，為所有國家中得分最低[7]。

幾乎每天都有關於中國審查涵蓋範圍的驚人新發現，也從未掙脫眾人的注意。在Google Ngram上搜索

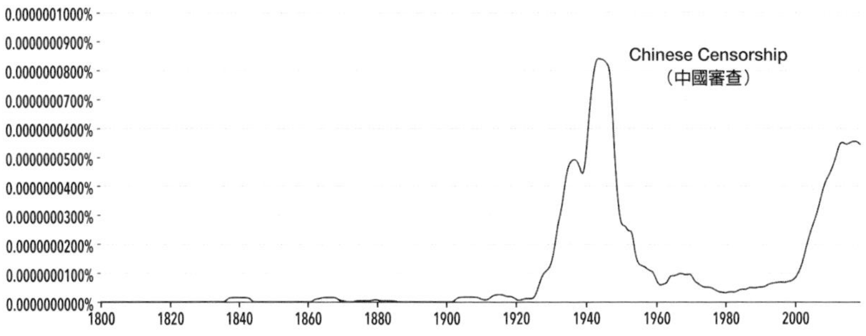

圖3　「Chinese Censorship」（中國審查）為關鍵詞的搜尋結果

數據來源：Google Ngram Book Search, 1800-2019; Google Books Ngram Viewer, http://books.google.com/ngrams。

「中國審查」一詞（圖3），可見自二〇一二年底習近平上台以來，所受關注激增。雖然最近這詞的提及次數不及一九五〇年代中國革命時期的水準，但近期的引用量激增，遠超自那時起的趨勢。導致這趨勢上漲的原因不言而喻。經歷過一九八〇至一九九〇年代，以至千禧年代初這幾十年的經濟開放，自由開放的個人表達重新煥發活力，資訊控制的鐘擺在習近平的領導下，果斷地擺向另一頭——紀律、意識型態和加強黨的監管❽。

習近平在執政初期就暗示了這一舉措。在二〇一三年，他重新將焦點轉回中華人民共和國的意識型態根源，以及黨在強化這些根源中的作用。他強調一個「群眾路線」的再教育運動，這與自文化大革命以來最徹底的反腐運動有關，目標在於重新建立人民（群眾）與黨之間的緊密連繫。在習近平眼中，問題不僅在於人民已經忽視國家成功的意識型態基礎，更在於黨本身已經變得僵化和腐敗，與中國人民的基本需求背道而馳。他認為只有重新承諾對最初願景的嚴格解讀，人民（群眾）和黨才能重新建立可信賴的聯繫❾。

因此，作為群眾路線再教育工具，政治宣傳機器自二〇一三年起卯足全力，逆轉一九九〇年代初期萌芽的自由化趨勢。習近平首先針對他認為正在危及中國的「四風」——形式主義、官僚主義、享樂主義和奢靡之風❿。形式主義是指冗餘膚淺的管理程序，包括過多的辦公室會議、不必要的研討會和多餘的頒獎儀式。官僚主義的陋習則表現為流程導向文化中的過度行為，例如不必要的文件往來和毫無意義的工作流程化。享樂主義指的是奢侈糜爛的生活習慣，例如打高爾夫球。奢靡之風則是對中國人生活方式的批評，習近平認為中國人的生活方式已經變得過於物質化。

這些詞語既含糊又多餘——形式主義與官僚主義、享樂主義與奢靡之風之間，到底有什麼區別呢？當然，每一個現代社會都容易養成這類惡習⓫。中國的不同之處在於從二〇一三年習近平擔任主席開始，他就下定決心一改現狀。如果意識型態不能迅速重新覺醒和重新承諾，群眾路線運動就會出現迫切危機。這一訊息與習近平隨後就中國尚未解決「主要矛盾」的警告相呼應。根據馬克思主義意識型態的辯證法，如果意識型態脫離人民的實際需求，革命和崩潰就會隨之而來。習近平隨後在二〇一七年將主要矛盾重新建構為習思想的基本支柱，反映出他對意識型態承諾的新強調。

「群眾路線」運動為加強審查和資訊控制提供額外的正當理由。此論點認為，如果國家及領導人缺乏說服力，中國群眾將偏離黨的教誨，爆發危機的機率只會與日俱增。審查制度對於維護社會主義國家的「正確路線」至關重要。但西方觀察家則另有見解——這是習近平的權術，旨在壓制異議、剷除反對聲音和人士，並縮窄允許任何發表言論的空間⓬。

當然，任何領導人背後動機都非常複雜。不同系統存在不同價值觀與目標，往往在識別問題和提出解決方案時出現分歧。本書第四部分將會討論這種對立論述的典型案例。當這種對立建基於容易挑起爭端的虛假論述時，問題變得更加嚴峻。

但那是故事的後半部分。在這裡可以肯定一件事：正如Google Ngram字詞搜索結果顯示，過去十年對中國審查關注急劇增加，與在習近平思想下日趨純粹之意識型態的急劇走向相吻合。這不但絕非巧合，更帶出一個重要問題：黨到底在怕什麼？難不成中國新意識型態推力不夠強大，如果不增強審查制度和其他形式的資訊控制，就無法獨立存在？

話語權：一帶一路與莫雷

回答這些問題的重要線索，可以在「中國夢」存在的緊張關係裡找到。中國夢是圍繞民族偉大復興之渴望而建構的理想敘事。問題在於，這種復興根源於中國歷史上一個黑暗的時期，當時一個強大而自豪的國家遭受外國占領的屈辱。「復興」，與其說是關於中華民族和人民經久不衰的實力，倒不如說是克服一個脆弱系統的內在弱點，而這系統可能苦於過去的痛苦創傷，還在癒合當中。

這一點對中國來說絕對不容易接受。雖然共產黨及其領導層正試圖傳遞民族主義的自豪感和復興資訊，但實際上可被視爲更接近於其否認的東西：向一個長期不安的國家灌輸虛假的安全感。與這種否認相一致，中國夢已經成爲資訊控制的理由，爲習近平時代的中國提供審查制的基本原則。國家目標的願景要進一步地振奮人心，需要一種新方法來放大支持聲音，以及抵消助長不安情緒的反資訊。

中國日益依賴「話語權」，即控制海外敘事以符合國內的資訊傳遞，這使得審查變得更加有意義。不出所料，習近平一直處於日益強調話語權的中心。自二〇一六年起，他明確敦促中國官員「講好中國故事」，講述國家的成就，強調其目標、夢想和願景⑬。在此方面，話語權指的是中國高層領導人不斷強化中國品牌的主題，向國內和世界人民講述積極的故事。

話語權依賴中國宣傳庫內的各種工具，從精妙的資訊扭曲到嚴厲的審查制度。中宣部非常坦率地表明自己在話語治理中的角色，其網站上指出：「理想的話語權應該是一個系統化且實用的體系，旨在向全世界受眾傳達中國的『政治思想、政治要求和國家利益』⑭」。

不少實例證明現代中國一直運用話語權並開動宣傳機器，在塑造和強化大眾敘事方面，發揮了重要作用。口號一直發揮著重要功用，塑造中國審查制度的組織原則。鄧小平領導時期，以「改革開放」的口號傳達發展戰略，同時建基於「四化」——工業、農業、國防和科學技術現代化之上，接著是江澤民的「和平崛起」，隨後是胡錦濤的「科學發展觀」。以上皆圍繞著「具中國特色的社會主義」的統一結構，而最終是「社會主義市場經濟」⑮。

這些主題變成口頭禪般的陳述，在官方聲明、經中共核准和全國人大頒布的立法行動，以及中國的五年計畫戰略中反覆提及。這些主題經常被媒體機構、文化活動和教育平台一再轉述。這是一場品牌行銷活動，中宣部各種審查工具在眾多傳播平台背後一手策劃指導。

但那都在數位化年代之前發生。回顧起來，比起當今大型社群媒體平台、流暢的網站、運用聊天機械人技術的通訊軟體和其他形式的數位化通信，早期分散的話語權掌控顯得既原始又低效⑯。第三章強調的謠言傳播新技術無疑表明，中國話語權背後的影響力已經大幅放大。

「一帶一路」倡議正是一個重要例子。這標誌著習近平在外交政策的努力，目標在將中國置於價值高達三十兆美元的宏大基礎設施網絡的中心，將亞洲連接在一起，進而連接世界各地。許多人，尤其是中國人，將其稱爲自一九五〇年代初期馬歇爾計畫以來，最雄心勃勃的全球政策倡議。當年的馬歇爾計畫是美國主導，旨在重建受盡戰爭蹂躪的歐洲。

雖然此一說法，就像宣稱中國在區域基建計畫的構想和設計方面具有獨創性一樣，尚有商榷空間。但這不是重點[17]。中宣部在試圖塑造與「一帶一路」相關的話語方面，非常有說服力。特別是在習近平的高度重視後，它在歐洲媒體平台上努力帶動正面風向。據捷克的一個研究團隊分析，從二〇一三年到二〇一七年，中方撰寫有關「一帶一路」倡議的報導數量遠超歐洲媒體同業[18]。另一項針對歐洲「一帶一路」倡議話語的定量分析，也發現在英國、法國和德國的網路媒體反應急劇增加[19]。

美國對「一帶一路」倡議的印象與歐洲截然不同[20]。鑑於美中關係的對立狀態，從政界人士、學者，到研究機構和企業高層，「一帶一路」都被眾多批評者冠以極爲消極的表述[21]。「一帶一路」被廣泛描繪成地緣戰略權力遊戲、貸款接受者的債務陷阱、環境威脅，以及與指責華爲技術主導地位相類似的特洛伊木馬批評。「一帶一路」被廣泛認爲是美國最艱鉅的全球戰略挑戰之一[22]。因此，美國的話語權更傾向於批評「一帶一路」倡議，而非讚揚中國爲亞洲基礎建設問題提供另一種解決方案[23]。

中國雖然能透過大規模的公關活動，以政治宣傳迅速反制美國對「一帶一路」倡議的負面看法，但卻未能驅除這種批評情緒㉔。但這做法象徵中國在資訊控制與審查上的新面向——主動將話語權的爭奪戰直接帶到海外媒體平台上㉕。除了攻勢猛烈地發放反擊資訊，更向依賴中國的外國企業公開施壓，實際上等同於對外輸出審查。

輸出審查最近較爲惡名昭彰的例子，就是休士頓火箭隊總經理莫雷（Daryl Morey）引發的爭議。他在二〇一九年十月香港大規模抗議示威期間，在推特上表態支持香港民主活動人士。對中國來說，外國干涉敏感的中國內政是不能接受的。中方迅速回應，先後與火箭隊與整個美國國家籃球協會（NBA）斷絕關係。籃球是中國最受歡迎的觀賞性運動，據報有近八億中國人觀看二〇一九年NBA季後賽㉖。爲免比賽轉播在中國被禁而面臨巨大經濟損失，NBA在中國施壓下屈服，並立即採取積極措施降低損害。

NBA高層稱莫雷的行爲「令人遺憾」。而從未到過香港，甚至從未就籃球以外的任何話題發表過公開意見的莫雷，隨即刪除這條冒犯性的推文。美國政客隨後插手吹哨，聲稱犯規，進一步激起美國民衆的強烈反對。一波未平，一波又起。NBA巨星詹姆士（LeBron James）出面發話，批評莫雷在推特上支持香港示威者㉗。這反過來又激起港人焚燒球衣抗議詹姆士。最終，憤怒得以平息——但在此之前，估計NBA因失去中國電視比賽轉播和贊助收益，蒙受約四億美元的經濟損失㉘。

中國的政治宣傳和資訊控制體制不斷演化，其關鍵要素在於輸出審查制度。起初只嚴格控制國內平面媒體和電視上的言論，隨後是針對微信、新浪微博和抖音等中國社群媒體平台施加限制，到現在已直接步入商業報復的擂台。ＮＢＡ的噤聲就是一個典型例子，說明中國現在如何運用其巨大的經濟實力轉化爲外部審查，向那些敢於挑戰習近平正面「中國故事」的外國人和輿論製造者施加壓力[29]。

中國愈來愈趨使用輸出審查，上述ＮＢＡ與中國的衝突並非孤例。近年，有不少例子證明外國公司改變在其本國市場的表述，以屈從於中國的意願。例如在二〇一七年，劍橋大學出版社在其備受推崇的期刊《中國季刊》（*China Quarterly*）中，刪除提及「敏感」話題的學術文章[30]。二〇一八年，美國服裝零售商ＧＡＰ因銷售漏印台灣的中國版圖Ｔ恤而被迫道歉[31]。二〇一九年十月，莫雷爭議最爲激烈時，美國體育有線電視龍頭ＥＳＰＮ電視網明令禁止發表任何與中國有關的政治評論[32]。次月，ＤＣ漫畫公司將一張似乎在同情香港抗爭者的蝙蝠俠宣傳海報下架[33]。二〇二〇年四月，歐盟同意刪改一份有關Covid-19起源報告裡有關中國的部分[34]。二〇二一年初，Ｈ＆Ｍ、耐吉（Nike）和巴寶莉（Burberry）宣布停止採購新疆產布料以抗議中國侵犯人權，及後都在中國面臨抵制和其他威脅[35]。二〇二一年底，沃爾瑪（Walmart）和英特爾這兩家美國最具代表性的公司，也因其在新疆問題上的親美立場，感受到來自中國的怒氣[36]。

中國在全球資訊控制方面的活動，背後都有一系列針對網際網路，及日趨複雜的工具助力，包括發起「網路水軍」（astroturfing）（即推特和其他社群媒體上的人頭帳戶），由解放軍人工建立的推特傀儡帳戶，以及由程式驅動的聊天機器人。以上一切均指向操縱國外輿論[37]。高度敏感、缺乏安全感的領導層催生出這種話語權擴張，亦樂意倚仗其龐大經濟影響力，維護自身歷史悠久的政治宣傳文化，延續習近平樂見的中國好故事。任何偏離共產黨基本路線的事都被視爲挑釁，需要積極應對。

Covid-19疫情激起中國審查當局異常憤怒的反應。由於新型冠狀病毒顯然起源於湖北省省會武漢市的華南海鮮批發市場，美國立即表達憂慮，尤其是川普總統和參議員柯頓（Tom Cotton）。他們認爲病毒是由鄰近市場的武漢病毒研究所一宗可疑實驗室事故所催生的[38]。這所有物證，包括來自批發市場的活體動物樣本都被銷毀，令人更懷疑中國有意掩蓋眞相。這表明除了官方描述，即病毒經動物或自然傳播，從野生動物宿主（直接或間接）感染人類之外，疫情爆發背後可能還有更多原因。這一解釋最初得到不少著名流行病學家（不論中國或西方）支持，包括世界衛生組織籌組的國際專家小組所撰寫的初步調查報告，而這突如其來的舉措讓中國難以爲此辯解。

中國需要爲百年來最嚴重的疫症承擔責任，對這樣的指控，中國深感憤怒，政治機器開足馬力反駁這一說法。官方聲明嚴正否認指控，同時反指責美國才是罪魁禍首。以上指控由中國策畫的大規模推特宣傳運動推波助瀾，旨在爲疫情起源編造一套截然不同版本的敘事。

這場宣傳運動要進行可並不容易，因爲在中國境內無法使用推特。但這並沒有妨礙中國將外部審查制度的熱度，提高到前所未有的程度。根據ProPublica的調查，中國政府在疫情初期建立了一萬多個虛假個人推特帳戶[39]。大西洋理事會的數位鑑識研究實驗室（DFRLab）發現，在二〇二〇年前七個月，中國大使館組成的一個龐大網絡至少開了三十個推特帳戶[40]。牛津大學網際網路研究所（The Oxford Internet Institute）的一項詳細實證研究顯示，至二〇二一年初，推特和臉書上類似行動迅速擴大[41]。例如透過積極「點讚」和轉發假消息，試圖營造出中國積極應對疫情的風向[42]。如上所述，這種基於散播消息的危機應對策略，反映出中國政府長期以來的做法，透過在全球社群媒體平台上的「網路水軍」，吸引並資助外國人參與話語爭奪[43]。

隨著中國爭相將其話語權與習近平的好故事掛鉤，社群媒體上的討論情緒持續高漲，並在疫情初期進一步放大。在中國以外，很少有人會被大量的欺詐資訊所迷惑。但中宣部的行動並沒有因此而停止。奇怪的是，這與第三章中所討論對論述牽引力的定量評估有些不一致的地方，特別是麻省理工媒體實驗室對美國在推特上散播的評估，發現機器人產生的虛假論述傳播在製造輿論方面相對無效。顯然，中國運用科技搶奪新冠肺炎疫情相關話語權，更多是爲了迎合國內民眾和僑居華人的政策，而非針對中國以外的外國人。

美中衝突在各方面展開，包括關稅、制裁和外交敵意各自發揮作用。此外，與冷戰1.0一樣，審查制度和資訊扭曲加劇雙方敵意。但當前的冷戰在一個關鍵面向卻表現得截然不同——不僅因爲兩個對手之間的經濟差距已經扭轉，而且因爲話語戰的軟衝突在強化貿易和科技上的硬衝突上發揮更大作用。這表明美中之間的政治宣傳衝突武器化，日趨危險。

不實消息戰

在資訊衝突中，中國的審查制度已成爲越來越重要的工具。二〇二一年七月一日，習近平在慶祝中國共產黨成立一百週年之際，發表重要而令人不安的致詞，一針見血[44]。綜合各方觀點，這是一場意料之中的演講——不僅慶祝現代中國的非凡崛起，而且強調共產黨在這一無與倫比的發展中所發揮的關鍵作用。

但習近平的慶祝致詞遠遠超出預期，是要人注意黨戰略的具爭議三方面——言論自由的作用、中共控制的必要性以及敵對威脅。他對這些問題的強調，驅使我們更加關注中國的審查制度和話語權，並增加我們對衝突升級與虛假資訊戰之間相互作用的理解。

言論自由。在二〇二一年七月的致詞中，習近平強調其中一項現代中國引以爲傲的美德——在帶領中國人民「解放思想」的觀念之上，建立起中國及其意識型態的牢固基礎。他對獨立開明思想的強調，取自鄧小平於一九七八年十二月的歷史性談話，該談話使中國走上改革開放和發展的道路。鄧小平認爲，十年動蕩的文化大革命「封閉人心」，急需扭轉局面，「解放思想，開動腦筋，實事求是，團結一致向前看」[45]。對許多人而言，這是一股令人吃驚的新氣象，讓中國社會重新煥發生機，爲藝術、文學、音樂和學術帶來希望，治理更開明，表達更自由[46]。

不過這種盼望轉瞬即逝，尤其經過一九八九年六月天安門廣場發生的悲慘事件之後。在鄧小平談話後的幾十年內，共產黨領導層一直沒有解放公民的思想。中宣部不僅規範「求眞」，也扭曲了眞相版本中的事實。所有可能挑戰中國社會和政治穩定的一系列話題，一律禁止公開討論。審查制度不但禁錮思想——這與鄧小平擁護與習近平推崇的言論自由恰恰相反。而且審查模式也不是一成不變——不僅會自我滋生，並隨時間推移繼續增長。

直到一九九〇年代後期，談起現代中國的審查制度，有三個不能觸碰的「T」——天安門廣場、西藏和台灣（Tiananmen Square, Tibet, Taiwan）[47]。後來，宗教和邪教（例如法輪功）、污染等話題、文革期間的個人經歷，以及LGBTQ問題也一併禁止討論。現在，敏感話題列表幾乎涵蓋任何有可能牴觸共產黨政策的內容，或者到最近，任何懷疑習近平「講好中國故事」的內容。這不僅包括對共產黨及其領導人的批評，還涉及任何對日益敏感的事態發展，例如：香港民主運動、台灣獨立、新疆維族人的狀況、新冠病毒起源論、南海軍事活動、最近俄羅斯在烏克蘭的暴行等等[48]。時至今日，禁止談及的話題近乎無窮無盡。

即使在像中國這樣極爲嚴謹的審查國度，資訊控制仍漏洞百出。雖然VPN（虛擬私人網路）讓公民規避國家管控瀏覽網際網路，但中國政府最近收緊這些變通辦法[49]。個人、企業和基於網路資訊平台的自願自我審查，已成爲中國資訊控制日益重要的方面[50]。由於害怕承擔法律責任、出於愛國主義和共產黨的指導下，中國公民保持著旺盛的自我審查文化。

簡而言之，正如鄧小平在一九七八年所敦促的，以及習近平在二〇二一年一再重申的，當今中國即使願意實事求是，也完全沒有能力達成目標。中國公衆對事實發現的唯一認知就是來自共產黨。儘管大批中國領導人再三強調要透過發掘事實求眞，都已淪爲陳詞濫調、空洞無物的口號。習近平對思想自由的強調，與共產黨領導人們長久以來支援的審查和資訊控制做法直接矛盾。

黨的控制。習近平二〇二一年七月致詞的第二個令人不安的方面，涉及黨的控制問題。中國共產黨的最大恐懼就是被推翻[51]。基於中國歷史上長久以來的政治動蕩，這是可以理解的。正如習近平喜歡強調的那樣（並在二〇二一年七月的致詞中一再重申），雖然中國共產黨確實是當今世上最大的政治組織，但其九千五百萬黨員僅占中國人口不到七％。共產黨可能得到那七％精英的信任，但其他中國人呢[52]？

得到更廣泛人群的支援，並不是預先註定的，而需要「令人信服的機制」，即大規模投射內部關注的話語權，並同樣堅定地威脅那些敢於挑戰資訊者可能承受的後果。這可能是爲何領導層害怕就實事求是進行公開辯論的關鍵原因。亦可以解釋中國資訊控制運動最陰險的其中一方面：需要藉助嚴格的審查制度，維持其對九三％非黨員人口的控制。壓制異議，而非鼓勵言論自由，已經成爲中共控制的必要條件。這是不安全感和軟弱的徵象，而不是力量的表現。

習近平在二〇二一年七月以黨爲中心的慶祝致詞，顯然是針對那七％的共產黨員。在提到廣大中國人民的政治參與後，他說：「辦好中國的事情，關鍵在黨。必須堅持中國共產黨堅強領導。」他表現出不能容忍任何支持率下滑，並威脅說，如果民衆對共產黨失去信心，後果不堪設想：「任何想把中國共產黨同中國人民分割開來、對立起來的企圖，都是絕不會得逞的！」這是終極的威權主義數學：7＋x＝100，而審查制度和其他形式的話語控制著中國政治權力方程式中的「x」。

外部威脅。最後，二〇二一年七月演講對關係衝突具有重要意義。隨著中國崛起，中國共產黨話語權的分貝水準也相應提高。用習近平的話來說：「但我們絕不接受『教師爺』般頤指氣使的說教！」這解釋了那年稍早時候在安克拉治的對壘，布林肯指控中方侵害人權和侵略領土，引發中方精心策劃反擊美國的系統性種族主義和民主脆弱性等問題。中國外交政策高級官員楊潔篪戰狼式回應美國國務卿布林肯時，絕不可能只是一時意氣。楊潔篪清楚知道這些問題對美國而言非常敏感。作為一名共產黨領導人，當面對有關中國操守的指控時——尤其是與「講好中國故事」背道而馳的指責，他顯然覺得有必要以牙還牙。

但確鑿的證據是習近平的親口表述。在二〇二一年七月那場令人難忘的致詞中，帶動堅定支持共產黨領導資訊的風向，無疑是一種威脅：「中國人民也絕不允許任何外來勢力欺負、壓迫、奴役我們，誰妄想這樣幹，必將在十四億多中國人民用血肉築成的鋼鐵長城面前碰得頭破血流！……敢於鬥爭、敢於勝利，是中國共產黨不可戰勝的強大精神力量。」

此言論將審查制度與關係衝突聯結在一起。每當政治權力過於集中於執政政權手上，資訊扭曲的條件自然成熟。虛假資訊成為保持控制的關鍵手段。這不僅適用於擁有國家主導審查制度的專制中國，同時適用於充滿權力鬥爭，政治兩極分化的美國。然而，兩者之間有一關鍵區別：在自由選舉的民主國家，選舉至少爲人民提供調解結果的機會。然而在一黨專制國家，並不存在如此機會。可惜的是，當民主國家從內部受到潛在威權主義者攻擊時，兩者的對比就不再明顯[53]。

當資訊扭曲與在社群媒體平台上病毒式傳播的虛假論述相結合時，情況尤其危險。在美國和中國兩種政治體制中，這種相互作用是不同的。奉行一黨制的中國對資訊控制嚴加審查，令人擔憂中國現正實行一種獨特的「數位威權主義」[54]。這個詞帶有一種幾乎是歐威爾（George Orwell）式的不祥色彩，讓人聯想到科技在政治和社會控制方面的反烏托邦式極致應用[55]。

但這並不是忽視「數位兩極化」的好理由，「數位兩極化」現在困擾著美國，蠶食美國在公共話語上的影響值得讓人憂心[56]。美國沒有類似中國防火牆的東西，但美國確實有一種與人工智慧驅動的經濟激勵緊密相關的臉書商業模式，這種模式會助長憤怒、分裂和政治壓制[57]。這說明心理操縱的潛力，不像歐威爾的《一九八四》，更像是赫胥黎（Aldous Huxley）的《美麗新世界》[58]。

蘋果和柳橙放在一起如何比較？只有在一定程度上：從衝突升級的角度來看，我已經多次強調客觀評估的影響，比因果等價的道德問題更爲重要。威權主義的數位化和兩極分化都放大了政治姿態的極端性，使美中兩國都偏好不實敘事，爲衝突造就成熟時機。中國的「戰狼」和美國的「讓美國再次偉大」支持者正成爲放大這種極端性的工具。在這兩種情況下，強烈的民族主義使謙卑和自我意識變得無關緊要，並導致將自己造成的問題歸咎於他人。虛假的敘事從資訊扭曲和責備傾向的致命組合中產生，導致促進良性互動、阻止衝突升級變得越來越困難。

如今，這些黑暗勢力正在美中之間日益令人擔憂的衝突中發揮作用。中國利用審查制度和話語權來捍衛其「不可戰勝的共產黨」，以及突然正在削弱美國民主的虛假論述，兩者迎來正面衝撞。貿易和科技衝突已經有夠糟糕，美中之間的虛假資訊戰，讓問題更添風譎雲詭。衝突升級和資訊扭曲之間的相互作用，將問題帶回到政治責任。正如習近平在慶祝中國共產黨成立一百週年之際的致詞中總結那樣，「人民是歷史的創造者，是眞正的英雄。」顯然，他不抗拒向他們伸以援助之手。

「你不是也一樣」與錯誤對等

中國不是唯一因扭曲資訊而引起爭議的國家。「你不是也一樣」（whataboutism）論點反駁說，世上大多數國家，包括像美國這樣的自由社會，也受到不同程度的資訊扭曲的影響。在評估美國和中國之間不斷升級的緊張關係時，我們需要仔細考慮這種傾向的程度如何影響衝突升級。當然，這種比較存在「錯誤對等」（false equivalency）的因素。中國實行的審查制度，是政府直接阻止社會全體成員言論或觀點表達。而美國的資訊扭曲並不是來自於政府的官方法令，而是來自於美國社會中極左和極右的政治派別。根據自由之家（Freedom House）的指標，美國的自由社會評分略高於中等水準❶。

兩者差異的重要性，並不妨礙我們比較不同資訊扭曲對挑起兩國衝突的影響。中國實行極端的國家指導審查，為美國所厭惡；但並不意味著美國就可以縱容歪曲邏輯和事實的做法，來針對中國。雖然這種歪曲或曲解不是嚴格意義上的審查，但它對公共話語和輿論的影響在塑造政策行動和經濟影響方面具有重要後果，這些影響可與被審查社會相媲美。例如，中國話語將美國的對華戰略，描繪成一種遏制戰略。雖然美國強烈否認這一指控，並反擊這是扭曲政治宣傳的一個例子，但川普政府的雙邊宣傳確實成功製造輿論，聲稱美國對中國的貿易逆差摧毀美國工人的生計，令美國曾經輝煌的製造業慘遭滅頂，要求中國為此負責。這兩種論點雖然在扭曲尺上的不同刻度起作用，但在引發衝突方面發揮重要作用。

資訊戰在國際衝突中有著悠久的歷史，但今天有一個重要的區別。開放式架構的網際網路，加上無成本的資訊傳播和社群網絡的擴大，已經永遠改變了公共話語。有偏見的資訊，無論是來自中國政府還是來自美國兩極分化的政客，都讓社群媒體平台成為資訊扭曲的載體。志同道合的網民傾向於團結在一起，很少選擇交換意見。這種對內容的自我選擇會導致確認偏差，偏差又往會放大強烈表達的觀點，導致被審查和扭曲的資訊日趨變得兩極化和分裂。

網際網路重新定義了資訊傳播的光譜。與早期的通信平台（紙媒、廣播和電視）一樣，它不僅將人們聚在一起，而且改變了社會[2]。在像美國這樣的自由社會中，雖有資訊控制措施以試圖保護沒有防禦能力的公民。但是這並不總是奏效。事實查核或內部控制系統的內容審查已經變得幾乎毫無意義，因爲公共話語的極端觀點在極化群體中形成深刻的信仰和無條件的接受。雖然這一切對美國公眾來說都不是什麼大驚奇，包括美國前總統歐巴馬在內的許多美國政治領導人，都日益意識需要對此採取措施[3]。美國當局正在緩慢但確切地採取行動。與一九九〇年代大型菸草公司總裁在國會聽證會作證聲稱他們的產品不會讓人上癮，但完全清楚它會讓人上癮的消息一樣，世界領先的社群平台臉書現在可能正面臨著自己的「大菸草」時刻[4]。

這不僅意味著更嚴格的監管監督，也意味著更多的內容干預，爲各種可能性打開了大門，從自願監督（包括針對特定年齡的父母監督）到徹底禁止像川普這樣的危險網民[5]。由關鍵字過濾觸發，這種干預冒著將內容審核變成一種編輯功能的風險，從某種意義上說，它與審查制度沒什麼區別。從這個角度來看，無論是在中國還是在美國，不論是那一種的資訊扭曲都不比另一個更糟糕。兩者同樣都扮演著挑起關係衝突且具有破壞性的角色。任何一種形式的資訊歪曲都會助長錯誤的敘事，操縱輿論，使報復性政策能夠從一國針對另一國。微妙的資訊扭曲和明顯的國家指導審查制度之間的區別，開始變得模糊。

西方認為中國的審查制度在道德上是令人厭惡的，在政治上是壓制性的。中國對美國的資訊扭曲亦表達類似的看法[6]。每個國家都認為對方的做法會加劇偏見並加劇緊張局勢。某種程度來說，這是種「錯誤對等」（false equivalency）。作為專制政府官方行為的國家主導審查，與私人行為者在國內因資訊扭曲引發社會和政治緊張局勢之間，兩者存在著關鍵的區別。當然，如果擁護極端資訊扭曲的團體奪取民選政府的控制權，並將事實扭曲，例如川普執政時期為人所知的「另類事實」轉化為官方政府政策，那麼兩者也就不再是「錯誤對等」[7]。儘管還有共和黨支持者深信二〇二〇年美國總統大選存在舞弊的「大謊言」，但幸運的是，這在美國是個特例而非常態。與此同時，中國的審查制度仍然別樹一幟。

關於中國國家主導的審查制度與美國特定團體贊助的資訊扭曲，我們不應低估兩者之間的重要區別。但在我們評估衝突升級時，最重要的是這兩種趨勢間的相互作用。這些不同類型資訊扭曲的交集，在美中衝突升級的動態中起著關鍵的催化作用。

註釋

❶ 根據自由之家，二〇二一年美國在「環球自由」項目中獲八三分（一百分滿分），比起二〇一三年的九三分下跌十分；二〇二一年美國在其總指數中的「政治權利」一環得三二分，略高於其他自由國家一八至四〇分的中位，而其在「公民自由」得五一分，略低於所有自由國家二六至六〇分範圍的上四分位數。參見Sarah Repucci and Amy Slipowitz, "Democracy under Siege," Freedom in the World 2021 (New York: Freedom House, 2021)。

❷ 參見Clay Shirky, "The Political Power of Social Media: Technology, the Public Sphere, and Political Change," Foreign Affairs, January/February 2011。

❸ 根據最近在二〇二一年九月進行並在同年十月發布的民意調查，足足有九五%的美國成年人認為，錯誤資訊的傳播是美國的一個嚴重問題，可追溯至社群媒體及用戶社群，亦可以歸根於美國政客；參見Pearson Institute and AP-NORC, "The American Public Views the Spread of Misinformation as a Major Problem," October 8, 2021。二〇二二年四月，美國前總統歐巴馬在史丹佛大學演說，期間強調網上虛假資訊對美國民主構成威脅，情況日益令人擔憂；參見Steven Lee Myers, "Obama Calls for More Regulatory Oversight of Social Media Giants," New York Times, April 21, 2022。

❹ 原版「大菸草時刻」為一九九四年，吹哨人魏根（Jeffrey Wigand）洩漏菸草公司內部檔案，揭發產業清楚認知香菸中尼古丁的健康風險，導致美國大菸草公司面臨嚴厲法律後果。參見Barnaby J. Feder, "Former Tobacco Official Begins Giving Deposition," New York Times, November 30, 1995；及Michael L. Stern, "Henry Waxman and the Tobacco Industry: A Case Study in Congressional Oversight," The Constitution Project, May 2017。如今，臉書員工霍根（Frances Haugen）與揭發大菸草公司陰謀的吹哨者相提並論。霍根披露大量內部檔，證明臉書及子公司Instagram均充分瞭解其平台上充斥危險有害、危言聳聽的言論。參見Cat Zakrzewski, "Facebook Whistleblower's Revelations Could Usher In Tech's 'Big Tobacco Moment,' Lawmakers Say," Washington Post, October 6, 2021。

❺ 川普被推特（永久）和臉書（兩年，之後再作審理）封禁，是因為他被指在二〇二一年一月六日的政治叛亂中擔任核心角色。推特聲明中明確提及其言論「有進一步煽動暴力的風險」；臉書監察委員會（Oversight Board）表示，川普違反臉書和Instagram的社群守則，「繼續毫無根據地表示選舉舞弊，並持續呼籲群眾行動，營造出可能出現嚴重暴力風險的環境」。

❻ 參見GT staff reporters, "Revealing Four-Step Misinformation Campaign against China on Virus Origins Tracing," Global Times (China), August 25, 2021；以及Zheping Huang, "Global Times Editor Hu Xijin on US-China relations, Press Freedom in China, and the June 4 Protests," Quartz, August 9, 2016。

❼「另類事實」這一矛盾修詞，因川普政府前高級總統顧問康威（Kellyanne Conway）的言論而為人熟知；參見Aaron Blake, "Kellyanne Conway's Legacy: The 'Alternative Facts'-ification of the GOP," Washington Post, August 24, 2020。

第九章
消費主義與動物本能

溫家寶在中國近代經濟史上舉足輕重。我們已經看到，他在二〇〇七年擔任總理時特別指出中國經濟增長模式中存在的重大矛盾，並警告說，雖然經濟增長看似所向披靡，但問題正在醞釀。中國經濟愈來愈趨於不穩定、不平衡、不協調、不可持續。這「四不」矛盾是對變革的呼籲。而在隨後的十五年裡，中國還一直努力在回應此一呼籲。

從某種意義上說，溫家寶只是道出顯然易見的事實。從一九八〇年到二〇〇六年期間，從鄧小平帶領中國經濟起飛，到溫家寶發出警告，中國GDP年均增長率爲一〇%。無論以什麼標準衡量，這都是一項了不起的成就。但這一時期八四%的累計增長都是由出口激增和固定資本投資大幅增長的綜合影響所推動❶。這同時導致經濟失衡、巨額國際收支和外貿順差、對能源和其他自然資源的過度需求、嚴重環境污染，以及收入和財富不平等加劇，令人擔憂。溫家寶只是指出，快速增長但失衡的中國經濟已經達到極限，模式必須轉型。然而對於如何改變，他並沒有提供太多相關提示。

經過激烈的內部辯論後，一個新的解決方案開始浮現。它圍繞著所謂結構再平衡的要求而制定，即經濟增長重心從生產轉爲消費的重大轉向。雖然這有其道理：中產階級將自然成爲消費主義的支持者。但是，這可並不像按下按鈕那麼簡單。

一直以來，帶來如此強大增長紅利的生產思維，已經深深根植於現代中國經濟的文化和制度中。增長讓人上癮，舉國都在要求更多的增長。不出所料，經濟展望的誘惑深深影響了變革。誰想放棄讓中國在幾十年來保持一〇%的非凡增長軌跡，放棄比現代歷史上任何大型發展中經濟體增長速度更快、持續時間更長的方法？

但是，情況往往有一種奇妙的本事，可以使推斷變得困難。二〇〇七年三月，就在溫家寶談到「四不」矛盾的那一刻，美國次級房貸泡沫開始洩氣，引發一連串事件，最終導致一場痛苦的全球金融危機和全球性經濟衰退。對中國而言，這一震撼消息表明，依賴全球需求的增長戰略已經失去作用。如果這個暗示還不夠，那些走向去全球化的保護主義措施也就此下了最終判決。中國經濟的結構性變革突然成爲當務之急。

擁抱消費主義不僅是一種防禦性的轉變，藉此擺脫對日益不穩定的全球需求過度依賴；亦是來自於廣大中國人民渴望提高家庭生活水準，並從國家經濟增長中獲取更大占比的願望，成爲同樣令人信服的動機。

這就是中國所面對的阻礙。領導層錯誤地認爲發展結構性再平衡戰略相對簡單，只需要三個關鍵努力：發掘新的就業創造來源、提高薪資，並利用剩餘儲蓄支持非必需品消費。如果美國辦得到，爲什麼中國不能呢？

這種方法的邏輯非常合理。城市化和以服務業爲主導的增長，將促進就業和薪資增長，提高勞動人口收入，進而支撐消費者購買力的擴大。剩餘儲蓄是這道等式中的關鍵變量，是很大部分未被開發的可支配家庭收入儲備，可以刺激個人消費增長。利用這項儲備，正可以實現經濟增長重心的轉變。從過度依賴出口和投資的增長模式，轉向日益由消費主導的增長模式，就像美國一樣。

雖然消費主義的經濟論點已被充分理解，但將之付諸實踐則是另一回事。長期以來，經濟理論一直解不開家庭決策中的一項關鍵行爲。人們有其儲蓄的原因，他們不會隨意重新調動收入，停止儲蓄和開始消費。這一決策牽涉中國消費主導轉型的最大未知數之一：對於一個在歷史上高度重視儲蓄的社會來說，要怎樣才能讓家庭更多傾向於消費？中國的政策制定者一直在努力尋找答案。

這場掙扎暗示中國增長戰略中脆弱的一環。中國的技術官僚雖然善於解決中央規劃的工程問題，例如基礎建設、城市化、物流和生產模式的其他方面，但可能沒有足夠能力解決動態市場經濟中的複雜行爲。這不僅體現在不完整的消費主義上，還表現在近期中國對商業決策長期支持的驚人逆轉上，尤其是對冒險創業者的支持。

出於各種原因，企業經營者敢於嘗試冒險，不論是新技術、產品或服務，或者對新市場的願景。過去十五年，中國的政策制定者熱情支持此類創業活動。如今在意識型態純淨的旗幟下，官方突然關注這種新的經濟活力來源，認爲會帶來不良後果，並著手整頓。這些擔憂導致政府對網路平台公司實施監管限制，並對此類活動的經濟回報施加財政限制。有人認爲中國對「新經濟」的創業支持突然變得岌岌可危。

一切說起來容易，做起來難嗎？中國的政策制定者已經將近到達再平衡與結構轉型的康莊大道，但他們不知道如何邁出最後一步，因爲這些行動需要消費者和企業家對經濟活力的行動承諾。掩蓋這場經濟轉型掙扎的虛假敘事，可能對美中之間的衝突，產生意想不到的重要影響。

消失的中國消費者

中國自一九八〇年發展騰飛後，在經濟生產方面取得驚人成就，但消費需求卻未見相應增長。某種意義上這實在令人驚訝。透過增加生產帶來的就業和薪資提振，家庭收入得到有力支持。到二〇一〇年，中國人均國內生產毛額（GDP）已經從一九八〇年的極低水準增長三〇倍❷。這足以讓中國在一代人的時間內從一個低收入、貧困的社會，晉身中等收入國家行列❸。

但這種活力在很大程度上取決於政府推動的積極投資計畫，旨在提高國家出口能力。相比之下，國內個人消費並沒有出現有機增長。消費者雖然確實受惠於外向型經濟增長支持下所創造的就業機會，但相較於美國，消費者並非中國經濟的驅動力。消費很多時處於落後狀態，受中國的生產模式所牽引。

這反映出在經濟起飛和發展初期，家庭消費的GDP占比急劇下降。在一九八五年達到五三．五％的峰值之後，在接下來的二十五年，消費占經濟比重持續下跌，並在二〇一〇年觸及三四．三％的低點，隨後勉強上升到二〇二〇年的三八．一％[4]。某程度上，如此急劇的下降誇大了中國消費需求的疲軟。當經濟的其他組成部分，例如出口和投資快速增長時，這種活力會奪走個人消費等滯後部分的占比，而這些增長總是相對較爲不明顯。

但特別是與美國消費者相比，中國消費者的表現顯然未如預期。在一九八〇年至二〇一〇年這三十年間，當中國經濟的消費占比急劇下降時，美國消費者卻恰恰相反。消費占美國GDP的比重上升超過七個百分點，從一九八〇年的六一％上升到二〇一一年的六八．五％[5]。二〇一九年，美國消費者總支出是中國消費者支出水準的二．七倍；以人均計算，這種差距更爲顯著：美國人均消費額幾乎是中國的十二倍[6]。按購買力平價計算，中國是現今世上最龐大經濟體，但家庭支出仍遠遠不及美國。

這種比較概括了兩種極端的消費文化。美國消費者的過度消費，以及中國消費者的克制，都反映出經濟基本面、人口結構、文化和信心之間的獨特相互作用。美國消費者作爲美國經濟的發動機，受惠於以上所有因素的強力支持；而中國消費者更像是掛載在增長列車後方的守車，在各方面都面臨著猛烈的逆風。

長期以來，經濟研究一直指出勞動所得是家庭購買力的最大來源，亦是消費需求的主要驅動力❼。勞動總報酬既反映就業和薪資水準，並與整體經濟活動增長密切相關。過去十年，尤其受惠於早段增幅，高增長經濟支持了中國勞動所得。整體勞動總報酬從二〇一一年占GDP的四六%上升到二〇一五年的五二%，但此後一直停滯不前❽。

值得注意的是，自二〇一一年以來的改善僅使中國的勞動所得占比回到一九九二年後的平均水準。二〇一九年，中國勞動報酬的GDP占比，與其他大型發展中經濟體基本一致，略低於較先進國家水準❾。中國需要付出更多的努力，才能使其消費文化眞正活躍起來。

勞動所得雖然必要，但在中國卻不足以激發以消費者爲主導的增長。而在美國，通常需要其他購買力來支撐消費需求。在美國，受惠於資產升值（尤其是房屋）帶來的額外購買力，勞動所得的效果因而被放大。在很大程度上，中國並未沉迷於此。雖然部分國民在高度波動的住宅房地產市場上賺到錢，但嚴格的監管限制房屋淨值貸款額度和二次抵押貸款的增長。而在美國等更先進的經濟體中，這些抵押貸款在房產財富提取中發揮重要作用❿。

但對中國來說，最重要的區別還是行爲上的阻礙，即儲蓄多於消費的強烈偏好。個人的可支配收入或稅後收入要麼用於消費，要麼用於儲蓄。當家庭將大部分收入用於儲蓄時，用於當前消費的金額就會減少。自二〇〇五年以來，中國家庭儲蓄占個人可支配收入的比例在三六%到四三%之間波動⓫。最新數據顯示，二〇一九年的儲蓄率爲三五%，是十五年內所見的較低水準，遠低於二〇一〇年近四三%的峰值。這種下降趨勢對於消除中國家庭過剩儲蓄的觀念幾乎沒有幫助；二〇一九年的個人儲蓄率三五%，仍高於一九九二年至二〇〇四年平均三一％的水準。

當然，儲蓄本身並無不妥。正如我在本書第一部分所強調，儲蓄是投資和經濟增長的種子。但好事過頭也不好。正如溫家寶在二〇〇七年建議「四不」中的第一個，中國經濟持續失衡，凸顯過度儲蓄的灰暗面。中國家庭過分謹慎的態度，國際收支餘額過大，如果不加以解決，最終將危及經濟增長的可持續性。

目前，中國家庭的過剩儲蓄與其說是福，不如說是禍。這對以消費驅動中國經濟的再平衡，帶來重大挑戰。如果情況持續，大部分勞動所得新增長將不會轉化爲可自由支配的消費支出，例如汽車、家具、家電、旅遊或娛樂。如果沒有積極的非必需品消費需求文化，中國再平衡所需的結構性變革將不完整。除非中國解決其儲蓄問題，否則在此之前，問題不會得到解決。

再平衡政策

中國的十二五計畫橫跨二〇一一至二〇一五年，其戰略框架與溫家寶二〇〇七年對「四不」的擔憂大致一樣。這是一項支持消費的計畫，爲中國的經濟結構再平衡提供基礎支持，以三個關鍵要素爲基礎，推動中國經濟結構再平衡：⑴擴大服務業以促進創造就業，⑵持續城市化以提高實質薪資，以及⑶改革社會保障體系以減少出於恐懼的預防性儲蓄。

這種思維後來分別在二〇一六至二〇二〇年的十三五計畫和二〇二一至二〇二五年的十四五計畫中得到進一步的完善。中國領導層致力於這一策略，並有所需資源和能力將其付諸實行。我們確實有充分理由相信這會起作用的。

但這還不夠。以服務業為主導的就業增長動力令人印象深刻，這有幾個重要原因。首先，當製造業成為重心，作為早期發展的推動力之後，中國的服務業發展非常不足。當溫家寶在二〇〇七年提出「四不」時，所謂的第三產業（主要是服務業）僅占中國GDP的四三％，遠低於世界上任何一個主要經濟體的同類比例。其次，服務業是較貧困國家最初無法負擔的奢侈品。隨著發展推進，服務業支撐起新興消費者生活方式，包括批發和零售貿易及其經銷通路、與之連接的電信平台，以及現代城市生活所需的公用事業。對於富裕國家來說，服務業還包括廣泛的個人和專業支援活動，涵蓋醫生、律師，到旅遊、娛樂和休閒等方面。對於最富裕的社會來說，服務業的可能性是無窮無盡的。

但對於二〇〇七年的中國來說，服務業在創造就業方面扮演特殊的角色。與製造業活動不同，製造業的傳統生產力配方要求以機器取代工人，而服務業本質上就是勞動密集型的，提供服務時仍然需要人。這意味著與製造業相比，每單位計算，大多數的服務業通常可以產生更多就業機會⓬。當溫家寶在二〇〇七年談到「四不」時，中國的第三級產業每單位產出，比製造業主導的第二級產業，多創造三〇％的就業機會。這為中國的再平衡戰略提供至關重要的槓桿作用。隨著中國將其整體產出組成轉向服務業，它促進經濟中勞動密集度最高和創造就業率最高部門的收益。

中國自二〇〇七年以來的就業趨勢證明了這一點。隨著第三級產業的GDP占比從二〇〇七年的四二．九%上升到二〇二〇年的五四．五%——這是以任何標準衡量都是令人印象深刻的結構性轉變，實質GDP的趨勢增長急劇放緩，從二〇〇七年前五年的接近一二%，降至二〇一六年至二〇二〇年期間不到六%。但與此同時，從二〇〇七年到二〇二〇年，城鎮就業平均每年增長一千一百九十萬，明顯比二〇〇〇年到二〇〇六年每年一千零三十萬的就業增長爲高[13]。這一增長產生驚人的結果：從節省勞動力的製造業活動，轉向勞動密集型服務業的再平衡，即使在經濟增長放緩的情況下，仍對中國的就業產生淨增長。轉向服務業爲消費主導的再平衡戰略，提供強而有力的支持。

城市化似乎是錦上添花。中國的城市化進程在經濟發展史上是前所未有的。城市人口占全國人口的比例，從一九八〇年的不到二〇%上升到二〇二一年的近六五%[14]。這一轉變自溫家寶二〇〇七年宣布以來，就增加了近二十個百分點，更一直是勞動所得增長的主要來源。關鍵原因在於自二〇〇〇年以來，中國城市工人的收入是農村工人的二．五至三倍。這意味著工人從農村地區向城市地區的轉移，不斷提高中國勞動力的平均薪資和可支配收入[15]。與轉向勞動密集型的服務業增長相似，城市化的薪資增長，爲創造家庭收入提供了有力支持。

城市化也爲中國的服務業戰略提供重要支持。新城市化地區，包括擴張現有都市和建立新都市，都是各種基礎建設服務需求的自然來源。城市需要公用事業的電力、電信供應商的連接、當地警消部門的安全和保護、學校和教師的教育，以及個人購物所需的批發和零售貿易網。中國高層政策制定者一直以來都清楚瞭解中國城市化程度越高，對核心服務的內在需求就越大[16]。

中國的再平衡戰略，與轉向勞動密集型的服務業、轉向薪資更高的城市勞動力兩項趨勢交匯緊密，息息相關。即使經濟增長放緩，這種組合也爲勞動所得提供堅實的支持。唯一缺少的部分，就是將家庭收入的增長轉化爲可自由支配的消費。這恰是中國需要努力的地方。

關鍵問題

過剩的家庭儲蓄是罪魁禍首。自一九九二年以來，中國家庭儲蓄平均占可支配個人收入的三五％左右，是同期美國平均個人儲蓄率六．三％的五倍以上[17]。美國的低儲蓄率並不是中國所想要的，但這種比較凸顯對兩國經濟關係至關重要的一點——美國儲蓄太少，而中國儲蓄太多。

中國的過量儲蓄更多是出於恐懼和不安全感，而不是部分人所認爲受幾代傳承下來的節儉傳統所驅使[18]。造成這種情況的因素有幾個，尤其是中國人口的快速老化和缺乏退休收入保障。國際貨幣基金組織研究人員最近的評估發現，中國異常高的個人儲蓄中，約有三分之二是這兩個因素結合所導致的[19]。

對中國而言，毫無疑問，過量的個人儲蓄是對未來感到不安和不確定的明顯表現。由於大多數中國家庭在沒有穩健退休計畫或足夠醫療保險支持的情況下，面臨老齡化的前景，因此並沒有將新獲得的勞動所得轉化爲可自由支配的消費。相反，他們將大部分錢投入到類似應急基金的東西，留下他們不再工作時維持生活可能需要的資金。他們受到經濟學家所稱的「預防性儲蓄」而困擾[20]。

除非中國政府提供穩固可靠的社會保障，否則由恐懼驅動的預防性儲蓄偏好預計將持續存在。這種反應並非不理性的，也不是亞洲文化中注定的。它產生於對金融安全的焦慮，是完全理性，根深蒂固的，更是中國嚴重老齡化問題的重要後果[21]。

自從一九八〇年實施一胎化計畫生育政策後，最爲廣泛記錄的後果就是中國人口老化。當時這項政策旨在遏制當時被視爲不可持續的人口爆炸[22]。人口增長因此急劇放緩，使人口結構出現不尋常的偏斜——年輕人口減少，成年人口老化。相對於工作年齡人口縮減，老年人口比例增加，較少的年輕就業人口支持老年人口，即人口統計學家所說的老年扶養比上升。

中國的老年扶養比，即六十五歲及以上人口與二十至六十四歲人口比例，已經從一九八〇年實施計畫生育政策時的九%倍增到二〇二〇年的一八%。但與聯合國人口統計學家長期以來認爲中國未來可能發生的情況相比，這一增幅相形見絀：到二〇六〇年，老年扶養率將飆升至近六〇%。然而，未來可能比人們普遍預期的來得更早。最近數據顯示，中國人口增長實際上在二〇二一年幾乎停滯，創下自一九六〇至一九六一年大饑荒時期災難式下降以來的最低增長率㉓。過去四分之一個世紀，我一直關注中國統計數據的起伏。二〇二二年一月公布的人口數據，是我作爲中國觀察家所經歷過的最大衝擊之一。

老齡化社會對退休保障的擔憂是可以理解的。隨著老齡化進程遠快於預期，有充分的理由相信這些憂慮正在加劇。在這種情況下，人們選擇爲自己提供生活保障而留出資金，謹慎行事是非常合理的。在中國，社會保障體系不足以支撐迅速老化的人口，這種謹慎尤爲明顯。這是中國對預防性儲蓄強烈偏好的本質。

但這種情況並非一直如此。在毛澤東領導下的中央計畫經濟初期，中國工人受僱於國家，薪資極低，卻享受著「鐵飯碗」的待遇，涵蓋從生到死的食宿、醫療保健、教育和退休保障㉔。福利雖然微薄，但卻爲低收入的中國工人及其家人，提供與其簡樸生活方式相稱的基本安全保障。這種安排隨著一九九〇年代末的重大改革突然改變，包括大規模縮減國有企業部門、大量失業和幾乎打破所有鐵飯碗㉕。

沒有經濟保障的人口老化，對任何社會來說都是一場經濟噩夢。在中國，這種發展非常迅速，爲無數家庭帶來深深恐懼。如果沒有國家支持的社會安全保障網，邁入老年的工人如何才能養活自己和家人？中國人民透過大幅增加個人儲蓄回答這個問題，應對國家曾經提供的必需品。以往受保障的工人習慣了美國人眼中節儉的生活方式，願意放棄新的消費，而用他們不斷增長的收入彌補如今失去的安全網。預防性儲蓄在功能上等同於稅收，成為勞動所得與消費支出之間不斷擴大的差距。

二〇〇七年，當溫家寶與其他中國領導人坐下來討論和制訂未來幾年的經濟策略時，這些問題都不是什麼祕密。簡單來說，促進消費旨在透過發展服務業和城市化，推動勞動所得增長，同時解決人口結構和社會保障問題，以應付儲蓄過剩的問題。如前所述，增加勞動所得並不是主要問題，過度儲蓄才是更大的問題。解決儲蓄問題雖然是一項艱鉅的任務，但至少在理論層面上是可行的。

現在可以報告一些進展。二〇二一年，在此前多次調整一胎化政策後，中國政府終於表示有意放寬計畫生育限制，允許夫婦最多可生育三個孩子，以解決人口結構失衡問題[26]。此外，二〇二一年頒布的「十四五」規劃，提出措施擴大中國醫療保健和退休體系。雖然這種方法是有道理的，但這些行動可能未有足夠力度，也來得太遲。

這亦帶來更嚴峻的消息。中國一胎化政策的結束，很難為人口老化問題提供立竿見影的解決方案。即使有大量婦女選擇生育多胎——這充其量是一個不太合適的提議，這些新生兒也需要一個世代的時間，才能成為活躍賺取收入的勞動力，並開始解決中國的老年扶養問題[27]。即使在出生率飆升的大膽假設下，近期和未來人口趨勢的推斷表明，要到二〇四〇年才會出現人口老化問題改善的第一個明顯跡象，即老年人扶養比趨於平穩[28]。與此同時，扶養負擔將繼續加重，使中國家庭更加傾向於預防性儲蓄，不願加強並促進新的可支配消費。

但導致恐懼驅使的預防性儲蓄減少，不僅是因爲改變計畫生育政策制度帶來的滯後影響。中國的安全網改革亦同時進展緩慢。自溫家寶時代以來，一項又一項計畫承諾提供更好的社會安全保障，但實施起來卻十分滯後[29]。覆蓋面不是問題，因爲現在幾乎所有人都參加中國全國性的醫療保險計畫，特別是在二〇一六年合併城鄉保險計畫之後[30]。但這些計畫提供的福利極低。主要城鎮僱員計畫的支出每年不多於三百八十五美元，而農村計畫的支出更少，這使得醫療保障的概念變得自相矛盾[31]。中國工人被迫用非正式的現金「紅包」來支付，補足福利未能涵蓋的金額，進一步壓縮家庭的勞動所得，收入更爲拮据[32]。

中國的退休制度也存在類似的問題。與醫療保健相仿，覆蓋方面確實令人鼓舞：中國近七〇%的城市勞動力現在都受城鄉養老保險計畫保障[33]。但一如醫療保險，該體系嚴重缺乏資金，僅提供微薄福利。迄今爲止中國最大的養老基金——全國社會保障基金，在二〇二〇年管理的資產僅爲四千四百五十億美元左右[34]，相當於每位工人不到六百美元的資產，不足以爲迅速老齡化的勞動力提供終身福利。扶養老年人的責任和重擔都落在子女或其他親屬身上，吸收了許多本應可以用於自由支配開支的家庭所得。

中國社會保障問題的弊端，在其經濟戰略的其他方面也有所體現——重量不重質。這就是溫家寶對鄧小平改革超級增長影響的批判，也適用於批評最近解決中國社會保障安全網缺陷的努力。無論是醫保還是退休，政策的重點都是增加參加政府計畫的人數，而不是擴大這些計畫下每個人所得到的福利。由於計畫生育政策改革，可能需要至少數十年才能眞正緩解人口老化問題，對於財務的不安全感，可能在未來多年繼續爲中國家庭帶來嚴重掣肘。

以上這些都指向中國再平衡措施的結果令人不安。有充分理由相信，即使收入增長，由恐懼驅動的預防性儲蓄仍將會繼續抑制可自由支配的消費，這意味著以美國消費主導模式爲範本的中國經濟結構轉型，仍然可能只是一個遙遠的目標。

也許正是因爲這些困難，中國政府現在似乎不像溫家寶時代那樣重視以消費爲主導的再平衡。在備受關注的總理年度工作報告中，消費仍然是優先事項，也仍然是國家五年規劃中的重要目標，但在優先次序清單的位置已經下降。例如，李克強總理提交予全國人民代表大會的二〇二二年工作報告中，國內需求在九項主要任務的議事日程中排名第五，位列穩定宏觀經濟、支持企業和其他市場主體、提高政府效率，實施創新驅動發展等其他主要目標之後。有關安全網的優先次序如醫療保健和社會保障等，則在總理的二〇二二年政策重點清單中下放至第九位，敬陪末座[35]。

中國是否走了一圈，回到原點了嗎？在某些方面，中國現在的經濟戰略看起來更像是一九九〇年代以生產爲導向的計畫，而非循溫家寶爲解決「四不」問題而提出以消費爲主導的再平衡願景。雖然國內需求的重要性仍未完全被排除，但卻逐漸被納入一種新的「雙循環」方法中，強調國內需求與高效率供應鏈之間的相互作用，以因應日益嚴峻的外部或全球需求環境[36]。以上這些都指向一個關鍵的戰略問題：對中國而言，消費主義是否真的太難解決？

動物本能的缺乏

自從二〇〇七年初溫家寶公開敦促重新思考其增長模式以來，領導層就明白利用中國龐大人口來支持轉向消費者主導型經濟增長。這種方法合乎邏輯，分析亦合理，更建基於其他消費者主導之經濟體（尤其是美國）的長期成功記錄之上。爲什麼中國不能效仿呢？

簡單而言，說服消費者花錢並非易事。擁有購買力（家庭收入的購買力）並不等於眞正的消費。如上所述，中國透過向勞動密集型服務業轉型和鼓勵農村向城市遷移，爲家庭購買力的持續增長奠定基礎。大規模發展新城鎮，爲服務需求提供強大後盾。中國廣泛推動這個經濟戰略，在歷史上得到很好的支持，它反映出美國和其他消費者主導社會的做法。

但此時，中國已經陷入困境。勞動所得的增加並沒有帶來整體經濟以消費者主導的增長，主要歸因於由恐懼驅動的預防性儲蓄現象持續存在。中國領導人明白這一點。過去十五年裡，他們意識到有必要紓緩導致過量預防性儲蓄的不安全感。他們很清楚若要以消費者爲主導的再平衡取得成功，必須從根源解決不安，即缺乏強大的社會安全網[37]。

雖然目前由有一些進展跡象，但還不足以提振家庭信心。現在，更多來自國有企業的稅收收入投放入全國社會保障基金。自二〇一〇年以來，基金管理的資產每年增長一三％，比同期ＧＤＰ增長快約三〇％[38]。但是醫療保障方面進展落後，二〇一〇年至二〇一八年平均增長僅二·六％，遠低於同期ＧＤＰ九·三％的增速[39]。整體而言，中國家庭仍然不相信他們對未來的擔憂得到充分解決，家庭儲蓄仍然居高不下。在積極應對人口急速老化的競爭中，經濟結構調整落後了。正如一位著名的中國人口統計學家所警告：「現在可以斷言，中國在富起來之前就已變老。[40]」

對中國的經濟決策者而言，提高公衆信心並非一件自然的事。他們深諳蘇聯式中央計畫的社會工程，更擅長改進和調整生產結構，先從農業轉向製造業，然後從製造業轉向服務業。作爲宏觀工程師，他們擅長建設大型新城市，並以最先進的基礎建設互相連接。中國的規劃者可能是偉大的技術官僚，但在處理信心等非實體的行爲考慮因素時，卻在自己的舒適區以外，難以跨越。然而，對於家庭和企業而言，信心可能是實現下一個、也可能是再平衡階段的最關鍵。

信心是任何充滿活力經濟的關鍵基礎。諾貝爾經濟學獎獲得者艾克羅夫（George Akerlof）和席勒（Robert Shiller）視之爲二人所提出廣義「動物本能」（Animal Spirit）理論的基石[41]。這一概念在一九三〇年代由凱因斯（John Maynard Keynes）廣泛推廣，最好視之爲超越理性決策基本分析的「自發行動的衝動」[42]。艾克羅夫和席勒認爲，傳統的經濟理論及其建立的模型本質上存在缺陷，因爲它忽視動物本能對經濟活動至關重要的影響。

與任何經濟體一樣，中國最終需要擁有一個自信成功社會應有的動物本能。這是充滿活力的商業部門和強大的消費主義背後的祕訣所在。它觸及中國面臨的問題核心：提升私營部門行爲者的決策信心，以承擔起更多風險和行動承諾。中國在釋放動物本能方面的過往記錄好壞參半，到目前爲止，企業家比消費者更從動物本能中受惠[43]。

激發動物本能並沒有精確的公式。凱因斯關於自發行動的衝動概念，充其量也只算模稜兩可。他將動物本能視爲資本主義的本質。中國以其基於市場的社會主義混合模式，聲稱擁有自己獨特的動物本能。與資本主義制度相比，國家在引導市場、企業和消費者方面扮演著更積極的角色。但至少在理論上，在國家指導的框架內仍有足夠的自由度，允許私營部門決策者（企業家和消費者等）產生自發行動的衝動。爲實現這一點，中國經濟與任何其他經濟體一樣，需要信任的基礎和機會的承諾，而信任源於領導優先次序的一致性、透明的治理，以及明智的監管系統。機會來自辛勤工作的潛在回報，在產出和收入增長的支持下，人類的本性，亦最終是信心所在，才有望接管。

直到最近，缺乏信心對於中國私營企業來說不是一個問題，動物本能激發出新的活力。像阿里巴巴（及其金融科技子公司螞蟻金服）、騰訊、美團（外送平台）和滴滴出行（共享出行）這樣的人工智慧網路平台公司的驚人增長，不可能在缺乏動物本能的情況下實現。這種活力背後的生態系統，反映出具備創造性和勤奮的人才、以研究爲基礎的創新、支持創業的文化和充足之金融風險資本供應的結合。新一代中國企業家靠著動物本能的催化火花，爲經濟增長所需的新強大動力，注入能量和承諾。這是中國經濟奇蹟的最新一頁，並爲中國期待已久向本土創新轉向，提供重要且具積極意義的希望[44]。

然而那只是當時的情況。隨著時移勢易，不幸的是，現在有理由相信中國商業部門的動物本能現在可能正轉盈爲虧[45]。二〇二一年夏季，中國政府推出兩項重大政策：主要針對網路平台企業的監管限制，和針對超額收入和財富增長的「共同富裕」倡議。上述措施與先前促成中國「新經濟」驚人崛起的政策改革背道而馳。

當動物本能似乎即將推動自主創新爆發，成爲中國增長戰略中高度優先事項之際，爲什麼政府要改變方向？

據稱，其中一個關鍵原因是對數據安全的擔憂。正如我們在第五章中所見，中國人工智慧頂尖專家之一李開復認爲，大數據是中國推動人工智慧相關業務競爭優勢的關鍵元素[46]。他強調，中國在收集大數據方面的領先地位是一個主要的競爭優勢。如果中國失去這種優勢會怎樣呢？

政府現在似乎也在問相同的問題。正如我們在第五章中所見，中國高層領導人越來越認爲，嚴格控制大型專有資料庫對國家的整體戰略至關重要[47]。在某種意義上，這是可以理解的：領導層非常重視其對大數據的控制，認爲大數據是進軍人工智慧的優質燃料。並且不必擔心，大部分數據都是透過監控和暗中收集而來[48]。中國於二〇二一年八月頒布《個人信息保護法》，旨在保護「個人、社會和國家安全免受因濫用個人信息和不當處理帶來的危害」，當局顯然認爲時機已經成熟，可以對數據安全的擔憂採取行動。

與此同時，繼共乘公司滴滴出行於二〇二一年六月公開上市後，中國政府向在美國資本市場上市的中國公司施加新監管限制。這不僅僅是出於對滴滴龐大的出行和運輸數據安全的擔憂，也是報復美國監管機構在川普貿易戰中採取的類似行動。此外，中國當局以擔憂反壟斷為由辯護這些監管限制，特別是針對中國最大的金融科技公司之一的螞蟻集團高調公開募股，而有關程序在二〇二〇年底被擱置。總而言之，中國當局顯然正全力將監管力量對準迄今最具經濟活力的商業模式和離岸融資能力。雖然有關行動的影響仍存在爭議，但這一重大政策轉變的意義不言而喻㊾。

這些措施已經足夠強硬，但在二〇二一年夏天，中國政府加倍努力，國家主席習近平全力投入到新的「共同富裕」運動中，旨在解決中國收入和財富分配日益擴大的差距㊿。政府也以金融穩定為由取締加密貨幣，並按照習近平早前提出的重點，以維護社會穩定為名，整肅新的「不良習慣」，針對像電子遊戲、線上音樂、明星粉絲文化和私人補習等生活方式的過度，以及對電子菸和商務飲酒的禁令，反映出中國再平衡戰略中的重要轉變，從經濟結構調整轉向社會工程[51]。

自一九八〇年代以來，市場化「改革開放」一直支撐著中國驚人經濟增長，但新的政策雙重推動力：再監管和重新分配，正正打擊「改革開放」的核心[52]。雖然共同富裕計畫與鄧小平早期的觀點一致，即中國發展的順序從先進地區到落後地區，但它也反對企業家和風險投資者從新經濟事業中所期望的財富積累。

對新中國企業範圍和回報的限制，與企業家在競爭激烈的環境中蓬勃發展所需的創造力、活力和努力背道而馳，而這些都對推動中國充滿活力的私營部門至關重要。這可能對中國下一個以創新為驅動的經濟發展階段產生長遠影響。沒有動物本能，就很難為自主創新提供有力支持。沒有自主創新，中國發展將不可避免地遭遇瓶頸。

中國家庭長期飽受缺乏動物本能的折磨。恐懼驅動的過度預防性儲蓄，顯示出中國家庭長期以來缺乏信心的問題。由於財務不安全的恐懼根深蒂固，他們不願擴大消費視野，從生活必需品轉向投入到像家居裝修、現代家具、娛樂和休閒等非必需品的消費活動。他們對預防性儲蓄的偏好，將繼續窒礙可能實現再平衡的進程，亦是能否實現中國經濟增長的關鍵因素。

對於任何經濟體來說，信心和信任都是相輔相成的。家庭需要信任國家領導人的承諾，這是支撐消費主義的社會契約基礎。他們不僅要對自己的工作和薪資保障有信心，還要相信政府對退休和醫保的支持是中國社保體系的重要組成部分。中國企業家也是如此，他們也需要相信監管規則，相信他們辛勤工作的回報不會因朝令夕改的政府監管措施而受到影響。

現代中國缺乏信任的基礎。正如我在第八章中所指出，對政治不信任的數據是有說服力的：七%的中國共產黨黨員並沒有向其餘九三%的黨員帶來信心。但現在還存在經濟上的不信任，通通反映在中國日益貧乏的動物本能上。這很可能是一種明顯訊號，反映建構強大的中國消費主義，面臨的長期障礙以及扼殺商業部門最具活力部分的新障礙。如果動物本能未得以更加活躍和自發的釋放，中國的經濟活力可能會開始衰退。歸根究底，要像美國一樣可不容易。

從經濟衝突到意識型態衝突

如果缺乏動物本能抑制自主創新，並阻礙向消費者主導型經濟增長的轉變，可能迫使中國經濟回到早期的生產者導向的經濟模式。中國領導層似乎正在爲這種可能性做準備。如上所述，中國政府在最近的年度工作報告和五年計畫中，將消費主義置於較次要位置，還宣布將新的重點放在「雙循環」上[53]。

雙循環是一種混合戰略，共同重視促進內需和外需。此戰略由習近平於二〇二〇年五月首次提出，試圖將習近平思想的意識型態與新冠疫情衝擊，以及與美國進行貿易戰帶來的全球壓力相結合。與許多中國政策宣示一樣，雙循環充滿了模糊性。習近平強調，這並不意味著放棄內需和消費主義的戰略支柱，而是需要在中國發展戰略中增加一個有效的外循環層面[54]。

這可能是一項眞正的挑戰。如果我們從表面上解讀官方的解釋，中國經濟仍然面臨著阻礙其邁向消費者主導型再平衡的相同問題，尤其是勞動所得的產生和非必需品消費之間的分歧，並可歸因於過度儲蓄和社會保障安全網不足。因此，雙循環看起來像是一種對沖避險策略，一旦在內部需求動力停滯的情況下，仍可重新依賴外部支持。

這可能會給美中衝突帶來暗湧。再平衡作爲一項宏觀經濟戰略，將減輕衝突中相互依賴帶來的壓力，有助於緩和雙方的緊張關係。透過允許甚至鼓勵減少對外部需求的依賴，由消費者主導的再平衡，將減少中國的多邊貿易順差，包括與美國的巨大失衡，並減少中國與其他國家的貿易摩擦。與此同時，美國應採取相反的戰略：以提高國內儲蓄來實現再平衡，減少包括與中國的巨大雙邊失衡在內的多邊貿易逆差。

在兩者中，中國更有可能推行再平衡。它具有巨大的變革動力，而美國更滿足於其久經考驗但最終不可持續的方法。正如我在本書第一部分中所暗示，中國透過有效的轉型，經濟日趨消費者主導型，伴隨著美國經濟持續短缺的儲蓄增長，中國一直有較高機會採取非對稱再平衡[55]。中國本來可能大大受益於這種分歧。中國作爲全球增長的發動機，加上全球失衡和貿易緊張局勢的緩和影響，將從位處更強勁的地位上崛起。而美國嚴重依賴來自世界其他國家的儲蓄盈餘來資助其經濟增長，因而逐漸步向衰弱。

但現在，隨著美國於後疫情時代聯邦預算赤字激增，中國消費者無法獲得牽引，兩國實現再平衡的可能性正逐漸降低。由此產生之病態依賴的矛盾壓力可能會加劇，進而使兩個經濟體之間的儲蓄差距再度擴大。中國的儲蓄盈餘可能會保持龐大甚至上升，而美國的儲蓄赤字似乎可能會持續下去，並可能進一步加深、加劇美國的多邊經常帳和貿易失衡。

蓬勃發展的中國消費主義，本可以阻止造成這種局面的一個方面。從可持續經濟發展的角度來看，中國推進以消費者爲主導的再平衡合乎其最佳利益。這似乎曾經是中國最有可能採取的路線，但今非昔比。相反，其重心已轉移到意識型態的再平衡上。雖然領導層仍然意識到結構變革的必要性，但現在最優先考慮的是習近平思想中意識型態上的純粹和黨的控制權。新的監管行動和共同富裕倡議，凸顯這種優先次序上的轉變。

意識型態爭論的重現與強調，對中國而言具有極其重要的意義。就像鐘擺曾經從毛澤東擺到鄧小平一樣，現在又再擺回來了。習近平對社會主義原則的堅定不移，以及中國共產黨意識型態領袖王滬寧晉身中國最高領導班子，都表明保守派強烈反彈江澤民和胡錦濤領導時期的自由化[56]。這種意識型態光譜極端之間的拉鋸，當然並非中國獨有。在西方社會，它以跨黨派選舉政治表現出來；而在中國，則以黨內派系權力轉移的方式呈現。

習近平的新意識型態推動可能會產生意想不到的重要後果。在共同富裕的旗幟下，根植於薄弱社保體系的動物本能赤字，正朝著中國充滿活力的「新經濟」蔓延。與此同時，共同富裕的社會工程意義，似乎越來越符合王滬寧對美國社會的嚴厲批評。王滬寧作爲習近平意識型態的心腹，他將美國描述成一個以金錢爲中心的「空心化」家庭集合體，處於制度的壓迫和控制之下，「確保資本家剝削工人」[57]。中國對美國的虛假敘事顯然既有經濟基礎，也有意識型態基礎支持。

以上一切都讓美中衝突走上危險的軌道。它始於儲蓄和貿易差異的經濟問題。在缺乏再平衡的情況下，這些問題將持續存在並很可能繼續惡化，使兩國無意中選擇脆弱性而非韌性。如今意識型態加劇了衝突，習近平思想的崛起，強化邁向冷戰2.0的觀點。

這是一種潛在的致命組合。中國國家主導的審查和美國兩極分化的訊息扭曲，放大了由脆弱經濟與意識型態的有害交錯作用所產生的虛假敘事。美國和中國已經步上衝突升級的道路。這種敵意的病態依賴關係日益惡化，到底要怎樣才可避免悲慘終局呢？

第十章 帶有美國色彩的中國

長久以來，中國領導人巧妙地迴避有關不同經濟制度的爭辯。自一九九〇年代初江澤民執政起，中國領導人便圍繞「社會主義市場經濟」概念展開探討[1]。正如其名，社會主義市場經濟是一個混合制度，借美國式的資本主義之餘，仍然遵循社會主義原則，保留國家所有權及其對經濟的掌控。多年來，這兩種方法之間的平衡不斷來回搖擺。一九八〇年到二〇一〇年間，市場主導的經濟改革占據主流；直到習近平時代，黨和社會主義國家重新介入，再度掌控經濟。

這種混合制度方法理論上似乎不錯，試圖從兩個截然不同的制度取其精華，並實際運用在對內和對外的經濟活動上。然而，如何具體地結合兩種制度？這一任務引起一系列針對中國經濟組織原則的重大疑問：這兩種制度究竟要如何相互作用？不相容制度之間必然存在的衝突要如何避開？還是說，兩者可以完美融合？

以上有關實際執行的問題，不能依靠理想化的思想主張或嚴謹的經濟分析來回答。答案最終要看中國高層領導是否有能力挑出兩個制度中最好的特徵，並以最佳的方法將其有效結合。

混合經濟模式（hybrid economic models）充滿矛盾。習近平時代的一大悖論「混合所有制」至今仍然無解。混合所有制強調市場的重要性，又將其與國家對資產的控制權並列，中國想要保留美式市場結構，卻不想承擔市場經濟中比比皆是的波動與風險。然而，沒有風險或波動的金融市場，根本就是個自相矛盾的說法。

社會主義市場經濟的概念指向更深刻的問題。中國試圖將市場主導的資本主義注入其社會主義經濟模式，究竟想達成什麼？中國秉信社會主義的技術官僚，是否眞的清楚美國的經濟模式如何運作？

中美的病態依賴關係多少提示了答案。正如人際關係，經濟病態依賴早期經常出現移情現象，簡單來說，就是模仿同伴特點的傾向。一九八〇年代末，美國著迷於日本的品管圈，而中國如今也對美國展現出類似的興趣。中國想要跟美國一樣發展、城市化、創新，並且展現同等的軍事力量。美國色彩是中國夢不曾言明的一部分。

中國也爲過度在意經濟規模大小所困擾。我過去數十年到訪中國時最常聽到的問題是：「你認爲中國的GDP什麼時候會超越美國？」多數人只關心名目GDP的絕對值，中國在這方面即將與美國接近，但人均GDP仍遙遙落後，是以無人關注其何時接近。姑且不論對錯，全中國上下都把規模跟國家繁榮和力量畫上等號。這在許多方面上都反映中國反覆出現的問題：以數量而非品質判定一個經濟體成功與否。

當然，中國並沒有視美國爲完美的榜樣，特別是在當今的環境下。然而，美國的發展之路對中國仍有種莫名的吸引力，中國對美國近乎像對英雄般深深嚮往。美國成長時的不足之處，幾乎像是正當中國鼓起勇氣，準備展開精彩歷險之時，揭示中國將會面臨的風險與機遇。

但到頭來，中國的混合經濟策略忽略美國經驗最重要的一點：從錯誤中學習。中國引以爲傲的嚴格審查制度和話語權管控，杜絕獲得反饋的可能。於是，中國對美國特色的仿製都根據國家主導的自我評估，並不參考現實情況。所塑造出來的形象，難免如東施效顰。這些錯誤的認知極有可能演變成不實敘事，激化中美衝突。

混合所有制矛盾

國有企業是中國混合型社會主義市場經濟最重要、最具代表性的產物。國有企業轉型於一九七〇年代末至一九八〇年代初成形，由鄧小平帶領的一系列行動開創，至今仍不斷經歷各種變革。長久以來，中國有許多受管於中央規劃經濟官僚體制下的機構，而鄧小平的目標正是將其打造成世界頂尖企業。第一波國企改革從經營自主權著手，後續改革包括改變購置方法、引入股權結構及從國家融資過渡到銀行融資。生產目標不再由國家制定，而是開始由新萌的市場競爭決定❷。

國企改革在一九九三年迎來第一個轉捩點，當年黨發布《中共中央關於建立社會主義市場經濟體制若干問題的決定》，標榜著官方首次認可中國轉型成混合制❸。這輪改革的目標是轉換國有企業的經營機制，接軌帶有中國特色的市場經濟，將企業和政府分開，並賦予部分重點國企產權和經營自主權。這些早期的「市場化改革」成功降低國有企業在中國經濟所占的比重。然而，提高運作效率後，一些工作職位被間接淘汰。從而引起不小的爭議，也因此遭黨內保守派反對❹。

在政府鍥而不捨的努力下，於一九九七年推行一波更爲徹底的國企改革，實施江澤民主席和朱鎔基總理推廣的「抓大放小」策略❺。「大」、「小」指國有企業的規模；這是中國版的「創造性破壞」，讓自由市場淘汰低效的老舊企業，引進新血❻。對於有競爭力的大型國企，國家保留控制權，而較小型、相對弱勢的企業則透過合併或結業等形式「放活」。對規模的注重，正是現代中國的典型思維模式，認爲企業規模越大，實力就越雄厚，而中小企業被視爲弱小的、無足輕重的。

初步的國企改革在整合企業和提高運作效率等方面固然可觀，但終究缺少最關鍵的一環：一個公司治理機制，負責促進股東參與和增強其話語權。作爲控股股東，國家有管理層甄選和決策的最終決定權❼。理論上，這在二〇〇五年應不復存在。胡錦濤任職期間頒布新一輪改革，賦予國有企業經營自主權，正式結束黨和中央政府的直接干預，同時也爲民營企業提供誘因，激勵其成長以與國有企業競爭❽。但實際上，國家強硬的干涉手段在關鍵時刻仍然會出現，特別是當全球危機造成國內壓力，進而威脅到中國經濟的時候。

習近平上任後，黨中央顯然意識到胡錦濤二〇〇五年的「國企自主改革」失了分寸。習近平於二〇一三年末的三中全會提出一系列標誌性措施，明面上打著所謂全面深化改革的口號，推行另一種國企改革。而這些改革計畫，是後來被稱為習近平思想的前身。「混合所有制改革」是這些政策的產物，並與始終貫徹三中全會的矛盾一致：這些改革一方面聲稱鼓勵市場占主導地位，另一邊卻強調要「毫不動搖」地鞏固公有制和對戰略資產的管控。政府提出要「積極發展混合所有制經濟」，實際上就是想求兩全其美：以中國的國家控制模式經營美式的市場經濟體系[9]。

根據總理李克強在二〇一四年《全國人民代表大會常務委員會工作報告》中對這項舉措的解釋，混合所有制改革保留中國長期以來在國家控制與市場機制之間的平衡[10]。因此，李克強總理呼籲不應將其視為一項新措施，而是看作中國早期措施的延續，同樣都是為了改善經營效率和提高國家競爭力而立。然而，這一回情況有些微妙的不同。雖然經過數年不斷仿效西方的市場化和民營化，但提出混合所有制改革，便意味著風向又開始逐漸轉向國家控制。

中國觀察家對此大失所望。彼得森研究所經濟學家拉爾地的反應正屬典型。他於二〇一四年出版著作《民進國退》（*Markets over Mao*），盛讚中國民營企業的活力，但僅五年後，新著《國家的反擊》（*The State Strikes Back*）就提出截然不同的觀點[11]。其他西方觀察家也和拉爾地一樣，意識到中國政府在政策上的倒退不僅影響國企改革的後續發展，對整個中國經濟系統的效率和活力也有重大影響。用江澤民和朱鎔基的話來說，「抓大」顯然比「放小」更重要。

二〇一七年，中國聯通的改革代表了混合所有制改革的趨勢。成立於一九九四年的中國聯通是一家國有企業，也是中國第三大電信公司（次於中國移動和中國電信），擁有全球第六大流動電信用戶群⓬。中國聯通爲了引入資金和技術人才，於二〇一七年八月宣布將注資一百一十七億美金，主要爲4G和5G平台升級⓭。對這筆相當於公司流動股的三五％增資，中國聯通將其宣傳爲擴大國有企業的私人投資者例子。另外，四家中國網路公司巨頭：騰訊、百度、京東及阿里巴巴也爲該注資投入約三七％的資金。從這幾家中國高端科技企業引入的資金和人才，更是爲這場改革帶來額外的好處。

然而，中國聯通的改革在最關鍵的一處並無太多創舉。二〇一七年八月的注資之前，國家持有中國聯通六三％的流動股。注資之後，媒體報導國家持股比將銳減至三五％⓮。這說法有誤導性，因爲只有中國聯通的母公司持有股份遭減少。這筆資金絕大部分來自其他國有企業，如中國人壽，及其他政府資助的基金會，如國企結構調整基金、深圳淮海方舟信息基金及新泉基金⓯。就合併股份而言，國家占股比僅從六三％降至五八％，換言之，政府實際上是在向自己籌資。

這種形式多於實質的混合所有制，令人聯想到日本以大量交叉持股而聞名的經連會

（keiretsu）。歷史也證明，經連會在日本經濟蕭條的年代，又稱「失落的十年」（lost decade）造成不小的問題⑯。一九八〇年代末，日本股市泡沫達到巔峰，大型企業紛紛互相參股，購買彼此上漲的股權，爲自家資產增值。到一九九〇年代初，經濟泡沫爆破，交叉持股暴跌，已緊密糾纏的經連會投資者遭受巨大打擊，於是形成一群無力償債的殭屍企業（zombies）⑰。

中國聯通的混合所有制「改革」跟日本的情況類似，比起眞正的提高效率，反倒是像一種金融工程手段。將企業重組帶來的經濟效益和金融工程獲得的財務回報兩者融合在一起，這種做法世界各地都有，並不新奇。然而，在研究全球各種經濟體，如美國、日本及德國後，結果顯示這種資產負債表上的操作，難以持續改善生產力⑱。中國自然不會成爲例外，可儘管這些做法在其他國家已屢屢失敗，卻依然無法令中國國有企業和政策制定者停止採納這類無效的金融工程手段。同時，加上政府高層如李克強總理公開承認中國也有殭屍企業問題，將中國與日本相提並論不是隨意推測之舉⑲。

債務積壓（debt overhang）往往伴隨著殭屍企業。二〇二〇年中，中國的非金融企業債務已經上升至占GDP比重一六四％，比二〇〇五年底的九四％大幅增長許多。雖然中國企業的債務率在二〇二〇年底和二〇二一年初略微降低，但仍高於日本企業負債率的巔峰水準，即GDP的一四五％，而該比率還是在一九九三年，日本殭屍企業問題最嚴重之時才達到⑳。中國企業無疑創新了債務增長幅度的記錄。

中國政府將這筆龐大的債務辯解爲必要之舉，是爲了保護企業於二〇〇五年的全球金融危機造成前所未有的震盪。這跟日本一九九〇年代初給出的理由極爲相似，日本認爲爲確保銀行能遵循巴塞爾國際風險監管指標，並且在一個已經衰弱的金融系統裡避開系統風險，必須爲殭屍企業提供「常年信用貸款」（evergreen loan）[21]。但兩者的解釋都不夠好。日本的藉口成爲一個極其嚴重誤算，令殭屍企業得以苟延殘喘，結果延長日本的「失落的十年」。更近期的中國企業債台高築，並且都集中於國有企業，這引起對出現殭屍國企可能性的擔憂[22]。日本的教訓在中國政策高層間成爲熱門討論話題。

根據中國官方《人民日報》一篇於二〇一六年六月廣爲人知的採訪，一位「權威人士」（相傳是習近平身邊一位高級官員）曾警告有關中國日本化的危機。日本停滯不前的經濟已經歷至少三個「失落的十年」，這一篇占據頭版的評論在中國市場和政策圈內激起巨大的恐慌[23]。這位權威人士明確列出高槓桿、資產泡沫及潛在經濟危機造成風險，還有產能超額和殭屍企業造成的無謂損失。這篇採訪幾乎官方地將日本的經驗作爲中國的警示，最終爲許多後續的政策打下基礎，例如供給側結構性改革、去槓桿及打壓中國房地產業。

從二〇一七年起，一再被強調的混合所有制改革，不會幫助緩解對中國日本化的擔憂。若這些改革依然鼓勵金融工程，而不是提高可持續生產力和實施更有效的企業重組方案，中國陷入日本化的負債風險或將增長，而目前中國的混合制完全沒有能力預防這些與日俱增的風險。

不完全的金融市場改革

金融市場是經濟體的循環系統[24]。各方之間的資金流動都由金融市場調節，不論是借貸人和放款人、儲蓄者和投資者、消費者和企業，又或在中國方面，國家和私部門。金融市場也為政府施政提供一個能影響實體經濟的管道，政府若對金融中介的運作狀況有一定的監督管理，說明政府瞭解市場容易錯誤評價風險和超出金融穩定所能承受的範圍。

銀行或資本市場是兩個主要的信貸中介，但兩者都容易發生意外，造成週期性的不良貸款和股票及債券市場的估值壓力。監督管理的目標是避免，起碼要限制，銀行信貸危機帶來的後果，而貨幣當局的政策干預也應當緩解資本市場面臨的壓力，這點在自由市場資本主義制度和中國的混合制度都適用。然而，頻頻發生的金融危機顯然證明監督管理並不如想象中完美，尤其是在像美國那樣的自由市場制度內[25]。

中國一方面長於控制社會主義市場經濟的實體經濟層面，另一方面全方位監管金融系統，兩者是互為映照的關係。隨著改革不斷把國家推向市場化，政府也放鬆監督，不再嚴格監視以國家為主導的金融系統。但同時，由於金融體系不穩定的系統風險，因此，金融市場化的進度要比經濟自由化的速度慢。

以大型經濟體而言，中國的金融化（financialization）程度是偏低的，中國在國際貨幣基金的金融發展指數中排行第十，位於美國、英國和日本之下[26]。此外，中國的金融部門雖然本就對市場化持謹慎態度，但仍難免於系統風險，金融穩定的比較相對指標證明這一點。根據國際貨幣基金二〇二一年的《全球金融穩定報告》，中國的金融脆弱性（financial vulnerability）令家庭、非金融企業、銀行部門和資產管理公司的情況堪憂，而保險公司、影子銀行和主權借款人（即政府）則影響較小[27]。

銀行是中國金融系統結構的核心。銀行貸款占中國信貸中介活動的六三%，比美國的三五%高[28]。這種高度集中不禁令人擔憂，因爲這跟日本的先例極爲相似：一九八九年，在第一個「失落的十年」的前夕，日本擁有八家全球最大的銀行，而如今中國擁有世界上最大的四家銀行[29]。日本過度依賴於管理不善的大型銀行，這是其泡沫經濟廣爲人知的特徵。正如「權威人士」於二〇一六年的提示，中國的金融系統既以銀行中心，就不應輕視這個比較。

相形之下，中國的股市融資在信貸流總流量中占不到二〇%，企業債券在信貸中介的市場占比少於一〇%，剩下的大部分占比則由政府債券市場和非銀行中介，即一般稱爲影子銀行，兩者之間平分[30]。美國模式的信貸中介結構意味中國的信貸流動方式將轉型，從銀行貸款轉向資本市場。然而，這個轉變才剛起步。

較發達的經濟體都會強調資本市場的作用，反映「風險資本」能驅動創新和經濟增長。這對中國特別重要，因爲中國的銀行借貸模式完全依據中央規劃的舊制度，將財政資金轉移到國家機構，也就是後來的國有企業。銀行承擔的責任變得更廣，需要爲中國更大部分的經濟提供資金，與此同時，國家仍把持著銀行借貸的關口，影響銀行放款限度、篩選借債人及調節信用額度多寡。

近年來，中國開始重視資本市場活動的貢獻，但改革只是一部分的原因。政府主導的去槓桿化也有所影響，該政策的目標是減少中國經濟在全球金融危機後十年內不斷增加的債務。高槓桿跟集中度風險一樣，都有負債密集、步上日本化後塵的徵兆，是「權威人士」於二〇一六年表達擔憂的關注對象。而當中國的去槓桿化正指向傳統銀行和影子銀行，資本市場被迫填補兩者留下的空缺。

去槓桿化令中國的影子銀行活動特別受關注。在影子銀行活動中，投資者爲了獲得更好的收益，對大量缺乏管理、高回報的財富管理產品投入大筆資金和使用委託貸款[31]。影子銀行是近期中國成長最迅速的信貸中介之一，二〇一八年年底，中國的非銀行信貸中介已經占全球影子銀行活動的一〇%，是二〇一二年的五倍[32]。去槓桿化旨在限制影子銀行活動，預防系統風險波及中國金融市場其他部分，在近幾年取得不錯的績效[33]。國際貨幣基金最新《全球金融穩定報告》的脆弱性評估中，中國充滿影子銀行的「其他金融機構」在經濟復原能力等級被評爲最高的五分位，跟其餘獲得較低評價的銀行、企業和家庭形成鮮明對比。

眼看中國急劇攀升的債務，若認爲去槓桿化不會造成任何嚴重後果，就太天真了。這點不幸地得到證實，中國第二大的地產發展商，恆大集團，在二〇二一年夏轟然倒塌。恆大集團的債額積壓高達三千億美元，其債務問題給中國金融系統帶來更廣泛風險，甚至有可能在國際市場造成連鎖反應[34]。但即使如此，這些漣漪效應的強度不算太誇張，不像有些人預期般言過其實，甚至宣稱恆大集團是中國版雷曼兄弟㉟。

理由有三。其一，中國政府有充足的資源來支助恆大集團的違約金和防止其他資產與市場遭受波及。中國的國內儲蓄高達將近七．五兆美元，另外還有三兆多美元的外匯儲蓄，即使出現恆大集團全盤崩潰這種最糟的情況，都絕對有足夠的財力面對。中國人民銀行於二〇二一年秋注入的大量流動資金強調了這一點㊱。

其二，恆大集團的瓦解並非是如「黑天鵝事件」一類的典型經濟衝擊，而是中國實行去槓桿化、去風險化和維護金融穩定等政策必然導致的後果㊲。中國在減少影子銀行活動進展良好，成功限制去槓桿過程干擾到金融市場其他部分的可能。雷曼兄弟的崩塌造成毀滅性的傷害，連帶波及美國和全球的金融市場，但與其不同，中國的政策制定者並沒有遭恆大集團事件打個措手不及。

其三，金融危機中最致命的威脅，即中國實體經濟須面對的風險，其實很有限。中國房地產市場的供給有源源不絕往城市遷移的勞動人口支持，這一點跟經歷房地產投機泡沫爆破的國家，如日本和美國不同，這些國家的情況往往是供大於求。雖然中國的城市人口已經超過總人口的六〇％，但距離達到發達經濟體一般八〇至八五％的門檻仍有一段增長空間㊳。近期出現城市收縮的案例，令人想起曾經大量出現的空城，不過那只是一場虛驚，中國對城市樓房的潛在需求仍然穩健，限制恆大集團對整體經濟造成的下行風險㊴。

話雖如此，但恆大集團事件不可輕視，因爲金融穩定對所有現代經濟體，包括中國，都至關重要。中國由消費者主導的再平衡策略需要有完善穩定的資本市場，而資本市場提供比低收益的銀行存款更高的溢價，進而推動儲蓄者投資，也對投資回報施加壓力，因爲收益提高才能增強家庭購買力。二〇一九年，非勞動收入僅占中國家庭可支配所得總計的一三·五％，遠低於二〇一一年二二％的峰值，也不及美國二九％的一半。擴張後的資本市場活動提供多樣投資組合的潛能，可以藉此機會提高勞動收入、增強家庭購買力及提升非必需品消費能力[40]。雖然收益的增加不能完全彌補恐懼心理導致的預防性儲蓄，但依舊能爲受收入所困的中國消費者提供多樣化收入和高回報的投資選項。

中國最新的資本市場改革專注於政府稱爲「高水準對外開放」的策略[41]。中國的多層次證券市場長期以來都由「主板市場」占主導地位，外加一些中小型企業的交易所。如今市場內加入服務上市科技公司的深圳證券交易所創業板（ChiNext），近期加入以服務上市研發公司爲主的上海證券交易所科創板（STAR board），還有全國中小企業股份轉讓系統（NEEQ board），俗稱新三板，主要服務微型企業，以及一系列地區交易平台（包括二〇二一年底成立的北京證券交易所，是新三板的分支，專注服務中小型創新企業）[42]。扎實的市場基礎建設既然已經完成，挑戰必然會是如何提升證券流動性，以便能在信貸中介市場占一更重角色。

這迎來對中國市場經濟改革而言最棘手的問題：政府究竟有多願意放手，讓其最活躍的部門採用積極的集資策略？放手不管比想象中要難得多，正如我在上一章所述，北京近幾年一系列的介入監管舉動，包括剎停螞蟻集團的首次公開發行、滴滴出行上市後的行政處罰，和赴美上市的新訂監管規則，都令中國與全球的金融市場毛骨悚然。這些舉動不僅凸顯資本市場自由化和國家政治控制之間的權衡，而且對中國在推動本土創新過程中籌集資金的能力，有著舉足輕重的影響。

這又是一個中國無法完整地在其發展策略中納入美國特徵的例子。一方面，中國領導層理解若要採取美國的方法，資本市場和企業需要什麼樣的改革，透過讓中國企業在國際資本市場上市，並採取行動遵循國外的會計和治理標準，中國似乎歡迎其企業結構學習西方的系統。確實，自從其申請加入世界貿易組織，中國和西方世界都一直表明資本市場完整性有多重要[43]。但是，從黨的控制角度來看，高危美國資本市場的監管寬鬆，可以被視為一種不穩定因素，特別是在其著重強調在受監管的資本市場以及未受監管的對沖基金和其他影子銀行中進行風險投資時。這點在市場自由化的早期不會引起這麼多焦慮，因為當時遠比現在能接受資本市場活動本身帶有的波動風險，但在習近平思想的意識型態限制下，情況就不同了。中國尚未完成的資本市場改革，仍在風雨中飄搖。

虛有其表的社會主義市場經濟

中國的混合社會主義市場經濟陷入兩種制度之間的困境——國家的指令控制和市場的制

度框架。管理這種混合制度並不容易，特別是當經濟體和金融系統變得愈發龐大和複雜。中國過去的中央規劃模式依賴於一套複雜的系統來分配各產業間的額度與資源，以達成其經濟目標。但鄧小平推行改革開放後，中國需要一個新的經濟模式。

這個模式側重於混合制度中的市場要素，從最典型的市場經濟——美國，身上引入許多新政策和監管框架，中央規劃則退居其次。但創造一個帶有美國色彩的中國系統過程中碰到必然產生的衝突，令該轉型方案不得不做出妥協。

中國人民銀行（簡稱人行）就是一個例子。一九七八年以前，人行一直都是中國唯一的一家銀行，身扛數責，既是商業銀行，也是中央銀行[44]。人民銀行相當於一個國家機關，掌管全國的金融系統，從貨幣和信貸擴張到發行政府債券。但人民銀行成立的目的是管理中央規劃經濟的金融，並不符合社會主義市場經濟的需求。一九七八年後的改革開放迫使人民銀行做出極大的改變。

一九七九到一九八四年間，人民銀行逐漸拓展且分離其商業職能，迎來四家中國最大銀行的誕生，即中國工商銀行（簡稱工行）、中國建設銀行（簡稱建行）、中國銀行（簡稱中行）和中國農業銀行（簡稱農行）。四大銀行理論上擁有自主權、但實際上仍隸屬國家機關。每一家銀行都有國家指派的核心功能：工行專門處理中國企業的儲蓄業務；建行為中國巨大的投資熱潮提供資金；中行負責處理外匯金融；農行則為農業提供金融服務[45]。重要的是，上述功能不是市場決定的，而是由國家委任。

打從近代的改革時代開始，四大銀行就幾乎沒有制定自己貸款政策的自主權。國家嚴格的控制在早期從中央規劃過渡到社會主義市場經濟的期間是有道理的，過去的銀行信貸員主要由政府官僚擔任，他們只不過是在中央規劃下的金融部門工作，缺乏一個完善健全的借貸文化，同時又極易出現貪污情況。他們根本不瞭解信貸風險，大部分人甚至連債務好壞都不會分[46]，而中國憑藉投資帶經濟起飛時，許多投入的資金都是從壞債而來，導致一九八〇到一九九〇年代期間的不良貸款量持續攀升，最終需要政府注入資金和對中國的銀行制度進行大重組[47]。

二〇〇〇年代初進行重組時，政府意識到金融系統的管理方向錯了，但仍不願給專業經理人、政策制定者和監管機構獨立的權力，以便他們將金融基礎建設置於與國家的混合、日益市場化的經濟體系同樣的基礎上。這正是一個至今依然困擾著中國的問題，就是黨跟市場那股無形、時而無情的民主勢力之間的拉扯。

政府選擇次優解的做法，打造出一個表面上參考美國許多特徵的金融體系，但實際上只是把西方的政策和監管架構套在一個由國家控制的金融系統上，因爲中央銀行在美國系統中的監督功能非常重要，負責追蹤和分析資金流向。此外，人行的重組是看著聯準會照貓畫虎。聯準會有十二個地區，且每個地區都有一家總部銀行，中國在一九九七年也仿照聯準會，爲人行設立九個各自擁有總部銀行的地區。紐約因華爾街是美國歷史上的金融中心，在美國擁有特殊的地位，同樣地，上海也被賦予了相似的地位，被選爲人行總部地點[48]。

但其中有一個很重要的差異。朱鎔基總理於一九九七年被委任爲改頭換面的人行首任行長，相當於聯準會當時的主席葛林斯潘[49]。朱鎔基爲人精明、嚴謹正直、極有原則且不感情用事，是一個獨立央行行長所需的品格，可他同時也是中國國務院總理和共產黨高級領導人。他以總理和黨領導人的身分在貨幣和監管政策方面做出重要決策，而不是以獨立的央行行長身分決定。這使人行形同只是名義上的政策機構。

同樣的事情也發生在中國金融系統的監督管理，聯準會有著制定貨幣和監管的雙重責任，但中國明智地將兩者分開。分析貨幣政策跟決定貨幣政策非常不一樣，所以中國將前者交給人民銀行，而把更多監督權交給新成立的銀行（中國銀行監督管理委員會，簡稱銀監會）、保險公司（中國保險監督管理委員會，簡稱保監會）及證券市場（中國證券監督管理委員會，簡稱證監會）的監督機構[50]。理論上，這看起來跟美國極爲相似、甚至更好。但實際上跟貨幣政策的情況一樣，監管的最終決定權仍然握在國家和黨的手裡。

這若是過渡期的做法或許還有些道理，將一個完全由政府掌控的中央規劃制度引導成爲一個以市場爲主的制度。理想中的情況是隨著社會主義經濟的成熟，焦點會逐漸轉向混合制度中市場的部分，而社會主義的思想約束則慢慢淡去。這個方向確實可以從相繼的鄧小平、江澤民和胡錦濤政府所採取的措施中見到。隨著市場重要性增加，自主決策權和監督權也愈發可能隨之受到重視。中國似乎在往美國模式靠攏。

然而，事實證明這個推論太想當然爾了。從現實的角度考慮，國家和黨放棄最終決策權

自欺欺人的危險

自欺欺人往往伴隨著拒絕承認。不論中國多麼努力，始終無法變成社會主義市場經濟一詞所承諾的混合經濟制度，於是，中國開始嚮往，也有必要採用許多美國的特色。之所以必須採用，是因爲中央規劃以失敗告終，同時，中國也因此認爲某種形式上的市場化可以解決問題。嚮往的目標則是從減貧起步，進而透過中國夢的形象重新塑立中國在各國間的聲譽。現代中國的領導相信他們可以憑著美國的一些特徵重新打造中國，以混合制度達成和諧社會、保持繁榮不衰和培育民族自豪感。

這種想法不僅牽強，有時甚至近乎妄想。從鄧小平時代的自由化到習近平思想意識型態約束的轉變，將混合制的概念徹底翻轉。市場和社會主義之間的平衡本來傾向市場，如今正傾向以傳統社會主義的方法解決中國面臨的各種挑戰和問題。中國領導人深陷自我逃避的泥沼，拒絕面對混合制度固有的矛盾，只能依賴於思想口號。

這個結果對中國來說是個難以解決的問題。不論是運用金融工程進行混合所有制國企改革、不完全的資本市場自由化，還是虛有其表的美式金融市場或對於規模的執著，中國的美國特徵充滿矛盾。某種程度上，這是個意料之中的結果，本章先前所述的互相依附關係中的移情現象正是其主因。移情是病態感情關係的典型現象，容易瓦解自我認同，而在經濟關係中，移情現象會削弱國家的意志。帶有美國色彩的中國內在矛盾，恐怕與中國夢的願景截然相反。

美國的觀點也有所不同。可想而知，美國對中國思想上的倒退不怎麼樂意，反倒希望中國會變得更像美國。四十年前，美國對日本所謂的工業奇蹟感到羨慕，並吸取許多特徵，特別是及時存貨管理模式、品管圈，甚至也採納部分的工業政策。而如今的美國完全沒有想學習中國制度特徵的意思[60]。與日本相反，中國特色絕不會出現在美國的願望清單上，特別是今時今日，中國的思想和經濟政策都與美國的舒適區漸行漸遠的情況下更不可能了。

這一切都令中美衝突變得更加複雜。由習近平和王滬寧主導、中國新建立的意識型態體系意味著中國失去靈活性，而過去的混合制也許能提供這一元素。不幸的是，美國兩黨對中國愈發惡毒的抨擊也面臨著一樣的情況。從川普到拜登，美國一貫的反中政策缺乏變通性，這同樣令人擔憂。

雙方若都認眞想重新建立信任，要解決衝突的病態依賴關係則必須願意變通。自欺欺人和拒絕承認則反其道而行，是一個致命的組合，只會過分誇大威脅、加深衝突及削弱信任。中美貿易戰已經激起一場科技戰和小規模的冷戰，自欺欺人和拒絕承認進一步將大量不實敘事散播在兩國內。這種惡劣的結果與解決之道互相矛盾，若要抑制愈發敏感、極易激化的衝突，難上加難。

第十一章

新型大國關係模式

蛇在中國文化中是吉祥之物，象徵富貴吉祥❶。習近平正是在農曆蛇年，西元二〇一三年，成爲中國第五代最高領導人，至少對他而言，蛇肯定是吉祥如意之兆。二〇一三年，不僅有習近平正式當選中國共產黨總書記一件大事，同時三中全會大刀闊斧的改革也正式頒布，一帶一路倡議問世，反貪腐運動全面實行，還有在加州陽光莊園（Sunnylands）與美國總統歐巴馬舉行二天的會談。

蛇年對習近平的中國夢也同樣吉利。二〇一二年末，新上任的習近平首次提出中國夢，強調要走上美好的民族復興之路。中國夢是對中國人民的承諾，充滿民族自豪感，期望在國際間取得嶄新的地位，一洗百年之國恥。然而，中國夢志向雖遠大，但究竟如何實現，卻是毫無頭緒。實行的具體方向，在二〇一三年六月七至八日，於加州蘭喬米拉市（Rancho Mirage）舉辦的陽光莊園非正式美中峰會上，可略見雛形。對習近平而言，這次會晤是一個機會，嘗試將歐巴馬總統捲入到中國成爲國際領導國的雄圖大業中，習近平將這一企圖稱爲「新型大國關係」❷。

跟其他大國，特別是美國建立起合作關係，這一外交形象與中國夢所求一致。二〇一三年陽光莊園會後的數月至數年間，中國外交團部的高級官員，如國務委員楊潔篪和外交部部長王毅，在一系列高調的演講和文章報導上詳述該新型關係❸。於是，新型大國關係一詞成爲共產黨高層會議、工作報告及會談官方話語中的術語。

一方面來說，習近平提出的外交策略是個重要的分水嶺。習近平一改過去的策略，將中國擺在大國層次與他國交往，這與普遍接受鄧小平所提倡低調的「韜光養晦」思想形成鮮明對比。習近平認爲隱忍之時日已經結束，中國的雄心壯志可以公諸於世，對力量的渴望不必限於小部分領導幹部之間的竊竊私語。

中國也不會再遮掩自己的力量。正如習近平的經濟策略和意識型態焦點，將轉型剔除社會主義市場經濟的自由化特徵一樣，他爲使中國崛起所採取的做法，也遠離鄧小平長期規範的另一個重要傳統：不輕易對外展示國力。習近平不止拒用鄧小平的方針，還揚棄孫子「強者示弱，弱者示強」的兵家古訓❹。他的方式脫於古今智慧，決意示強，展示中國夢的愛國情操。

新型大國關係沒有現實世界的根據，不過是浮誇之詞。且不論中國無視世界上其他大國的角色，中美新型國際關係的概念有三個關鍵問題。其一，中國在內部力量尚未成熟之前，就擅自把自己擺在領導地位。倉促的國力對外投射在歷史上從沒好下場，瓦解的蘇聯就是前車之鑑。其二，中國誤解美國分享全球領導地位的意願，他們或無視、或低估美國兩大政黨日漸高漲的反中情緒。其三，中國並沒有兌現習近平在陽光莊園會許下的諸多承諾，特別是有關中國在南海的軍事態勢和對網路安全的維護；北京其後的失信之舉勝於習近平當時的話語，所傳達的訊息也非常不同。

違背承諾在任何關係裡，都會埋下不信任的種子。對美國和中國而言，習近平大膽公布的新型大國關係已是一個無比巨大的不實敘事。兩國之間本已充滿衝突、互相責怪猜忌的病態依賴關係，如今更是火上添油，令衝突升級，和解之道似乎遙不可及。

習近平提出新型大國關係後，美國和中國之間衝突不斷，連連升級，無疑是對該外交策略最直接的否定。但這並沒有阻止習近平繼續嘗試以相同的方法跟另一個大國打交道。對於從一九五〇年代就密切交往的兩國來說，中國於二〇二二年二月和俄羅斯定下的無上限合作夥伴關係不是什麼新鮮事。但該協議簽訂於一個新出現的緊要關頭，此刻國際形勢似山雨欲來，分歧四起，有意識型態和國家管理的分裂，有民主和獨裁的對立，有戰爭與和平的爭執。新型大國關係極有可能演變成新型的國際衝突。

新型外交模式？

新型大國關係模式究竟為何物？是中國為在兩個大國間建立合作夥伴關係，魯莽提出的新權力共享框架？是對歐巴馬政府「轉向亞洲」政策的反擊？該政策意圖限制中國的用意幾乎不加掩飾，中國是否就此還擊？抑或是修昔底德陷阱作祟；一個新崛起的力量抓緊機會，奮力向上擠入全球領導的行列？

從中國的角度來看，該模式其實是建立在國際接觸戰略的基本原則上，並嘗試給其烙上鮮明的中國標誌。習近平在陽光莊園會這般表示後，國務委員楊潔篪加以解釋，表示基本原則涵蓋「政治、經濟、安全、文化方面的合作」，是爲了「以合作取代對抗，以共贏取代獨占」❺。楊潔篪隨後再度補充，說明新型關係框架的戰略基礎有四點「不衝突、不對抗，相互尊重，合作共贏」。他也自誇新型大國關係的模式是「對現存國際關係理論的重大突破」❻。

這是典型的外交辭令。藉助高尚又無從爭辯的概念，如互相理解，戰略互信，尊重彼此核心利益等，發表一些籠統的原則性言論，當然，也同時伺機尋求協調和合作。通常在外交中，這些泛泛之論提供許多自由解讀空間，對於美中關係也已不是什麼新鮮事，因爲這和歷史悠久的「戰略性模糊」方法一致。而爲避免在台灣主權問題上發生正面碰撞，兩國過去五十年都依賴於這種模糊策略❼。但這項新型大國關係的計畫不夠清晰，也缺乏具體實施的行動方向。

歐巴馬總統同樣有意維持這種模糊性。在陽光莊園會的記者會上，他表示和習近平主席都意識到「現在是個難得的機會，可以把美中關係帶到新高度」❽。但這與習近平大力推動的外交概念截然不同。但單單是美國總統提到「新高度」，就足以令中國媒體和兩國一些經驗豐富的國家安全專家推論，認爲兩位領導支持不同的、甚至是獨特的雙邊外交方向，而這些外交策略都有可能造成具有重大歷史意義的影響❾。習近平更進一步，不斷試圖讓歐巴馬對新型大國關係模式說出默許之詞，儘管歐巴馬並無此意。不過，國際政治圈子得到的印象的確是，兩位領導人都認可彼此提出的外交模式，儘管兩者有細微的不同。

要將外交語言的藝術轉化成實際結果，即使在最理想的情況下也極爲困難，對於衝突不斷的中美互賴關係，更是近乎不可能。兩國領導高層間的對話皆是長篇大論，卻缺乏明確的計畫，無法實際依新型模式運作，習近平和歐巴馬之間的對話是如此，美中高級外交官員也是如此。兩國對話間有許多空泛的話語，指點如何改善新型的強國關係。許多想法從較低層次官員傳遞出來，希望制訂一個更詳細的議程，和實現可交付成果的時間表❿。然而，這段新型關係並沒什麼進展，如一潭死水。

美國和中國的外交一直以來多爲作秀之舉，而現時雙方看似積極溝通，你一言我一語，但不論從何角度來看都不過是一些新花招而已。自從一九七〇年代初尼克森總統和季辛吉訪華，與毛澤東和周恩來會晤，美中關係取得重大突破，兩國一直以來都承認彼此享有一段特殊的關係。或爲轉移焦點，或爲聚焦策略，該段關係不斷被貼上新的名號。從早期尼克森和季辛吉所說的「戰略合作夥伴關係」，到小布希總統所言「戰略競爭關係」和後來中國前外交部副部長傅瑩說的「競合關係」（co-opetition）⓫。近年來美國對中國的定位也不盡相同，從白宮前副幕僚長佐利克（Robert Zoellick）所說「一個負責任的利益相關方」，到川普總統所言「修正主義強權」（revisionist power），到前國務卿蓬佩奧所言「最終被視爲危及其他國家存在的勢力」。貼標籤的成本很低，但眞正需要付出的代價都極易被忽略[12]。

建構良好外交關係需要極大努力，遺憾的是，兩國忙著貼標籤和玩弄名號，浪費許多精力，根本無暇認眞發展關係。這絕大部分是因爲新型國際關係僅僅是個標籤，而不是具體計畫。習近平在陽光莊園會上用「模式」一詞來描述這個新提出的關係結構，只令問題變得更麻煩。對經濟學家而言，「模式」往往跟數學掛鉤[13]。但模式可以複雜或簡單，可以很廣泛或詳細，也可以基於理論或實證結果。模式這一概念有其他意涵，指向一個有條有理，前後一致，能處理特定問題的結構框架。爲了做到這一點，模式必須清晰地表述支撐其結構的一些假定。而這所謂新型大國關係模式無法做到上述的任何一點，所以頂多是個願望，更不濟些，只能淪爲口號。

不過，整體來說，新模式失敗最重要的原因是因爲經不起現實世界的考驗。政策制定者和政治領袖行事底線所依憑的是負責，意即，是由一個以模式爲基礎的框架，追究是否有遵守特定的協定行事[14]。一個不能按照現實情況運作的模式有什麼用？這正是習近平的新型大國關係模式癥結所在。他最關鍵的問題，便是想要以合作取代衝突，突破零和博弈之局，達成共贏。這種想法固然值得讚賞，但美中衝突在陽光莊園會後的數年愈發激烈，某些人眼見合作無望，便延續標籤遊戲，提出另種極端說詞，認爲如今的政經世界缺乏領袖，面臨著「零大國」（G-Zero）僵局[15]。

尚未成氣候的中國

中國肯定能算是一個大國，但是否眞的如新型大國關係模式設想一般，準備好登上國際舞台，承當領導地位？這個問題相當重要，而答案要回到我上一章所強調，中國對於規模的執著。中國高層領導認爲應當實行新型關係的理由，似乎把中國經濟體的規模大小和領導權相提並論。這並不無道理；經濟體越大，國家各方面的開支經費也就越多，包括軍事支出、外國直接投資、外援、進口需求、消費者支出和其他形式的國際力量投射。但領導權不只是單憑大規模就可以擁有的。

軍事開支是戰力投射的代表，而戰力投射又跟國際領導權有關，其重要性不言而喻。中國二〇二〇年的國防預算據報告只占其GDP的一．七％，遠少於美國的三．七％[16]。但根據以美元爲基準的計算，中國GDP預計大約會在二〇三〇年與美國趨近。屆時，國防支出的差距應將縮小，即使軍事開支的GDP占比仍然很大。這正是過去十五年發生的事。中國的國防支出雖然在其GDP占比一直很低，可是卻從相當於美國二〇〇五年國防支出的八％升至相當於二〇二〇年的三三％（以美元計價）[17]。

購買力平價（purchasing-power parity，簡稱PPP）在許多方面都更能衡量經濟表現，若以PPP計算，兩國趨同的程度更爲急劇。我們知道這絕大部分是因爲中國以PPP衡量的GDP，其實早在二〇一六年就超越美國了。結果，到二〇二〇年，雖然兩國國防支出在名目GDP的占比差距甚大，但若以PPP衡量，中國以美元計價的軍事預算已經升至相當於美國的五四％，相較於以名目GDP計算的三三％占比，足足多出一．七倍⑱。

中國的國防支出僅次於美國，而且比印度、俄羅斯、日本、南韓及台灣的國防支出總和還多。毫無疑問，中國軍事力量已崛起，穩壓世界各國⑲。中國在諸多方面強勢崛起，而規模大小在各方面都備受關注，但在國防方面，中國領導一改常態，不只是注意規模，還額外強調質的改進。習近平一直以來都強調中國人民解放軍要資訊化，要現代化，善用中國日新月異的人工智慧技術。近年來，人民解放軍在現代戰爭新科技方面的驚人進展，從隱形戰機和雷射瞄準，到太空探索上的突破，以及根據近期報導，極音速武器（hypersonic weaponry）的研發，莫不與習近平所強調，要提高中國國防能力的目標契合⑳。

此外，一般共識是中國所提供的軍事開支官方數據，遠低於所有國防項目的支出，其中不被納入的單位包括負責國內安全的準軍事組織、海岸防衛隊和愈發先進的中國航天工程㉑。即使不考慮上述因素，中國以美元計價的軍事預算也可以在二〇三二至二〇三三年就超越美國；若將其納入考量，軍事預算趨近之日極可能會提早到來㉒。

中國龐大的軍事開支在地緣戰略圈子內引發深刻的討論。中國的軍事開支追上，再超越美國後會發生什麼事？中國會如何部署其與日俱增的軍事資產？台灣海峽和南中國海的局勢開始緊張，這些問題也隨之變得更爲緊迫，加上如今美中局勢被比喻爲冷戰，這些問題也爲之蒙上一層不詳的陰影。第一次冷戰時，蘇聯造成軍事和意識型態上的威脅，並非經濟上的，但「冷戰2.0」不同，帶來的是軍事和經濟上的雙重威脅。這個看似嚇人的比較，是否足以令中國如其對美國提出的新型關係模式所求一般，獲得大國的地位？抑或歷史重演，這不過又一個註定無果的軍備競賽，如冷戰中虛張聲勢的蘇聯，最終仍以失敗告終？

中國GDP絕對規模和人均GDP在經濟實力上的對比，爲這些問題提供重要的啓示。在絕對規模方面的比較，中國的名目GDP和軍事力量表現極佳，然而，如上一章所述，若按人均計算，中國的表現並不理想，但人均值能更貼切的測量經濟繁榮程度[23]。中國在以美元計價的GDP或許快追平美國，可是到二〇二一年，中國在按PPP計算的人均GDP中，仍然只在二百二十五個國家中排行第一百[24]。

這個差異對理解兩國關係極爲重要，尤其是針對中國爲了與美國建構新型關係所採用的戰力投射手段。歷史學家甘迺迪在其影響深遠的研究中探討大國的興衰，並總結道「世上的軍力平衡經歷重大轉變之前，往往都會先經歷生產力平衡上的變化。[25]」中國力量和領導地位的投射很大程度上都來自其名目GDP而非人均GDP，這可以表徵甘迺迪稱之爲「帝國過度擴張」（imperial overstretch）的現象。這個傾向歷久不衰，強權大國每每竭盡擴張軍事活動，超出國內經濟基礎所能支持的範圍，正強調甘迺迪聞名的結論，即「戰略過度延伸」最終必然導致大國走向末路[26]。中國是否也犯同樣的錯誤，在奠定自身經濟實力前便倉促擴張，企圖尋獲政治地緣強權地位？同樣的問題對俄羅斯來說甚至更爲重要，因爲俄羅斯身爲一個更弱的經濟體，卻可能面臨在烏克蘭的長期衝突。

中國對其經濟的再平衡和重組工程並不完整，正好重中其過度擴張的問題。就連蘇聯在一九八〇年代後半期的經濟狀態也比如今的中國更爲平衡；蘇聯的消費支出占GDP近六〇%，反觀中國連四〇%都不到[27]。規模不能彌補長期宏觀經濟失衡的問題，也不能替中國經濟預防金融危機、債務危機和其他能造成失衡問題更加嚴重的衝擊。中國始終無法解決GDP絕對規模和人均GDP上的差異，再加上結構再平衡的進展令人失望，顯示中國將其規模大小和軍事能力，等同於習近平新型模式設想的國際領導地位，這一舉動可能爲時過早。

不善於分享的美國

二〇一三年六月八日歐習峰會記者會後，中國精心策劃的外交模式幾乎馬上遭到美國的反對。雖然有一些政治評論員對該新型國際夥伴關係讚譽有加，認爲可能是一項重大突破，但華盛頓官方看法對這個主意要冷淡許多。美國安全顧問賴斯（Susan Rice）算是例外，她強調必須「實施一個新的強國關係模式」[28]。不過，上一任國安顧問唐尼隆（Thomas Donilon）則將這個主意描述爲「既有強權和崛起強權之間的新型關係模式」[29]。這種說法凸顯一個富裕國家和相對較窮國家之間的差距，同時也提醒美國和中國幾乎算不上是地位相當的大國夥伴。

但美國持反對態度的戰略性依據，可以回溯到「轉向亞洲」政策。該政策起初獲前任國務卿希拉蕊大力支持，而她一直以來都傾向對中國採取較堅硬的態度[30]。正如我在第七章所論，「轉向亞洲」不過是個爲了圍堵中國的幌子。希拉蕊和其資深亞洲助理國務卿坎貝爾都否認有該意圖，可是美國主導的跨太平洋夥伴關係協議（TPP）坐實了這一點：TPP是一個重大的、泛區域的高水準貿易協定，但獨獨將中國排除在外。要知道，TPP是「轉向亞洲」政策中的重點項目，而「轉向亞洲」是歐巴馬的招牌外交政策倡議，他怎麼可能一方面在任期間全力投入於該政策，另一方面卻又允許美國跟中國達成新協定，與之共享大國的權勢？

這兩種解讀必然會互相衝突，而這所形成的緊張局勢一直伴隨著歐巴馬的第二屆任期。美國政策的核心所關注的是如何圍堵中國，是一種零和對策[31]。但根據中國的說辭，新型大國關係模式透過權力分享創造雙贏局面，是一種正和對策。這兩種看法彼此一直僵持不下，局勢難以緩和，也無法達成一些人所提出的終極協議，即在南中國海問題上同意綏靖[32]。戰事頻頻的二十世紀歷史警惕了我們，這種局勢往往以悲劇告終[33]。

習近平和歐巴馬前腳跟才踏出陽光莊園，實現新型關係的希望就開始變得渺茫。賴斯想要將該模式付諸實施的想法始終無果。美國和中國就兩國外交關係進行一系列交流，包括一年一度的中美戰略與經濟對話（Strategic and Economic Dialogue，簡稱S＆ED），分別於二〇一三年七月和二〇一四年、二〇一五年、至二〇一六年舉辦。歐巴馬和習近平後來也另外進行三次會談，每次會晤都隱隱透著火藥味，包括二〇一五年九月的習近平訪美。在該次會談中，歐巴馬對習近平當面拿出有關中國網路駭客行動的絕密證據，令本就愈發敏感的網路安全問題到一觸即發的邊緣。會議的結果是雙方同意簽訂網絡安全協議（Cyber Agreement），然而，這個一次性的突破主要透過正面質問和威脅手段達成，根本談不上有什麼嶄新的合作精神[34]。新型大國關係模式仍舊缺乏一個詳盡的框架，無法實施。陽光莊園峰會慢慢成爲一個久遠的記憶，只能算是個成功的活動籌辦練習，並沒有爲建構長久的新型關係帶來實際突破。

與此同時，兩國經濟景氣低迷，自然也難以爲兩國關係帶來大轉變。美國經濟未能從金融危機後完全恢復，依然萎靡不振，在二〇一三到二〇一六年，歐巴馬第二屆任期間平均增長率僅二・三%，遠遠不如以往經濟復甦的水準[35]。中國的經濟成長率也開始緩速，在同樣時段間的增長軌跡停滯在七・三%，低於前三十年平均成長率一〇%的強勢走向[36]。由於欠缺強健經濟增長之東風，兩國建立大膽外交關係這一步險棋的政治支持下滑許多。

美國的問題也令人頭疼。美國的商品貿易逆差從二〇一三年的七千億美元擴大到二〇一六年的七千五百億美元。該損失超過半額可以追溯到與中國的雙邊貿易，隨著貿易情況惡化，美國入超從二〇一三年的三千一百八十億美元增長至二〇一六年的三千四百七十億美元[37]。該貿易不平衡其實是國內儲蓄表現欠佳的後果，並進而導致美國經常帳赤字，在同一時段內逆差平均達到GDP的二・一%[38]。但沒人理會這一點，美國民眾向來不以善於自省或熟知宏觀經濟會計方程式聞名，於是想要將矛頭指向別處。美國的政治氣氛開始轉變，忿懟中國，激化雙邊關係。

這一切發生的同時，美國的中產階級也正深感焦慮，實質薪資停滯不漲，貧富差距愈發嚴重，爲民族主義提供充足的養分壯大[39]。中國經歷百年國恥後一心想著民族振興，美國人民也一樣，發展出一套受害者情結。製造業沒落後，藍領工人深受打擊；世道艱難，面對經濟和社會上的困難，許多群體和家庭都倍感挫折。而在一片愁雲慘淡的哀嚎聲中，來了一個缺乏經驗的政客，抓準選民恐慌的心態，大放厥詞要讓美國再次偉大。於是中國成爲他強硬保護主義的靶子，責怪的矛頭以報復爲由對準中國，新型模式從來都沒有實現的可能。

食言背信

新型大國關係模式難以實現，不僅是因爲美國政治上的抵制和中國不完整的再平衡。儘管習近平在陽光莊園會上信誓旦旦，中國卻始終沒有兌現己方在交易中的承諾。中國在極具爭議的南中國海區域進行軍事部署，便是其中最爲明顯的背信之舉。

雖然二〇一三年六月兩國元首在公共場合的發言皆避免直接提及南中國海，但華府無疑對中國在這塊紛爭不斷之地的企圖感到愈發不安。南海爭議在習近平二〇一五年九月訪美時最爲激化。習近平回覆記者提問時明確地表示「中國無意在南沙群島搞軍事化」，其中南沙群島是中國對菲律賓西部斯普拉特利（Spratly）群島的稱呼。習近平堅稱中國有正當權利展開建設工程，「捍衛國家領土主權」[40]。

習近平並沒有說實話。他的言論隨後被徹底推翻。一些被公布的衛星圖片清楚顯示中國在南海數個有主權爭議的島礁上進行軍事化活動。建設工程遠不止於單調的辦公樓和住宅區，而是包括海岸點防禦、防空武器、大型跑道、雷達設備及指揮管制設施[41]。這些軍事基地也設立在不止一座島嶼、海灘、或人造島礁，中國在南海設立的哨所上大興土木，而其哨所正位於諸多主權爭議島嶼，包括永暑礁、美濟礁及渚碧礁，中國也重建一些早期的小型軍事設施，散布在南薰礁、東門礁、鬼喊礁、赤瓜礁[42]及華陽礁。面對這些無可辯駁的證據，中國國防部一位高級發言人聳聳肩承認這些建設是「必要的國土防禦設施」[43]。

中國領導一意孤行，堅持認爲自己在捍衛國家主權，然而，中國對於主權的概念有些牽強附會。長期以來，中國一直都堅持「九段線」是不可侵犯的國界線。「九段線」最初由中華民國政府於一九四七年在亞洲地圖畫出，後來於一九五〇年代初由共產黨總理周恩來重新劃分界線[44]。九段線北起海南島，南至馬來西亞，東起菲律賓，西達越南，共涵蓋南海三百六十萬平方公里。習近平主張根據國際法，中國有權利捍衛這一大片海域的主權。

中國檯面上否認進行軍事化活動，卻出爾反爾，這固然是問題的一部分，但中國對主權誇張的詮釋，也同樣有問題。中國過分的領土主張不斷遭其鄰國和美國挑戰。早在二〇一三年，中國曾就位於東海的釣魚台（日本稱尖閣諸島）主權問題跟日本陷入類似的糾紛[45]。但若跟南海糾紛相比，東海的事態根本算不上嚴重。遼闊的南海在天然資源、漁業權及航道方面占了極其關鍵的戰略位置。南海糾紛還牽扯到東南亞國家協會（ASEAN，簡稱東協）成員國，而東協的支持對美國轉向亞洲的地緣政治策略至關重要。

二〇一六年，海牙仲裁庭就菲律賓與中國爭議性的漁權問題上做出具有里程碑意義的裁定。結果支持菲律賓，不利於中國。該裁定認定菲律賓擁有黃岩島水域的漁業權，而黃岩島周遭的珊瑚礁和岩石都在中國劃定的九段線範圍之內[46]。比漁場主權之爭更為重要的是，仲裁庭裁定中國對九段線的主張沒有任何歷史或法律基礎[47]。

中國明確表示不接受仲裁結果，然而，中國早前已批准聯合國海洋法公約（United Nations Convention on the Law of the Sea，簡稱UNCLOS），必須依法接受海牙仲裁法院的裁定，不論中國對其滿意與否。中國直接違反國際法的行為看在鄰國眼中，就是個橫蠻惡霸。更重要的是，中國的這些舉動已經威脅到應受海洋法公約保障的航行自由。中國想要塑造一個可靠的形象，顯示自己是可信的新型大國關係模式支持者，卻在其他大國使用的國際船運航道上進行軍事作業，挑戰其安全，自然難以令人信服。加上中國在南海不受制約的行為，只會令人徒具擔憂，猜想這是否預告了中國的野心，是其準備蠶食九段線外領土的前兆[48]。

中國也沒有對美國夥伴關係盡責，為其他雙方共同關切的重要議題給個交代，如網路安全、人權問題、朝鮮半島無核化和中東安全問題。從中方來看，中國並沒有違背承諾，只不過是不同的制度有不同的處理方法㊾。不出所料，美國的看法也不同。美國的政黨團因此團結起來，竭力反對中國在所有上述議題的立場㊿。

重點不是在個案糾紛中誰對誰錯，而是雙方是否願意在新型大國關係結構內消除分歧。以共贏取代獨占，令衝突消弭進而和解，不正是該模式的初衷嗎？雙方失去信任，互相懷疑，這種結果與一個應以信爲本的可靠夥伴關係截然相反，而糾紛不斷的南海，只不過是其中最顯眼的例子。美國也有自己的信用問題，令雙方建構新型大國合作關係的希望微乎其微。二〇一八年川普對中國開啓貿易戰便最明顯的例子。美國對中國不平等貿易行爲的指控是基於薄弱的證據和不專業的分析數據，受川普個人的政治目標驅使，而非按照國際貿易和金融有章可循的規範所決定。歐巴馬的轉向亞洲戰略在TPP項目中隱含圍堵中國的意圖，獲拜登許可的澳英美三邊安全協議同樣難以被視爲友好之舉，也不像是有意改善雙邊合作的行爲。

美國認爲其國家價值觀有普遍性，所以打著美國夢的幌子，以追尋民主之名爲這些行爲辯護，中國也不例外，以中國夢強調民族復興爲由，爲自己的立場辯解。縱觀地緣政治史，舉目皆是背信棄諾之舉，而新型大國關係模式也沒能逃過一劫。

新型否認模式

美國起初容忍中國編造的不實敘事，即新型大國關係模式。對中國而言，這是一場精心策劃的外交手段，試圖藉此登上國際領導地位，同時也展示中國強勢的一面，與習近平優先考量的政治主張相符。對於美國來說，歐巴馬政府的被動回應是錯失了一個機會，因爲既然中國想獲得領導地位，可以追究中國是否負得起相應的領導責任。

但若要實現一個貨眞價實的新型關係模式，還需面對更多的問題。問題之一，兩國不可持續的增長模式造成諸多衝突，病態依賴關係已難以持續。中國經濟的再平衡仍舊不完整，導致過度依賴來自於美國的外部需求，才能支撐其增長；美國的儲蓄仍然少得可憐，導致極度依靠如中國等有儲蓄盈餘的國家，投資項目和經濟增長才能獲得資金。儲蓄不足的一方和儲蓄超額的一方各自都有爲難之處，面對著這些壓力，後果必然是貿易失衡，衝突不斷，最終還埋下衝突升級的惡因。新型大國關係模式完全無視雙方的經濟背景。

這種脫節是政客話術的結果，也是「否認心理」的陷阱。直到今天，美、中領導人仍然不肯面對衝突的病態依賴關係所造成的壓力。他們寧願忽視病態依賴這個概念。對他們來說，這是一段編造出來的說詞，無視即可。政客們認爲依賴意味著弱小，表明國家貧困，無力自足，是以別無選擇只能另求資助。

從這個意義上說，病態依賴與在美國和中國公衆中引起共鳴的愛國表現不相容。自我宣傳和民族主義自豪感的虛假勇氣，相較於老老實實地經濟挑戰、風險和隱患，自然更受歡迎。不論是美國般的多黨制或像中國的一黨制國家，政治人物的權力全賴人民支持才得以鞏固。跟鄧小平低調的勸誡手段不同，展示實力具有巨大的政治吸引力，特別是對於最受自我懷疑困擾的國家來說。這其中包括中國。

這一點是從我個人經歷得知的。過去二十五年內，我曾跟美中兩國許多不同領域的領導人物交談和提供講座，談論外交關係的經濟問題。雙方大多數人只要單單聽到病態依賴關係，就開始坐立不安。對美國人來說，這種關係被認為大多是單向的，中國更依賴美國，而不是美國更依賴中國[51]。這種觀念是川普發起貿易戰的一大理由，錯估實際情況，誤以為只有中國會在衝突中受創，美國則能全身而退。

對中國來說，單單是提及病態依賴，就已經同自傲的中國夢背道而馳了。否認一詞根本難以描繪中國有多厭惡，身為一個強大自豪的國家在任何方面受惠於其他國家的想法。對中國有些人而言，任何跟依賴有關的事都會扯到一條敏感的神經，觸起一個更早之前，痛苦不堪的恥辱。多數人更傾向直接無視該概念。我二〇一四年出版《失衡的經濟》一書，其中譯本封面標題連及美中關係都沒有提及，就更不用說病態依賴的概念了[52]。

根據美國精神醫生和心理學家的專業診斷觀察，否認行為是病態依賴心理的典型症狀[53]。在缺乏自我認同的情況下，處於互賴關係的同伴往往對批判或負面的反饋意見過度敏感，傾向將其推卸到對方的身上。正是這種否認行為，加劇反覆互相責怪的問題，令衝突升級，最終演變成徹底決裂，拆散身陷互賴關係的同伴。

不幸的是，這種愈發失常的病態關係同樣適用於美中衝突。美國認爲貿易逆差全是中國的錯，與自身短缺的儲蓄一點都不相關。中國認爲國內儲蓄盈餘以及與之相連的經常項目和貿易順差，是對常年財赤的美國慷慨支持，而國內資金不足的社會安全網，導致個人消費能力低落，中國卻似乎不認爲是本身的問題。兩國經濟體深陷否認的泥沼，自作自受導致儲蓄失衡，卻拒絕承擔後果。雙方都轉移「否認」爲責怪，將問題都歸咎於對方。

新型大國關係模式看似宏圖大略，本質上只是政治話術，不過是空喊口號的說詞罷了。該模式完全沒有將當下經濟環境納入考量，不僅忽略各國的狀況，連國與國之間的經濟關係也不考慮。當然，國家之間的關係並非單純只是經濟上的往來。但若缺少經濟關係這塊奠基石，夥伴關係便會搖搖欲墜，難以致力經營，因爲彼此不再爲共享繁榮的明確目標努力，就失去合作的誘因。政治上的聯合某些程度上可以彌補國家之間的關係，但僅限於思想主張相近的體系，如歐洲貨幣聯盟。美國和中國在經濟關係上的主張可一點都不相近[54]。

這場註定無果的美中關係博弈也可能有更深層的意義。對中國而言，獲得地緣政治力量是新型關係模式的重中之重。中國試圖執行一種類似於過去四十年高速增長策略一樣的權力遊戲，實際上是利用其規模和崛起的速度，越過其他經濟更發達的國家。習近平承諾中國將會在二〇四九年成爲強國，以慶建國百年的成就。但很顯然，他缺乏耐心，不能按照自己定下的時間表行事。習近平確實如二〇二一年充滿煽動性的〈加長電報〉所述，是個「急於成事的人」（man in a hurry）[55]。對他而言，新型大國關係模式是個機會主義的捷徑。

美國從一開始就抱持懷疑態度，最終拒絕這種權力共享安排的前提。非但沒有參與其中，美國反而選擇正面碰撞。貿易戰迅速地演變成科技戰，進一步激化成新冷戰的風險也與日俱增，是兩國碰撞最明顯的證據。強權更替之爭自古已有，這種碰撞正與其一致，因爲「霸權從不輕易讓位」！

最終，新型大國關係模式並沒有改善舊模式，它沒有緩和病態依賴的衝突壓力，也沒有展現信任和承諾的精神。隨著美中衝突的升級，新型大國關係模式很快成爲中國最大膽的虛假敘事之一。

俄羅斯登場

習近平跟美國失敗的關係策略，現在已經是個遙遠的記憶。他於二〇一三年提出這個宏圖大略時相對只是個新手領導人，初任共產黨總書記未滿一年，而如今，習近平已深信美國要往死裡打壓中國。先是歐巴馬的轉向亞洲政策，緊隨著是川普的貿易和科技戰，要和敵意如此之重的國家重新建構一段新關係，最終對中國來說是匪夷所思的。

隨著王滬寧對美國反烏托邦式的看法在中國領導層內流行起來，這一點變得愈發明顯[56]。美國金融危機一波未平一波又起，經濟景氣低迷，還有一系列對國家不利的社會、種族及政治因素，開始被視爲一個走向末路的強國[57]。這些情勢令越來越多人認爲對正在崛起的中國是個絕妙的機會，可以趁機在美中關係裡占據上風[58]。

長久以來，中國在外交上就把夥伴關係分成不同的級別，而習近平認爲，若要實現中國夢的願景，令中國也成爲一方強權，與他國來往愈發重要，這一點與中國的外交慣例一致[59]。這便是俄羅斯在中國謀劃大計中的地位。俄羅斯正是中國所求的，一個所見相同的夥伴，兩個威權國家不會在人權、不平等、審查制度等敏感議題上與對方爭論。二〇二二年二月，習近平稱「中俄合作無上限」，張開雙臂歡迎普丁，深信與俄羅斯的合作能達成美中關係之所不能。

俄羅斯不是在意識型態上吸引力中國，俄羅斯的社會主義早已消散無形。中國感興趣的是俄羅斯的資源，如能源和其他原料，可以幫助中國發展；俄羅斯地理位置相近，也跟習近平精心策劃的招牌外交政策：一帶一路，甚爲契合。在中俄關係裡，中國會占據主導地位，因爲其經濟體是俄羅斯的六倍，且根據ＩＭＦ預測，即將在二〇二四年達到七倍大[60]，此外，中國的生產商將得利於俄羅斯的產品和服務需求。

更重要的是，該夥伴關係顯示兩國都不滿以美國爲中心的國際政治格局。雙方也理解，聯手制衡一個不復強大的霸權，能爲彼此帶來諸多好處。因爲擔憂來自美國的打壓會威脅到自身存亡，兩國站到同一條線上。普丁被北約擴張搞得心神不寧，對他來說，該夥伴關係攸關俄羅斯存亡。如果爲了夥伴關係，習近平必須容忍普丁的軍事野心，他是完全願意默許的61。對習近平來說，該夥伴關係是帶有中國特色的偉大戰略，是民族復興的終極勝利。

然後，烏克蘭的戰爭爆發。這場殺戮發生的二十天前，中俄在二〇二二年二月的會面上才剛宣布簽下無上限合作夥伴關係協議，不少人在猜測普丁到底告訴習近平什麼62。普丁有可能揭露他想入侵的計畫，但也有可能，他跟習近平擔保（並且深信不疑）該次入侵將會是一個短暫的戰爭，烏克蘭領導會迅速被抓獲，然後建立一個親俄羅斯的政府。兩國大概認爲俄羅斯這次在烏克蘭「特別行動」的影響會轉眼即逝，一如俄羅斯早前在喬治亞、車臣共和國和克里米亞的短期戰爭，然後這對新結盟的無上限夥伴，便可以繼續謀劃他們的地緣政治和領導地位企圖。

毋須多說，這種想法錯了。兩國不僅低估烏克蘭軍隊的實力和烏克蘭人民的意志，更重要的是，他們沒有料到這場戰爭會徹底改變西方諸國之間的關係。面對俄羅斯的侵略，西方國家變得極爲團結。普丁相信戰爭會分裂西方國家的聯盟，但實際情況完全相反，俄羅斯不僅遭受前所未見的制裁，還有自二戰以來最大規模的人道援助和聯合軍事承諾。歐洲最強大的經濟體，德國，本身也有著一段充滿衝突的過去；可以理解的是，那段歷史並不容易面對，然而德國在這場援助中華麗轉身，在國防和軍事態勢上領先他國63。西方聯盟國連一點分裂的跡象都沒有，其價値觀、資產和政策甚至還變得更緊密、更團結和更堅定。

這種展示力量的行爲，引發一種明顯的可能性，即普丁可能給習近平設下一個詭計。普丁或許沒有意識到他速戰速決的打算缺陷不少，但若計畫失敗，戰爭拖延下去，他肯定已經有做好準備。俄羅斯計畫不周，指揮結構混亂，加上烏克蘭軍隊出乎意料地頑強，導致本應迅速的進攻困頓不行，只能對手無寸鐵的烏克蘭人民和其城市慘無人道的殺戮。中國與俄羅斯的夥伴關係迅速地變了味，與習近平所想像的關係截然不同。

該夥伴關係或許正是中國落入的圈套。二〇二二年二月中俄協議的潛台詞非常清楚：無上限合作夥伴關係意味著互相支持。然而，如果中國直接提供俄羅斯軍事援助，或做出金融上的安排以稍緩西方國家的制裁，都會被西方聯盟判定有罪，而後續無疑會面對更多層面的制裁。西方國家透過「友岸外包」的行爲，將供應鏈網絡和第五章提到的跨國美元資金流，當成一種攻擊手段。中國和俄羅斯即將發現，他們很快就會一同面臨被孤立的處境。中國身爲全球第二大的經濟體，跟全世界依然緊密連接，而這個圈套，會化爲一個難以脫身的危險泥潭。

習近平是自毛澤東以來雄心最旺的領導人，孜孜不倦地追求著大國地位。對他來說，中俄關係的處理極爲重要，成敗或許就在此一舉。不過，被困可不是什麼好事，身爲普丁唯一認眞合作的夥伴，習近平可以逼迫俄羅斯進行和平談判，並利用這一點脫困[64]。而且，習近平既然聲稱自己遵循的意識型態原則性極強，他只需要看向中國的「和平共處五項原則」，便能找到行動的道理。

到目前爲止，中俄的新無上限合作夥伴關係仍然堅定不移。該關係出現反效果的風險與日俱增，而中國正窘困其中。兩國都意識到，若中國直接提供軍事支持，後果必然十分嚴重，所以都對這方面的猜測不予理會，一律稱爲「假資訊」（disinformation），也是意料之中的事[65]。一些中國高級官員仍猶豫不決，聲稱想保持中立，包括在聯合國安全理事會會議上投棄權票，拒絕譴責俄羅斯入侵烏克蘭[66]，但中國已經沒有退路，必須履行中俄夥伴關係的核心承諾，繼續堅持俄羅斯的說辭，認爲是北約不受控制的擴張引起衝突[67]。隨著戰爭持續發展，愈來愈多俄羅斯殘暴的證據浮上檯面，於是，在阿拉斯加會談展現「戰狼」作風的中國外交部長王毅仍堅守立場，不斷重申這段特殊的新夥伴關係絕非一般普通的結盟，並且在烏克蘭戰爭平息後，仍然會長期合作[68]。

要中國撤回一個剛簽下的無上限合作夥伴關係看似極爲艱難，但從另一方面來看，這對習近平而言是個再簡單不過的決定[69]。委婉地說，放棄該段關係必然會引起普丁的不滿，而且習近平面子上也會掛不住。放下虛榮心，對威權統治者來說向來不容易。然而，若習近平想一舉累積大量聲望，成爲國際上見識卓遠的政治家，以符合他設想已久的大國地位，這很可能是唯一的機會了。中國隨後無疑會與美國和解衝突。很難再要求更好的結果了。

很遺憾的是，正如我在第六章所指出，中國有足夠強力的理由，做出完全相反的決定。如果習近平選擇把目光放遠，不只考慮烏克蘭戰爭，而是尋找他相信能協助抵抗美國壓制的關鍵夥伴，那麼任誰都無法預測事情的走向。對習近平而言，這個決策最終取決於風險評估，他需要衡量箇中利弊，能否爲了獲得俄羅斯無上限合作夥伴關係的好處，而付出在國際上被孤立的代價。正如美國財政部長葉倫（Janet Yellen）所警惕，連「猶豫不決」都會對極爲仰賴世界各國的中國經濟造成嚴重後果[70]。習近平選擇站在俄羅斯一方的話，他自己和中國都會遭受重挫。這個決定不僅將代表中國嘗試建立新型大國關係模式以來，第二個而且更爲明顯的敗筆，甚至有可能是中國最糟糕、最悲劇的不實敘事。

滑坡謬誤

國家爲何會欣然接受這些不實敘事？偶爾是無知所致，無法想通棘手的問題，但更多時候，是國家刻意接受的。美國和中國都有這種不幸的傾向，並爲其所苦，絕大部分是因爲雙方都不願意面對自己造成的麻煩。美國貿易逆差額龐大，科技巨頭地位不穩，卻將這些問題歸咎於他國，不承認是國內儲蓄短缺所致。中國國際聲譽受損，地位下降，至少部分是自作自受，卻還是將其怪罪於他國。

兩國都發現，比起扛起結構性調整的重任，以達成可持續的長期經濟繁榮，接受不實敘事要容易多了。但不實敘事不僅是政治話術，也是一種極具吸引力的手段，不實敘事往往透過許下簡單的解決方法來處理困難複雜的問題。川普認爲只需要對中國「強硬一點」就能讓美國再次偉大，而中國相信憑著其龐大的規模，民族復興和國家富強是水到渠成的事。

不實敘事從定義上就是充滿謊言的；一些對國家至關緊要的議題和問題每每遭其曲解。然而，不實敘事往往看似極有道理，一般民衆難以分別眞假，便輕易相信。不實敘事會造成施政的過失，令原本想要轉移的問題惡化。川普施加關稅，無非就是一股因雙邊貿易逆差而生的怨氣，但搞錯發洩對象。該關稅相當於對美國企業和消費者額外加稅，因爲是他們（而不是中國）被迫繳付進口稅。而且，由於一些進口產品的數量受限，需要以更昂貴的產品取而代之。中國的混合所有制國企改革一方面重新鞏固國家對混合經濟體的控制，另一方面也限制中國生產力的增長，進而令「日本化」的風險驟增，債務問題加劇，容易染上這個人人畏懼的日本經濟病毒。

不實敘事對處於衝突中的國家特別具有欺騙性。它們不僅宣揚錯誤的歸咎前提，還爲了補償國內的脆弱性而合理化破壞性的行動。美國向中國發起的貿易和科技戰，以及冷戰式的武力恫嚇，都是這種傾向的直接體現。這同樣適用於中國動物本能的欠缺（因而打擊其國內私有企業精神），還有在南中國海毫無根據的主權主張，也是一例。

不實敘事會將注意力轉移，不再想辦法認眞解決問題。但是，當有扭曲資訊的行爲在暗中助力，不實敘事便會在國家層面上的論述被廣泛接受。不論是中國嚴格的審查制度，還是美國兩極化的「大謊言」，都彰顯同樣的重點，那就是：不實敘事不會自我修正。正好相反，爲了將僞裝延續下去，不實敘事總是一生二、二生三。社群媒體又注入一種危險的助燃劑，令其傳播蔓延更爲快速。這使得兩個國家愈發容易發生碰撞，一路橫衝直撞，不顧一切地沿著衝突升級的道路狂奔。

第四部

敘事的對決

不實的敘事大量充斥，一場意外的衝突爆發，逐步升級。這場衝突本不該發生，現在卻再難遏止。美中兩個大國如果不是病態依賴，致令分歧日增，衝突就不會發生。兩國的未來需要一種新的信任，才能中和錯誤的論述，修復已有的損害，重建一種更具建設性和可持續性的關係。

本書記載的不實敘事表明，美中對彼此存有恐懼和不安。但一切事件和情緒的加總之中，其實有一個更深層的訊息。也就是，兩國都面臨著結構性經濟失衡、國家干預市場、科技創新和資訊扭曲等共同問題，但兩國都從自己的角度去解決：中國從市場主導的混合式社會主義經濟角度，美國則從開放式的資本主義經濟角度。在他們的不實敘事裡，在他們面對相同挑戰而採取的不同策略中，總有某種對比強烈的二元性。這是衝突升級的核心原因，也很可能是衝突降級的關鍵要素。

國家與個人一樣，衝突的解決始於信任的恢復。哪怕在最好的情況下，恢復信任也是一個漫長而艱鉅的過程。無論在美國還是中國，真正的問題都不在於個人的層次。儘管美國民意調查顯示出有記錄以來對中國最不正面的觀感，但美國人的負面看法主要針對中國政府，尤其是共產黨在人權、智慧財產權保護、貿易政策和新冠肺炎起源等問題上的立場。中國人不信任的對象也類似集中在美國政府，因其以各種制裁行動遏制中國崛起。

如果僅僅關注兩國最高領袖的言行，很容易將不信任進行「人物化」。美國的選舉週期給了中國一個不斷變動的標靶。川普落敗後，中國人希望局勢有所緩解，但拜登總統繼續推行反中政策，又讓他們失望。對美國來說，一黨專政的中國則像是一個固定的標靶。中國修憲取消國家主席任期限制之後，這標靶更明確。美國對習近平的不信任很大程度上源於他一系列鞏固權力的舉措，包括取消任期限制，以反貪腐為名的黨內清洗。更令美國擔憂的是，習近平思想更強調意識型態，外交政策也更強硬。

解決衝突之路必須以目標為導向，才能順利通行。在這條路上，必須要重建信任，訂立公平、可持續和可執行的規則，並為彼此的關係建立一種健康的相互依賴新典範。這將使美國和中國都能夠專注於從內部增強自己的實力，而不是一邊以受害者自居，一邊無理指責對方。兩國若能從病態依賴（codependency）轉向相互依賴（interdependency），才能真正相互協作，迎來彼此都歡迎的機遇。

只有自信可靠的領袖才能聚集政治意願和勇氣去重建信任。這並不容易，尤其在雙方資訊扭曲、日益失去互信的時候。這一轉變應以對話開始，接著應互相承諾解決共同關注的重要課題，如氣候變遷、全球健康和網路安全。聯手合作，機會才會出現，更深遠、更建設性的關係才有可能建立。

此外，兩國也要校準貿易衝突的焦點。執著於雙邊貿易其實無濟於事，關照現代全球化多邊貿易才是正道。若不能正確聚焦，持續衝突是不可能解決的。這意味著，兩國要提出一個新的、可執行的框架來解決技術和貿易方面的結構性衝突，同時設立一個強而有力的雙邊磋商、接觸和問責機制。本書至結尾，將考量以上因素，嘗試提出一個整合的方案。

解決衝突的終極要義，就是雙方都要認識到病態依賴的陷阱。在許多方面來看，美中關係從一開始就注定會麻煩不斷。當摩擦不可避免地悄悄出現時，不實的論述喧嘩紛擾，逼得雙方開始對彼此苛責，以至到無法容忍的地步。今日的關係已欠佳，若下一次衝突無可避免地再發生，情況肯定會更糟。最近中俄建立的無上限合作夥伴關係，無疑使意外衝突的可能性更高了。美中關係轉向更健康的互聯並存，是唯一的出路。兩國都不應錯失良機。

第十二章

意外的衝突

美中矛盾是一場可以避免的意外。矛盾升溫本來是病態依賴必然而生的風險，但有危就有機。雙方也曾有機會防患未然，甚至避免相撞，然而卻因衆多原因並無實現，當中一種尤其突出：源自各種有害的不實敘事匯流，腐蝕兩國對自己經濟安全的認知。

一切要從一個脆弱的故事說起。美國國內儲蓄不足和中國經濟結構調整不完整，讓人頗爲兩國長遠經濟前景擔憂。兩國極度恐懼合作方潛藏的威脅，憂慮情緒大幅膨脹。中方認爲美國走向持續疲弱，但仍圖謀箝制崛起的新勢力；美方憂慮中國崛起，威脅到新興先進產業，影響塑造國家前景。這給崇高宏大的美國夢和中國夢都注入令人擔憂的脆弱因素。

兩國的政策圈子死活都不願意承認這些可能性❶。這是病態依賴的典型症狀，表現爲不願爲自己造成的脆弱現狀承擔責任。雙方更傾向推卸責任，而不是像孫子所建議的攬鏡自省。結果就是經濟上的偏執狂，兩國都因爲對彼此的威脅感到恐懼而消耗精力❷。

矛盾逐步升溫時，總能聽到喪鐘聲從逝去的歷史傳出。史書裡寫滿的不只是不同權勢跌宕起伏，彼此交戰的例子，還載有今天尤其明顯且獨特的脆弱。我早前強調過，美國雖是當代霸權，但與一九四七至一九九一年美國完全參與整場冷戰時相比，今天的經濟實力卻遠遠不及當年。相反，中國今天經濟實力相對強勢，當時蘇聯經濟疲弱衰落，相比之下，今天的中國確是更大挑戰。對美國而言，這無疑提升新冷戰裡敗陣的可能性——後果可謂簡直難以想像。美方很可能爲了防患未然而先發制人，危機不得小覷。

面對貿易和科技衝突升溫，停止冷戰需要的不僅是一個全新經濟和政治上的應戰框架以緩解日益棘手的衝突。在科技與創新方面達成共識，長期以來一直是促進發展和繁榮的關鍵，這必須是任何解決方案的核心。

不提新策略，光靠想像完美無瑕的概念無疑是紙上談兵，衝突只會繼續深化。矛盾升溫，下一步就是關係愈來愈脆弱，爾後就是無從預計的導火線。而變數握在歷史手裡的往往都是劫數。眼前可鑑的例子就是第一次世界大戰的導火線：奧匈帝國的斐迪南大公（Archduke Franz Ferdinand）被刺[3]。並且往往禍不單行，導火線衍生的火花會迅速讓火勢蔓延開來，一發不可收拾。亞洲多處局勢緊張，包括台灣海峽兩岸、南中國海和香港的情形都教人生憂，而眼前的烏克蘭衝突也不容忽視。

如果沒有跨境商品、服務，和金融資本貿易提供的經濟支撐，就沒有防止衝突升級的內置防護。美中關係脫鉤成爲一種試圖拋棄這種支撐的努力，製造出一種更加不詳的衝突形式。問題越是懸而不決，衝突升級的張力就越強，導致悲劇性結局的風險越高。

不實敘事的二元性

從一開始我就強調，中國和美國在經濟、社會價值、治理體制等方面存在著鮮明的對比。但就像一個蛋糕的兩個切片一樣，這些對比也可以整體地看待。兩國間的比較揭示一個引人注目的二元性，實際上「兩個相關概念的對比」❹。經濟學裡二元性的經典例子，是發展中國家貧困農業部門和較爲繁榮的製造部門之間的並列，而兩個產業都是一個拼圖裡相連的兩塊切片❺。對中美兩國而言，支撐各自對彼此看法的虛假論述，爲兩國共同面臨的問題提供嶄新視角。理解這種二元性，對於我們聯繫美中衝突雙方的虛假論述在一起至關重要。它也可能指引著解決衝突的方向。虛假論述的衝突是這種二元性的必然結果。

兩國經濟模式就是合適不過的關鍵例子。在許多方面，美中經濟都是彼此的鏡像。美國消費過度，但中國的消費占比卻是世界主要經濟體裡最低的。反之，中國產量過剩，GDP的投資占比是美國的兩倍以上，外貿順差龐大，這與美國的長年赤字形成鮮明對比。兩國間的貿易生動體現它們的二元性——中國極低成本生產支撐美國極高消費。然而，少了美國市場的需求，中國生產商就得陷入困境。

這種對稱性的前景意涵，在這兩國經濟論述的二元性中得到體現。中國透過美國的視角看待其消費前景，理解到創造就業和實質薪資的增加支持勞動收入，這是家庭購買力的主要來源。然而，這兩個經濟體從非常不同的角度看待其勞動收入的挑戰。中國就業的驅動力來自於向服務業的結構性轉變，其實質薪資增長是中國由農村到城市遷移的副產品。在這兩種情況下都存在「趨同論述」，中國希望效仿更成熟、先進的美國經濟特徵，例如更大的服務業和更高的實質薪資。這種消費二元性具有相當的諷刺意味：中國渴望擁有美國已經過度擁有的東西。

比較美中消費模式可見其中的儲蓄二元性，而這種二元性對兩國經濟紛爭影響深刻。我先前提出觀點，認為華人以恐懼驅動積穀防饑的儲蓄觀念，源於人口急速衰老和社會保障不足。而美國的方式則提供了正解：透過更廣泛多元的家庭投資組合來增加非勞動收入來源，再結合金額更高的「安全網」社保資金。如果中國政府能從美式儲蓄經驗裡汲取二元性的教訓道，定能大幅增強中國的消費主義。

當儲蓄差距轉化為雙邊貿易不平衡時，這種二元性當然變得更加棘手。現在顯而易見，像美國這樣長期存在儲蓄不足的國家，往往需要貿易逆差，以吸引他們所需的過剩儲蓄來資助投資和經濟增長。相反，像中國這樣長期存在儲蓄盈餘的國家，往往傾向於貿易順差，以將其過剩資本投資於回報更高的外國資產，同時防止其貨幣升值，妨礙經濟增長。就在這時，這種儲蓄二元性就陷入病態依賴的狀態。

美國是赤字大國，對大約一百零六個國家（截至二〇二一年）的貿易逆差視而不見，並錯誤地將其整體貿易赤字歸咎於中國。中國在美國多邊貿易逆差中的大占比，反映出美國國內儲蓄不足、供應鏈扭曲，以及中國自身的過剩儲蓄和作為低成本生產國的比較優勢。這些因素比美國對中國不公平貿易行爲的指責，更具有說服力和重要性。將多邊問題歸咎於雙邊責任根本行不通，川普針對中國的關稅已經產生反效果，促使貿易轉移至美國其他（成本更高的）國外供應商❻。美國消費者已經爲這種虛假論述付出高昂的代價。拜登政府無法理解這一點，這是令人擔憂的。

在方程式的另一邊，中國的儲蓄盈餘滋生出同樣有害的虛假論述。首先，中國一直非常願意利用美國消費者的過度需求，來支撐其出口驅動的經濟增長動力。然而，這是中國領導人的一個嚴重錯誤解讀：他們認爲這是對該國出口的穩定和可持續的外部支持。但在過去二十五年中，一系列資產泡沫和相關的全球危機已經使這個看法受到嚴厲質疑❼。中國的做法還反映它的錯誤信念，即它可以採用重商主義的經濟增長模式，抑制本國消費者的需求，並實現多邊貿易順差（截至二〇一九年，達到一百五十七個國家）❽。這些失衡問題，最早是國務院總理溫家寶在二〇〇七年提出的，已經導致中國的宏觀經濟結構出現重大且尚未得到糾正的扭曲。像美國一樣，中國已爲其虛假的儲蓄敘事付出高昂的代價。

美國和中國的虛假經濟敘事，是同一枚硬幣的不同兩面。儲蓄的雙重性——既是內部平衡的反映，也是外部聯繫的驅動力——將兩個失衡的經濟體聯繫在一起。它孕育了一個錯誤的敘事，導致另一個錯誤的敘事，因爲美國將其儲蓄問題的貿易影響歸咎於中國，而中國則將這種反應解讀爲遏制的威脅。然而，從雙方關係的角度來看，中國作爲盈餘大國，支持美國作爲赤字大國，可以說是非常符合病態依賴的本質❾。

如果這些虛假敘事的雙重性得不到解決，可能將原本就容易引發衝突的病態依賴推到崩潰的邊緣。這是眼前極高的風險。但雖然虛假的儲蓄敘事能引發衝突，卻也能是解決紛爭的指路明燈，這一部分我將在本書最後一章詳談。

政府控制的二元性

檢視兩套經濟制度的對比和張力時，借助政府控制背後的二元性，能夠映出不一樣的解讀。對中國及其混合經濟結構而言，混合所有制度點明國有企業和類市場主導民營機構之間的平衡；正如前述，中國近年推動改革，提倡混合擁有國有企業的所有權，進一步加強互相持有國有資產。然而，政府控制力度增大同時卻令國營、民營平衡更加複雜。

對美國及其私有企業制，當中平衡更爲深藏不露，政府所擔任的角色只限於日常監察和緊急介入，並由財政及金融機構出面，按體制內政策而行。美中兩國都積極利用產業政策爲重點產業，重點提供支援；兩者最大分別在於中國承認政府介入，而美國則避而不談。像是「中國製造二〇二五」等政策中，政府扮演的角色清晰可見，而美國則否認參與這般操作，從根本上斷言產業政策本身即屬不當干預自由市場[10]。然而，從本書第四章可見，美方種種操作卻是自打嘴巴，五角大廈轄下國防高等研究計畫署資助研發計畫，頻頻呼籲國民支持國貨（Buy American），長期提供農產品價格補貼，近年更推出一系列的措施，以應對中國對美國產業的競爭威脅，包括近年大力支援美國半導體產業。多項政策都充分證明美國言行不一[11]。

現時，雙方政府在經濟裡扮演的角色都並沒有定局。中國在市場主導的自由化進程持續三十年之後，經濟的鐘擺已經擺回來了。習近平時代以國家角色日益強勢而聞名[12]。而美國在經歷一系列危機後，政府被迫在管理愈來愈不受拘束、逃避監管和不穩定的制度方面，扮演更積極的角色[13]。

兩國的嚴峻環境都構成挑戰。在美國，反覆出現的危機暴露出資產負債表損失、流動性緊張和最終償債能力危機的綜合風險，首先是在二〇〇〇年代初的股市泡沫，然後是在二〇〇五至二〇〇九年的全球金融危機，最後是在二〇二〇年的新冠疫情震盪。每一次，美國政府都需要扮演最後一道防線的貸款方，拯救一個受創的系統[14]。在美國政府這種新的積極主義中，聯準會發揮了特殊的作用，不僅提供與危機相關的貸款計畫的維生線，而且在危機結束後長時間實行過度寬鬆的貨幣政策。這產生讓利率保持極低水準，以支持需求、容許聯邦預算巨額赤字，以及透過大幅擴大聯準會的資產負債表向金融市場注入過剩流動性的效果[15]。美國央行實際上正在補貼資金成本，扭曲投資決策，從而實質上形成一種產業政策，即「美國模式」。

這些艱難的情況沒有被中國領導人忽視。正如王滬寧眼裡黯淡的美國一般，社會似乎漸有共識，認爲美國正步入衰退。頻繁的危機、社會動盪和政治兩極化的組合，被認爲最終對霸權造成持久的損害。對於越來越自信、野心勃勃的中國來說，這被許多領導層人士視爲大國競爭中不可避免的決定性時刻[16]。

這倒不是說中國這段時間一切順遂如意。在對黨的僵化和腐敗所可能帶來危害感到擔憂的情況下，習近平的反腐敗和意識型態運動具有新的意義。中國從全球金融危機中特別重要的教訓是：西方市場化替代方案的高波動性，對於一個追求穩定的國家來說並不是可接受的選擇[17]。相反，中國政府抓住「危機」雙重含義中的「機會」部分，利用二十一世紀初西方的動盪作爲契機，透過意識型態和治理兩方面來鞏固其控制地位，成爲社會主義原則的守護者。

美中雙方採取政府行動主義揭示了同一個訊息：政府控制日漸擴張，本來以市場爲本，不受人爲干擾的結果遭受扭曲。在美國，一籃子危機爆出空前未見的財政及貨幣刺激，多如雨後春筍。在中國，這更多是中共戰略和權力有意識的行使，反映出中國的一個關鍵假設，即所謂市場的智慧都不及思想上嚴格遵循國家大方向可靠。在過去二十五年不斷頻繁的危機中，西方金融市場的極端失序一再加強這種假設。在這種情況下，與消費主義不同，中國並不想效仿它所認爲正在衰落的美國。

對中國來說，在西方危機和動盪時期對受困市場進行指導干預，也被視爲展示國家力量優勢作爲民族復興的工具機會。美國對干預的看法完全不同。當美國夢遇到危機時，國家才會應對困境而崛起，保衛美國夢的實現。因此可以推論出，這意味著美國幾乎容忍了魯莽行

美國內部亦早已長存社會和經濟不公的問題，甚至有說，就是這個問題成功讓川普成爲美國總統㉖。但是當中有個關鍵的相異之處。雖然在美國，對於不平等與網路造成社會及政治兩極化的辯論越發激烈，但至今政府卻仍然未有既定立場處理問題，繼續左右搖擺。當然，辯論焦點仍然不斷變化，最近國會的重點已經轉向社群媒體的破壞性作用，這一點我隨後便會討論。但是，平等主義長期以來一直是美國難以言喻的理想目標，而不是政治策略和設計的戰術焦點。拜登總統正打算透過新的累進稅改變這一點，但在我撰寫這本書時，這些提案的命運尚未明朗。

在這裡，美中間的二元性特別引人注目。中國關注策略如何**即時**解決問題，但同一件事上，美國卻認爲**最終**將能解決。這倒也不叫人意外。畢竟兩個不同的政治體系，對於國家在處理矛盾的角色有著截然不同的觀點。

中國長久以來忽略經濟發展的品質，直到問題因高速經濟增長而浮上水面，便希望透過共同富裕原則，利用國家干涉手段，循多個面向改善發展品質。美國或也同樣有意傾向聚焦經濟增長的品質，但卻相當不願意由政府直接下達指示。基本上，華府已經把這個問題交給市場和開放社會所熱捧的決策自由來處理。拜登政府的「重建美好未來」（Build Back Better）計畫可能是個例外，但最終無法通過國會批准。

像這樣共同擁有的計畫，能夠爲矛盾關係提供重要啓示。兩國都想改善經濟發展品質，卻採取截然不同的方式。當今世界面對氣候變遷、不平等現象惡化、緥緊社會張力，還有死傷無數的大流行病，兩個體系要分出勝負，仍有很長的路要走。

創新和資訊歪曲的二元性

從永續經濟增長及發展角度出發，本土創新和提高生產力之間的相互作用是可貴的「聖杯」（holy rail），這在先進經濟體和發展中國家一直都是如此㉗。但當下的情況卻對這種相互作用多添一重層次：創新潛力已經從硬體轉移到軟體領域，從產品轉移到應用程式。

如前所述，數據驅動的人工智慧在增加美中衝突風險扮演關鍵角色。在運輸、製造、生命科學和金融科技等活動中，由人工智慧實現的驚人突破，以及武器研發領域的發展，從根本上改變創新計算和通向全球技術領先的道路。同時，這些進展反映出雙刃劍的雙重性——對於單個國家來說，具有壯觀的回報潛力，但對於衝突的病態依賴卻問題重重。

美國和中國之間不斷升級的科技戰，是相互對立的虛假敘事典型例子。由於國內儲蓄的長期不足，美國缺乏投資於創新的必要資源，特別是在中國最近強調的關鍵領域，如研發支出和以ＳＴＥＭ爲基礎的高等教育㉘。然而，美國政客並沒有透過增加國家儲蓄來解決這一缺陷，反而懷抱著錯誤的故事情節，將中國描述爲技術掠奪者，作爲美國在新科技和先進產業方面領導地位面臨的嚴峻挑戰。

美國對華爲窮追不捨，作爲衝突的代罪羔羊，加劇這種虛假敘事的影響。中國領先的科技公司不僅被廣泛地描繪成一個神祕的特洛伊木馬威脅，可以利用新的5G全球電信平台，而且還成爲美國擔憂的焦點，擔心中國透過詭計手段奪走美國的科技領導地位。美國與中國的科技衝突還包括被指控的強制技術轉讓、網路駭客攻擊和不公平的產業政策，所有這些都被指責爲削弱未來產業支持，如美國貿易代表署在二〇一八年三月提交的《301條款報告》中所指控的那樣。對於美國政客來說，中國在全球創新方面的快速進步是美國的競爭噩夢，同時也是一個重大的國家安全風險。主要出於這些原因，民主黨和共和黨都把中國描繪成對美國繁榮的存在威脅[29]。

如我在第五章所述，大多數關於中國創新科技的控訴並不單單自暴其短，更是方向錯誤，誇大事實，不合時宜。但在這場不實敘事混戰中，中國遠非無辜。像其他早期崛起的工業大國一樣，中國無疑在全球爭奪新科技的激烈競技場上，也時有違規[30]。中國的規模和快速崛起，加劇美國和其他先進國家所面臨的壓力。但中國在科技競爭中最大的問題是其行動和意圖的不透明性——具體而言，這是一種隱而不宣和莫測高深的文化，這只會加深人們對中國政府有所隱瞞的印象。股權透明度和傲慢自大一直是華爲的問題，但問題不限於華爲[31]。這些也是中國回應新冠病毒起源、南海軍事意圖和深植的審查制度指控時所面臨的問題。現代中國最大的矛盾之一，在於其開放的經濟，遇上封閉的話語文化。

不透明性對關係有明顯而重要的影響。由於美國否認自己在創新方面的缺陷，易受攻擊之處很容易演變成猜疑。中國的不透明性加劇這種猜疑情緒，進一步加強川普政府在二〇一八年提出的301條款指控，作爲其貿易戰爭的正當化理由。證據的薄弱並不重要。中國不願直接回應美國的指控，並透過增加透明度和揭示來減輕猜疑情緒，這進一步加劇美國的偏執狂和對中國威脅的虛假敘事傾向。中國的不透明性是虛假敘事的滋長地；其審查制度不僅導致國內資訊扭曲，也鼓勵外界在對中國的描述中同樣表現出虛僞㉜。

資訊扭曲加劇美中兩國之間的衝突。在中國，審查制度不僅反映出中共和人民之間的不信任潛流，也削弱中國與其他國家的信任。在中國和美國，ＡＩ技術的應用和對大數據的操作加劇訊息扭曲，使得製造分裂的虛假敘事在兩國之間引發巨大的焦慮。美國出現空前的反華情緒，這是這種放大機制的極端表現；不論是哪個人口統計群體或政治派別，對中國的威脅情緒都已經自成一派㉝。中國內的有限民調也顯示類似的結果：美國比世界上任何其他主要國家所收到的負評要多；慮及中國社會對愛國主義和民族復興的強調漸增，面對他們所認爲美國是帶頭遏制中國的致命威脅，有這樣的結果也不足爲怪㉞。

資訊扭曲漸增的雙重性已經變得不容忽視——在中國是審查制度，在美國是兩極化的風向。它不僅加劇兩國之間的關係矛盾，而且使解決衝突更加困難。

社群網路的特殊問題顯示出協調兩國方法的困難。在其新的「共同富裕」推動下，中國正試圖應對ＡＩ技術帶來的社群網絡所鼓勵的「不良習慣」。對於作爲世界典型自由開放社會的美國而言，對兩極化和隱私的擔憂導致了一套不同的社群網路問題：或者是不願意，或者是無法掌控這些問題。對於美國和中國而言，第三章所提出的論點表明，對抗性的虛假敘事病毒式傳播，使得社群網路更加具有助長衝突升級的毒性作用。所有這些都引出一個最困難的治理問題：在社群網絡造成不可挽回的損害之前還是之後，應該對看似創新的社群網路進行約束和控制？更現實的是，考慮到已經造成的損害，自由開放的社會現在應該有什麼選擇來解決這個有爭議的問題？這正是臉書（Facebook）吹哨人霍根（Frances Haugen）於二〇二一年十月在美國國會作出令人驚嘆的證言中所提出的問題，也是歐巴馬在二〇二二年四月在史丹佛大學發表的動人演說中所呼籲的論點[35]。

缺失的那一塊

二元性連接驅動美中衝突的不實敘事，它能尤其有效地配對兩國對經濟三大支柱的態度：儲蓄、國家角色、創新。二元性也顯示兩國面向對方的定位，還有這個定位如何惡化兩國之間衍生的衝突。二元性還容許我們將緊張局勢還原至其根本：兩個失衡且比意想中脆弱的經濟體，皆將對方視爲永續成長和繁榮發展的威脅，而衝突則從企圖消滅威脅的行動而生。

但是，這種評估中缺少一個重要的部分——關係本身的本質。從一開始我就認爲，衝突是一種經濟病態依賴的內在張力下可預測副產物。不過病態依賴的緊張局勢本身也有其二元性[36]。不管當國家改變彼此互動的模式時會出現何種摩擦，正如美國和中國現正所行一般，但更大的風險來自最終的破裂。這個最終事件會讓人們產生深刻的損失感，且雙方皆要承受毀滅性的後果。維持兩個強國之間一觸即發的病態依賴關係中，要平衡火花四濺的衝突帶來的潛移默化和徹底割席的後果，仍是當中操作上最大的挑戰。

兩者之間的平衡已漸趨不穩，美中間貿易和科技脫鉤本身就是一種破壞性的結果，且已經開始進行。兩個經濟體都正在經歷損害的早期跡象，美國貿易轉向和成本上漲，而依賴出口的中國面臨外部需求下跌。但根據民意，我們已經看到這只是開端[37]。

最終將走向何方，誰也說不準。本書最後一章提出了行動計畫，旨在阻止最壞可能的情況，將兩敗俱傷的病態依賴關係扭轉局勢，轉變為互惠互利的關係。美中間衝突因儲蓄、國家控制、創新的二元性而升溫，但更多卻是受關係發展最危險的方面所加劇——兩大國間的權力鬥爭。歷史長河裡，權力始終是衝突的焦點。

果不其然，兩個國家對這場決定性衝突的結局持有不同見解。身為當今霸權，美國深知歷史上各大強國發生熱戰的趨勢，也就是所謂的「修昔底德陷阱」[38]。中國則視自己的力量投射為中國夢的前瞻性體現。習近平所熱衷於的「新型大國關係」正是圍繞一個信念而定，即中國必須借助合作夥伴支持，才能在二〇四九年建國百年之時實現大國地位。而在中國眼裡，偉大命運的途上不必引戰。

這是一廂情願的想法。評估美中兩國權力前景的二元性時，必須認真看待歷史先例，比如修昔底德陷阱。雖然擁有毀滅性核武器排除了全面軍事衝突的可能，但兩國無法對其坐視不理，尤其台灣海峽和南中國海局勢持續緊張，更不用說俄羅斯總統普丁最近公開暗示核攻擊的言論[39]。這些摩擦凸顯意外火花可能誘發大型軍事衝突的現實風險。中國近期展示強大軍事力量，尤其是在軍備和兵力投送方面的進步，很有可能將美國困成當代的雅典——借用修昔底德中的腳本[40]。習近平最新的外交策略相當諷刺——和俄羅斯圓滿達成合作無上限竟是在烏克蘭爆發戰爭的前夕。這次修昔底德陷阱的不祥預兆，不同於原腳本但更加令人擔憂。

同樣地，即使美國能夠成功避免軍事衝突，若冷戰久居不下，美國也沒有自滿的籌碼。有一點值得強調的是，和一九四七至一九九一年冷戰戰勝前蘇聯時期的經濟相比，今天的美國經濟要遠比當時疲弱得多。正如長於國際關係的歷史學家保羅．甘迺迪談霸權衝突的論證，如果國力投射建立在經濟力量的基礎上，勝出的機會更大[41]。美國生產力增長緩慢，儲蓄能力下降，流動帳目長期赤字，外貿長期出現逆差，這意味著美國或許確實應該擔憂中國崛起。中國也認同這種觀點。作為一個崛起中的大國，中國最近的自信表現似乎愈來愈彰顯美國的脆弱性。

回溯歷史，權力鬥爭往往是個人與個人之間的角力。習近平是一位生性急躁的領袖，但中國以審慎遠慮的戰略思維聞名，這是相當矛盾的現象。他大膽的權力分享提議，也就是第十一章的新型大國關係模式，在二〇一三年的陽光莊園峰會上，以既成事實的姿態端到時任美國總統歐巴馬面前，若要說這個提案屬言之過早，也過於客氣了。

習近平提倡這個概念時，雖然中國經濟當時正處於成為世界最大經濟體的關鍵時刻，但在實現與美國同等地位之前，中國仍有許多事情要完成，包括改革、再平衡，以及整體生活水準的提升。同樣地，美國民眾深深懷疑中國，兩黨內部的反中情緒與日俱增，更莫說在習近平的條件下接納這個崛起的大國。歐巴馬和川普兩屆政府都偏好遏制中國的國安策略，而拜登政府似乎在走同樣的路線。如此看來，習近平的新型大國關係模式就是在錯誤時間提出的錯誤方法。

權力鬥爭的個人因素令這段關係更加複雜。政治領袖對公眾意見有著超乎尋常的影響力，但他們也傳達一種社會身分與願景，塑造出一個國家的精神風貌。同一個願景，美國和中國都以夢喻事，將願景傳遞至人民心中。中國夢和美國夢的碰撞頗多，如中國強調民族復興，但美國重視繁榮穩定，之所以多處摩擦皆因兩國在各自發展歷史中步伐不一。一九二〇年代大蕭條時期，美國夢帶著撫慰人心，點燃希望的使命誕生；而中國夢儘管勾起國家恥辱的悲痛過去，根據習近平二〇一二年的說法，中國夢仍是中國崛起的慶祝儀式。

若要追溯個別領袖的意見而不理兩個獨特體系的特別之處，這場衝突又有多少是真正意義上的個人糾紛呢？中國夢誕生不過十年，本是中國一句強而有力的口號；美國夢年歲更豐，從羅斯福到拜登，歷經近十五位總統支持，跨越超過九十個春秋。正如大西洋理事會在〈加長電報〉中所暗示般，和美國的這場衝突，更可能來自習近平而非中國。

兩個截然不同的治理體系之間對比強烈，令衝突進一步複雜化。一黨專政的威權國家缺少選舉問責，這意味著個別人士可以獨攬大權，衝突亦同時遷移到個體層面；自由選舉的民主制度有內置的修正機制保護，如定期選舉和週期性更替領袖，故前者所構成的危機比民主制需要面對的要大得多。這當然不是說美國不會出現個人化的衝突問題，面對川普遺留下來的爛攤子，我們且希望川普的所爲，只是偉大美國實驗中一次暫時的失序。相較之下，現時習主席連任無限期，凸顯外界對中國的印象——更持久的個人化容易發生衝突。

意外衝突的嚴重性

回頭觀望，其實美國和中國之間的「意外衝突」無可避免。兩國抱持對彼此的不實敘事中，必然會引伸出衝突。不實敘事一般源自政治或意識型態宣傳，且缺乏可靠事實支援。儘管不少關於美中病態依賴的論述都虛假不實，這些論述卻依然獲人接納，並引燃衝突。姑且不論這些論述的眞實程度，它們已經成爲引發爭議的政策行動之理由，進而將兩國衝突白熱化。尤其是二〇一八年和二〇一九年關稅和制裁行動，以及愈來愈好戰的言辭交鋒，都令人想起昔日的冷戰。

不實敘事並不是隨心寫出來的不快情緒。由於病態依賴關係會漸漸削弱關係夥伴的自我認知，在人際關係裡，對方的反應對塑造自尊的重要性開始備受矚目[42]。在經濟病態依賴關係中亦有同樣的情況。美中雙方都表現出對自身經濟自主性的深刻憂慮，爲了捍衛各自國家夢想的脆弱表象而攻擊對方。責怪伴侶而不是關注自我改進，也是病態依賴的經典症狀之一[43]。

這就說到難題的核心了。兩國都沒有否定對方持續經濟增長和繁榮發展的目標。然而，他們都遠未達成實現目標所需的水準，卻因此指責對方的不足。缺乏儲蓄的美國一直未能充分投資於創新，卻指責中國損害美國的創新能力。中國強化國家控制，無法支撐消費主義和選擇自由，缺少經濟持續增長的兩個必要材料，就認爲是美國遏制自己。在龐大規模和強大力量的表象下，實際上，世界兩個最大經濟體都被深深的不安全感所困擾。

虛假敘事是掩蓋這些不安全感的防禦機制。一般的政治傾向都是否認、責怪，務求分散注意力，不再聚焦在自己造成的問題上，繼而衍生不實敘事。承認自己脆弱的領袖總是被視爲軟弱，並隨時可能被取代。以卡特爲例，卡特是一位謙虛老實的美國總統，在一九七九年能源危機警告美國民眾，美國正經歷一場「信心危機……這種危機直擊國家意志的核心和靈魂」[44]。這場演講展現卡特誠實的一面，但是，在一九八〇年卡特競逐連任敗給雷根時，正是這種誠實奪去卡特的總統大位。

怪罪別人的政治手段絕對是萬靈丹。三十年前，日本就是美國需要處理的問題，三十年後，便輪到中國；在兩個情況中，美國就貿易逆差的不實敘事也不過是換湯不換藥[45]。對中國來說，推卸責任也是政治仙丹。相比美國的推諉遊戲，中國夢背後的民族主義和中國對美方遏制策略的恐懼都一樣充滿政治目的。雖然中國一黨專政的威權治理體系中，領導問責制和一般選舉制度迥然不同，但習近平政治意圖首項便是掌握實權[46]。

歷史上，因政治而生的不實敘事很早已有大量紀錄。正如我早前提過，不實敘事一旦上升到並嵌入關乎民族的討論，便異常難以移除。加上今天新科技提供各式散播言論的管道，借助社群網路讓不實敘事迅速走遍全網，成爲又一個毀滅性武器。現在美中關係兩方都大受極端負面情緒影響，要逆轉根深蒂固的情緒，或許比矯正始作俑者也就是這些不實敘事——要更加困難。

美國和中國之間衝突升級有如地心引力一般，難以抗衡。這不全然反映兩國的個別行動，更多是兩國相互作用導致的不穩定因素。病態依賴的偏見和扭曲相互滋長，導致錯誤政策行動的意外後果。本來只是正常關係間的摩擦，就此放大成危險的衝突狀態。驅動矛盾升級的力量變得異常強大。隨著一場戰爭引發下一場戰爭，先是貿易戰，再有科技戰，還有新冷戰的早期跡象，這時一個問題尤爲重要：究竟美國和中國如何克服意外衝突的引力？

第十三章
從猜忌到信任

要解答上一章問題，難若登天，卻刻不容緩。釀成大禍的風險越來越高，當務之急便是制定解決衝突的策略。事態迫切，不單時間上有所限制，還意味著拐彎的餘地不多，不容有失。解決策略唯有對威脅的嚴重性及範圍都做出全面回應，它才能奏效。而本書餘下部分正是以這種精神呈現的。

解決美中矛盾，必須考慮兩個關鍵因素：兩國間信任水準和它們關係的特質。目前，疑慮是普遍存在的，而且雙方關係功能失調。因此，若要有效解決紛爭，既需要扭轉現有猜忌局面，恢復信任，也需要更換不同的應對框架。

事情的順序相當重要。以史爲鏡，兩國重新建立信任之前，必須先克服更大的困難，打破固有關係的既定典範，才能重新開始互相信賴，正如前蘇聯總統戈巴契夫的開放政策一般，爲結束第一次冷戰奠下基礎❶。這也適用於中國在加入世貿組織的協議中違約問題的教訓。二〇二一年三月，兩國最高外交代表在美國安克拉治會面，兩卿對談充滿火藥味，激烈交流非常明顯。兩國缺乏安全感，彼此猜忌，繼而互相指責，導致前文提過的不實敘事數量激增。得此結果，都是前因赤裸裸的體現。除非恢復某種形式的信任，否則要嘗試執行更全面的衝突解決方案，也只會徒然無功。

美中之間的猜疑早已醞釀數十年。幾乎可以說在習近平於二〇一二年十一月上任前的幾個月，中國領導人似乎早有料及風暴不遠矣。那一年早些時候，習近平身爲國家副主席，和未來領導人第一把交椅，開啓了爲期五日的「增進共識之旅」到訪美國。啓程前夕，時任副外長崔天凱亦曾道：「中美之間確實存在互信『赤字』。❷」崔天凱後來成爲中國史上任期最長的駐美大使，對美國時勢瞭如指掌，但即使如此，他可能也沒有預料到即將出現全盤信任問題的廣大範圍❸。

猜忌在歷史和人性中都有跡可循。昨天日本，今天中國，更早還有韓戰、越戰，讓人禁不住想：美國是和亞洲過不去嗎？如果是這樣，身分政治是否在破壞美國在信任方程中的地位，發揮特別腐蝕性的作用？從美國角度出發，中國既是智慧財產小偷，也是貿易騙子。當然，從中國角度出發，美國到底仍是像其他外敵一般，一心盤算著要遏止中國成長發展。那麼，身分政治是否是有利有弊的雙面刃呢？

問題出在文字，但不單單是文字本身，而是這些文字牽扯到撼動國家核心價值。舉個例子，二〇一七年正好是關鍵時刻。時年一月，美國剛上任的第四十五位總統川普誓言兌現競選承諾，要「讓美國再次偉大」並扭轉當時他眼中滑落多時的國力。爾後，同年習近平在十九大重新定義社會「主要矛盾」（如前文所述），提升中國國情自我評估，從落後躍升到小康社會。新定義就此成爲習近平思想的主軸，也是思想上奠定民族主義深化的關鍵。

這些轉變中的敘事方式，封印兩國矛盾關係的命運。這兩個國家在言辭和哲學上都存在分歧，甚至威脅到各自國家夢想根深蒂固的信念。中國銳意崛起，美國衰弱且驚恐，兩種情感劍拔弩張。信任赤字不僅是言辭，而且透過兩位強大領袖的競爭性敘事得到驗證。兩國身分政治的不斷升級，衝突很快就隨之而來。

當下政治氣候瀰漫著猜疑的毒氣，美中要撥開雲霧，彼此承諾投入參與，將是舉步維艱。但是，只要兩國一天不突破迷霧，一天都無法化解紛爭。那麼，破冰關鍵何在呢？瞄準容易實現的目標，從共同利益著手便是最好的起步點。我認爲有三個範疇尤其合適，包括氣候變遷、全球衛生、網路安全。這些都是全世界的重大議題，可以容許兩國展現達成共識的空間，以謀取協同領導。從猜忌到信賴的路上，首要第一步就是要取得共同成就。

多年來的偏見

兩國間的信任不能和兩個人之間的信任相提並論，國家信任這個概念歷路崎嶇，歷史載滿國家及其領導間的狐疑，而這種疑心往往歸咎於人性的悲觀色彩，面對異來舉止時，總要感到陌生又不適。這些偏見一旦沾染政治色彩，本質上就和身分政治難分難辨，也是許多繼續塑造西方對中國印象虛假敘事的歷史前身。

耶魯大學史學家史景遷（Jonathan Spence）曾針對八百多年來西方對中國的印象進行精湛的調查。遠至馬可波羅在十三世紀所寫的日記，近至尼克森在二十世紀和毛澤東的對話，這種偏見模式都有詳細記述❹。史景遷的研究囊括近五十宗個案，發現西方人長年一直誤解中國生活模式、傳統和價值觀；西方人看待中國不甚客觀，反而傾向以個人經驗為準，投射出歪曲的倒影❺。

且以馬可波羅為例。他第一個認眞書寫的中國記錄乃基於十七年在華生活，並歸納出中國制度特點。馬可波羅的文本所載史料歷久不衰，多個世紀以來，在西方仍具決定性地位。然而，文本雖然敘及中國版圖遼闊和貿易取向，並無不妥，但沒有提及時年中國婦女最突出的特質，也就是纏足；也絲毫沒有提及過書法，不論是視書法作藝術也好，文字溝通工具也好，都隻字不提。那雄踞兩千公里、貫穿五大水系的中國大運河，在馬可波羅筆下，卻是一種細緻的格調，宛如他家鄉威尼斯的內城水上交通網絡一樣。馬可波羅記載的中國似乎更似他的祖國義大利，而不太像當時現實裡的中國。史景遷也笑言：「這當眞是中國嗎？還是威尼斯的鏡像？❻」

史景遷也提到，總統尼克森和國務卿季辛吉一九七〇年代初破冰訪華，二人的演講和文章都有類似的偏見。尼克森認為自己和毛澤東價值觀相近，全賴二人家庭背景相當：尼克森在加州約巴林達（Yorba Linda）一個小社區長大；毛澤東則是在湖南韶山村成長。季辛吉則見西方和中國運用權力異曲同工之處。季辛吉認爲，毛澤東的魄力堪比戴高樂（Charles de Gaulle）的意志力，也像第一次世界大戰前英德兩國的威勢❼。但尼克森和季辛吉對中國的印象更貼近美國文化和政治，與當時中國實況拉扯不到多大關係。

史景遷認爲，著名美國作家馬克吐溫（Mark Twain）和史坦貝克（John Steinbeck）對中國的印象同樣偏頗。馬克吐溫將美國唐人街和中國大陸的風俗混爲一談；史坦貝克則影射一九三〇年代的黃禍論，種族歧視的意味甚濃。兩位作家的描繪都引起美國社會深深認同，尤其美國當時經濟體制正處歷史性崩潰，社會認爲美籍華人的生活環境惡劣髒亂，還覺得中國移民會帶來威脅，指控華人影響美國。然而，這些美國經歷和中國的情況，或者是美國對中國時勢的臆想，共通點少之又少。更令人細思極恐的是，兩位作家所刻畫的印象牽涉一股偏見和種族主義的暗流，這道暗湧至今仍然荼毒美國身分政治。川普政府所謂「中國行動計畫」中帶有種族歸納（racial profiling），即執法判斷特定罪犯時，將種族特徵列入考量。幸好，拜登二〇二二年初便爲此畫上句號。這便是偏見和種族主義荼毒身分政治的駭人實例❽。還記得一九八二年的陳果仁謀殺案嗎？

西方社會看待中國歷史時，傾向將自己的歷史投射在中國身上，繼而塑造現在的美中爭論。切忌掉以輕心，這種投射是會帶來影響的。舉個例子，中國在宏觀經濟上，其儲蓄及投資風險評估便受這種投射左右。當時，西方因二〇〇六至二〇〇七年美國樓市爆破而陷入困境，普遍認爲中國也將因房地產市場過剩，而面臨同樣命運。西方不少人亦預計，中國第二大地產發展商恆大物業惹禍上身，將預告一場西式地產危機，又或是所謂「雷曼時刻」，或會顛覆龐大的中國經濟⑨。然而，正如第十章所論，這種評論乃將中國房屋問題和美國前車之鑑這兩件截然不同的事混爲一談，中國的債務危機相關評估也一樣。西方普遍認爲中國債務問題爲「翻版日債危機」的先兆，中國內某位「權威人士」也抱持同樣立場⑩。

話雖如此，中國並不完全免疫西方式的問題。但是關於觀點偏差，史景遷想說的是，西方在評估宏觀風險時忽略了中國獨有特質，例如農村到城市遷移所帶來的住房需求支援，以及中國政府支援國有企業債務集中的強度⑪。西方分析人士廣泛有共識，認爲中國經濟應該就像他們的經濟一樣運行，有類似的風險和脆弱性，趨嚮往更富裕、先進、市場化的主導系統移動。然而中國過去五十年來堅決「做自己」，顯然不認同這種系統遷移。中國的問題，要用中國的制度、中國的語境來評估，而不是單靠預測同樣的事在美國或者希臘會如何發生。

西方這種偏見影響中國和美國之間的信任赤字。我曾強調，華盛頓大部分分析師都誤以爲中國進入世貿後，定會按規矩跟從西方習慣；當中國經濟最終沒有按美國的經濟範本合流，這個結果便有如打破承諾，違反了所謂的現代化理論。因爲如理論所述，國家發展結果會愈來愈相似⑫。然而，期望與現實之間的脫節，是虛假敘事將世貿成員國身分與中國遵循西方規範聯繫起來的結果。事實上，中國從未承諾複製美國體系，美國政治家們爲了推動中國加入世貿而採用的理論。中國的崛起，本質上就與神聖的現代化理論相矛盾。

歷史累積下來的偏見就像不實敘事一樣，誘使人們提高期望，當其他國家不似預期，並不跟循己方一廂情願的提倡，大家便大失所望，變相侵蝕兩國互信。在一系列事情發生時，這些偏見為人灌輸不切實際的信念，例如，美國斷定當中國發現市場經濟的價值後，便會按照美國標準改變自己的經濟和法制；又或者中國相信，美國會尊重自己在南中國海誇大的領土主權。當一國拒絕另一國深信不疑的期望，通常都會被視為缺乏尊重，從本質上削弱信任。正如王毅於二〇二一年三月在美國安克拉治發言表明的那樣，激發中國在身分政治指名道姓的指控。

雖然過去短短十年，美中信任赤字惡化不少，實際上問題早已積存多時。一九八〇和一九九〇年代，中國迎來美國為其新戰略夥伴，當時氛圍樂觀，認為將會開啓歷史新一頁，但當病態互賴變質成衝突，偏見和不實敘事的老毛病很快就犯了。沒有多久，兩國已經泥足深陷，陷在彼此猜忌的流沙裡，使得阻止日益侵蝕的話語變得愈來愈困難。

制度化的信任

對美國和中國而言，建立信心相對來說亦算新鮮。在一九七二年總統尼克森歷史性訪華之前，中國在西方國家眼裡，一直都只是霧裡之花，充滿神祕感，耐人尋味，且無法進入的大片陸地。美國平民坐在家裡第一次得以一窺中國風情，便是依靠電視畫面，看到空軍一號在北京機場的柏油碎石路上滑行，看到尼克森和毛澤東握手，然後到訪長城⑬。這既是對美國民衆的文化震撼，也是對美國外交政策的警醒。影像除了引人入勝，也展示兩國都需要面對的挑戰。中國仍處於澎拜的文化革命之中，美國也仍和蘇聯處於冷戰狀態。儘管尼克森出國訪問，兩國對彼岸評價依然保守，距離實現開放並彼此信賴的關係仍有遠路。

建立信任需要時間，尤其當兩國之間並不熟悉，就像舊時的美國和中國般，就更需要耐性。爲此，現在已有模範劇本參考。首先，可以參考一九七二年尼克森和毛澤東會晤，促成元首會談，開展對話。然後，按部就班建立網絡，由外交官領頭，繼而引入監管機構、立法人員、軍事領袖、企業領導還有其轄下的人員、教育家，最後延伸到觀光客及學生之間的人際交流。與此同時，這還建立一種機構化的覆蓋層，提供超越個人參與者和政治領袖角色的結構和連續性。

從一開始，很多時間和精力都投入到美中關係的建設中。尼克森訪華尾聲，兩國簽署《上海公報》（Shanghai Communiqué），展望未來正式建交⑭。《上海公報》巧妙地處理兩國間最棘手的問題：台灣議題。透過充滿創意的外交手腕，問題最終成功模糊化，成爲後來的「一個中國」政策⑮。即使沒有列明正式統一的時限，美國亦承認台灣是「中國不可分割的部分」⑯。七年過去，毛澤東於一九七六年辭世，兩任美國總統（福特和卡特）相繼就職，兩國近似大使館的聯絡辦公室持續努力建交。終於，在一九七九年初，鄧小平到訪華盛頓，全面建立外交關係⑰。

改革開放不僅為中國經濟加滿油，鄧小平式外交也大力推動兩國合作，正式設立外交關係和建立信任。當時，建立緊急雙邊機制，目的旨在推動兩岸貿易和經濟合作，這一點尤其值得關注。上述操作都和鄧小平廣泛經濟策略的重點並行：透過加入世界貿易組織，支持出口導向型經濟發展。

直到二〇〇一年底，經過十多年的艱辛談判，美國終於和中國就世貿會籍達成共識。對中國來說，一切等待都是值得的。全球貿易自一九九〇年代起飛，中國一加入世貿，貿易發展就「一飛沖天」。二〇〇五年，全球出口金額飛升至全球GDP總值三一%，與二〇〇一年的二三%相比，增幅龐大，當中大部分需要歸功於中國出口蓬勃發展。中國二〇〇一年加入世貿時，只占全球出口量三．五%，但到二〇〇五年，出口量就增長近三倍，達到一〇%[18]。

不論是運氣十足還是料事如神，中國爭取加入世貿的時機可以說是神機妙算。全球貿易週期中，中國是貿易歷史性飆高的最大受益者，且乘勝追擊，轉化貿易擴張，憑藉出口貿易，經濟發展勢如破竹。所有這些都與鄧小平的超增長策略完美契合。但這樣一個顯著的成果並不是輕而易舉地實現的，需要在機構化的關係建設方面付出很多努力。

這一關係建設階段，也是政治舞台的一種體現。加入世界貿易組織需要美國國會批准「永久正常貿易關係」（permanent normal trade relations，簡稱PNTR），這授予中國在美國持久的「最惠國待遇」[19]。根據世貿的公平競爭規則，這使中國與美國其他貿易夥伴處於同等地位[20]。美國顧及中國仍是發展中經濟體，特別提出數項後來引起爭議的豁免，主要延遲下列幾項，容許措施分期實行，包括減稅、服務開放、技術轉讓。美國批准PNTR的政治理由是建立在這樣一個假設上，即加入世界貿易組織最終將把中國鎖定在一個基於規則的貿易框架中。這樣做將使世界貿易組織的核心原則——非歧視和互惠得到具體化，從而將美國對中國作爲全球貿易體系負責任參與者的信任制度化。

美國支持中國「入世」的政治運動背後，潛台詞就是建立信任關係。首先，這就和美國利益關係緊密，正如柯林頓總統當時所言：「世貿協議將會把中國導上正軌」而所謂正軌，就是美國那條路[21]。中國市場一旦自由開放，將爲美國出口商帶來暴利。拒絕的話，可是要後果自負，柯林頓也警告美國人：「如果我們不賣貨給中國，那就會有其他國家取代我們。[22]」

這並不只是一段忽略中國實況的不實敘事，沒料到中國會沿用自己的制度；這還是一段赤裸的威脅：美國如果不願意信任對方，必有所失。美國國會，也就是說國會所代表的人民上下都被引導相信，對美國勞資最有利的便是支持中國「入世」。信任並不只是政治承諾，還是一個具有法律效力的保證，需要遵從中國「入世」的條約，用柯林頓的話說，就是「爲了達成貿易協議所作出最大的執法努力」[23]。這個論據相當有力，成功談攏了國會。

然而，沒過多久，這些承諾就被指控取代。中國被控訴違反「入世」承諾。二〇〇四年，即中國加入世貿三年之後，第一項針對中國的投訴出現，以期透過世貿爭端解決機制投訴中國。截至本書完稿時，中國總共受到四十九項投訴。相比過去美國（一百七十八項）和歐洲（一百零一項）受到的投訴宗數，中國的數字如小巫見大巫，但世貿好公民的形象畢竟蒙上陰影[24]。

每年，美國貿易代表都借《中國履行世貿承諾報告》攻擊中國，用詞越來越激進，譴責語氣越來越重，進一步影響中國形象。二〇二〇年，美國貿易代表署因中國沒有遵從「世貿提倡的市場主導開放政策」，在報告中給中國打了特別低的分數[25]。這條空泛的規則，在中國「入世」的議定書從未釐定過，但這是無人過問的。美國貿易代表署具體批評數項與市場無關的越線行爲，例如指控中國的產業政策，控其高度貼合政府主導的重商主義策略[26]。不出所料，二〇二〇年的美國貿易代表署評估和二〇一八年三月提出的《301條款報告》讀起來幾乎一模一樣。兩份檔都出自一人之手，由萊特海澤執筆。更同出一轍將遵守世貿規則和問責機制變成政治工具。這兩份檔就是美國不相信中國的表面證據。

貿易既是美中經濟關係軸心，也是制度上建立互信關係不少努力的著眼點，部分操作更比中國加入世貿更早進行。一九八三年，美國和中國設立中美商貿聯委會（Joint Commission on Commerce and Trade，簡稱JCCT），由美國商務部長（自二〇〇四年起改由美國貿易代表）和中國一名副總理共同主持，輔助美中貿易正常化[27]。JCCT每年都有會面，由一九八三年至二〇一六年十一月間共有會面二十七次。JCCT有十六個活躍工作小組處理不同範疇，從農業及製藥，到智慧財產權及環境都有。論制度化建立信任和兩國交手，聯委會是一個既有效又有力的機制。二〇一七年，川普政府終止聯委會運作。

隨著時間過去，兩國都意識到，需要將接觸層面擴大到貿易之外。二〇〇六年，美中元首小布希和胡錦濤開展美中戰略經濟對話（Strategic Economic Dialogue，簡稱SED），一年兩會，望能爲兩國提供更廣闊的視野，重點討論經濟議題，包括貿易、貨幣，和雙邊關係失衡等。靠著JCCT鋪墊的努力，SED有效發揮出疊加效果，地位也迅速攀升，成爲亮眼的溝通平台，既可表達不滿，也可討論未來合作機會。由美國財政部長和中國負責貿易的副總理共同領導，這提高了對雙邊關係的關注。

對歐巴馬政府來說，SED的框架實在太侷促，於是就在二〇〇九年增潤架構，將美國國務院也參與其中，也可以推斷出中國外交部也已成一員。新的中美戰略與經濟對話（S&ED）嶄露頭角，比起其前身，接觸層面更廣，由美中財政及國務領導人員帶領討論[28]。會面次數由一年兩會改成一年一次，而會面規模則，更成熟，規劃更佳，近似G2峰會等級。這些透過外交手段掩蓋平凡和含糊的通訊，似乎將關係對話提升到了一個新的層次，這一點被習近平所意識到，因此他在二〇一三年與歐巴馬在陽光莊園舉行的會議上提出新型大國關係模式。

不幸的是，不論SED或第二代S&ED，都沒辦法撫平美中之間堆積如山的摩擦。兩國並未充分捉緊機會，積極合作，更多的時間只用於各說各話。川普政府勉強努力延續，但於二〇一七年六月召開過一次「全面經濟對話」（Comprehensive Economic Dialogue）之後，就終止了對話機制[29]。

多年來，雙方還開展其他的關係建設機制，但其中許多機制卻是相互背道而馳的。二〇〇〇年，當時中國「入世」和中國經濟抬頭或潛在影響美國的辯論越演越烈，成立美中經濟與安全審查委員會（US-China Economic and Security Review Commission，簡稱USCESRC）聲稱爲美國國會獨立分支[30]。USCESRC直接向總統匯報，成立初衷乃爲經濟和安全重點問題提供客觀、不偏倚任何黨派的建議，但過去二十年立場分明，不論是國會遴選USCESRC十二位成員也好，還是每年選擇性從不同聆訊抽取專家報告也好，都顯然偏向反華的一側[31]。

例如，二〇二〇年USCESRC年度報告建議國會考慮採取一系列行動來針對中國，從對中國的審查制度和所謂的人權違反採取報復措施，到切斷與中國供應鏈的聯繫並提高美國在台協會主任的外交地位。年度報告並沒有評估互賴雙方化解紛爭的共同責任，全文焦點盡在數算中國的罪行[32]。二〇二〇年那份年報不是例外。我在委員會聽證會三次陳詞作證，最後一次在二〇一五年，每次作證都面對充滿攻擊性的盤問，問題字句之間帶有反華偏見[33]。隨著美中矛盾深化，這個所謂客觀的委員會立場越來越鮮明。今天，USCESRC已成爲美國主要反華人士的高調論壇，它加劇對中國的敵意和不信任，並且很少提出有意義的選項來重建信任。

人際間的信任

要爲建立互信關係設立參考標準，政府採取的行動是至關重要的。在某些情況下，就以加入世貿爲例，政府會制訂參與規則，旨在建立信任和找出違反規則觸發不信任警報的引爆點。但建立信任的方式遠遠不止政府之間的對話和談判。透過會議、學術交流、演講、商務會議、還有其他接觸途徑來進行的人際互動同樣重要。建立信任的個人層面，對於長久的關係至關重要。當然凡事總有兩面，衝突固然也能由此引爆。

中國每年召開的會議數量或許冠絕全球。沒有人眞正統計過會議的次數。若以我的電子信箱作爲參考，中國可謂獨領風騷。幾乎每個星期，我都會獲邀參加中國的大型會議（從前是實體，疫情期間轉至線上）。時間所限，實在無法全數參與，超過九成的邀約都需要推辭。

然而，總有一些會議是例外的。其中一個是中國發展高層論壇（China Development Forum，簡稱CDF）。論壇在二〇〇〇年由朱鎔基總理開設，每年三月中國全國人民代表大會會議後，政府領導和少數外國專家便會聚首對話，關係相對緊密[34]。朱鎔基有一個啓發人心的信念：中國高層領導人應該和「外人」辯論，討論剛通過的政策和改革措施。他認爲CDF是給高層領導人的壓力測試，並鼓勵中國內部人員和外國專家積極討論，自由思考[35]。

新冠疫情期間，論壇轉由線上會面，此前，論壇已經發展到接近世界經濟論壇每年舉行的年會，即達沃斯論壇（Davos Forum）的規模。CDF雖然不及創始時候緊密專注，但是有中國和國際媒體鋪天蓋地的報導，論壇在參與度與知名度上都有顯著增長。CDF的優點一直是坦率和開放的辯論、討論與充滿活力的觀點交流。對於一個位於中國的高調會議而言，這是獨一無二的。論壇爲中國、美國和全世界的關係建立活動賦予信念和特色。

中國還有很多其他平台可以和美國及其他國家修補關係，包括博鰲亞洲論壇、夏季達沃斯、國際智庫委員會、「讀懂中國」（Understanding China）國際會議、中國金融四十人論壇，還有更多[36]。當然，美國也同樣有很多類似的平台，包括美中關係全國委員會、百人會、亞洲協會美中政策工作組，和美中貿易全國委員會主辦的活動。在美中兩國的這些活動，我多年來參加過其中大部分，促進一種共同的夥伴關係、參與和熱情表達觀點的共識，促進個人層面上的相互理解，這與兩國政府之間的摩擦和衝突，形成鮮明的對比。

所謂的二軌對話（Track II dialogues）也長期以來成爲美中之間觀點交換的制度化方式之一。對話的主要參與者通常是前高級政府官員、學者或其他專家。這些交流涵蓋一系列問題，涉及貿易、健康、氣候變遷、網絡、國防和海事事務。一次典型會議涉及數天的密集討論，隨後努力撰寫共識文件，其中包括共用觀點和政策建議，然後向坐在「第一軌」的現任政府官員報告。雖然二軌對話提供了絕佳機會，讓兩國建設關係和充分討論有爭議的話題，但它們對美國或中國的公共政策影響很小[37]。

過去四十年，美國友人和中國友人之間的個人承諾與雙向參與，與日益對抗性的美國政治制度並存。歷史上，親中國的共和黨人（傳統上親商業、親貿易的人）與反中國的民主黨人（親勞方、重視人權、反對貿易逆差）存在分歧。但美國爆發的反華情緒，罕有地將兩個政黨團結起來。這其實也反映出前文所說的不實敘事獲得廣泛認同，不容忽視。今時今日，美國內能同時取得兩黨支持的事情不多，不幸地，大罵中國是其中一件。

儘管中國沒有美式政治兩極化的問題，共產黨頂層的政治爭鬥對兩國關係亦舉足輕重。二〇一二年，耶魯大學有一研討會探討季辛吉當時剛出版的新書《論中國》（*On China*），就曾舉此一例[38]。尼克森一九七二年訪華及上海公報取得突破後，季辛吉一直大爲不解，爲何在推動兩國正式建交一事遲遲未見進展，而就在會議尾聲，答案意外浮上水面。康奈爾大學歷史學家陳兼教授認爲，美中後續談判之所以不見起色，問題出在毛周決裂。一九七三年，因著設立北京—華盛頓熱線來防患核戰一事，毛澤東和周恩來意見相左；當時中國政府瞭解到克里姆林宮有類似安排，遂要求同等待遇。季辛吉不以爲意，便迅速答應了。但是毛澤東卻意外地拒絕設立熱線[39]。

季辛吉一直不解緣由，亦不清楚這發展看似普通，背後有何意味。陳教授分析中國最近公開的解密檔案，謎團終於有了答案。顯然，當時毛澤東疑心正濃，認爲熱線提案就是證據，證明周恩來和季辛吉密謀推翻自己，建立祕密溝通管道。毛澤東擔心，一旦出現任何問題，接聽電話的第一個人會是周恩來，而不是自己。毛澤東因而大怒，將矛頭指向周恩來，致令二人不和，對美中關係造成莫大影響。毛澤東一把推翻周恩來和季辛吉仔細擬定的後續協議，毛周二人也自此決裂。

對季辛吉來說，這有如醍醐灌頂。經過接近四十年之後，季辛吉終於從陳兼口中得知，爲何當初和周恩來費盡心思談判，會在一九七三年突然神祕腰斬[40]。季辛吉在二〇一二年耶魯會議上第一次聽到中方的版本，大吃一驚，無庸多說也能猜到，他大喊了一句：「我從未聽過這事！」[41]。

建設信任的其中一個最重要考量，相信上文中清晰可見。雖然體制內的機制必不可少，但並不足以爲兩國之間的信任把關。說到底，信任是一種高度個人化的承諾，也可在建立的一瞬間就灰飛煙滅。正如毛周事件，從信任到懷疑的轉變可能是反覆無常的，幾乎沒有邏輯可言。四十五年後，不顧原則的川普毫不猶豫地顛覆美中關係，從信任承諾轉變爲不信任衝突，全然只爲迎合支持者，以牟取短期的政治利益。

低垂的果實

信任一旦破裂，便難以再「破鏡重圓」。對美中兩國來說，過去四年衝突升溫令兩國重修舊好尤其困難。美國認爲中國從三方面打破信任：一，不公的貿易行徑，包括盜竊科技與智慧財產；二，南中國海和台灣海峽的軍事侵略；三，侵犯人權，牽涉新疆、香港、西藏。

中國覺得美國打破信任則是源自其謀劃包圍戰略，意圖遏制中國。這個戰略最初是由美國的重返亞洲（Asia pivot）和跨太平洋夥伴關係協議（TPP）貿易倡議所體現的，近年來更因川普的貿易和科技戰爭而加劇。安克拉治會晤的敵意、拜登政府未能撤銷川普的關稅政策，以及最近的澳英美三邊安全協議，明確向中國表明，包圍戰略已成爲連續三屆美國總統的官方政策。

這些對於任何一個國家都不是輕微的威脅。每個國家都覺得自己正在受到對方的攻擊。雖然迄今爲止敵對行動主要侷限於經濟領域，但雙方越來越擔心這種衝突可能會進一步惡化。關於直接戰爭的危險，類似於修昔底德的擔憂已經被兩國領導人公開討論[42]。普丁在烏克蘭戰爭中的核武器威脅，進一步加劇人們對一場不可想像的大國戰爭擔憂。在如此焦慮和緊張的升級過程中重新獲得信任，有時又似乎是絕望的。

然而，世上無難事，只怕有心人。觀察軍事衝突的教訓，便能找到化解經濟僵局的答案。其順序相對簡單：首先是停火或休戰；其次是從前線撤軍；然後是武器削減。達成協商一致的協議，以制定可持續停火的方案，接下來是建立防範措施並進行嚴格監測以確保遵守。隨著時間的推移，希望能恢復和平的安全和信任。

雖然，經濟上兩國病態依賴的矛盾持續升溫，欲套用軍事模式來解決十分困難，但事在人爲。雙方可以採取具潛力的實際行動，以恢復嚴重受損之美中關係中的夥伴意識。我將會在本書最後一章討論實際上可以採取的行動。還是先談信任：如果沒有信任作爲堅實的基礎，即使套用軍事模式也於事無補。否則，改變在即的第一個徵兆將是彌天大禍，威力非凡，用不了多久，猜忌便會重新竄進來。此時休戰書弱不禁風，已無法再寄託之帶來繁榮穩定，協議將全盤瓦解。

就是在這樣的時刻，信任建設中的人際部分能夠發揮作用。國與國之間，人與人之間，信任都有共同利益作爲基礎。唯有眞正的領袖才能夠認清這些利益，並以此爲談判籌碼，提供誘因予敵友雙方。置於談判桌上的好處應有足夠優秀的機遇，讓雙方皆能從中獲利，也應該有足夠分量，能夠清楚指出，如果談判雙方無法以不偏不頗，果斷的態度考量好處，便有機會導致任務失敗。

美中兩國並不缺這種觸手可及的低垂果實，這種雙方都可享有利益的現成品。有三個重要議題特別耀眼：氣候變遷、全球健康，和網路安全。首兩個問題威脅人類存亡，而第三個問題則嚴重威脅全球電商平台，同時也脅迫各國在社會、政治，和軍事之間微妙的平衡。這三個問題都是美國和中國迫切需要面對的挑戰，而且也滿足第二個條件：指明任務失敗的後果，就是天災橫禍、疫病不斷，和兩國商貿網絡全面開戰。

現時，這三件事都正向失敗一方傾斜，首當其衝便是氣候變遷的魔爪。二〇二一年八月，政府間氣候變遷專門委員會（Intergovernmental Panel on Climate Change，簡稱ＩＰＣＣ）發佈報告，消除人類行爲在增加溫室氣體排放方面所帶來災難性影響的任何疑慮[43]。全球約二百三十四名科學家得出結論，全球溫度已經比一八五〇年至一九〇〇年間的平均溫度上升一度。根據應對措施的不同，到二〇六〇年將會再上升一・五到二度。雖然IPCC記錄了這種升溫將對極地冰層和海平面產生的毀滅性影響，但二〇二一年和二〇二二年初極端天氣事件——前所未有的風暴、火災和洪水交織告訴我們，氣候變遷已經到來，並需要緊急的全球行動。對於美國和中國來說，很少有如此清晰的領導時刻。

第二個問題是新冠疫情的持久危害。即使在美國，科學突破已經導致疫苗的神奇快速開發和分發，但新變體的突變與對廣泛接受之公共衛生方案的政治反彈相衝突。而且疫苗民族主義在全球仍然猖獗，高收入國家已經給大約七五%的人口接種疫苗，而低收入國家的人口只有一四%[44]。在今天互聯的世界中，幾乎不可能在沒有全球治癒的情況下阻止大流行。狹隘地將問題看作是國家威脅是失敗的配方，尤其是考慮到層出不窮的變異病毒，更不用說在不久的將來，很大機會出現又一個大流行病[45]。同樣，這是美國和中國在具有歷史重要性的全球議題上展現領袖風範的明顯機會。

第三個問題是勒索軟體的全球大規模爆發——駭客透過控制網路，截斷機構和個人的存取權限。無庸置疑，網路安全的問題已經岌岌可危[46]。

美國經濟重要範疇中，商業活動已經大受限制，包括能源、糧食供應、旅遊服務、高等教育、網路服務，還有水資源都受到影響。在英國、歐洲大陸、亞洲等地都有類似案例。即使是網路管制密不透風的中國，也有好幾宗勒索軟體報告，影響運輸及網上服務平台[47]。在這場勒索軟體風暴之中，中國既被指控爲兇手，也認爲自己是被害人。茫茫大海可以威脅網路連接的多個問題中，勒索軟體只屬一隅，其他問題還包括竊取商業機密、侵犯智慧財產權、盜版行爲，還有社會不穩和政治動盪，都透過社群媒體放大。現時全球急需解決方案處理多項威脅，而美中元首則可以帶領世界前進。

漫長痛苦的過程

好消息是，現實美國和中國已經在第一個領域開展討論，商討應對氣候變遷。兩國都是世界最大溫室氣體排放國，美中雙方都瞭解到採取行動的必要。拜登總統上場第一天就簽署行政命令，宣布美國重返巴黎協定，參與氣候變遷事務㊽。二〇二一年四月，拜登也在地球日召開線上高峰會議，邀來四十位國家領袖商討氣候事宜，並和習近平兩度強調解決環境問題的共同決心。二〇二一年十一月，在格拉斯哥舉行的第二十六屆聯合國氣候變遷大會上，兩位元首亦再次重申解決問題的承諾㊾。當年七月，中國推出全國碳排放權交易體系（ETS），這是全世界最大型的碳定價機制，展示中方願意果斷採取行動㊿。而二〇二一年初，拜登政府的氣候大使凱瑞（John Kerry）上海之行，也積極與中國合作處理環境問題。他在歐巴馬年代時亦曾任國務卿，是當時談判擬訂巴黎協定的關鍵人物[51]。雖然沒有達到全面合作的程度，但美國和中國至少致力於在氣候變遷上朝著同一方向前進，希望能夠具有同樣的緊迫感。不幸地，二〇二二年俄烏戰事導致能源價格飆升，令事情變得複雜，對石油和天然氣的需求暫時（希望如此）轉至碳排放量高的煤炭[52]。

另外兩個領域的消息就遠遠不及上述令人興奮了。兩國仍在爲中國科學院武漢病毒研究所在疫症爆發初期的爭議性狀況持續爭辯，美中兩國就此議題爭論僵持，停滯不前。拜登新上任時，本來有絕佳機會改變辯論語氣，卻不打算改善問題，取而代之，要求美國五所頂尖情報機構展開調查，查明新冠病毒源頭，調查長達九十日之多[53]。爭辯新冠病毒源頭的問題並不是絕對錯誤，但是問題出於其重點在追究責任，而不是解決問題。然而，還有更多問題將事情變得複雜，抹煞最後轉圜餘地。二〇二二年初，大概四十七位科學家合作研究，發布兩份報告，加上情報機構的報告，兩方共三份報告總括證據不足，難以證明武漢研究所實驗事故就是病毒源頭[54]。但是拜登政府依然死咬不放，不願意就此罷休[55]。

這事染上濃厚的政治色彩，除了深化美國對中國全憑想像的敵意之外，再無其他用處[56]。與此同時，提到二〇一九年底武漢疫情事件，中國方面就會變得強硬起來。當初對於新冠病毒初始爆發的情況，他們不願意提供背景資訊，顯然不利於自身處境[57]。中國審查制度很快就抹去網路上任何關於新冠爆發源頭的評論和數據。政府官員聲稱已就新冠病毒的起源做出全面披露，然而他們卻不願意提供來自武漢華南海鮮批發市場感染動物樣本的任何證據，言行自相矛盾[58]。只要美國官員或者全球衛生組織稍稍提及，中國便立即擺出戰狼陣式，此舉不過是爲猜忌和不安火上加油。即使總統拜登要求的情報報告駁回了假設，釐清實驗室不是新冠病毒源頭，中國官員依然以全面川普風格抨擊調查，稱之爲「獵巫行動」，並提出出荒誕的可能性，認爲比起武漢病毒研究所，馬里蘭州德特里克堡（Fort Detrick）軍事實驗室更有可能是源頭[59]。就像美國政府一樣，中國官員同樣不能釋懷並繼續前進。

新冠源頭之辯分散兩國注意力，忽略新冠後仍然需要調整公共衛生措施。因著口罩和疫苗抗藥性辯論高度政治化，社會和政治兩極化問題加劇，陷美國於水深火熱之中。另一方面，新冠病毒的Omicron變種傳染力極高，中國仍然在掙扎堅持清零，應對變種帶來的漣漪：清零措施已經進一步擴及一線城市，封城影響波及深圳（二〇二二年三月）和上海（二〇二二年四月），令中國經濟自二〇二二年初起備受壓力。將新冠病毒辯論的焦點轉移，從責備轉向公共衛生協議的合作進展，將有益於兩國。

除了新冠之外，美中合作在網路安全這部分也不見有多大起色。拜登政府積極將中國描繪成近期大量勒索軟體攻擊的幕後主謀，尤其是二〇二一年初，微軟Exchange電郵平台遭受大型駭客攻擊，拜登政府更是藉此事大作文章[60]。美國和中國之間因爲網路安全方面交流甚少，兩國之間調解工作大受限制。軍方之間就網路問題進行的磋商，曾經是一項非常建設性的資料共享和障礙排除工作，但自二〇一四年以來就中止了，當時美國起訴五名中國軍官參與網路間諜行動，但這看起來更像是一次宣傳噱頭，而不是一個嚴肅的法律反應[61]。

在動與不動之間，藏著大智慧。儘管美中爲氣候改變共同努力仍處試驗階段，也顯示類似的合作模式同樣可應用於疫情管控和網路安全。二〇二一年被多個天災蹂躪後，兩國便立刻採取行動。而經歷世紀級大流行病後，雖然兩國沒有因應採取應有程度的行動，新冠病毒不停變種或許仍能迫使兩國政府合作解決。至於網路安全問題，雖然情況嚴峻，但是兩國聯手的畫面似乎仍然相當遙遠。或者，唯有一場巨型跨國網路癱瘓才能同時召喚兩國，坐到談判桌前，著手處理電子世界脆弱基礎設施的風險問題。

經驗告訴我們，事實證明政府面對國際問題時，往往傾向「宜靜不宜動」的策略。但是，經歷過氣候變遷、全球健康、網路安全等問題，守株待兔恐怕不再奏效。現在中國和美國面前就是聯手的機會，難得能夠一展世界領袖風範。姑勿論世界的命運，兩個對立國家的信任建設工程，都押在這千鈞一髮之上。

信任的第一步就是勇氣

但要成功，還有一個重要問題，這就回到國與國出現紛爭的「人和」元素。儘管我們如何推崇制度化和規範化治理體制，都必須承認任何決策必然牽涉主觀因素。中國和美國多道戰線的局勢都越來越嚴峻，顯然令習近平相當不悅，不情願地出席拜登舉辦的二〇二一年地球日氣候峰會，更是在峰會舉行兩天前才確認會以線上形式出席[62]。即使峰會對中國事關重要，習近平還是到最後關頭才同意出席國際會議，可見即使是觸手可及的果實也不見得容易摘下。

建設互信關係應該基於互相合作，處理重要議題，並且需要情理分明，也就是說，領袖應能控制情緒，防止因爲一個問題而情緒過激，導致同一籃子的其他範疇都受影響。對美國來說，人權就是引爆點。美國能夠和中國在氣候變遷、大流行病、網路安全等問題合作，而又保全自己關注人權的核心價值呢？有鑑中國至少二十年來污染環境證據確鑿，中國也需要面對類似的拷問[63]。不論是慮及國家自己還是全球領袖地位，這個問題都絕對應該立刻處理。但是由於習近平的形象與民族復興聯繫在一起，面對美國在貿易、技術、網路安全和人權等方面的持續攻擊，他能否放下自尊，與美國合作應對氣候變遷呢？這是一個值得關注的問題。

反過來，拜登也一樣需要面對這個問題[64]。美國新冠病毒死亡人數於二〇二二年五月已經突破百萬大關，即使沒有新變種也好，數字仍然必定會飆升，美中跨國合作勢在必行。可是，拜登卻選擇繼續糾纏實驗室源頭論，並繼續堅持大美國疫苗民族主義，拒絕帶領國際面對疫情浩劫[65]。

其實拜登的局面不難解釋。拜登在政局上如履薄冰，他的國會支持率之低危於累卵，加上希望政績大有一番作爲，爲基建和社會福利立法已經畫好宏圖。拜登背負多重壓力，二〇二二年國會中期選舉在即，固然不敢就中國事宜輕舉妄動。美國民調顯示，美國民衆對於支持中國的態度呈現歷史新低，而拜登和習近平一樣不情願爲抓緊合作機會，情感理智相剝離。人權方面的憂慮聲音不但有濃厚政治色彩，還具有爭議性，加上敘說貿易操作不公的不實敘事——這兩道聲音縈繞拜登心竅，比起合作，他選擇更傾向堅持川普對中國的立場。

中國在信任上也需要面對同樣嚴肅的條件，而且牽涉早前提過的審查制度，還有審查制度引申出來的一件事：中共如何平衡信任和管控人民。截至目前，我一直專注討論兩國之間的信任，但並未提及國家內部的信任，不過，這都是一體兩面而已。中國政府爲保全中共的權力控制資訊，明顯透露不信任開放討論和追尋眞相的行爲。疑心這麼重的一個國家，眞的能夠相信其他國家嗎？

儘管信任可能不是中國領導人的天性，但正如毛澤東和周恩來之間熱線爭執爲例，沒有恢復建立信任，就不可能實現衝突解決。

尼克森訪華之所以成功，很大程度歸功於季辛吉和周恩來，二人前期會晤時便已經開始建立信任關係，爲後來的討論鋪設好根基。這樣看來，對於美中雙方來說，再次坐在同一張桌子面前可能仍然非常重要。對話本身已經是兩國重新接觸的象徵，兩個病態依賴的經濟體深陷惡性循環，不斷在緊張局勢火上加油，對話則有潛能可以緩和兩國敵意，縮小美式保護主義和中式戰狼兩個極端之間的差異。但是對話若要成功，現時極度敏感，反應過度的防守方式則需要降溫。唯有冷靜下來，才有可能在任何破碎關係中重拾信心。

雖然光靠對話無法在短時間內徹底解決問題，但是卻能爲美中兩國提供一個深呼吸的機會，培養修補關係所需的人際互動。對話也能夠提供平台，讓兩國分享面對共同問題時有何憂慮，並且逐漸意識到兩國在哪些範疇需要同舟共濟。不論是再小的進步，任何進步都能夠帶來一種集體成就感，所發揮的作用和成功突破長期敵對關係一樣強。

到了這一刻，思考如何實際上建設信任絕對利多於弊，而或許思考便是美中關係需要踏出的第一步。歷經一場百年一遇的大流行病，全球健康已經清晰地顯示一個重要的例子，說明合作可以如何成形。一方面，有美國的頂尖傳染病專家佛奇（Anthony Fauci）帶頭重返對話，拜登政府迅速重回世界衛生組織，積極態度對兩國合作無疑是一種鼓勵[66]。然而，像實驗室源頭論、疫苗民族主義等爭議性問題，仍然在持續邊緣化這種期待合作的希望。

當想像美中合作處理新冠以及全球健康時，就是領導能力發揮作用的時候。全球健康衛生措施上，兩國合作的新計畫充滿可能性，從科學上共同努力，研發疫苗和療法，到分享資訊，按人口組別劃分染病率，再到交流追蹤接觸人士的最佳辦法[67]。個體之間有大量機會讓學者、科學家，還有實驗室合作，同時，機構之間也在病毒學上有無數合作機會，包括美國疾病控制與預防中心（Centers for Disease Control and Prevention，簡稱ＣＤＣ）、國家衛生院（National Institutes of Health，簡稱ＮＩＨ），還有中國相對應的機構[68]。加上國家在中央（聯邦）、省級（州級），以及地方層面付出的努力，還有爲新冠衛生事宜合作所建立的網絡，兩者發揮的效用都開始以幾何級數增長。有中國奮力掙扎，遏制二〇二二年春天疫情再次爆發，堅守清零政策，擴寬合作空間。清零政策當初成功控制第一波疫情，但卻無法馴服傳染性極高的Omicron變種病毒，即使如此，兩國合作的空間仍然有所增長，更有不同的切入點。清零只是一個例子，恐怕還是最簡單一個。除了氣候變遷和網路安全，還有很多其他更易實行的計畫可以推進，促進美中重新握手言和[69]。這些計畫包括重開兩國駐地總領事館

（中國成都和美國休斯頓），放鬆簽證限制予學生及記者，和重啓學術交流活動，例如傅爾布萊特計畫（Fulbright Program）。同時，也有其他可行措施，包括放寬非營利機構兩地活動限制，緩和財務資金流限制，減少對美國上市中國公司的影響，和終止利用「實體清單」作爲科技戰對抗中國的武器[70]。

可行的措施遠遠不止於此，足以證明建立信任的機會充足。儘管這一切看起來再有希望也好，兩國都不願意，也沒辦法握緊這些合作機會。其實也不難理解，一切都可以追溯回本書的開端，也就是我所講的政治話術。就是這樣，美中元首都被自己設下或者前人留下的政治契約綑綁住，自然難以前行。

從關係發展角度出發，建立信任的目標很簡單：一，重新積極參與討論；二，找出共同面臨的問題；三，重新體會合作帶來的熟悉感。雖然概念簡單，行動起來卻相當複雜。

然而，沒有信任作大前提，兩國領導都不敢亦不願爲化解紛爭冒險，信任才是行動背後的燃油。經歷多年猜忌持續惡化，欲見突如其來的反轉，恐怕希望渺茫，是看不到天下太平這個歷史性的一刻了。唯有聚焦重要國際議題，比如說氣候、健康、網路安全，便是踏出第一步的關鍵。

義我們的未來——自動駕駛車輛、替代能源技術、5G電信設備、機器人技術、航空航太技術以及人工智慧在金融科技、生命科學和製藥、電子商務等新服務領域的應用。如果這些新產品和服務是某個國家獨特、堅韌地進行本土創新的產物，那麼這是一件事。而如果國與國之間的商業聯繫，在某種程度上迫使這些突破從一個國家轉移到另一個國家，那就是另一回事了。本土創新是一個國家競爭力的核心，最終也是其未來繁榮的關鍵所在。我先前強調過，強制技術轉移明顯違反國家專有以知識為基礎的人力資本之神聖性[12]。結論是，強制技術轉移並非美國公眾一直認為的問題所在。

因此，領先國家如美國和中國面臨的挑戰，是達成可執行的智慧財產權理解，即這些權利如何嵌入現有和新技術，以及這些技術在公司及其子公司之間以及政府、大學、研究科學家、軍事和國防機構之間的跨境轉移。要使一個公平的知識分享系統發揮作用，必須有一個雙方都願意執行的程序化諒解。

事實並非這樣。美國已經在很大程度上將其監管技術轉移和國家安全間相互作用的職能，委託給美國外資投資委員會，後者近年來的權力得到大幅擴展[13]。二〇二〇年，中國透過頒布新的《外商投資法》明確承諾禁止外國技術轉讓，保護其他國家的智慧財產權。中國已授權其商務部（MOFCOM）和市場監管總局（SAMR）監督和執行這些新規定[14]。中國是否會遵守其新的承諾尚有待觀察。

而這正是問題所在。兩個擁有截然不同體制的國家，正試圖以截然不同的方式解決一個極具爭議的共同問題。即使不質疑任何一方的動機和意圖，這也是衝突的經典製造方式。每個國家都相信其精心設計之解決技術轉讓方法的優越性，而且都懷疑對方做法的正當性。因此，應該如何公正地裁決由這兩個截然不同體制而產生的技術轉讓和智慧財產權保護爭議，這是一個值得關注的未解之謎。

同樣的問題適用於美國貿易代表署《301條款報告》列舉的一系列不滿，從產業政策和對中國國有企業的待遇，到網路安全和所謂的「一帶一路」等計畫下被指控的掠奪性對外併購活動⓯。各國有不同方法來解決這些領域的問題。目前缺乏有效的機制來監督遵守現有協議，並解決在美中關係結構方面不可避免出現的爭端。類似的批評也曾針對二〇〇一年管轄中國加入世界貿易組織的協定提出⓰。可行的關係需要靈活和可行的參與規則，這些規則必須定期更新，以跟上新產業、新產品和新技術的出現。使世界貿易組織的協定與數位化同步，是這種挑戰的一個重要例子。結構性不滿需要有自己的裁決和解決框架。

雙邊投資協定

結構性議程是美國和中國共享更大願望的代表。每個國家都希望公平地加大進入對方龐大和不斷擴大的市場，以促進長期經濟增長和繁榮。雙邊投資協定（Bilateral Investment Treaty，簡稱ＢＩＴ）是許多國家早已行之有效的方法⓱。多年來，美國已簽署四十七項

ＢＩＴ，其中三十九項目前仍在生效[18]。事實上，中國簽署一百零六項生效的ＢＩＴ，超過任何其他國家。這點直接關係到衝突解決的框架方法：美國和中國應該進行一個框架交換，以第一階段貿易協議及其關聯關稅，換取一個強而有力的、高標準的雙邊投資協定。

美國和中國開始於二〇〇五年進行ＢＩＴ的談判，但像許多現有貿易協定一樣，當川普總統於二〇一七年上任時，這些談判被擱置。一個重要機遇因而被錯過。根據二〇一三年至二〇一七年擔任歐巴馬政府美國貿易代表的弗羅曼（Michael Froman）和ＢＩＴ首席談判代表的說法，談判在達成美國和中國ＢＩＴ協定「超過九〇％」進度的時候被中止了[19]。川普的反對是他競選政見的延續。他在競選期間聲稱，前任總統們談判的所有貿易和投資協議本質上都是不好的，尤其是與中國的協議。

什麼是雙邊投資協定，它爲什麼如此重要？美國的ＢＩＴ計畫始於一九八一年，由雷根總統發起，旨在鼓勵美國公司投資發展中國家。美國貿易代表署認爲，ＢＩＴ計畫是一個「有助於保護私人投資，發展合作國家的市場導向政策，並促進美國出口」的計畫[20]。美國貿易代表和國務院的描述都提出一個看似嚴格的「ＢＩＴ模型」範本，該範本要求對直接國際投資流的處理應「公平、公正和非歧視性」[21]。這使得它看起來只適用於市場化的體系，排除其應用於中國的可能性。但事實證明，美國目前已經簽署的三十九個ＢＩＴ中，近十七個或一半是與非市場經濟或混合經濟體簽署的，從阿爾巴尼亞和亞塞拜然，到斯洛伐克和烏克蘭[22]。

中國對BIT的定義略有不同，它被定義爲「在兩個國家或地區之間簽署的一項協定，旨在爲合作夥伴國的私人投資者設定條款和規定。[23]」與美國貿易代表版本不同，中國BIT的定義沒有提到市場導向經濟。目前，歐洲（三十六個）、亞洲（三十四個）和非洲（二十個）共占中國簽署之一百零六個BIT中的八五％。儘管中國已經與幾個非市場經濟體簽署BIT，包括北韓和古巴，但其投資條約組合也包括日本、德國、澳大利亞和韓國等已開發經濟體[24]。

簡而言之，無論雙方的經濟結構如何，BIT是一個跨越合作夥伴國之間，基於規則的廣泛跨境投資框架。這種靈活性對於其作爲解決美中結構性議程機制的潛力尤爲重要。BIT爲合作夥伴提供設立「負面清單」的靈活性，即他們約定不會涉及的產業，同時也提供機會關注不同問題的具體考量（在美國BIT範本中被稱爲「不符合規定的措施」），這些方面需要在長時間逐個國家的談判中受到高度關注。這類附加問題涵蓋各種特殊關注點，包括外匯儲備（埃及）、豁免債務轉股權（阿根廷）、智慧財產權投資的新發展（波蘭）、本地內容要求（土耳其）、政府採購實踐（烏拉圭）、少數民族事務和社會服務（盧安達）等等[25]。這種情況特定的修改提供靈活性，可以建立量身定制的BIT，以適應美國各個夥伴關係的結構特徵。這就是BIT作爲美中之間結構仲裁範本的特別吸引力所在。

以美中BIT爲例，考慮結構性套利的一個重要可能性：要求在每個市場中取消跨國公司直接投資的所有權上限或限制。雖然在描述上似乎很技術性，但在解決結構性議程的關鍵問題上，這實際上是一個非常重要的問題。這將鼓勵外國跨國公司建立全資子公司，消除跨境投資合資企業結構的必要性。這項單一規定將解決非常有爭議的強制技術轉移問題。如果沒有合資企業，就沒有必要將任何東西從一個合作夥伴轉移到另一個合作夥伴。備受爭議的強迫轉移指控，即智慧財產權偷竊論的核心，此類爭議在美國政治辯論中風起雲湧，但在上述的ＢＩＴ設計下，這些指控將幾乎全部消失。

美中ＢＩＴ可以解決許多其他的結構性套利問題。例如，強調國有企業的非歧視行爲，以及政府補貼的相互作用——這些都是中國加入世貿組織議定書中非常有爭議的規定——可以在新的ＢＩＴ中被強調並明確規範。這將直接解決許多關於不公平或不對等之產業政策應用的指控。

歐洲與中國的經驗表明，ＢＩＴ框架可以解決結構性衝突。在經過七年談判後，歐盟在二〇二一年初與中國就類似ＢＩＴ的協定達成一項被稱爲《全面投資協定》（Comprehensive Agreement on Investment，簡稱ＣＡＩ）的協定[26]。就像上面的假設例子一樣，ＣＡＩ要求中國減少先前對歐洲跨國公司的嚴格合資企業要求；它還規定平等化歐盟和中國對國有企業的補貼，並解決其他結構性問題，包括智慧財產權、環境標準、勞工權利和監管透明度。這些規定都符合美國長期強調的結構性目標，特別是在涉及中國時。不幸的是，由於對中國新疆省人權記錄日益增加的政治摩擦，ＣＡＩ的正式批准目前被推遲了[27]。

這凸顯美中ＢＩＴ一個明顯而重要的政治問題。批准任何條約都需要美國參議院三分之二以上的議員同意。在當前的美國政治氛圍中，這對BIT來說意味著麻煩，尤其是涉及中國的BIT。這促使一些人建議重新包裝這一努力，將其稱爲「協議」（agreement），而不是推動制定一個在政治上不可能的條約（treaty）[28]。一個立法機構與行政機構的協定，就像北美自由貿易協定及其後的「美國—墨西哥—加拿大協定」一樣，除了名字以外，它在所有方面都是一個BIT。但它「只需要」總統和國會多數的批准，避免需要三分之二參議院批准的不切實際障礙[29]。在一個前所未有的政治兩極分化和國會機能紊亂時代，這樣一種妥協值得認眞考慮。

撇開政治不談，BIT方法解決美中結構性套利問題，要比堅持被誤導和行不通的第一階段雙邊貿易框架的思維方式更可取。將重點從雙邊貿易轉向類似BIT的結構化手段，抓住美國和中國都面臨增長挑戰的核心。回到談判桌上，爲幾乎完成的BIT進行最後潤色，在解決衝突的談判策略中應該賦予最高優先順序。

然而，即使如此也不足夠。持久的衝突解決還需要一個實施機制，以避免像過去二十年發生的那樣，因爲中國履行其加入世貿的條款而引起持續的爭端。我們還需要一個機構框架來處理監督、合規和爭端解決等重要事項，特別集中在對結構化協定的執行上。只有這樣，美國和中國才能眞正將他們的合作重心從不信任轉向信任。

新的常設祕書處

在許多方面，問題可以追溯到美國和中國之間當前失效的接觸框架。自二〇〇六年以來，每年一次或兩次的經濟和戰略峰會，以及最近的領導人會晤，雖然光彩奪目但缺乏實質性的內容。隨著兩國關係的惡化，這些會晤幾乎沒有取得任何實質性成果。兩國有充分的理由重新考慮交換意見的方式。彼此需要一種新的對話結構。

一個美中祕書處（US-China Secretariat）可以提供這樣的結構。像聯合國、經濟合作與發展組織、世界貿易組織等多邊祕書處一樣，美中祕書處將爲美國和中國之間提供行政和協調的凝聚力。如果實現，這將是第一個涉及僅兩個國家的常設機制[30]。

但是，全球最重要的雙邊關係，需要的不僅僅是一個新的官僚機構。美中祕書處將把關係問題的關注重點，從兼職轉向全職。以前的定期對話，如美中戰略經濟對話，直到被川普政府取消之前，更像是由衆多政府部門和機構大量臨時工作人員支持的活動策劃[31]。這裡建議的美中祕書處將設在一個永久的辦公室，位於中立司法管轄區，並由一組美國和中國專業人員組成。對於他們來說，維護這一關係將是全職工作。它將作爲一個協作平台，專注於美中關係的各方面，以及兩國之間新舊協議的合規和執行機制，包括新的ＢＩＴ可能性。新的祕書處將按照職能組織，具有四項關鍵職責，而不是些孤立、特定、即興的表面功夫。

關係框架。祕書處將在建構美中關係方面發揮重要作用，成爲兩國都認可的官方證據和研究基礎平台。這個功能將包括一個合作研究計畫，聯合撰寫政策背景或「白皮書」，重點關注雙方的增長機會和衝突解決；聯合政策建議將直接進入兩國指定的國會委員會議程裡。

重要的是，研究功能還將監督聯合資料庫的開發和管理，包括在兩國關係中相關領域進行專有資料收集，例如有關貿易和資本流動的詳細雙邊統計資料、關稅收入、跨境投資、專利和版權、技術轉讓的版稅和許可費用、教育交流以及本書中提到的許多其他關係指標。資料功能還應包括分別由兩國個別維護的雙平台統計資料品管，以及資料安全協定。所有這些活動都應旨在爲兩國領導人和高級官員的定期會議提供支援，並爲軍事對話制定背景資料。祕書處資料庫的公共版本應定期更新，並提供給註冊用戶使用。

會議召集。祕書處還應作爲召集和整合兩國現有專業知識網路的重要樞紐，包括學者、智庫、商業和貿易協會，以及參與所謂的二軌對話團體。這樣做的意圖並不是干預任何這些活動，而是作爲專業人才的資訊交流所，以解決雙方利益相關的問題。新冠肺炎大流行早期缺乏協作努力是一個很好的例子，說明一個有效祕書處的召集功能，可能在危機管理方面產生真正的影響。如果邀請來自美國和中國的專家共同發展對疫情爆發的認識、其潛在影響，以及遏制和減輕所需的公共衛生和科學協議的共識，一個積極的祕書處可能已經預先阻止了，許多隨後威脅到兩國以及世界其他地區公共衛生的衝突[32]。

監督和合規性。祕書處將監督美國和中國之間協議的實施和監測。使用「儀錶板」作爲跟蹤設備，評估聯合協定的詳細實施和合規要求，特別是對於新的ＢＩＴ，將非常有幫助。

由於有關有爭議的結構性問題，特別是智慧財產權、技術轉讓、國家支援的工業補貼和網路安全的衝突必然會出現，因此祕書處應該擁有一個透明的衝突解決篩查功能。這可以爲美國和中國之間的抱怨提供第一個停留點；例如，ＢＩＴ類型的爭端可在正式向世貿組織的爭端解決程序或世界銀行的投資爭端仲裁庭提交投訴之前，由祕書處進行篩查、評估和解決[33]。

外部拓展。祕書處還應具有重要的外展功能。一個透明、開放、無審查、基於網路的通信平台是必不可少的，其中包括上述美中資料庫的公共版本、祕書處員工研究員的工作檔案，和美中關係問題之共同撰寫的季度評論。祕書處應贊助定期的公開會議，討論關鍵的兩國關係問題。新聞發言人應定期舉行關於雙方關係發展的簡報。

新的祕書處應由兩名無政治色彩的中國和美國專業人士共同負責，他們有權作爲各自政府的高級政策顧問。這些職位需要政治獨立性，儘管在當前的環境下實現這一點將是一項挑戰，至少可以這麼說。兩名聯合負責人將監督各自的工作人員，敦促將彼此整合到交錯的美中部門裡，而不是隔離的國家特定團隊中。祕書處領導層應定期與積極參與的外部諮詢委員會進行磋商，該委員會由美國和中國平等代表組成，同時還包括來自其他重要國家和地區的成員。

祕書處的目的是，提高美中雙邊關係在兩國治理中應得的重要性。這無疑將是新組織面臨的最大挑戰。每個國家通常從自己的角度、有自己的洞見、偏見、目標和願望來看待另一個國家。在深化不信任的氛圍下，雙方沒有共同努力，沒有相互解決問題的能力，也沒有協作的方式來管理彼此的關係。改變，事在必行。

建立美中祕書處不會立即賦予一種相互建設性的新精神，但將是朝著這方向邁出的重要一步。雙邊關係需要不斷關注，不僅是在衝突高峰期，而且在更正常的時期也需要關注，以避免未來的衝突。一個新的祕書處，結合解決結構差異關鍵領域的高標準BIT，將使衝突解決比今天有更好的機會。它還會提供共用工作空間的額外獎勵，以培養人際熟悉的氛圍。建立信任通常是從小步驟開始的。

雙邊關係的特性

最終，解決衝突需要轉變美中關係的性質——從一種不健康的病態依賴關係（codependency）到一種強大健康的相互依賴關係（interdependency）。在這種病態依賴關係的背後，是一對經濟問題叢生的國家，這兩個國家經常忽略自我改進的必要性，而是過度關注來自其他國家的看似威脅。由於這些反應通常集中在貿易、金融資本、創新和資訊流的接觸點上，它們是衝突風險最為嚴重的痛點。美中貿易和技術戰爭以及新冷戰的騷動，都是病態依賴衝突階段的典型表現。

這種衝突自我滋生。每個國家傾向於將自己製造的問題歸咎於另一個國家——美國認為貿易赤字是中國的錯，而中國則認為美國之遏制是將中國的鄰國捲入包圍戰略的力量投射之藉口。這就是錯誤敘事方式發揮作用的地方——把焦點轉移開，不去關注自我改善的必要性。就像美國避免解決其長期儲蓄不足問題一樣，中國也抵制結構性再平衡。由此產生的相互指責、否認、不平衡和摩擦相互作用，加劇衝突的升級。分離或分裂變成一個非常眞實和破壞性的可能。

然而，在相互依賴的關係中，更自信的合作夥伴會不斷追求自我改進。這將促使美國增加儲蓄，中國減少儲蓄。每個國家都會更關注自身需求，從而更加回應別國的需求。相互之間更加理解合作的互惠互利效應，同時，相互依賴的國家間之相互參與將是建設性和可持續的。

我在這裡提出的方法——透過選擇共同利益的低風險領域進行信任建立，同時建立一項量身訂製的投資協定和伴隨的美中祕書處——正是出於這些考慮而設想的。這種結構性參與的策略，爲美、中提供修復世界上最重要之雙邊關係的機會。這是將衝突的病態依賴關係，轉變爲建設性相互依賴關係的處方。

當然，還有其他框架可以解決貿易爭端。但在過去的四年中，可以公正地得出結論，第一階段貿易協議背後的短視雙邊思維產生了失敗的框架。它並沒有對逐漸升級的緊張局勢產生多少阻止作用，甚至可能使情況變得更糟。必須時應斷則斷，選擇不同的策略並行動。

這不同的策略必須仔細根據衝突的根源對症下藥，至少需要就關鍵的爭議問題達成一項強而有力且可執行的協議。而這一切都可以透過簽署一項高標準的雙邊投資協定來實現。成立新的祕書處可以增加使協定成爲一份活生生文件的潛力，以培養具有動態、建設性和擴張性的相互依賴關係。最重要的是，這種正式協議和制度性支持的結合，將允許中國和美國直接解決雙方的結構性分歧。

美國和中國能否從病態依賴轉變爲相互依賴？要實現這一關鍵轉變需要什麼？恐懼是一個動力。緊張局勢逐漸升級使兩個國家都處於危險地帶。歐洲戰爭的驚人爆發，令人擔憂的地緣政治緊張局勢對這一警告加上了驚嘆號。

政治責任也是另一個動力。權宜話術的政治經濟學可能是這場意外衝突最隱祕的根源。極端兩極化和相互關聯的全球化，給普通受薪階級及其家庭帶來巨大的壓力，因此深深影響兩國。當人們考慮選擇時，他們默認民族主義指責遊戲的「簡單」解決方案，從而使中國與美國對立。由不信任到重新建立信任的跳躍，既是一項政治策略，也是一項經濟策略。揭示有毒的政治權宜話術背後的不實敘事，是解決衝突所需的誠實、透明和負責的核心。

病態依賴關係的黑暗力量不容易控制。包括我提出的方法在內的任何衝突解決議程，都沒有自動化的解決方案。但不管採取什麼方案，有一件事是肯定的：雙方的關注點需要從責怪彼此，轉向抓住相互合作的共同機遇。如果缺乏勇氣和智慧，兩國領導人將受到阻礙，無法邁出關鍵一步。

對於美國來說，進行這種重新思考的力量必須來自內部，而不是透過對抗性的遏制策略。中國同樣急需解決其內部不平衡問題，並消除外界對其全球意圖的擔憂，這種擔憂現在

似乎都會與本書所想像的世界完全不同。

在這種情況下，我們如何思考美中衝突的未來？兩國關係不是可以在實驗室中隔離並進行檢查的科學實驗。本書，就像我之前的書《失衡的經濟》一樣，基於一種衝突的經濟病態依賴框架。在過去的十五年中，這種框架已經成功地揭示美中之間出現的壓力，因此我仍然相信，它將有助於闡明未來的關係壓力。

很多書都是當下衝擊事件的產物，是似乎災難性趨勢的線性推斷。作爲一名曾經的華爾街預測者，我只能警告線性推斷的陷阱。下一個衝擊幾乎總是與上一個衝擊不同。我們需要準備並思考那些看似無法理解的可能性。

在本書中，我試圖提供一組有條理的原則，以便理解這些不可避免的衝擊事件之影響，使您能夠有用地思考那些未來的意外事件——我們只能確定它們是不可預測的。我們所知的少數幾件事之一，就是美國和中國將繼續成爲一個快速變化、易受衝擊之世界裡主要的角色。無論他們選擇堅持不實敘事還是克服它們（並以此維持衝突或努力解決它們），對於二十一世紀全球最重要的關係來說，這可能是其中最決定性的大哉問。

致謝

我有幸於二〇一〇年起在耶魯大學任教「下一個中國」課程，醞釀這本十三年的寫作計畫。該課開設期間，選修總人次約一千四百名。課程大致以講座式大班授課，後因疫情考慮，於二〇二〇～二〇二二年改以研討會形式教學。一直以來，我以課堂爲實驗基地，窺察美中關係的深層糾結，學生的回饋總讓我如獲至寶。我把這本書獻給我的學生。

二〇二二年春季研討會特別值得一提。選修此課的二十二名學生渾然不知自己是我檢驗思想的對象。在不知不覺中，他們爲本書的大部分觀點提供完美的壓力測試。那時，書的第三稿已進入編輯的最後階段。然而，在許多個晚上，研討會一結束，我總不禁匆匆拿出書稿，這裡補充一點想法，那裡多引一則文獻，甚至重新思考整整一章的內容。研討會以批判性思維爲本，學生正好能學到精髓。他們一直積極參與，熱情勤奮，從不懼於向任教的教授提出挑戰。我在課上多次向他們表示衷心感謝。筆至書末，我希望再一次向學生致以誠摯的謝意。

耶魯大學的學術社群一直熱切支持我的教學，對本書提供莫大的幫助。我特別感謝耶魯大學第二十二任校長Richard Levin教授。在二〇一〇年耶魯大學初創傑克遜全球事務學院（Jackson Institute for Global Affairs）時，承蒙他的力邀，我成爲學院一員。他未須大費力氣，就說服了我。這些年來，他一直不遺餘力支持我的中國研究，多次爲「下一個中國」作客座演講，並爲本書多個方面提供寶貴指點。我也非常感激的耶魯大學校友、醫藥實業家John Jackson和他的太太Susan Jackson。有賴他們的卓越遠見和慷慨捐助，傑克遜全球事務學院才得以成立，更發展成現在的耶魯大學全球事務研究院，並由傑出經濟學家James Levinsohn教授先後任傑克遜研究所任主任、傑克遜研究院院長，在此也一併致謝。在全球事務研究領域，耶魯大學素有傑出的學術傳統。Richard Levin校長爲傑克遜學院廣聚賢才，是他的眾多偉業之一。

本書的出版，是我在耶魯大學的一個重要里程碑。我於傑克遜學院完成十三年服務之後，現任職於耶魯大學法學院的蔡中曾中國中心（Paul Tsai China Center）。我一定會想念我的學生，想念全職教學時熱血滿滿、全情投入的狀態。與此同時，我也熱切期待加入蔡中曾中國中心，在我的好友和同事法學教授Paul Gewirtz的領導下，參與令人興奮的學術計畫。

我的耶魯生涯從一開始就深受史景遷的影響。史景遷是美國漢學巨擘，已於二〇二一年耶誕節離世。二〇一〇年，我初到耶魯，榮休已數年的史景遷教授親自來歡迎我，令人暖意洋溢。我曾邀請他爲我的新課程作一次客座演講，但他婉言謝絕，並毫不隱晦地提示，我就是講座的最佳人選，讓我小吃一驚。多年以來，我在校園多次就中國問題演講，常在觀眾席間看到史景遷教授，也有幸數次與他同台辯學。他從不諱於直言反饋，有時會讓我重新思考自己對中國的看法。他有無窮無盡的好奇心，完美的學術修養，還有超凡的創意天賦。感謝他給予我充沛的靈感，在本書第十三章，大家會讀得出來。

我要特別感謝一眾耶魯大學的同事。他們大力支持本書背後長時間的研究和寫作過程，爲我提供寶貴建議和想法。這些師友包括Paul Gewirtz、Robert Shiller（他的著作影響深遠，其對敘事行爲學、大國夢和動物本能的分析，對本書尤爲重要；他也教我使用谷歌Ngrams的竅門）、Odd Arne Westad、Emma Sky、Carol Li Rafferty、Jeffrey Sonnenfeld、Aleh Tsyvinski、Jing Tsu和Ted Wittenstein。我也非常感謝以下三位學者的智識啓發：研究冷戰的John Lewis Gaddis，研究大國競爭的Paul Kennedy，以及研究脆弱民主政體的Timothy Snyder。他們的驚世灼見深深影響《意外的衝突》的許多寫作主題。

多年以來，本書的研究工作也賴於耶魯大學各教職人員的慷慨相助。特別感謝二〇一六～二〇二二年期間辛勤工作的教學同儕：Drew D'Alelio、Douglas Gledhill、Eunsun Cho、Caroline Agsten、Ben Ditchfield、Lissa Kryska、Yi Wang、Yue (Hans) Zhu、Christian Marin、Gregor Novak、Andrea Chen、Tamara Grbusic、Shixue Hu、Agnivesh Mishra、Zongzhong Tang、Minghao Li、Kathleen Devlin、James Gorby、Chen Wang以及Yang Zhang。

本書誠賴以下師友同仁就特定議題賜見，特此感謝（相關領域見括號）：Richard Berner和David Greenlaw（美國信貸仲介）、Nick Lardy（技術轉讓）、David Loevinger（戰略與經濟對話）、Edmund Phelps（活力與自主創新）、Kai-Fu Lee（人工智慧）、Hans Zhu（中國國有企業改革）、Hugo Chung（中國審查制度、合資企業和美國實體清單）、Carla Hills（中國加入世貿始末）以及Liza Lin（中國的監控）。還要感謝多年來爲對本書各個階段工作奉出無限友情、支持和回饋的好友，特別是Jim Fralick、Dick Berner、Robert Lunn、Ruth Porat、Rakesh Mohan、CH Tung、KS-Li、Lu Mai、Shan Weijian、Fang Xinghai、Gao Xiqing、Zhu Min。最後是Markus Rodlauer，這位好友逝於二〇二一年，曾爲合共九屆「下一個中國」課程作過有關國際貨幣基金之中國思維的客座講座，是本課最不辭勞苦的支持者。

同時，我尤其感激Ken Murphy和The Project Syndicate團隊在二〇一一年邀請我加入他們的網路智庫平台。我對各種課題的實驗性想法，都首先發表在這個世界頂尖線上論壇，經過全球讀者社群的激辯與鍾煉，才結晶成型，寫成本書的觀點。有此切磋的機會，實在無價的收穫。

我還要特別向一眾參與海外同仁致謝，感謝他們參加由美中關係全國委員會和北京大學國家發展學院贊助的美中貿易（第二軌）對話。過去十二年，我們多次會面。有賴各位同仁傾聽我對美中衝突的諸多觀點，並予我有力的共鳴。在美國方面，這些學者包括Stephen Orlins、Carla Hills、Robert Dohner、Haini Guo、Constance Hunter、Dino Kos、Nicholas Lardy、Jacob Lew、Catherine Mann、Barry Naughton、Daniel Rosen、Robert Rubin、Kim Schoenholtz、Ernie Thrasher、Jan van Eck和Mark Zandi；在中國方面，同樣值得感謝的學者包括Qin Xiao、Ding Anhua、Gao Shanwen、Hu Yifan、Huang Haizhou、Huang Yiping、Liang Hong、Lin Yifu、Lu Feng、Xu Gao、Yao Yang和Zha Daojiong。我們意見並不永遠一致，但意見的交換本身就是無價的經驗。

我充分明白，本書某些論點和立場可能頗具爭議。標準的免責聲明在此非常適用：上述人士不可亦不應視爲與本書之任何結論有關；若有疏漏，責任全在於我。

編輯是賦予書籍生命的人。耶魯大學出版社的團隊無與倫比。這是我和Bill Frucht合作的第二本書。從構思到初稿，而至完美的成書，他再一次令書的結構性和清晰度得到超常的提升。他迫使我一再思考和反思關鍵論點，反覆敦促我對末章的解決方案進行長時間的認眞思考。本書在許多方面都非常複雜，但他總能在我最需要的時候，替我勾勒重點，由繁趨簡，有效表述。Erica Hanson同樣是將初稿帶向終點線的聖手。她尤其精於維護學術寫作嚴謹清澈的風格。本書逾七百五十則附註之繁瑣，超乎尋常，她的一雙慧眼總能以激光般的專注，不辭辛苦地校對。每次收到我那些從來不會是最「終」的「終稿」，她總是充滿耐心，直讓聖經的約伯也自愧不如。我深深感謝這兩位並肩作戰的夥伴，也要特別感謝Enid Zafran製作書末索引時的精湛手法。

最後，我要感謝我的家人。我總是掉進一個又一個深不見底的研究專案，變得像一名失蹤人口，然而家人總會予以包容。疫情幾年，我能免於行旅之役，縱然「失蹤」也是原地不動，只需獨在家中書房用功，也算一件幸事。自我心底最深處的感謝，要獻給妻子Katie。有她的體諒和鼓勵，我才能完成這本新書最艱鉅的寫作部分。我們的大家庭充滿無限的活力和好奇心，一直是我生命中最強的支柱，讓我可以安心寫出新的篇章。

註釋

第一部　中美關係

第一章　共享的歷史 Shared History

❶ 參見Stephen R. Platt, *Imperial Twilight: The Opium War and the End of China's Last Golden Age* (New York: Alfred A. Knopf, 2018)。

❷ 參見Amanda Foreman, *A World on Fire: Britain's Crucial Role in the American Civil War* (New York: Random House, 2010)。

❸ 參見Platt, *Imperial Twilight*。

❹ 參見"Invasion of Manchuria," Harry S. Truman Library, https://www.trumanlibrary.gov/education/presidential-inquiries/invasion-manchuria。

❺ 參見以下資料：Chen Jian, *China's Road to the Korean War: The Making of SinoAmerican Confrontation* (New York: Columbia University Press, 1994)；David Halberstam, *The Coldest Winter: America and the Korean War* (New York: Hyperion, 2007)；以及Russell Spur, *Enter the Dragon: China's Undeclared War Against the U.S. in Korea, 1950–51* (New York: Newmarket Press, 1988)。

❻ 參見Odd Arne Westad, *The Cold War: A World History* (New York: Basic Books, 2017)。

❼ 參見Jonathan D. Spence, *The Search for Modern China*, 3rd ed. (New York: W. W. Norton and Co., 2012)。

❽ 參見Frank Dikötter, *The Cultural Revolution: A People's History, 1962–1976* (London: Bloomsbury Press, 2016)。

❾ 資料來源：中華人民共和國國家統計局。

❿ 參見Lawrence H. Summers, "U.S. Economic Prospects: Secular Stagnation, Hysteresis, and the Zero Lower Bound," *Business Economics* (National Association for Business Economics) 49, no. 2 (2014)。

⓫ 參見Shujie Yao, "Economic Development and Poverty Reduction in China over 20 Years of Reforms," *Economic Development and Cultural Change* 48, no. 3 (April 2000)。

⓬ 參見Spence, *The Search for Modern China*。

⓭ 筆者參考鄧小平談話的英譯本：Deng Xiaoping, "Emancipate the Mind, Seek Truth from Facts, Unite and Look Forward," speech before the Central Party Work Conference, December 13, 1978，載於Ezra F. Vogel, *Deng Xiaoping and the Transformation of China* (Cambridge, MA: Harvard University Press, 2011)，選自*Deng Xiaoping, Selected Works of Deng Xiaoping*, 1975–1982 (Beijing: Foreign Language Press, 1984)。

⓮ 參見Vogel, *Deng Xiaoping*。

⓯ 參見Spence, *The Search for Modern China*。

⓰ 參見Isabella W. Weber, *How China Escaped Shock Therapy: The Market Reform Debate* (New York: Routledge, 2021)。

⓱ 筆者的計算基於中華人民共和國國家統計局的數據。

⓲ 參見Spence, *The Search for Modern China*。

⓳ 資料來源：國際貨幣基金組織*World Economic Output*數據庫。

⓴ 參見Stephen S. Roach, *The Next Asia: Opportunities and Challenges for a New Globalization* (Hoboken: John Wiley & Sons, Inc., 2009), 229–33。

㉑ 資料來源：中華人民共和國國家統計局。

㉒ 資料來源：中華人民共和國國家統計局。

㉓ 資料來源：國際貨幣基金組織*World Economic Outlook*數據庫。

㉔ 中華人民共和國元首換代的說法，始於鄧小平。因有鄧小平，

毛澤東被劃為第一代元首，鄧小平為第二代，江澤民為第三代，胡錦濤第四代，現任的習近平為第五代。參見Zhengxu Wang and Anastas Vangeli, "The Rules and Norms of Leadership Succession in China: From Deng Xiaoping to Xi Jinping and Beyond," *China Journal* 76 (July 2016)。

㉕ 參見二〇一二年十一月十五日習近平就任中央黨委總書記後的記者會發言全文，英文資料來源：https://www.bbc.com/news/world-asia-china-20338586。

㉖ 參見Daniel H. Rosen, *Avoiding the Blind Alley: China's Economic Overhaul and Its Global Implications*, An Asia Society Policy Institute Report (New York: Asia Society, October 2014)。

㉗ 參見Daniel H. Rosen, "The China Dashboard: Tracking China's Economic Reform Program," Asia Society Policy Institute and the Rhodium Group, Winter 2021。

㉘ 習近平在二〇一七年的這次談話長達三萬二千六百六十二字，幾乎四倍於鄧小平在一九七八年八千二百零二字的談話。資料來源：人民日報（中國）。鄧小平談話的初稿據說更短，僅一千六百字，參見Vogel, *Deng Xiaoping*, 242–43。

㉙ 參見習近平二〇一七年十月十八日的十九大報告全文，資料來源：http://www.xinhuanet.com/english/special/2017-11/03/c_136725942.htm.

㉚ 「雙循環」的概念由習近平在二〇二〇年五月初次提出，後加入中共第十四個五年發展計畫，參見Bert Hofman, "China's Economic Policy of Dual Circulation," Hinrich Foundation: Sustainable Trade, June 8, 2021。

㉛ 參見Yuen Yuen Ang, *China's Gilded Age: The Paradox of Economic Boom and Vast Corruption* (London: Cambridge University Press, 2020)以及習近平十九大報告。

㉜ 參見Karl Polanyi, *The Great Transformation: The Political and Economic Origins of Our Time* (Boston: Beacon Press, 1944)。

㉝ 參見習近平十九大報告：關於中國主要矛盾之辯證關係的馬克思主義解讀，以及鄧小平「韜光養晦」的討論，詳見Rush Doshi, *The Long Game: China's Grand Strategy to Displace American Order* (New York: Oxford University Press, 2021), 176–8。

㉞ 參見以下資料：Aaron L. Friedberg, "The Authoritarian Challenge: China, Russia and the Threat to the Liberal International Order," Japan-US Program, Sasakawa Peace Foundation, August 2017；Jude Blanchette, "Xi's Gamble: The Race to Consolidate Power and Stave Off Disaster," *Foreign Affairs*, July/August 2021；以及Rana Mitter and Elsbeth Johnson, "What the West Gets Wrong about China," *Harvard Business Review*, May–June 2021。

㉟ 參見以下資料："Xi Jinping's Thinking Is Ranked Alongside Mao's," A Second Thought, The Economist, October 24, 2017；以及Bill Chappell, "China's Xi Is Elevated to New Level, with Echoes of Mao," *The Two-Way* (blog), NPR, October 24, 2017。

㊱ 參見Chris Buckley, "China's Communist Party Declares Xi Jinping 'Core' Leader," *New York Times*, October 27, 2016。

㊲ 研究中國領導人的學者認為，西方的反應過大。這一轉變只是令國家元首和黨領導人的（無限）續任原則相互符合而已。參見Jeffrey A. Bader, "7 Things You Need to Know about Lifting Term Limits for Xi Jinping," *Order from Chaos* (blog), Brookings Institution, February 2018。

㊳ 「韜光養晦」取自鄧小平外交政策「二十四字箴言」。「二十四字箴言」在一九八九年天安門事件結束後，於一九九〇年提出，全文是「冷靜觀察、站穩腳根、沈著應付、韜光養晦、善於守拙、絕不當頭」，資料參見Vogel, Deng Xiaoping；中文原文的解讀，見Huang Youyi, "Context, Not History, Matters for Deng's Famous Phrase," *Global Times* (China), June 15, 2011。

39 近年威權政權在全球有滲透的跡象，已引起激烈辯爭，令人憂心會否引起暴動，大勢還能否扭轉。參見以下資料：Andrea Kendall-Taylor and Eric Frantz, "How Autocracies Fall," *Washington Quarterly* 37, no. 1 (Spring 2014)；Thorsten Benner, "An Era of Authoritarian Influence? How Democracies Should Respond," *Foreign Affairs*, September 2017；以及Martin Wolf, "The Rise of Populist Authoritarians," *Financial Times*, January 22, 2019。

40 諷刺的是，一九七〇年代關於通膨為過渡性的誤判，正和現在後新冠時期二〇二一年美國通膨的再起，呈現驚人的相似。參見Stephen S. Roach, "The Ghost of Arthur Burns," *Project Syndicate*, May 25, 2021。

41 參見以下資料：Robert J. Gordon, "Can the Inflation of the 1970s Be Explained?" *Brookings Papers on Economic Activity* 1977, no. 1 (1977)；George L. Perry, "Inflation in Theory and Practice," *Brookings Papers on Economic Activity* 1980, no. 1 (1980)；以及J. Bradford De Long, "America's Peacetime Inflation: The 1970s," 載於C. D. Romer and D. Romer, *Reducing Inflation: Motivation and Strategy* (Chicago: University of Chicago Press, 1997)。

42 資料來源：美國勞工部勞動統計局（US Bureau of Labor Statistics）。

43 美國普林斯頓大學教授、聯準會前任副主席布蘭德（Alan Blinder）有豐富著述，從全局角度出發，探討美國貨幣政策和通貨膨脹的關係。這些文章多年來發表於專研美國當代經濟問題的頂級學刊 *Brookings Papers on Economic Activity (BPEA)*。參見Alan S. Blinder, "BPEA and Monetary Policy over 50 Years," *Brookings Papers on Economic Activity* 2021, no. 1 (2021)。

44 「停滯性通貨膨脹」一詞，一般認為源於英國前財政大臣麥克勞德（Iain Macleod）於一九六五年的一次國會演講。他在會上指出生產停滯、高失業率和通膨飄升是合併影響英國經濟的三大要素。參見British House of Commons, Hansard, November 17, 1965, 1, 165。關於停滯性通膨的文獻與資料非常豐富，可參見Milton Friedman, "Nobel Lecture: Inflation and Unemployment," *Journal of Political Economy* 85, no. 3 (June 1977)；Michael Bruno and Jeffrey D. Sachs, *Economics of Worldwide Stagflation* (Cambridge, MA: Harvard University Press, 1985)；以及Alan S. Blinder and Jeremy B. Rudd, "The Supply-Shock Explanation of the Great Stagflation Revisited,"（會議論文），National Bureau of Economic Research conference on the Great Inflation, Woodstock, VT, September 2008。

45 參見Jeffrey Frankel, "The Plaza Accord, 30 Years Later," National Bureau of Economic Research (NBER) Working Paper No. 21813, December 2015；以及Takatoshi Ito, "The Plaza Agreement and Japan：Reflection on the 30th Year Anniversary," James A. Baker III Institute of Public Policy, Rice University, October 2015。

46 資料來源：美國商務部經濟分析局（US Department of Commerce, Bureau of Economic Analysis)。

47 此處計算的主要是中國長線持有以美元計價的美債總額，構成中國持有的美國國庫證券（或稱美國公債）的主體，二〇二一年十月總額約達一．一兆美元。資料來源：US Treasury International Capital (TIC) System, https://home.treasury.gov/data/treasury-international-capital-tic-system。

48 「美國又迎來了清晨」（"Morning Again in America"）是雷根總統一九八四年爭取連任時最知名助選口號之一。參見：https://www.reaganfoundation.org/programs-events/webcasts-and-podcasts/podcasts /words-to-live-by/morning-again-in-america/。

49 在此必須承認，對於資產依賴型、泡沫頻生的美國經濟，我的批評聲音一向比其他人要更響亮，相關拙文如下：Stephen Roach, "America's Inflated Asset Prices Must Fall," *Financial Times*, January 7, 2008；Stephen S. Roach, "Double Bubble Trouble," *New*

York Times, March 5, 2008；以及Stephen Roach, *Unbalanced: The Codependency of America and China* (New Haven, CT: Yale University Press, 2014)，第三章討論尤著。

50 資料來源：國際貨幣基金組織 *World Economic Outlook* 數據庫。

51 相關研究估計中國折舊率約為五％～一〇％，據此，我估算中國本地淨儲蓄率在二〇％～三〇％之間。有很好的理由相信，實際折舊率在估算區間的下緣。中國和一般成熟經濟體不同，其投資增長是相對近期發生的現象。這意味著中國的資本存量還相對「年輕」，「老化」或折舊還未及出現。參見Richard Herd, "Estimating Capital Formation and Capital Stock by Economic Sector in China: The Implications for Productivity Growth," World Bank Policy Research Paper No. 9317, July 2020。

52 許多人相信，在絕望的疫情下，美國人驚慌失措，重新體悟到節約的必要，美國儲蓄已顯著恢復。二〇二〇年第二季度，個人儲蓄率確實已回升至二六．一％之高。不過，這只反映了大量以收入為本的資本從聯邦政府轉出，財赤依然深不見底。也就是說，個人儲蓄率回升，只是因為儲蓄來源有了變化而已。二〇二〇年第二和第三季度，本地淨儲蓄（即扣除折舊後個人、企業及政府儲蓄的總和）實際跌至「0」；二〇二一年首三個季度儲蓄率勉強「恢復」至二．九％。資料來源：美國商務部經濟分析局。

53 資料來源：Congressional Budget Office, Historical Budget Data, https://www.cbo.gov/data/budget-economic-data#2。

54 參見Laura Silver, Kat Devlin, and Christine Huang, "Unfavorable Views of China Reach Historic Highs in Many Countries," Pew Research Center, October 2020。

55 參見Dikötter, *The Cultural Revolution*。

56 資料來源：國際貨幣基金組織（International Monetary Fund），*World Economic Outlook* 數據庫。

57 資料來源：國際貨幣基金組織 *World Economic Outlook* 數據庫。

58 資料來源：中華人民共和國國家統計局。

59 參見以下資料：Ben S. Bernanke, "The Global Saving Glut and the U.S. Current Account Deficit," Sandridge Lecture, Virginia Association of Economists, Richmond, VA, March 10, 2005；以及Brad W. Setser, "The Return of the East Asian Saving Glut," Council on Foreign Relations, October 19, 2016。

60 美國在二〇二一年對一百零六個國家保持貿易逆差，在二〇一二至二〇二一年期間平均與一百個國家保持商品貿易逆差，本書第四章將著重討論。資料來源：美國商務部經濟分析局。中國在二〇一九年對一百五十七個國家保持雙邊商品貿易順差，資料來源：World Bank, World Integrated Trade Solutions (WITS) database。

61 資料來源：Congressional Budget Office, Historical Budget Data。

62 資料來源：國際貨幣基金組織 *World Economic Outlook* 數據庫。

63 對於二〇二〇年的估算，筆者的依據是國際貨幣基金組織 World Economic Outlook 數據庫。

第二章 從互利到互賴／依賴 From Convenience to Codependency

1 參見以下資料：David Ricardo, *On the Principles of Political Economy and Taxation* (London: John Murray, 1817)；Deborah K. Elms and Patrick Low, eds., *Global Value Chains in a Changing World* (Geneva: World Trade Organization, 2013)；以及World Bank and World Trade Organization, *Global Value Chain Development Report 2019: Technological Innovation, Supply Chain Trade, and Workers in a Globalized World* (Washington DC: World Bank Group, 2019)。關於經合組織全球價值鏈研究平台，參見：https://www.oecd.org/sti/ind/global-value-chains.htm。

2 透過經濟關係，實現互利「雙贏」的想法，最早可溯至公元前四世紀的亞里士多德（Aristotle）和公元前一世紀的西塞羅（Cicero），參見Richard P. Nielsen, "Varieties of Win-Win Solutions to Problems with Ethical Dimensions," *Journal of Business Ethics* 88, no. 2 (August 2009)。

❸ 參見Richard Baldwin, *The Great Convergence: Information Technology and the New Globalization* (Cambridge, MA: Harvard University Press, 2016)。

❹ 鮑德溫的「拆分」兩部曲寫到最後，以未來展望作結，言甚玩味。他覺得未來的創意和勞動世代可能會完全脫於真人面對面工作的限制，屆時第三次「拆分」就會發生，世界會像科幻小說一樣天馬行空。他也提到，視訊溝通和電子機械人的技術可能有重大突破，意味勞動服務的提供與勞力的付出行為將相互分離，促生第三次「拆分」。這些想法在二〇一六年彷彿是言之過早。可是，自二〇一九年新冠疫情流行以來，人們已習慣Zoom視訊會議遙距連線工作，不知不覺之間，舉世已到達那個假設性的「拆分」階段。這一趨勢，也關係著未來美中關係的一大難題——人工智慧（artificial intelligence，簡稱ＡＩ）。美中ＡＩ技術戰的分析，詳見第五章。相關討論，亦見Baldwin, *Great Convergence*，第十章。

❺ 參見Jason Dedrick, Greg Linden, and Kenneth L. Kraemer, "We Estimate China Only Makes $8.46 from an iPhone—and That's Why Trump's Trade War Is Futile," *The Conversation*, July 2018，資料來源：https://theconversation.com/we-estimate-china-only-makes-8-46-from-an-iphone-and-thats-why-trumps-trade -war-is-futile-99258。

❻ 參見Matt Binder, "Trump to China: Make the iPhone in the U.S., Not China," *Mashable, January* 2019，資料來源：https://mashable.com/article/trump-to-apple-iphone-us-china/。

❼ 二〇二一年美國從中國的進口量，若以「海關」為基礎，計得價值為五千零六十四億美元；若以囊括成本（cost）、保險費用（insurance）及航運費用（freight）的「到岸價格」（簡稱CIF）來計算，價值是五千四百一十五億美元。資料來源：美國商務部經濟分析局。

❽ 補充一點，事實上，接近過半的中國出口貨物是由西方跨國公司的中國子公司寄出。這些子公司雖然確實聘用中國籍員工，但畢竟是由外資持有。況且，這些子公司的存在，恰恰正為西方跨國集團的高成本營運提供了一個離岸提升產效的方案。這樣看來，美國對中國的指責更應受到嚴肅質疑。相關討論，參見Robert Koopman, Zhi Wang, and Shang-jin Wei, "How Much of Chinese Exports Is Really Made in China?" NBER Working Paper No. 14109, June 2008。

❾ 按國際收支平衡表的計算，二〇二一年美國對中國的商品貿易逆差為三千五百四十五．九八億美元，美國總體貨品貿易逆差為九千二百二十．二六億美元，即美對中逆差占整體逆差三二%。若取「國家普查」數據，則美對中逆差占整體逆差三三%。資料來源：美國商務部經濟分析局。

❿ 麻省理工學院教授奧特（David Author）及其研究團隊曾發表一系列論文，大推美國是「中國震盪」的受害者之說。此說已廣為流傳。據奧特的基本觀點，中國的出口膨脹廣泛被「視為中國轉型成世界工廠」的表現，繼而嚴重影響美國貿易最旺盛區域的製造業就業和人均收入。最近期的討論見於David Autor, David Dorn, and Gordon Hanson, "On the Persistence of the China Shock," *Brookings Papers on Economic Activity* 2021, no. 2 (2021)。不論是此文，還是早前的研究，奧特及其合著作者都漏掉一個要點，即在全球價值鏈驅動之下，中國的轉型方向其實是世界裝配廠，這一點本章上文已強調。奧特等人在評估美國從中國的進口活動時，依據的是具體到商品類型的貿易數據，數據來源是聯合國商品貿易統計數據庫（UN Comtrade），數據結構基於國際貿易標準分類（Standard International Trade Classification，簡

稱SITC）指明的商品類別，對於美國自中國進口的商品內具中國附加值和非中國附加值的成分不加以區別。目前，中國為軸心的價值鏈體系在全球影響日鉅，流動的商品含有越來與多來自非中國本地的組件和成分。有此趨勢，奧特等人竟只採用基於產成品的貿易數據，研究結果必然帶有嚴重偏向。奧特團隊一直致力為「中國震盪」的說法建立統計基礎，二〇二一年一文似乎已是論文系列的第九篇了。整個系列始終建基於以產成品為本的計量框架，從未就價值鏈而作任何調適。讀者大可參見論文系列的首篇：David Autor, David Dorn, and Gordon Hanson, "The China Syndrome: Local Labor Effects of Import Competition in the United States," *American Economic Review* 103, no. 6 (October 2013)。

⓫ 參見經合組織（OECD），"Trade in Value Added," 資料來源：https://www.oecd.org/sti/ind /measuring-trade-in-value-added.htm。

⓬ 參見Adam Taylor, "How a 10-Gallon Hat Helped Heal Relations between China and America," *Washington Post*, September 25, 2015。

⓭ 參見Samo Burja, "How Deng Xiaoping Solved China's Trade Problem—And What America Can Learn from Him," *National Interest*, October 19, 2020。

⓮ 參見Wang Kaihao, "Deng's 1979 US Visit Captured in Film," *China Daily*, September 4, 2014。

⓯ 參見Phil Dougherty, "Chinese Vice Premier Deng Xiaoping (or Teng Hsiao-ping) Arrives in Seattle for a Two-Day Visit on February 3, 1979," HistoryLing.org Essay 8588, April 15, 2008。

⓰ 參見美國普查局資料，"Trade in Goods with China: 1985 to 2021," 資料來源：https://www.census.gov/foreign-trade/balance/c5700.html#1989。

⓱ 參見Ezra F. Vogel, *Deng Xiaoping and the Transformation of China* (Cambridge, MA: Harvard University Press, 2011)。

⓲ 參見Marc Humphries, "Rare Earth Elements: The Global Supply Chain," Congressional Research Service, June 8, 2012。

⓳ 資料來源：中華人民共和國國家統計局。

⓴ 資料來源：美國商務部經濟分析局及勞動統計局。

㉑ 關於八、九〇年代全球化與全球通膨消退的關係，歷來有不少辯論。相關研究認為，全球化對於通膨的影響至深，期間中國的分量尤重。詳見以下資料：International Monetary Fund, "How Has Globalization Affected Inflation?" *World Economic Outlook*: April 2006, 第3章；Raphael Auer, Claudio Borio, and Andrew Filardo, "The Globalization of Inflation: The Growing Importance of Global Value Chains," Bank for International Settlements, BIS Working Paper No. 602, January 2017；以及Kristin Forbes, "Inflation Dynamics: Dead, Dormant, or Determined Abroad?" *Brookings Papers on Economic Activity* 2019, no. 2 (2019)。

㉒ 資料來源：美國商務部經濟分析局。

㉓ 參見以下資料：Nicholas R. Lardy, "China and the Asian Contagion," *Foreign Affairs*, July/August 1998；James Kynge, "China Was the Real Victor of Asia's Financial Crisis," *Financial Times*, July 3, 2017；Peter G. Peterson, Morris Goldstein, and Carla A. Hills, *Safeguarding Prosperity in a Global Financial System: The Future International Financial Architecture*, Report of a Council on Foreign Relations Taskforce, October 1999。附註：筆者在一九九八至一九九九年曾任美國外交關係協會（Council on Foreign Relations Taskforce）委員，負責詳細審視亞洲金融風暴。

㉔ 參見Eswar S. Prasad, *Gaining Currency: The Rise of the Renminbi* (New York: Oxford University Press, 2017)。

㉕ 資料來源：中華人民共和國國家外匯管理局，英文網站 https://www.safe.gov.cn/en/。

㉖ 二〇二二年一月，日本持有的美國公債達一．三〇三兆美元，

中國持有的美國公債達一・〇六兆美元。資料來源：美國財政部，"Treasury International Capital (TIC) System," https://home.treasury.gov/data/treasury-international-capital-tic-system。

27 參見Hiro Ito and Robert N. McCauley, "The Currency Composition of Foreign Exchange Reserves," Bank for International Settlements, BIS Working Paper No. 828, December 2019.

28 資料來源：美國商務部經濟分析局及勞動統計局。相關國際交易、服務、投資頭寸表數據，資料來源：https://apps.bea.gov/iTable/?ReqID=62&step=1#%20reqid=62&step=9&isuri=1&6210=4。

29 參見Marco Rubio, "To Fight China on Trade, We Need More Than Tariffs," *New York Times*, March 13, 2018；Kamran Rahman, "Lindsey Graham: 'Accept the Pain' of the U.S.-China Trade War," *Politico*, August 25, 2019。

30 參見Stephen Roach, *Unbalanced: The Codependency of America and China* (New Haven, CT: Yale University Press, 2014)。

31 參見Anne Case and Angus Deaton, *Deaths of Despair and the Future of Capitalism* (Princeton, NJ: Princeton University Press, 2020)。

32 參見John Lewis Gaddis, *The Cold War: A New History* (New York: Penguin Books, 2005)。

33 資料來源：國際貨幣基金組織*World Economic Outlook*數據庫，以及A. Cheremukhin, et al., "The Economy of the People's Republic of China since 1953," NBER Working Paper No. 21397, July 2015。

34 資料來源：美國商務部經濟分析局。

35 伏克爾於二〇一九年十二月逝世，享年九十二歲，獲譽為美國史上最具膽識的中央銀行家。相關報導，參見Martin Wolf, "The Legacy and Lessons of Paul Volcker," *Financial Times*, December 19, 2019；另可參見Paul A. Volcker with Christine Harper, *Keeping at It: The Quest for Sound Money and Good Government* (New York: Public Affairs, 2018)。

36 參見以下資料：James P. Morgan Jr., "What Is Codependency?" *Journal of Clinical Psychology* 47, no. 5 (September 1991)；Greg E. Dear, Clare M. Roberts, and Lois Lange, "Defining Codependency: A Thematic Analysis of Published Definitions," 載於S. Shohov, ed., *Advances in Psychology*, vol. 34 (New York: Nova Science Publishers, 2005)；以及Timmen L. Cermak, *Diagnosing and Treating Co-Dependence* (Minneapolis: Johnson Institute Books, 1986)。

37 參見Robert J. Shiller, *Narrative Economics: How Stories Go Viral & Drive Major Economic Events* (Princeton, NJ: Princeton University Press, 2019)。

38 參見Paul M. Romer, "Mathiness in the Theory of Economic Growth," *American Economic Review: Papers and Proceedings* 105, no. 5 (May 2015)。

39 參見以下資料：Jonathan Schlefer, *The Assumptions Economists Make* (Cambridge, MA: Harvard University Press, 2012)；Jean Tirole, *Economics for the Common Good* (Princeton, NJ: Princeton University Press, 2019)；以及Jean Tirole, "Assumptions in Economics"（會議論文），Society for Progress 2019 conference on Philosophy Reflections on Core Assumptions in Business Research & Education, October 2019。

40 諾貝爾經濟學獎（確切名稱為「瑞典中央銀行紀念諾貝爾經濟學獎」）自一九八六年開設，共頒獎八十六次，其中僅五次授予行為經濟學學者。其中，康納曼（Daniel Kahneman，2002年得主）、席勒（Robert Shiller，2013年）、塞勒（Richard Thaler，2017年）三位學者所獲的表彰曾明確寫出其貢獻在於行為經濟學；另外兩位得主司馬賀（Herbert Simon，1978年）和貝克（Gary Becker，1992年）則因其對經濟相關領域的貢獻而獲獎。資料來源：https://www.nobelprize.org/prizes/economic-sciences/。

41 這與「衰弱型人格障礙」（asthenic personality disorder）的診斷標

準相符。此症在《精神疾病診斷與統計手冊》(*The Diagnostic and Statistical Manual of Mental Disorders*，簡稱DSM)編號為301.6。參見American Psychiatric Association, *Diagnostic and Statistical Manual of Mental Disorders*, 4th and 5th eds. (Washington DC: American Psychiatric Publishing, 2003 and 2013)。另見Ingrid Bacon, Elizabeth McKay, Frances Reynolds, and Anne McIntyre, "The Lived Experience of Codependency: an Interpretative Phenomenological Analysis," *International Journal of Mental Health and Addiction* 18 (June 2020): 754–771。

42 參見以下資料：John H. Porcerelli, Rosemary Cogan, Tsveti Markova, et al., "The Diagnostic and Statistical Manual of Mental Health Disorders, Fourth Edition Defensive Functioning Scale: A Validity Study," *Comprehensive Psychiatry* 52, no. 2 (March–April 2011)；以及Anthony D. G. Marks, Rebecca L. Blore, Donald W. Hine, and Greg E. Dear, "Development and Validation of a Revised Measure of Codependency," *Australian Journal of Psychology* 64, no. 3 (2012)。

43 參見以下資料：Steven Levitsky and Daniel Ziblatt, How Democracies Die (New York: Crown, 2018)；以及Elizabeth C. Economy, *The Third Revolution: Xi Jinping and the New Chinese State* (New York: Oxford University Press, 2018)。

44 參見Greg Dear, "Blaming the Victim: Domestic Violence and the Codependency Model," 1996；Janice Haaken, "A Critical Analysis of the Co-dependence Construct," *Psychiatry: Interpersonal and Biological Processes* 53, no. 4 (1990)。

第三章　兩個夢 Two Dreams

1 參見James Truslow Adams, *The Epic of America* (Boston: Little, Brown & Co., 1931)。

2 參見Wu Gang and Yan Shuang, "Xi Jinping Pledges 'Great Renewal of Chinese Nation,'" Xinhua News Service and *Global Times* (China), November 30, 2012。

3 亞當斯一九三一年的著作和習近平二〇一二年的談話獨具重要性，影響尤深。不過，歷史檔案不乏「美國夢」和「中國夢」的更早記載，如以下兩例：Benjamin Franklin, "Information for Those Who Would Remove to Europe," 轉載刊於Boston Magazine, October 1784；南宋詩人鄭思肖(1241–1318)寫於亂世，言「一心中國夢，萬古下泉詩」。謹此感謝耶魯大學經濟學家席勒(Robert Shiller)幫忙找到兩筆史料。「中國夢」的前身，還可參考Zheng Wang, "The Chinese Dream: Concept and Context," *Journal of Chinese Political Science* 19, no. 1 (March 2014)。

4 對此，席勒以科學的語言解釋：「人做夢時的腦部活動，與經受某種創傷的腦部活動，是相似的。在這兩種情況下，前緣腦額葉及其與基地核的神經聯繫會導致無預兆的妄語。」參見Robert J. Shiller, *Narrative Economics: How Stories Go Viral & Drive Major Economic Events* (Princeton, NJ: Princeton University Press, 2019)。另見Edward F. Pace-Schott, "Dreaming as a Story-Telling Instinct," *Frontiers in Psychology* (2013)；G. William Domhoff, *Finding Meaning in Dreams: A Quantitative Approach* (New York: Plenum Press, 1996)；以及Calvin S. Hall, *The Meaning of Dreams* (Berkeley: University of California Press, 1953)。

5 筆者參考的是中國官方新聞機構公布的英譯本：Wu and Yan, "Xi Jinping Pledges 'Great Renewal.'"。

6 參見"General Secretary Xi Jinping Explicates the 'Chinese Dream,'" *Chinese Law & Government* 48, no. 6 (2016): 477–79。

7 參見以下資料：James C. Hsiung, *The Xi Jinping Era: His Comprehensive Strategy Toward the China Dream* (New York and Beijing: CN Times Books, Inc., 2015)；Winberg Chai and May-lee Chai, "The Meaning of Xi Jinping's Chinese Dream," *American Journal of Chinese Studies* 20,

no. 2 (October 2013)；Manoranjan Mohanty, "Xi Jinping and the 'Chinese Dream,'" *Economic and Political Weekly* (Mumbai), September 21, 2013；以及Zhao Tingyang, "The China Dream in Question," Harvard-Yenching Institute Working Paper Series, Cambridge, MA, 2013。

❽ 中國發展研究基金近期資助一項基於訪問的研究計畫，蒐集超過一百個來自各層中國民眾的個案，以評價「中國夢」的影響，參見Mai Lu, ed., *The Chinese Dream and Ordinary Chinese People* (Singapore: Springer, 2021)。該書緒論是本章「再思繁榮」一節的寫作基礎。

❾ 根據美國國防部最新評估，中國目標在二〇四九年成為「世界級軍事大國」，目前進度已遠超預期。國防部認為，中國在戰艦製造、陸基常規彈道導彈及巡航導彈、聯合防空系統三大方面已經超越美國；中國解放軍採納了新的行動概念，境外軍事足跡大增，整體戰備能力已顯著提升。詳情參見Office of the Secretary of Defense, *Military and Security Developments Involving the People's Republic of China: 2021*, Annual Report to Congress, Washington DC, November 2021。

❿ 參見以下資料：Asian Development Bank, *Meeting Asia's Infrastructure Needs*, Manila, 2017；World Bank, *Belt and Road Economics: Opportunities and Risks of Transport Corridors*, Washington DC, June 2019；以及Jack Nolan and Wendy Leutert, "Signing Up or Standing Aside: Disaggregating Participation in China's Belt and Road Initiative," Global China, Brookings Institution, October 2020。

⓫ 參見國際貨幣基金組織*World Economic Outlook*數據庫，以及Angus Maddison, *Chinese Economic Performance in the Long Run: 960–2030 AD*, OECD Development Centre Study, 2nd ed. (Paris: OECD Publishing, 2007)。

⓬ 參見Jonathan D. Spence, *The Search for Modern China*, 3rd ed. (New York: W. W. Norton and Co., 2012)，第十至十一章。

⓭ 關於十七世紀以來中國失去世界技術強國地位的原因，前人已有豐富探討，參見Justin Yifu Lin, "The Needham Puzzle: Why the Industrial Revolution Did Not Originate in China," *Economic Development and Cultural Change* 43, no. 2 (January 1995)。

⓮ 參見James Truslow Adams, *The Epic of America* (Boston: Little, Brown & Co., 1931)。亞當斯在一九一六至一九四五年間著成二十一部著作，憑一九二一年*The Founding of New England*一書獲普立茲獎。詳見James Truslow Adams papers, 1918–1948, Columbia University Libraries Archival Collections，資料來源：http://www.columbia.edu/cu/lweb/archival/collections/ldpd_4078384/。

⓯ GDP資料來源：美國商務部經濟分析局。失業率的情況，參見Stanley Lebergott, "Labor Force, Employment, and Unemployment, 1929–39: Estimating Methods," *Monthly Labor Review*, US Bureau of Labor Statistics, July 1984。

⓰ 參見US Government Accountability Office (GAO), "Military Readiness," Report to Congressional Committees, GAO-21-279, April 202。

⓱ 參見Maddison Project, "Maddison Historical Statistics," Groningen Growth and Development Centre, University of Groningen, Netherlands，資料來源：https://www.rug.nl/ggdc/historicaldevelopment/maddison/。

⓲ 參見國際貨幣基金組織*World Economic Outlook*數據庫，資料來源：https://www.imf.org/en/Publications/SPROLLs/world-economic-outlook-databases#sort=%40imfdate%20descending。

⓳ 參見Amartya Sen, Jean Paul Fitoussi, and Joseph Stiglitz, *Mismeasuring Our Lives: Why GDP Doesn't Add Up* (New York: The New Press, 2010)。

⓴ 參見Lu Ya'nan, "China Builds Moderately Prosperous Society, Achieves Centenary Goal," *People's Daily* (China) online, July 5, 2021，資料來源：http://en.people.cn/n3/2021/0705/c90000–9868223.html。

㉑ 此處的估算基於美國商務部經濟分析局數據，資料來源：

https://www.bea.gov/data/gdp/gross-domestic-product。

22 若採取一個更綜合的統計指標「總要素生產力」(total factory productivity)，結果也會顯示出相似的趨勢。「總要素生產力」更全面地納入多種要素投入，計算增量的總和。計算範圍不僅包括勞動力的投入，還有物質資本和人力資本。按此指標，美國總要素生產力的成長率在一九五五～二〇一〇年間是〇．七%，現在下降到二〇一一～二〇一九年間的〇．四%。資料來源：Penn World Tables Version 10.0 (February 2021)，https://www.rug.nl/ggdc/productivity/pwt/。

23 資料來源：World Inequality Database, https://wid.world/。

24 世界財富與收入數據庫（World Inequality Database）載有最新的中國數據來自二〇一五年，美國的最新數據來自二〇一九年。據統計，美國頂層人口的財富總量占比從二〇一五年的七三%降至二〇一九年的七一%。

25 本書第十二章將詳細說明，二〇二一年「共同富裕」的提法，可追溯至鄧小平提出的經濟發展應由先進地區帶動落後地區，「讓一部分人先富起來」的理念。這一理念是一九八六年實施之中國沿海發展戰略的重點。參見Bert Hofman, "China's Common Prosperity Drive," *EAI Commentary*, National University of Singapore, September 3, 2021。另見Fuh-Wen Tzeng, "The Political Economy of China's Coastal Development Strategy: A Preliminary Analysis," *Asian Survey* 31, no. 3 (March 1991)；Dali L. Yang, "China Adjusts to the World Economy: The Political Economy of China's Coastal Development Strategy," *Pacific Affairs* 64, no. 1 (Spring 1991)；以及C. Cindy Fan, "Uneven Development and Beyond: Regional Development Theory in Post-Mao China," *International Journal of Urban and Regional Research* 21, no. 4 (1997)。

26 習近平在二〇二一年八月十七日主持召開的中央財經委員會上特別強調這一點。參見"Xi Stresses Promoting Common Prosperity amid High-Quality Development, Forestalling Major Financial Risks," Xinhua News Service (China), August 18, 2021。

27 參見Albert Keidel, "Chinese Regional Inequalities in Income and Well-Being," *Review of Income and Wealth* 55, special issue 1 (July 2009)。

28 相關論述，參見"Xi Jinping's Talk of 'Common Prosperity' Spooks the Prosperous," Free Exchange, *The Economist*, August 28, 2021；Kevin Rudd, "Xi Jinping's Pivot to the State," an address to the Asia Society, New York, September 8, 2021；以及Ryan Hass, "Assessing China's 'Common Prosperity' Campaign," *Order from Chaos* (blog), Brookings Institution, September 9, 2021。

29 資料來源：World Inequality Database, https://wid.world/。

30 相關論述，參見Edward Glaeser, Wei Huang, Yueran Ma, and Andrei Shleifer, "A Real Estate Boom with Chinese Characteristics," *Journal of Economic Perspectives* 31, no. 1 (Winter 2017)；Kenneth S. Rogoff and Yuanchen Yang, "Peak China Housing," NBER Working Paper No. 27697, August 2020；以及Stella Yifan Xie and Mike Bird, "The $52 Trillion Bubble: China Grapples with Epic Property Boom," *Wall Street Journal*, July 16, 2020。

31 近年「美國夢碎」的批判性言論紛湧而至。相關論述，參見以下資料：J. D. Vance, *Hillbilly Elegy* (New York: Harper, 2019)；Gene Ludwig, ed., *The Vanishing American Dream* (New York: Disruption Books, 2020)；Noam Chomsky, *Requiem for the American Dream* (New York: Seven Stories Press, 2017)；Nicholas Lemann, *Transaction Man: The Rise of the Deal and the Decline of the American Dream* (New York: Farrar, Straus and Giroux, 2019)；以及Robert D. Putman, Our Kids: *The American Dream in Crisis* (New York: Simon & Schuster, 2015)。

32 參見Dan P. McAdams and Kate C. McLean, "Narrative Identity," *Current Directions in Psychological Science* 22, no. 3 (June 2013)，以及Kate C. McLean, Monisha Pasupathi, William L. Dunlop, et al., "The Empirical

Structure of Narrative Identity: The Initial Big Three," *Journal of Personality and Social Psychology* 119, no. 4 (2020)。另見Julie Beck, "Life's Stories: How Narrative Creates Personality, *The Atlantic*, August 10, 2015。

33 相關例證，參見John Kenneth Galbraith, *The Great Crash: 1929* (Boston: Houghton Mifflin, 1961)；Studs Terkel, *Hard Times: An Oral History of the Great Depression* (New York: Pantheon Books, 1970)；以及F. Scott Fitzgerald, *The Great Gatsby* (New York: Charles Scribner's Sons, 1925)。

34 參見Shiller, *Narrative Economics*。

35 這是流行病傳播的典型SIR模式。簡而言之，疾病傳播關乎三個人群的關係：「S」代表的是易感（susceptible）人群，「I」代表的是感染（infected）人群，「R」代表的是感染完畢後已康復（recovered；也可能是已死亡「dead」）因而不再易感的人群。參見William O. Kermack and Anderson G. McKendrick, "A Contribution to the Mathematical Theory of Epidemics," *Proceedings of the Royal Society* 115, no. 772 (1927)。

36 Google Ngram filter數據來自線上搜索引擎。搜索功能主要是爬取Google Books收錄的出版自一五〇〇至二〇一九年間的所有書籍，統計指定詞彙的出現頻率。具體說明參見https://books.google.com/ngrams/info。另見Robert J. Shiller, "The Digital Tool that Helps Robert Shiller Understand the Past," Faculty Viewpoints, *Yale Insights*, February 8, 2022。

37 這一思考方向，最早見於耶魯大學歷史學家史奈德（Timothy Snyder）教授二〇二一年的一篇精彩論文。論文提到，所謂二〇二〇年美國總統大選「被偷掉」的「大謊言」，其實早有歷史前身，可等同視之。類似歷史事件包括希特勒在納粹德國的反猶太主義，以及史達林稱蘇維埃烏克蘭一九三二至一九三三年的大飢荒純屬自取其咎的謬論。參見Timothy Snyder, "The American Abyss," *New York Times Magazine*, January 9, 2021。MIT的研究，參見Soroush Vosoughi, Deb Roy, and Sinan Aral, "The Spread of True and False News Online," *Science* 359, no. 6380 (March 9, 2018)。

38 參見Chengcheng Shao, Giovanni Luca Ciampaglia, Onur Varol, Kai-Cheng Yang, Alessandro Flammini, and Fillipo Menczer, "The Spread of Low-Credibility Content by Social Bots," *Nature Communications* 9, article no. 4787 (November 20, 2018)。

39 席勒將之列為敘事經濟學的第五項推論：「真相不足以阻止不實論述」。參見Shiller, *Narrative Economics*。

40 參見Glenn Kessler, "Trump's False or Misleading Claims Total 30,573 over 4 Years," *Washington Post*, January 24, 2021。

41 參見Geoffrey Skelley, "Most Republicans Still Won't Accept that Biden Won," *FiveThirtyEight*, May 7, 2021。

42 這裡說的是當時彭博美國網際網路指數下的二百八十檔股票。參見David Kleinbard, "The $1.7 Trillion Dot.com Lesson," CNN Money, November 9, 2000。

43 葛林斯潘在二〇〇〇年三月網際網路泡沫爆破之前，曾於一個非常公開的場合發表演講，詳釋股市即將進入一個全新的範式，繁榮將以創新為基礎，繁榮的範式亦將持續有力。參見Alan Greenspan, "Technology and the Economy," Remarks Before the Economic Club of New York, NewYork, January 13, 2000。

44 參見Robert J. Shiller, *Irrational Exuberance*, 1st ed. (Princeton, NJ: Princeton University Press, 2000)。

45 參見Ernst Fehr and Simon Gächter, "Fairness and Retaliation: The Economics ofReciprocity," *Journal of Economic Perspectives* 14, no. 3 (Summer 2000)。

46 參見Laura Silver, Kat Devlin, and Christine Huang, "Large Majorities Say China Does Not Respect the Personal Freedoms of Its People," Pew Research Center Report, June 30, 2021。

第二部　美國對中國的不實論述

第四章　雙邊的叫囂 Bilateral Bluster

❶ 301條款是美國一九七四年貿易法的修訂條款，授權美國總統總統採取所有適當行動，以使組織外國政府透過任何不公正、不合理行為去限制美國商業發展。在雷根任內（一九八一～一九八八），301條款廣為援引，衍生出四十九份報告。然而，自二〇〇一年至二〇一八年美國對中國展開調查前，只有一宗301條款報告。參見Chad P. Bown, "Rogue 301: Trump to Dust Off Another Outdated US Trade Law?" *Trade and Investment Policy Watch* (blog), Peterson Institute for International Economics, August 3, 2017。

❷ 參見Office of the US Trade Representative, Executive Office of the President, "Findings of the Investigation into China's Acts, Policies, and Practices Related to Technology Transfer, Intellectual Property, and Innovation Under Section 301 of the Trade Act of 1974," March 22, 2018（尾註簡稱USTR Section 301 report）。

❸ 美國前任經濟官員舒爾茲（George Schultz）和費司頓（Martin Feldstein）的說法最妙：「如果一個國家國家消耗多於產出，那麼進口一定要多於出口。這不是搶劫，這是加減法算術。」參見George P. Schultz and Martin Feldstein, "Everything You Need to Know about Trade Economics, in 70 Words," *Washington Post*, May 5, 2017。叫人驚訝的是，目前關於貿易政策的辯論幾乎完全不觸及儲蓄與投資失衡的現象。只有下面一書是例外，尤見第三章：Matthew C. Klein and Michael Pettis, *Trade Wars Are Class Wars* (New Haven, CT: Yale University Press, 2020)。

❹ 資料來源：美國商務部經濟分析局。

❺ 關於貿易轉移，參見Pablo Fajgelbaum, Pinelopi K. Goldberg, Patrick J. Kennedy, Amit Khandelwal, and Daria Taglioni, "The US-China Trade War and Global Reallocations," NBER Working Paper No. 29562, December 2021；此外，請留意美國與中國香港的貿易大多涉及在中國生產組裝之商品的「再出口」。源於中國和中國香港本地的出口都合併在一起計算。

❻ 二〇二〇年許多貿易轉移受益國的工人薪資要比中國高得多，這些國家包括加拿大、台灣、韓國、義大利和法國。部分抵消這些成本的是勞動報酬率明顯更低的越南，其次是薪酬略低的墨西哥。相關數據採自WorldData.info，該網路資源的依據是世界銀行、國際貨幣基金組織和經合組織統計所得的各國工人人均收入對照表，資料來源：https://www.world data.info/average-income.php。美國勞動統計局曾有關於製造業每小時補償成本的跨國比較研究。該研究計畫已於二〇一一年停止。筆者曾使用勞動統計局的數據估計出，中國在二〇一〇年的製造業補償僅為美國第二大貿易夥伴的平均製造業補償的一〇%（按其在美國進口中的占比，已進行加權）：參見*Stephen Roach, Unbalanced: The Codependency of America and China* (New Haven, CT: Yale University Press, 2014)，第143頁註31。儘管美中差距在隨後十二年裡有所縮窄，但基本結論仍然成立：貿易轉移正在將美國的進口商品從低成本的中國採購轉向成本更高的外國生產商——這在功能上相當於對美國企業和消費者加稅。

❼ 參見Congressional Budget Office, "The 2021 Long-Term Budget Outlook," Washington DC, March 4, 2021。

❶ 在中國關稅安排一事上，川普政府的經濟顧問團體顯然沒有影響力。參見以下資料：Josh Boak, Jonathan Lemire, and Jill Colvin, "Is Trump's Economic Team Up For a Trade War?" AP News, Associated Press, August 24, 2019；Damian Paletta, "Trump Is Increasingly Relying on Himself—Not His Aides—in Trade War with China," *Washington Post*, August 6, 2019。前經濟顧問委員會主席哈塞特（Kevin Hassett）也許是個例外，參見Lizzie O'Leary, "Kevin

Hassett Says Trump's Trade War Is Worth the Cost," *The Atlantic*, September 4, 2019。

9 參見Henry W. Nichols, "Joint Ventures," *Virginia Law Review* 36, no. 4 (May 1950)。

10 資料來源：National Bureau of Statistics, *China Statistical Yearbook: 2020*；有關全球合資企業數據，參見Refinitiv數據來源：https://www.refinitiv.com/en/financial-data/deals-data/joint-venture-deals。

11 一九九五年摩根士丹利與中國建設銀行（以及少數小型投資者）合資成立中國第一家投資銀行中國國際金融公司（China International Capital Corporation），筆者也有參與，當時的經驗可供對照。當時合作者也共享業務實踐、專有產品和分銷系統。然而，摩根士丹利沒有被迫同意這些安排。這與美國貿易代表署的籠統批評是相反的。摩根士丹利根據自己的商業目標而行事，希望在中國建立一家世界級的金融服務公司。到二〇一〇年摩根士丹利出售所持股份時，中金公司已在順利實現這些目標。

12 參見USTR Section 301 report, March 2018, 19。

13 參見US-China Business Council, "USCBC 2016 Membership Survey: The Business Environment in China," released December 2019。

14 參見US-China Business Council, "USCBC 2017 Membership Survey: The Business Environment in China," released December 2018。

15 參見Deloitte, "Sino-Foreign Joint Ventures after COVID: What to Expect?" September 2020。

16 參見National Bureau of Statistics, *China Statistical Yearbook: 2009 to 2020*, table 11-15。

17 最新的《中華人民共和國外商投資法》也有關鍵條款列明禁止強制轉讓外國技術或洩露商業祕密。參見Nicolas F. Runnels, "Securing Liberalization: China's New Foreign Investment Law," *Journal of International Law and Politics*, December 6, 2020。

18 參見Nicholas R. Lardy, "China: Forced Technology Transfer and Theft?" China Economic Watch (blog), Peterson Institute for International Economics, April 29, 2018。此文基於國家外匯管理局（中國）的國際收支數據：二〇二〇年全球智慧財產權使用費的數據來自世界銀行，參見：https://data.worldbank.org/indicator/BM.GSR.ROYL.CD。

19 參見Laura Silver, Kat Devlin, and Christine Huang, "Most Americans Support Tough Stance toward China on Human Rights, Economic Issues," Pew Research Center, March 2021。

20 參見Sydney J. Freeberg Jr., "Esper Exhorts Allies to Ban Chinese 5G: Britain's Huawei Dilemma," *Breaking Defense*, September 19, 2019。

21 參見以下資料：IP Commission, "The IP Commission Report: The Report of the Commission on the Theft of American Intellectual Property"；"Update to the IP Commission Report," National Bureau of Asian Research, March 2013 and February 2017。

22 參見PricewaterhouseCoopers LLP (PwC) and Center for Responsible Enterprise and Trade (CREATE.org), "Economic Impact of Trade Secret Theft: A Framework for Companies to Safeguard Trade Secrets and Mitigate Potential Threats," February 2014。

23 參見OECD/EUIPO, *Trade in Counterfeit and Pirated Goods: Mapping the Economic Impact* (Paris: OECD Publishing, 2016)。

24 參見Business Software Alliance, "Seizing Opportunity through License Compliance: BSA Global Software Survey," May 2016。

25 資料來源：CNBC interview with Peter Navarro, June 19, 2018；另見White House Office of Trade and Manufacturing Policy, "How China's Economic Aggression Threatens the Technologies and Intellectual Property of the United States and the World," June 2018。納瓦羅後來因不配合國會對二〇二一年一月六日衝擊國會大廈調查，而被控藐視國會。但他對於美國執迷於中國雙邊關係的

批評仍可一讀。參見Klein and Pettis, *Trade Wars Are Class Wars*。

26 參見USTR Section 301 report, 152。

27 參見Dwight D. Eisenhower's Farewell Address to the Nation, "The Military-Industrial Complex," Dwight D. Eisenhower Presidential Library, January 17, 1961；關於一九七〇年代美國相應產業措施的詳細評鑑，參見Michael L. Wachter and Susan M. Wachter, eds., *Toward a New US Industrial Policy?* (Philadelphia: University of Pennsylvania Press: 1981)。

28 參見下列資料：Aaron Mehta and Joe Gould, "Biden Requests $715B for Pentagon, Hinting at Administration's Future Priorities," *Defense News*, April 9, 2021；Daniel Cebul, "U.S. Remains Top Military Spender," *Defense News*, May 2, 2018。到二〇二一年，國防高級研究計畫局（Defense Advanced Research Project Agency）的資金水準保持相對穩定，略低於四十億美元，占比略超乎美國國防部科技總預算的二〇%；參見Marcy E. Gallo, "Defense Advanced Research Projects Agency: Overview and Issues for Congress," Congressional Research Service, August 19, 2021。

29 參見Department of Defense, "DOD Awards $69.3 Million Contract to CONTINUS Pharmaceuticals to Develop US-Based Continuous Manufacturing Capability for Critical Medicines," press release, January 15, 2021。

30 二〇二一年六月八日，參議院通過二千五百億美元的《美國創新與競爭法案》（S.1260）；二〇二二年二月四日，眾議院通過了三千三百五十億美元的《二〇二二年美國競爭法案》（H.R. 4521）；本書付印時，國會正在等待和解。兩項立法的成本估算均基於美國國會預算辦公室的評估，參見https://www.cbo.gov/。兩項法案都為美國半導體行業提供五百二十億美元的針對性支持，參見Catie Edmondson, "Democrats Renew Push to Pass Industrial Policy Bill to Counter China," *New York Times*, January 26, 2022。二〇一八年外國投資風險審查現代化法案（the Foreign Investment Risk Review Modernization Act）後有加入法規，拓寬美國外資投資委員會的管轄範圍，於二〇二〇年二月生效。有關近期美歐多邊工業政策合作的討論，參見Frances Burwell, "The US-EU Trade and Technology Council: Seven Steps toward Success," Atlantic Council, September 24, 2021。

31 參　見Charles Johnson, *MITI and the Japanese Miracle: The Growth of industrial Policy, 1925-1975* (Stanford University Press, 1982)。

32 參見Takeshi Yamaguchi and Hiromu Uezato, "Era of New Industrial Policy?" Morgan Stanley MUFG Research Report, June 11, 2021。

33 參見以下資料：Federation of German Industries (BDI), "The Mittelstand: The Heart of the German Economy," https://english.bdi.eu/topics/germany/the-mittel stand/；以及Asha-Maria Sharma and Claudia Grüne, "Industrie 4.0: From Concept to New Reality," Germany Trade and Investment: Market Report and Outlook, March 2018。

34 參見Niles M. Hansen," French Indicative Planning and the New Industrial State," *Journal of Economic Issues* 3, no. 4 (December 1969)。

35 參見USTR Section 301 report, 65。

36 參見American Enterprise Institute and the Heritage Foundation, "Chinese Investment in the US Dataset"，資料來源：http://www.aei.org/china-global-investment-tracker/。

37 參見以下資料：Barry Eichengreen, Doughyun Park, and Kwanho Shin, "When Fast Growing Economies Slow Down: International Evidence and Implications for China," NBER Working Paper No. 16919, March 2011；以及Barry Eichengreen, Doughyun Park, and Kwanho Shin, "Growth Slowdowns Redux: New Evidence on the Middle-Income Trap," NBER Working Paper No. 18673, January 2013。

38 有關經濟增長和本地創新之間的關鍵聯繫，見本書第九章；有關「中等收入陷阱」在實證上是否成立一事，參見Lant Pritchett and Lawrence H. Summers, "Asiaphoria Meets Regression to the Mean," NBER Working Paper No. 20573, October 2014。

39 參見Fabrizio Zilibotti, "Growing and Slowing Down Like China," *Journal of the European Economic Association* 15, no. 5 (October 2017)。

40 歐巴馬與習近平在會面時，特別提到美國麥迪安網路安全公司的調查報告，參見Mandiant, "APT 1: Exposing One of China's Cyber Espionage Units," February 2013；相關討論亦見於Roach, *Unbalanced*, 157–60。

41 參見以下資料：US Department of Justice, "U.S. Charges Five Chinese Military Hackers for Cyber Espionage against U.S. Corporations and a Labor Organization for Commercial Advantage," press release, May 19, 2014；Office of the White House Press Secretary, "Remarks by President Obama and President Xi in Joint Press Conference," Washington DC, September 25, 2015。

42 301條款報告承認二〇一五年美中網路協議達成以來，源自中國的網路襲擊次數明顯下降，見USTR Section 301 report, 170。此外，協議達成兩年後，至二〇一七年末，中國在全球網路攻擊頻率排行表跌至第六位，美國升至第一位。參見Akamai, "[State of the Internet]/Security: Q2 2017 Report," August 22, 2017。最近《經濟學人》發表調查報告，稱根據戰略與國際研究中心（Center for Strategic and International Studies）對二〇〇〇年至二〇二〇年期間公開報導的一百六十宗中國網路間諜案件的統計數據，發現此類活動在二〇一〇〜二〇二〇年間的發生頻率明顯高於二〇〇〇〜二〇一〇年；然而，鑑於網際網路的使用在這二十年的後半階段急增，發生頻率的上升並不令人震驚。參見"After Failing to Dissuade Cyber-Attacks, America Looks to Its Friends for Help," *The Economist*, July 24, 2021；以及Center for Strategic and International Studies (CSIS), "Survey of Chinese Espionage in the United States since 2000," 資料來源：https://www.csis.org/programs/technology-policy-program/survey-chinese-linked-espionage-united-states-2000。

43 參見Mandiant, "APT1," 24。

44 例如，麥迪安報告特別指出，中國對美國交通產業發動網路襲擊，是具國家戰略性意義的舉動，但事實上，在其引述的中國發展規劃文件中，「戰略性新興產業」指的是電動車產業。交通產業和電動車產業只能說是有廣義上的重疊，所以我們很難（也許也不能）證明是否有此攻擊。參見Roach, *Unbalanced*，頁294，註43。

45 二〇二二年一月，中國國務院頒布《「十四五」數字經濟發展規劃》。該規劃要求「核心數字產業」在GDP的占比從二〇二〇年的七．八％提高到二〇二五年的一〇％。這個指標只是對狹義的資訊及通訊科技（Internet and Communication Technology，簡稱ICT）而言，僅僅包括電信、網際網路、IT服務、硬體和軟體行業。規劃文件中還有一更廣泛的衡量標準，不僅包括狹義的ICT活動，也加上「已融合數字技術的部分傳統產業」。參見Longmei Zhang and Sally Chen, "China's Digital Economy: Opportunities and Risks," IMF Working Paper, WP/19/16, January 2019。亦見"The State Council Issued the 14th Five-Year Plan for the Development of Digital Economy," Xinhuanet, January 12, 2022，以及"China's Cabinet Says It Will Promote Transformation of Digital Economy," Reuters, January 12, 2022。

46 參見William Cline, Kyoji Fukao, Tokuo Iwaisako, Kenneth N. Kuttner, Adam S. Posen, and Jeffrey J. Schott, "Lessons from Decades Lost: Economic Challenges and Opportunities Facing Japan and the United States," Peterson Institute for International Economics, PIIE Briefing 14-4, December 2014。

47 參見Stephen Roach, "Is China the Next Japan?" *Project Syndicate*, June

27, 2016。

48 資料來源：美國商務部經濟分析局。

49 資料來源：美國商務部經濟分析局。

50 針對中國的301條款報告由川普總統要求提呈，符合一九七四年貿易法旨在授權總統的用意。但一九八〇年代針對日本的301條款報告並非如此，乃由當時攻擊性極強的貿易代表處和副貿易代表萊特海澤自發提出。參見Douglas A. Irwin, "The U.S.-Japan Semiconductor Trade Conflict," 載於Anne O. Krueger, ed., *The Political Economy of Trade Protection* (Chicago: University of Chicago Press, January 1996)，第1章。

51 正如第二章所言，若把全球供應鏈納入考慮的話，這一比較顯然欠準確。在一九八〇年代，全球供應鏈現象還不存在。也就是說，今天美國貿易赤字內「中國製造」的成分其實遠少於一九八〇年代時「日本製造」的成分。參見OECD, "Trade in Value Added," https://www.oecd.org/sti/ind/measuring-trade-in-value-added.htm。

52 參見Jacob M. Schlesinger, "Trump Forged His Ideas on Trade in the 1980s and Never Deviated," *Wall Street Journal*, November 15, 2018。

52 參見以下資料：Paul A. Samuelson, "Evaluating Reaganomics," Challenge 30, no. 6 (1987)；Paul Krugman, "Debunking the Reagan Myth," *New York Times*, January 21, 2008；以及James Surowiecki, "Tax Evasion: The Great Lie of Supply-Side Economics," New Yorker, October 22, 2007。有關供給面派經濟理論學者的自我評鑑，可參見以下資料：Bruce Bartlett, *The New American Economy: The Failure of Reaganomics and a New Way Forward* (New York: St. Martin's Press, 2009)；Martin Feldstein, "Supply Side Economics: Old Truths and New Claims," NBER Working Paper No. 1792, January 1986。

54 一九八〇年老布希（George H. W. Bush）參選總統時，曾稱雷根的大幅減稅為一種「巫毒經濟學」（voodoo economics）；之後，他成為雷根的副總統，就收回了這項指責。參見Helen Thomas, "Vice President George Bush Was Only 'Kidding' Reporters When ..." UPI Archives, February 19, 1982。現代貨幣理論也曾受類似的抨擊，參見Kenneth Rogoff, "Modern Monetary Nonsense," *Project Syndicate*, March 4, 2019。

55 在二〇二一年，美國聯邦政府收入占GDP的一六%，低於之前五十年的平均值一七．三%。參見Congressional Budget Office, "The 2021 Long-Term Budget Outlook," March 4, 2021；亦見CBO Historical Budget Data, February 2021，資料來源：https://www.cbo.gov/data/budget-economic-data#2。

56 參見Stephen Roach, "Japan Then, China Now," *Project Syndicate*, May 27, 2019。

第五章　華為是特洛伊木馬／華為陷阱 Huawei as a Trojan Horse

1 參見Ondrej Burkacky, Stephanie Lingemann, Markus Simon, and Alexander Hoffmann, "The 5G Era: New Horizons for Advanced Electronics and Industrial Companies," McKinsey & Company, January 2020。

2 參見Sherisse Pham, "Who Is Huawei Founder Ren Zhengfei?" CNN Business, March 14, 2019。

3 蘇俄和中共軍事科學家對「潛伏特工」的洗腦和再程式化在一九六二年拍成驚悚片《滿洲候選人》（*The Manchurian Candidate*）。這部冷戰電影二〇〇四年再度翻拍，廣為觀眾熟識。

4 參見以下資料：Sun Tzu, *The Art of War*, trans. Gary Gagliardi (Seattle, WA: Science of Strategy Institute/Clearbridge Publishing, 1999)；Carl von Clausewitz, *On War*, rev. ed. (1832; Princeton, NJ: Princeton University Press, 1989)；以及Niall Ferguson, *The Pity of War: Explaining World War I* (New York: Basic Books, 2008)。

❺ 全球創新指數（GII）是由康乃爾大學和歐洲工商管理學院（INSEAD）大學研究人員與世界智慧財產權組織（WIPO）聯合編制。相關最新發布，參見Cornell University, INSEAD, and WIPO, *The Global Innovation Index 2021: Tracking Innovation through the COVID-19 Crisis* (Ithaca, Fontainebleau, and Geneva, 2021)。

❻ 自二〇〇七年以來，GII一直在對世界各國的創新能力進行排名。二〇二一年GII指數排名包括的一百三十二個國家共占世界人口的九三・五%，占世界國內生產總值九七%（以購買力平價衡量）；GII指數是八十一個創新能力指標的綜合結果，每一個國家在每一項指標都須被評分。

❼ 參見Cornell, INSEAD, and WIPO, *The Global Innovation Index 2021*, appendix 1。

❽ 參見Brian Christian, *The Alignment Problem: Machine Learning and Human Values* (New York: W. W. Norton & Company, 2020)。

❾ 參見Kai-Fu Lee, *AI Super-Powers: China, Silicon Valley, and the New World Order* (Boston: Houghton Mifflin Harcourt, 2018)。

❿ 參見Daitian Li, Tony W. Tong, and Yangao Xiao, "Is China Emerging as the Global Leader in AI?" *Harvard Business Review*, February 2021。

⓫ 參見Josh Chin and Liza Lin, *Surveillance State: Inside China's Quest to Launch a New Era of Social Control* (New York: St. Martin's Press, September 2022)。二〇二一年初，中國估計有九・八九億網際網路用戶，占其十四億人口的六八%；這幾乎相當於歐洲（七・三七億）和美國（二・九七億）網際網路用戶的總和，約占兩國人口的八八%。資料來源：Internet World Stats, https://www.internetworldstats.com/stats.htm。

⓬ 參見Stephen S. Roach, "In Search of Productivity," *Harvard Business Review*, September–October 1998。

⓭ 參見Stephen S. Roach, "China's Animal Spirits Deficit," *Project Syndicate*, July 27, 2021。

⓮ 參見Lindsay Gorman, "China's Data Ambitions: Strategy, Emerging Technologies, and Implications for Democracies," National Bureau of Asian Research, August 14, 2021。

⓯ 參見Matt Pottinger and David Feith, "The Most Powerful Data Broker in the World is Winning the War against the U.S.," *New York Times*, November 30, 2021。

⓰ 參見"Full Text of Xi Jinping's Report at the 19th CCP Congress," Xinhua News Service (China), October 2017。

⓱ 參見"Xi Jinping Chairs Collective Study Session of Politburo on National Big Data Strategy," Xinhua News Service (China), December 9, 2017；以及"Xi Stresses Sound Development of Digital Economy," Xinhua News Service (China), October 19, 2021。

⓲ 參見China Institute for Science and Technology Policy, *China AI Development Report: 2018*, Tsinghua University, Beijing, July 2018。

⓳ 參見Derek Grossman, Christian Curriden, Logan Ma, Lindsey Polley, J. D. Williams, and Cortez Cooper III, "Chinese Views of Big Data Analytics," RAND Corporation, Santa Monica, CA, 2020。

⓴ 參見Louise Lucas and Richard Waters, "China and US Compete to Dominate Big Data," The Big Read, *Financial Times*, May 1, 2018；US Senate, "The New Big Brother: China and Digital Authoritarianism," A Democratic Staff Report Prepared for the Use of the Committee on Foreign Relations, July 21, 2020；以及Joe Devanesan, "China and the US Are Now in a Battle over Big Data," TECHWIRE Asia, September 11, 2020。

㉑ 參見Graham Allison and Eric Schmidt, "Is China Beating the U.S. to AI Supremacy?" *National Interest*, December 2019。

㉒ Shoshana Zuboff, *The Age of Surveillance Capitalism: The Fight for a Human Future at the New Frontier of Power* (New York: Public Affairs, 2019)。

23 參見Ryan C. LaBrie, Gerhard H. Steinke, Xiangmin Li, and Joseph A. Cazier, "Big Data Analytics Sentiment: US-China Reaction to Data Collection by Business and Government," *Technological Forecasting and Social Change* 130 (May 2018)。

24 人工智慧國家安全委員會（National Security Commission on Artificial Intelligence）是美國國會於二〇一八年成立的獨立委員會，由十五名委員組成，其中十二名由美國國會任命，二名由美國國防部任命，一名由美國商務部長任命。該委員會旨在全面評估對人工智慧相關的國家安全和國防需求，並為總統和國會提供政策結論。在二〇二一年三月發布了七百五十六頁的最終報告後，委員會於二〇二一年十月解散。參見National Security Commission on Artificial Intelligence, *Final Report*, March 2021，資料來源：https://www.nscai.gov/。另參見Allison and Schmidt, "Is China Beating the U.S. to AI Supremacy?"。

25 參見Christian, *The Alignment Problem*；另參見Henry A. Kissinger, Eric Schmidt, and Daniel Huttenlocher, *The Age of AI and Our Human Future* (New York: Little, Brown and Company, 2021)。

26 經濟學家高登（Robert Gordon）曾提出一個著名觀點，即巨大的創新浪潮是一次性的發展，未來極難複製。高登認為，今天的科學突破無法與一八七〇年至一九七〇年創新的「特殊世紀」巨變相比，包括旅行速度的提高（從馬到噴氣式飛機），華氏72度的室溫控制，城市化趨勢，體力勞動的式微，以及女性勞動力的增加。參見Robert J. Gordon, *The Rise and Fall of American Growth: The U.S. Living Standard Since the Civil War* (Princeton, NJ: Princeton University Press, 2016)。

27 資料來源：National Science Board, *Science & Engineering Indicators 2020: The State of U.S. Science and Engineering* (Alexandria, VA: National Science Foundation, January 2020)。

28 National Science Board, *Science & Engineering Indicators 2020*。

29 也許美中R＆D競賽最令人擔憂的方面在於實驗開發資金。相關項目被指定用於研究和應用實踐，旨在生產新產品或改進現有產品；二〇一四年，中國在實驗性R＆D上的支出超過了美國。到二〇一七年，相關支出已比美國多出二三％。資料來源：National Science Board, Science & Engineering Indicators 2020。

30 在二〇一〇年至二〇一七年期間，中國R＆D支出平均每年增長九．二％，是美國同期三．八％的兩倍多；如果中國能夠保持這種增長差異，兩國R＆D占比的趨同最早可能在二〇二三年發生。資料來源：Author's calculations based on National Science Board, *Science & Engineering Indicators 2020*。

31 筆者參照的英文資料：National Development and Reform Commission, *Report on the Implementation of the 2020 Plan for National Economic and Social Development and on the 2021 Draft Plan for National Economic and Social Development*, the Fourth Session of the Thirteenth National People's Congress, March 5, 2021（此為大會報告）。

32 參見"China's Basic Research Spending Rises to 6.09% of Entire R&D Expenditure in 2021, a Step Closer to 2025 Goal of 8%," *Global Times* (China), February 25, 2022。

33 資料來源：National Science Board, *Science & Engineering Indicators 2020*。

34 參見Chad P. Bown, "The US-China Trade War and Phase One Agreement," Peterson Institute for International Economics, Working Paper 21–2, February 2021。

35 參見Jeremy Ney, "United States Entity List: Limits on American Exports," Belfer Center, Harvard Kennedy School, February 2021。

36 參見William A. Carter, "Understanding the Entities Listing in the Context of U.S.-China AI Competition," Center for Strategy and International Studies (CSIS), October 2019。

37 參見Ian F. Ferguson and Karen M. Sutter, "U.S. Export Control Reforms and China: Issues for Congress," Congressional Research Service, January 2021。

38 參見Faezeh Raei, Anna Ignatenko, and Borislava Mircheva, "Global Value Chains: What Are the Benefits and Why Do Countries Participate?" IMF Working Paper 19/18, January 2019。

39 資料來源：世界銀行發展指標（World Bank Development Indicators）及國際貨幣基金組織*World Economic Outlook*數據庫。

40 參見Henry Farrell and Abraham L. Newman, "Weaponized Interdependence: How Global Economic Networks Shape State Coercion," *International Security* 44, no. 1 (Summer 2019)；以及Henry Farrell and Abraham L. Newman, "Will the Coronavirus End Globalization as We Know It?" *Foreign Affairs*, March 16, 2020。

41 參見Raphael Auer, Claudio Borio, and Andrew Filardo, "The Globalization of Inflation: The Growing Importance of Global Value Chains," Bank for International Settlements, BIS Working Paper No. 602, January 2017。

42 近年來，法雷爾教授和紐曼教授提出的全球網路武器化具有即時意義。關於供應鏈的釋放和回流，參見Michael Greenwald, "Achieving Supply Chain Independence in a Post-COVID Economy," *New Atlanticist* (blog), Atlantic Council, May 7, 2020。關於俄烏戰爭「友岸外包」聯盟建設，參見"Remarks by Secretary of the Treasury Janet L. Yellen on Way Forward for the Global Economy," speech before the Atlantic Council, April 13, 2022（此為演講稿）。

43 Tamim Bayoumi, Jelle Barkema, and Diego A. Cedeiro, "The Inflexible Structure of Global Supply Chains," IMF Working Paper 119/193, September 2019。

44 參見Elizabeth Lopatto, "Tim Cook's Trick for Making iPhones Is Now at Risk from the Pandemic: The Perils of Just-In-Time Manufacturing," *The Verge*, March 13, 2020。

45 參見Stephen Roach, "A Return to 1970s Stagflation Is Only a Broken Supply Chain Away," *Financial Times*, May 6, 2020；以及Stephen Roach, "The Sequencing Trap that Risks Stagflation 2.0," *Financial Times*, October 13, 2021。

46 參見Ha-Joon Chang, *Bad Samaritans: Rich Nations, Poor Policies, and the Threat to the Developing World* (London: Random House, 2007)。

47 維吉爾（Virgil）於西元前二十九年至十九年間著成的拉丁史詩《艾尼亞斯紀》（*The Aeneid*）是對特洛伊木馬最詳細的描述；參見Virgil, *The Aeneid*, trans. Robert Fagles (New York: Viking Penguin, 2006)。

48 參見Homer, *The Odyssey*, trans. Robert Fagles (New York: Viking Penguin, 1996)。

49 這種說法見於尤里比底斯（Euripides）的古希臘悲劇《特洛伊女人》（*The Trojan Woman*）。參見*The Trojan Woman*, trans. James Morwood, Oxford World Classics (Oxford: Oxford University Press, 2000)。

50 參見Jeffrey D. Sachs, "The War on Huawei," *Project Syndicate*, December 11, 2018。

51 參見US Department of Justice, "Huawei CFO Wanzhou Meng Admits to Misleading Global Financial Institution: Meng Enters into Deferred Prosecution Agreement to Resolve Fraud Charges," press release, September 24, 2021。

52 有關隱藏的Telnet守護程式討論，參見Daniele Lepido, "Vodafone Found Hidden Backdoors in Huawei Equipment," *Bloomberg*, April 30, 2019；關於二〇一二年傳聞中第二次祕密決議，參見Jordan Robertson and Jamie Tarabay, "Chinese Spies Accused of Using Huawei in Secret Australian Telecom Hack," *Bloomberg*, December 16, 2021。

53 參見William Lazonick and Edward March, "The Rise and Demise of Lucent Technologies," paper originally presented to the Conference on

Innovation and Competition in the Global Communications Technology Industry, INSEAD, Fontainebleau, France, August 23–24, 2007（此為會議論文）。

54 參見Thomas Donahue, "The Worst Possible Day: U.S. Telecommunications and Huawei," *Prism* (National Defense University Press) 8, no. 3 (January 2020)。

55 參見Chuin-Wei Yap, "State Support Helped Fuel Huawei's Global Rise," *Wall Street Journal*, December 25, 2019。

56 根據華為二〇二一年度報告，十萬七千名員工（占十九萬五千名員工總人數五四．八％）在R＆D部門工作，二〇二一年支出總額為一千四百二十七億元人民幣（或二百二十四億美元）。參見Huawei Investment & Holding Co., Ltd., *2021 Annual Report*, March 28, 2022。有關華為競爭對手R＆D支出比較指標，參見"Respecting and Protecting Intellectual Property: The Foundation of Innovation," Huawei White Paper on Innovation and Intellectual Property (2020)；以及Justin Fox, "Amazon Spends Billions on R&D. Just Don't Call It That," *Bloomberg*, February 11, 2021。

57 參見Lindsay Maizland and Andrew Chatzky, "Huawei: China's Controversial Tech Giant," Council of Foreign Relations Backgrounder, New York, August 2020。

58 參見Chuin-Wei Yap and Dan Strumpf, "Huawei's Yearslong Rise Is Littered with Accusations of Theft and Dubious Ethics," *Wall Street Journal*, May 25, 2019。

59 參見Zhou Hanhua, "Law Expert: Chinese Government Can't Force Huawei to Make Backdoors," *Wired*, March 4, 2019。英國國家安全顧問也沒有發現中國政府干預華為網路安全的證據。參見Huawei Cyber Security Evaluation Centre Oversight Board, *Annual Report 2020*。

60 參見Christopher Blading and Donald Clarke, "Who Owns Huawei?" *ChinaFile*, April 2019。

61 Market Intelligence & Consulting Institute (Taiwan), "Huawei's Supply Chain and Its Future Prospects Amid the US-China Trade War," June 2020。

62 華為二〇二一年收入為六十三萬六千八百零七（百萬人民幣），比二〇二〇年創紀錄的八十九萬一千三百六十八（百萬人民幣）下降二八．六％。參見Huawei, *2021 Annual Report*。

第六章　論冷戰的勝出 Winning Cold Wars

1 參見以下資料：Robert Hunt Sprinkle, "Two Cold Wars and Why They Ended Differently," *Review of International Studies* 25, no. 4 (October 1999)；Walter LaFeber, "An End to Which Cold War?" *Diplomatic History* 16, no. 1 (January 1992)；以及Volker R. Berghahn, *America and the Intellectual Cold Wars in Europe* (Princeton, NJ: Princeton University Press, 2002)。

2 此按麥迪遜（Angus Maddison）的購買力平價比較。資料來源：Maddison Project, "Maddison Historical Statistics," Groningen Growth and Development Centre, University of Groningen, Netherlands, https://www.rug.nl/ggdc/historicaldevelopment/maddison/。不少人認為，上述及美國中央情報局的估算嚴重誇大了蘇聯經濟的規模。參見以下資料：Daniel Patrick Moynihan, "The Soviet Economy: Boy, Were We Wrong!" *Washington Post*, July 11, 1990；以及Marc Trachtenberg, "Assessing Soviet Economic Performance During the Cold War: A Failure of Intelligence?" *Texas National Security Review* 1, no. 2 (February 2018)。更深入的批評，可參見Luis R. Martinez, "How Much Should We Trust the Dictator's GDP Growth Estimates?" Becker Friedman Institute, University of Chicago, Working Paper No. 2021-78, July 2021。

3 根據國際貨幣基金組織的估算，按購買力平價計算的中國

GDP在二〇一六年已超過美國。資料來源：國際貨幣基金組織 *World Economic Outlook* 數據庫。

❹ 歷史學家對兩次冷戰的比較，可參見Melvyn P. Leffler, "China Isn't the Soviet Union. Confusing the Two Is Dangerous," *The Atlantic*, December 2, 2019。

❺ 參見Graham Allison, *Destined for War: Can America and China Escape Thucydides's Trap?* (New York: Mariner Books, 2017)。

❻ 此聲明由季辛吉於二〇一九年十一月在北京彭博新經濟論壇發表。參見"Kissinger Says U.S. and China in 'Foothills of a Cold War,'" *Bloomberg News*, November 21, 2019。

❼ 參見Herman Kahn, *Thinking About the Unthinkable* (New York: Horizon Press,1962)。

❽ 參見George F. Kennan, "The Long Telegram," Truman Library Institute, February 22, 1946。

❾ 根據肯楠的回憶錄，〈長電報〉的長度為八千字，但歷史學家蓋迪斯（John Lewis Gaddis）指出實際字數「剛剛超過五千」。參見John Lewis Gaddis, *George F. Kennan: An American Life* (New York: Penguin Press, 2011)。

❿ 參見Kennan, "The Long Telegram"。

⓫ 參見Kennan, "The Long Telegram"。

⓬ 參見Gaddis, *George F. Kennan*。

⓭ 參見X" (akaGeorge F. Kennan), "The Sources of Soviet Conduct," *Foreign Affairs*, July 1947；以及Anonymous, "The Longer Telegram"。"Toward a New American China Strategy," Atlantic Center, Scowcroft Center for Strategy and Security, January 2021。

⓮〈加長電報〉的字數（不含註腳）為三萬零八百二十四，約六倍於肯楠的五千字原電報。參見Gaddis, *George F. Kennan*。

⓯ 參見Minxin Pei, *China's Trapped Transition: The Limits of Developmental Autocracy* (Cambridge, MA: Harvard University Press, 2006)。

⓰ 二〇二一年夏季備受關注的「共同富裕運動」晚於二〇二一年一月〈加長電報〉的發布。這場運動不是歷史上首例，一九八〇年代中期鄧小平倡導的經濟發展順序也有類似觀點，可視為先例。本書第三章已有所展述，第十二章將進一步討論。

⓱ 參見Damon Wilson, "President George H. W. Bush Had 'The Vision Thing' in Spades," Atlantic Council, December 3, 2018。

⓲ 參見Anonymous, "The Longer Telegram"。

⓳ 參見以下資料：Odd Arne Westad, *The Global Cold War: Third World Interventions and the Making of Our Times* (London: Cambridge University Press, 2005)；John Lewis Gaddis, *The Cold War: A New History* (New York: Penguin Books, 2005)；以及Odd Arne Westad, *The Cold War: A World History* (New York: Basic Books, 2017)。

⓴ 參見Gaddis, *The Cold War*, 第1章。

㉑ 資料來源：Maddison Project, "Maddison Historical Statistics"。

㉒ 資料來源：美國商務部經濟分析局。

㉓ 參見Paul Kennedy, *The Rise and Fall of the Great Powers: Economic Change and Military Conflict from 1500 to 2000* (New York: Random House, 1987)。

㉔ 參見Robert M. Solow, "A Contribution to the Theory of Economic Growth," *Quarterly Journal of Economics* 70, no. 1 (February 1956)；以及Edward C. Prescott, "Robert M. Solow's Neoclassical Growth Model: An Influential Contribution to Economics," *Scandinavian Journal of Economics* 90, no. 1 (March 1988)。

㉕ 資料來源：美國勞工部勞動統計局。

㉖ 參見"Kissinger Says U.S. and China in 'Foothills of a Cold War'"。

㉗ 參見以下資料：Thomas J. Christensen, "There Will Not Be a New Cold War: The Limits of U.S.-Chinese Competition," *Foreign Affairs*, March 21, 2021；Ian Bremmer, "No, the U.S. and China are Not Heading towards a New Cold War," *Time*, December 28, 2020；Hunter Marston,

"The US-China Cold War Is a Myth," *Foreign Policy*, September 6, 2017；以及Paul Gewirtz, "Can the US-China Crisis Be Stabilized?" *Order from Chaos* (blog), Brookings Institution, June 26, 2019。

㉘ 在二〇一九～二〇二一這三年期間，勞動生產率十年平均增長率僅一．一七％，這是自一九七三～一九八二年滯脹十年平均增長率一．一四％以來的最差表現。資料來源：美國勞工部勞動統計局。

㉙ 參見"Foreign News: We Will Bury You!" *Time*, November 25, 1956。

㉚ 參見Clyde Haberman, "'This Is Not a Drill': The Threat of Nuclear Annihilation," *New York Times*, May 13, 2018。

㉛ 參見"Text of Mao's Statement Urging World Revolution against U.S.," *New York Times*, May 21, 1970。

㉜ 參見以下資料：Robert O'Brien, "The Chinese Communist Party's Ideology and Global Ambitions," speech delivered in Phoenix, Arizona, June 24, 2020，資料來源：https://china.usc.edu/robert-o%E2%80%99brien-chinese-communist-party%E2%80%99s-ideology-and-global-ambitions-june-24-2020；Christopher Wray, "The Threat Posed by the Chinese Government and the Chinese Communist Party to the Economic and National Security of the United States," speech delivered to the Hudson Institute, Washington DC, July 7, 2020，資料來源：https://www.fbi.gov/news/speeches/the-threat-posed-by-the-chinese-government-and-the-chinese-communist-party-to-the-economic-and-national-security-of-the-united-states；William P. Barr, "Remarks on China Policy," speech delivered at the Gerald R. Ford Presidential Museum, Grand Rapids, Michigan, July 16, 2020，資料來源：https://www.justice.gov/opa/speech/attorney-general-william-p-barr-delivers-remarks-chinapolicy-gerald-r-ford-presidential；以及Mike Pompeo, Communist China and the Free World's Future," speech delivered at the Nixon Library, Yorba Linda, California, July 24, 2020，資料來源：https://www.rev.com/blog/transcripts/mike-pompeo-china-speech-transcript-july-23-at-nixon-library。

㉝ 參見Stephen Roach, "America's Gang of Four Has Spoken, But It Doesn't Understand US-China Reality," CNN Opinion, August 4, 2020。

㉞ 參見G. J. Meyer, *A World Undone: The Story of the Great War, 1914 to 1918* (New York: Random House, 2006)；以及Christopher Clark, *The Sleepwalkers: How Europe Went to War in 1914* (New York: HarperCollins, 2012)。

㉟ 參見Allison, *Destined for War*。

㊱ 參見最新出版的暢銷驚悚小說：Elliot Ackerman and Admiral James Stavridis, *2034: A Novel of the Next World War* (New York: Penguin Press, 2021)。

㊲ 參見Joel Wuthnow and Phillip C. Saunders, *Chinese Military Reforms in the Age of Xi Jinping: Drivers, Challenges, and Implications*, Center for the Study of Chinese Military Affairs, National Defense University (Washington DC: National Defense University Press, March 2017)。

㊳ 參見Office of the Secretary of Defense, *Military and Security Developments Involving the People's Republic of China: 2020*, Annual Report to Congress, Washington DC, September 2020。

㊴ 參見Shannon Bugos and Julia Masterson, "New Chinese Missile Silo Fields Discovered," *Arms Control Today*, Arms Control Association, September 2021。

㊵ 參見Demetri Sevastopulo and Kathrin Hille, "China Tests New Space Capability with Hypersonic Missile," *Financial Times*, October 16, 2021。

㊶ 參見Peter Martin, "U.S. General Likens China's Hypersonic Test to a 'Sputnik Moment,'" *Bloomberg*, October 27, 2021。然而，實際規模是否達到米利將軍所說的威脅量級，仍有待觀察。參見Fareed

Zakaria, "It's Not a 'Sputnik Moment' and We Should Not Feed Cold War Paranoia," *Washington Post*, October 38, 2021. 中國否認正測試最新導彈技術，參見Yew Lun Tian, "China Denies Report of Hypersonic Missile Test, Says Tested Space Vehicle," Reuters, October 18, 2021。

42 參見以下資料：Geir Lundestad, "'Imperial Overstretch,' Mikhail Gorbachev, and the End of the Cold War," *Cold War History* 1, no. 1 (2000)；Joseph S. Nye, "The Dialectics of Rise and Decline: Russia in Global Affairs Since the End of the Cold War," *Russia in Global Affairs*, October/November 2011；以及Fred Weir, "Specter of New Arms Race Has Russia Recalling Soviets' Fate," *Christian Science Monitor*, February 27, 2019。

43 參見Paul Kennedy, "Whether China's Rise Means America's Fall," *The Economist*, September 1, 2021。

44 奇怪的是，在此事上，中國政府沒有遵循長期外交協議指定的做法。截至本書完稿時，中國政府尚未頒布該協議的英文版。唯一可用的版本是俄羅斯政府頒布的版本：參見President of Russia, "Joint Statement of the Russian Federation and the People's Republic of China on the International Relations Entering a New Era and the Global Sustainable Development," February 4, 2022，資料來源：http://en.kremlin.ru/supplement/5770。

45 參見Ken Moritsugu, "China Calls Russia Its Chief 'Strategic Partner' Despite War," AP News, March 7, 2022。

46 參見Henry Kissinger, *On China* (New York: Penguin Books, 2011)。

47 這番言論來自普丁於二〇〇五年四月二十五日在俄羅斯聯邦議會的談話。參見Andrew Kuchins, "Europe's Last Geopolitician?" *Profil*, Carnegie Endowment for International Peace, May 9, 2005。

48 參見Sergey Radchenko,"Sergey Radchenko, an Expert on Russia's Foreign Relations, Writes on Its Evolving Friendship with China," *The Economist*, February 15, 2022。

49 參見Ministry of Foreign Affairs of the People's Republic of China, "Treaty of Good Neighborliness and Friendly Cooperation between the People's Republic of China and the Russian Federation," July 24, 2001，資料來源：https://www.fmprc.gov.cn/mfa_eng/wjdt_665385/2649_665393/200107/t20010724_679026.html。

50 參見Alison Smale and Michael D. Shear, "Russia Is Ousted from Group of 8 by U.S. and Allies," *New York Times*, March 24, 2014。

51 參見Wen Jiabao, "Carrying Forward the Five Principles of Peaceful Coexistence in the Promotion of Peace and Development," Speech by the Premier of China at Rally Commemorating the Fiftieth Anniversary of the Five Principles of Peaceful Coexistence, June 28, 2004，資料來源：https://www.mfa.gov.cn/ce/cetur/eng/xwdt/t140777.htm。

52 參見Stephen Roach, "Only China Can Stop Russia," *Project Syndicate*, March 7, 2022。

53 參見A. A. Smith, *Revolution and the People in Russia and China* (Cambridge: Cambridge University Press, 2021)；以及Andrew Radin et al., *China-Russia Cooperation: Determining Factors, Future Trajectories, Implications for the United States* (Santa Monica, CA: RAND Corporation, 2021)；以及Michael M. Walker, *The 1929 Sino-Soviet War: The War Nobody Knew* (Lawrence, KS: University Press of Kansas, 2017)。

54 參見Sun Tzu, *The Art of War*, trans. Gary Gagliardi (Seattle, WA: Science of Strategy Institute/Clearbridge Publishing, 1999)。

55 參見Stephanie Segal, Matthew Reynolds, and Brooke Roberts, "Degrees of Separation: A Targeted Approach to U.S.-China Decoupling," A Report of the CSIS Economics Program, October 2021。

56 資料來源：美國商務部經濟分析局。

57 過去十年，中國和日本都是美國國債的首二位持有國，只是第一或第二的位置時有互換。資料來源：US Department of the

Treasury (Treasury International Capital [TIC] System)。

58 參見US Department of State (Bureau of Consular Affairs), "Report of the Visa Office 2020"，資料來源：https://travel.state.gov/content/travel/en/legal/visa-law0/visa-statistics/annual-reports/report-of-the-visa-office-2020.html。

59 資料來源：International Student Enrollment Statistics, https://educationdata.org/international-student-enrollment-statistics。

60 參見Eleanor Albert, "Will Easing of Student Visa Restrictions Rekindle China-US Exchanges?" *The Diplomat*, May 5, 2021。

61 參見Daniel H. Rosen and Lauren Gloudeman, "Understanding US-China Decoupling: Macro Trends and Industry Impacts," Report of the Rhodium Group and US Chamber of Commerce China Center, February 2021。

62 資料來源：世界銀行世界發展指標。

63 參見Richard Baldwin, *The Great Convergence: Information Technology and the New Globalization* (Cambridge, MA: Harvard University Press, 2016)。

64 參見Stephen S. Roach, "The Myth of Global Decoupling," *Project Syndicate*, January 3, 2020。

65 參見World Bank and World Trade Organization, *Global Value Chain Development Report 2019: Innovation, Supply Chain Trade, and Workers in a Globalized World* (Washington DC: World Bank, 2019)。

66 參見David Autor, David Dorn, and Gordon Hanson, "On the Persistence of the China Shock," *Brookings Papers on Economic Activity* 2021, no. 2 (2021)。

67 參見Roach, "The Myth of Global Decoupling"。

68 資料來源：國際貨幣基金組織*World Economic Outlook*數據庫。

69 參見M. Ayhan Kose and Marco E. Terrones, *Collapse and Revival: Understanding Global Recessions and Recoveries*, International Monetary Fund, Washington DC, December 2015。

70 按一般規律，全球經濟衰退通常會使大量國家免於徹底收縮，但二〇二〇年新冠疫情帶來一個例外的情況。根據世界銀行數據，二〇二〇年全球九三%的經濟體人均產出的收縮，收縮率高於一九三一年大蕭條時期創紀錄的八四%，也高於自一八七〇年有記錄以來的最高收縮率；此前全球遭遇了五次大衰退（一九五八年、一九七五年、一九八二年、一九九一年和二〇〇九年），按平均人均產出來計算的話，平均每次有四六%的經濟體出現經濟衰退。參見World Bank, Global Economic Prospects, June 2020。

第七章　從川普到拜登：腳本的多線發展
From Trump to Biden—The Plot Thickens

1 參見Glenn Kessler, "Trump's False or Misleading Claims Total 30,573 over 4 Years," *Washington Post*, January 24, 2021。

2 資料來源：FiveThirtyEight, https://projects.fivethirtyeight.com/trump-approval-ratings/; Laura Silver, Kat Devlin, and Christine Huang, "Most Americans Support Tough Stance toward China on Human Rights, Economic Issues," Pew Research Center, March 2021。

3 參見Nancy Bernkopf Tucker, "Strategic Ambiguity or Strategic Clarity?" in *Dangerous Strait*, ed. Nancy Bernkopf Tucker (New York: Columbia University Press, 2005)，特別是頁186–212。

4 「美國優先」是川普在二〇一七年一月就職演說的重點詞，但該詞在川普時代以前已見使用。其中最不幸的語境，是一九四〇年代初的反猶太主義言論，當時美國正慢慢捲入戰爭。參見Donald Trump, "The Inauguration Speech," full text as published in *Politico*, January 20, 2017；以及Krishnadev Calamur, "A Short History of 'America First,'" *The Atlantic*, January 21, 2017。另外，亦參見Richard Haass, "The Age of America First: Washington's Flawed New

Foreign Policy Consensus," *Foreign Affairs*, November/December 2021。

5 關於美國在對中戰略上的幼稚之舉，參見Kurt M. Campbell and Ely Ratner, "The China Reckoning: How Beijing Defied American Expectations," *Foreign Affairs*, March/April 2018；美國及歐洲的對俄戰略也有同樣傾向，參見Michael R. Gordon, Bojan Pancevski, Noemie Bisserbe, and Marcus Walker, "Vladimir Putin's 20-Year March to War in Ukraine—and How the West Mishandled It," *Wall Street Journal*, April 1, 2022。

6 參見Donald J. Trump with Tony Schwartz, *Trump: The Art of the Deal* (New York: Ballantine Books, 1987)。

7 參見Office of the US Trade Representative, Executive Office of the President, "Economic and Trade Agreement between the Government of the United States and the Government of the People's Republic of China," January 15, 2020，資料來源：https://ustr.gov/about-us/policy-offices/press-office/press-releases/2020/january/economic-and-trade-agreement-between-government-united-states-and-government-peoples-republic-china。

8 資料來源：美國商務部經濟分析局。

9 參見Robert E. Lighthizer, "The President's 2020 Trade Policy Agenda," Testimony Before the House Committee on Ways and Means, June 17, 2020。

10 參見Chad P. Bown, "Anatomy of a Flop: Why Trump's US-China Phase One Trade Deal Fell Short," Peterson Institute for International Economics, *Trade and Investment Policy Watch* (blog), February 8, 2021。

11 參見Chad P. Bown, "US-China Phase One Tracker: China's Purchases of US Goods," Peterson Institute for International Economics, November 24, 2021。

12 參見Jim Tankersley and Mark Landler, "Trump's Love for Tariffs Began in Japan's '80s Boom," *New York Times*, May 15, 2019。

13 資料來源：美國商務部經濟分析局。

14 川普一再訛稱中國自二〇一八至二〇二〇年一直向美國支付「數十億美元的關稅」，在二〇二〇年十月二十二日與拜登進行美國總統大選辯論時也說過這話。此說真偽不明，故引起尖銳質疑，目前學術研究已證明其為虛言。參見以下資料：Mary Amiti, Stephen J. Redding, and David Weinstein, "The Impact of the 2018 Trade War on US Prices and Welfare," NBER Working Paper No. 25672, March 2019；Pablo D. Fajgelbaum, Pinelopi K. Goldberg, Patrick J. Kennedy, and Amit K. Khandelwal, "The Return to Protectionism," NBER Working Paper No. 25638, March 2019；Alberto Cavallo, Gita Gopinath, Brent Neiman, and Jenny Tang, "Tariff Passthrough at the Border and at the Store: Evidence from US Trade Policy," University of Chicago BFI Working Paper, October 2019；以及Aaron Flaaen and Justin Pierce, "Disentangling the Effects of the 2018–2019 Tariffs on a Globally Connected U.S. Manufacturing Sector," Federal Reserve Board, Finance and Discussion Series, December 2019。

15 參見Katherine Tai, "New Approach to the U.S. China Trade Relationship," Remarks delivered to Center for Strategic and International Studies (CSIS), Washington DC, October 4, 2021。新任美國貿易代表戴琪所行的重新評估中，唯一的調整是「有針對性的關稅排除程序」。該程序可針對被視為不傷害美國生產商或工人的產品，為其免除關稅：在最初批出的二千二百個免稅安排中，目前只有五百四十九個仍然生效。戴琪似乎對額外延期持具體情況具體分析的開放態度。參見Office of the US Trade Representative, Executive Office of the President, "USTR Requests Comments on Reinstatement of Targeted Potential Exclusions of Products of China Subject to Section 301 Tariffs," October 5, 2021。

16 參見US Department of State, "Secretary Antony J. Blinken, National

Security Advisor Jake Sullivan, Director Yang and State Councilor Wang at the Top of Their Meeting," Anchorage, Alaska, March 18, 2001，資料來源：https://www.state.gov/secretary-antony-j-blinken-national security-advisor-jake-sullivan-chinese-director-of-the-office-of-the-central-commission-for-foreign-affairs-yang-jiechi-and-chinese-state-councilor-wang-yi-at-th/。

17 「戰狼」的概念來自中國動作電影的英雄人物，尤指勇戰外敵的中國特種部隊，現在也用於形容對外態度強硬的中國外交官員。參見Peter Martin, *China's Civilian Army: The Making of Wolf Warrior Diplomacy* (London: Oxford University Press, 2021)。

18 參見Thomas Wright, "The US and China Finally Get Real with Each Other," *Order from Chaos* (blog), Brookings Institution, March 22, 2021。

19 參見Zhang Hui, "Chinese Diplomats Deal Vigorous Counterblows to Condescending US Representatives：Common Ground Hard to Reach on Contrasting Logistics," *Global Times* (China), March 19, 2021。中國一直認為美國對中國的人權指控極端虛偽，多次表示強烈不滿，參見the State Council Information Office of the People's Republic of China, "The Report on Human Rights Violations in the United States in 2021," February 2022，資料來源：http://english.scio.gov.cn/m/scionews/2022-02/28/content_78076572.htm。二〇二一年政府工作報告特別提到，川普政府二〇一八年發起的「中國行動計畫」（China Initiative）有顯著的種族歧視。拜登政府在二〇二二年終止該計畫，詳見本書第十三章。

20 二〇二一年十二月美國兩黨頒布的《防止強迫維吾爾人勞動法》，表明安克雷奇談判不只是一種外交姿態的展示而已。參見Felicia Sonmez, "Biden Signs Uyghur Forced Labor Prevention Act into Law," *Washington Post*, December 23, 2021。

21 參見Stephen Roach, "Boxed In On China," *Project Syndicate*, March 23, 2021。

22 參見Barack Obama, "The TPP Would Let America, Not China, Lead the Way on Global Trade," *Washington Post*, May 2, 2016；以及Mireya Solis, "The Containment Fallacy: China and the TPP," *Brookings Up Front*, May 24, 2013。

23 關於中國「和平崛起」的概念闡釋，鄭必堅是一重要人物。鄭必堅現任中國創新與發展戰略研究所所長，也是全球化辯論中的中國領軍人物。參見以下資料：Zheng Bijian, *China's Peaceful Rise: Speeches of Zheng Bijian, 1997–2005* (Washington DC: Brookings Institution, 2005)；以及Zheng Bijian, "China's 'Peaceful Rise' to Great-Power Status," *Foreign Affairs*, September/October 2005。歷史文獻不乏中國「和平崛起」的初想，可見歷史脈絡之廣，參見C. Raja Mohan, "Debating China's 'Peaceful Rise': The Rhyme of the Ancient Mariner," *Economic and Political Weekly* (Mumbai), August 2004。

24 參見Hillary Clinton, "America's Pacific Century," *Foreign Policy*, October 2011。

25 參見Kurt M. Campbell, "Principles of US Engagement in the Asia-Pacific," testimony before the Subcommittee on East Asian and Pacific Affairs, Senate Foreign Relations Committee, US Congress, January 21, 2010。

26 參見"China Formally Applies to Join Asia Trade Deal Trump Abandoned," *Bloomberg News*, September 16, 2021。

27 參見Shannon Tiezzi, "Will China Actually Join the CPTPP?" *The Diplomat*, September 17, 2021。

28 參見"China Must Win Over Canada and Australia before Trade Pact Talks Can Start," *Financial Times*, September 19, 2021。

29 二〇〇七年，坎貝爾（Kurt Campbell）協同前柯林頓和歐巴馬政府國防部高級官員弗盧努瓦（Michelle Flournoy）共同創立新美國安全中心。這是一個智庫，總部設在華盛頓，專注於美國國家安全問題。參見Kurt M. Campbell, *The Pivot: The Future of American Statecraft in Asia* (New York: Hachette Book Group, 2016)。

30 參見Kurt M. Campbell and Jake Sullivan, "Competition without Catastrophe: How America Can Both Challenge and Coexist with China," *Foreign Affairs*, September/October 2019。

31 中國二〇二一年圍繞監管重組和「共同富裕」提出政策調整，雖然並非針對美國，但也偶被解讀為一種對美戰略的支點，參見Kevin Rudd, "Xi Jinping's Pivot to the State," an address to the Asia Society, New York, September 8, 2021。

32 參見White House Briefing Room, "Joint Leaders Statement on AUKUS," September 15, 2021。

33 參見以下資料：David E. Sanger and Zolan Kanno-Youngs, "Biden Announces Defense Deal with Australia in a Bid to Counter China," *New York Times*, September 21, 2021；Walter Russell Mead, "Aukus Is the Indo-Pacific Pact of the Future," *Wall Street Journal*, September 27, 2021；以及"UKUS Reshapes the Strategic Landscape of the Indo-Pacific," Special Briefing, *The Economist*, September 25, 2021。

34 參見Ryan Hass, Ryan McElveen, and Robert D. Williams, eds., "The Future of US Policy towards China: Recommendations for the Biden Administration," Brookings John L. Thornton China Center and Yale Law School's Paul Tsai China Center, November 2020。

35 參見以下資料：Stephen Ezell, "False Promises II: The Continuing Gap between China's WTO Commitments and Its Practices," International Technology & Innovation Foundation (ITIF), July 2021；Gregory Shaffer and Henry Gao, "China's Rise: How It Took on the U.S. at the WTO," *University of Illinois Law Review* 2018, no. 1 (January 2018)；以及Chad P. Bown, "China's WTO Entry: Antidumping, Safeguards, and Dispute Settlement," NBER Working Paper No. 13349, August 2007。

36 參見US Department of State, "Secretary Antony J. Blinken, National Security Advisor Jake Sullivan, Director Yang and State Councilor Wang at the Top of Their Meeting"。

37 美國在宣傳對中戰略時一向喜歡貼標籤、冠名目。自尼克森時代以來，美國政府曾稱中國為「戰略夥伴」（季辛吉的說法）、「戰略競爭對手」（布希的說法）和「負責任的利益相關者」（佐利克的說法）。參見Richard Baum, "From 'Strategic Partners' to 'Strategic Competitors': George W. Bush and the Politics of U.S. China Policy," *Journal of East Asian Studies* 1, no. 2 (August 2001)；以及Robert B. Zoellick, "Whither China: From Membership to Responsibility?" Remarks to National Committee on U.S.-China Relations, New York, September 21, 2005。歐巴馬任內，標籤變得嚴謹，強調需要一種「戰略保證」。回想起來，這或許是個開端。到了川普政府，措辭更激進。中國被形容為一個「修正主義大國」，直接威脅到美國的存續（蓬佩奧的說法）。參見James Steinberg, "The Obama Administration's Vision of the U.S.-China Relationship," speech before the Center for New American Security, Washington DC, September 24, 2009, "National Security Strategy of the United States of America," White House, December 2017，以及Pompeo, "Communist China"。

38 從一九六二年到二〇〇八年，在全球金融危機引發巨額赤字之前，聯邦預算赤字平均占GDP的二．七%，參見Congressional Budget Office, "The 2021 Long-Term Budget Outlook," March 2021。

39 參見Congressional Budget Office, "An Evaluation of CBO's Past Revenue Projections," Congress of the United States, August 2020。

40 資料來源：美國商務部經濟分析局。

41 資料來源：Bank for International Settlements, Broad Real Effective Exchange Rates, https://www.bis.org/statistics/eer.htm?m=6%7C381%7C676.。

42 參見Stephen Roach, "A Crash in the Dollar Is Coming," *Bloomberg*, June 8, 2020。

43 資料來源：Bank for International Settlements, Broad Real Effective Exchange Rates。

44 參見Stephen Roach, "The End of the Dollar's Exorbitant Privilege," *Financial Times*, October 4, 2020；Matthew C. Klein and Michael Pettis, *Trade Wars Are Class Wars* (New Haven, CT: Yale University Press, 2020), chapter 6；以及Barry Eichengreen, *Exorbitant Privilege: The Rise and Fall of the Dollar and the Future of the International Monetary System* (New York: Oxford University Press, 2012。最近有研究指出，全球外匯儲備轉向人民幣早有跡象可循，參見Serkan Arslanalp, Barry Eichengreen, and Chima Simpson-Bell, "The Stealth Erosion of Dollar Dominance: Active Diversifiers and the Rise of Nontraditional Reserve Currencies," IMF Working Paper No. WP/22/58, March 2022。

45 參見以下資料：Robert Kagan, "Our Constitutional Crisis Is Already Here," *Washington Post*, September 23, 2021；Steven Levitsky and Daniel Ziblatt, *How Democracies Die* (New York: Crown, 2018)；Martin Wolf, "The Strange Death of American Democracy," *Financial Times*, September 28, 2021；以及Peter Grier, "'If You Can Keep It': Where Next for a Strained Democracy," *Christian Science Monitor*, March 29, 2021。

46 參見Dan Zak, "Whataboutism: The Cold War Tactic, Thawed by Putin, Is Brandished by Donald Trump," *Washington Post*, August 18, 2017；Melissa Mehr, "When Politicians Resort to 'Whataboutism,'" *Christian Science Monitor*, February 4, 2021。

47 參見Alexa Lardieri, "Just 16 Percent Says U.S. Democracy Is Working, Poll Finds," *U.S. News and World Report*, February 8, 2021。

48 參見Elizabeth D. Samet, *Looking for the Good War: American Amnesia and the Violent Pursuit of Happiness* (New York: Farrar, Straus and Giroux, 2021)。

49 參見Steven Pinker, *The Blank Slate: The Modern Denial of Human Nature* (New York: Penguin Books, 2003)；Otto Rank, "Love, Guilt, and the Denial of Feelings (1927)," chapter 11 in *A Psychology of Difference: The American Lectures*, ed. Robert Kramer (Princeton, NJ: Princeton University Press, 1996)；以及Andrew E. Monroe and E. Ashley Plant, "The Dark Side of Morality: Prioritizing Sanctity over Care Motivates Denial of Mind and Prejudice toward Sexual Outgroups," *Journal of Experimental Psychology* (American Psychological Association) 148, no. 2 (February 2019)。

50 資料來源：美國商務部經濟分析局；關於美國經濟中勞動力下降之多種解釋的回顧，參見Gene M. Grossman and Ezra Oberfeld, "The Elusive Explanation for the Declining Labor Share," NBER Working Paper No. 29165, August 2021。

51 參見以下資料：Aditya Aladangady and Kelsey O'Flaherty, "How Much Does Home Equity Extraction Matter for Spending?" *FEDS Notes*, Board of Governors of the Federal Reserve System, May 2020；John V. Duca and Anil Kumar, "Financial Literacy and Mortgage Equity Withdrawals," Federal Reserve Bank of Dallas, Working Paper No. 1110, August 2011；以及Alan Greenspan and James Kennedy, "Sources and Uses of Equity Extracted from Homes," Finance and Economics Discussion Series, Board of Governors of the Federal Reserve System, March 2007。

52 資料來源：美國商務部經濟分析局。

53 參見Richard C. Koo, *Balance Sheet Recession: Japan's Struggle with Uncharted Economics and Its Global Implications* (New York: John Wiley & Sons, 2003)。

54 參見Congressional Budget Office, "The 2021 Long-Term Budget

Outlook," March 2021。

55 二〇〇七年全球金融危機前夕，時任花旗集團首席執行官的普林斯（Chuck Prince）接受英國《金融時報》採訪時說了一句名言：「只要音樂還在播放，你就必須站起來跳舞」，參見Michiyo Nakamoto and David Wighton, "Citigroup Chief Stays Bullish on Buy-Outs," *Financial Times*, July 9, 2007。另見Ronald W. Reagan, "Remarks at the Presentation Ceremony for the Presidential Medal of Freedom," White House, January 19, 1989。

56 參見以下資料：Robert Shapiro, "What the U.S. Loses When Americans Save Too Much," *The Atlantic*, June 26, 2021；Paul Krugman, "The Paradox of Thrift—For Real," *New York Times*, July 7, 2009；以及E. Katarina Vermann, "Wait, Is Saving Good or Bad? The Paradox of Thrift," Federal Reserve Bank of St. Louis, *Page One Economics*, May 2012。

第二部　中國對美國的虛假論述

第八章　審查制度的衝突 Censorship as Conflict

1 參見Anne Marie-Brady, "Guiding Hand: The Role of the CCP Central Propaganda Department in the Current Era," *Westminster Papers in Communication and Culture* 3, no. 1 (2006)；以及David Shambaugh, "China's Propaganda System: Institutions, Processes and Efficacy," *China Journal*, January 2007。

2 參見Katie Hunt and CY Xu, "China 'Employs 2 Million to Police the Internet,'" CNN, October 7, 2013。

3 最近一項研究估計，多達二十三個獨立組織分布在共產黨、國務院和解放軍中，參與著全國政治宣傳工作。參見Atlantic Council Digital Forensic Research Lab (DFRLab) and Scowcroft Center for Strategy and Security, "Chinese Discourse Power: China's Use of Information Manipulation in Regional and Global Competition," December 2020。

4 參見以下資料：Geremie R. Barme and Sang Ye, "The Great Firewall of China," *Wired*, June 1, 1997；James Griffiths, *The Great Firewall of China: How to Build and Control an Alternative Version of the Internet* (London: Zed Books, 2019)。

5 Express News Service, "China Blocks Indian Media Websites, INS Seeks Govt Action," *Indian Express*, July 2, 2020。

6 參見Freedom House, "China's Information Isolation, New Censorship Rules, Transnational Repression," China Media Bulletin 151, February 2021。

7 自由之家調查的各個國家中，全球自由指數涵蓋25項公民自由及政治權利指標，旨在反映個人、公民和經濟自由度：參見Sarah Repucci and Amy Slipowitz, "Democracy under Siege," *Freedom in the World 2021* (New York: Freedom House, 2021)。

8 在早年（習近平上台前），中國的社交媒體平台曾經允許就敏感的政治問題（即騷亂、街頭暴力、勞工罷工、反日示威）和指控地方黨政官員貪腐問題，進行激烈討論，然而這些話題現已被禁。這是一項對二〇〇九至二〇一三年間約一百三十二億條新浪微博貼文的詳盡實證研究的結論，研究涵蓋了中國第二大社交媒體平台（僅次於微信）上九五%的貼文：參見Bei Qin, David Stromberg, and Yanhui Wu, "Why Does China Allow Freer Social Media? Protests versus Surveillance and Propaganda," *Journal of Economic Perspectives* 31, no. 1 (Winter 2017)。這項研究的數據以二〇一三年為止，收結時前瞻「我們所研究的貼文蘊含敏感話題，更嚴格的政權（習近平政府）仍然認為全面審查這些貼文不符合其利益。」當然，這一點很快就改變了。

9 參見Brendan Forde, "China's 'Mass Line' Campaign," *The Diplomat*,

September 9, 2013。

10 資料來源：James Mulvenon, "'Comrade, Where's My Military Car?' Xi Jinping's Throwback Mass-Line Campaign to Curb PLA Corruption," *China Leadership Monitor*, no. 42 (Fall 2013)；Noel Irwin Hentschel, "Good Guy Xi Jinping, President of China, Confronts Bad Habits and Ugly Vices: Calls for Virtues and Caring Hospitality, East and West," *Huffpost*, January 23, 2014；以及Hou Wei, "The Mass Line and the Reconstruction of Legitimacy of the Communist Party of China in the New Era," *Advances in Social Science, Education, and Humanities Research* (Atlantis Press), vol. 345 (2019)。

11 長期以來，美國的過度物質主義生活方式常為人詬病。參見以下資料：John Kenneth Galbraith, *The Affluent Society* (New York: Houghton Mifflin, 1958)；Juliet B. Schor, *The Overspent American: Why We Want What We Don't Need* (New York: Harper Perennial, 1998)；以及Rebecca Mead, "What Rampant Materialism Looks Like, and What It Costs," *New Yorker*, August 9, 2017。

12 參見Dan Levin, "China Revives Mao-Era Self-Criticism, but This Kind Bruises Few Egos," *New York Times*, December 20, 2013；Shannon Tiezzi, "The Mass Line Campaign in the 21st Century," *The Diplomat*, December 27, 2013；Paul Gewirtz, "Xi, Mao, and China's Search for a Usable Past," *ChinaFile*, January 14, 2014。

13 參見Elsa Kania, "The Right to Speak: Discourse and Chinese Power," Center for Advanced China Research, Washington DC, November 27, 2018。

14 參見Atlantic Council Digital Forensic Research, "Chinese Discourse Power"。

15 關於早期中國話語權運用的討論，參見Wang Hung-jen, "Contextualizing China's Call for Discourse Power in International Politics," *China: An International Journal* 13, no. 3 (December 2015)；以及Kejin Zhao, "China's Rise and Its Discursive Power Strategy," *Chinese Political Science Review* (2016)。

16 參見Marshall McLuhan, *Understanding Media: The Extensions of Man* (New York: McGraw Hill, 1964)。

17 「一帶一路」並非另一個馬歇爾計畫，亦非原創，甚至根本不是由中國構想的。事實上，亞洲開發銀行和世界銀行多年來一直強調亞洲泛區域基礎建設存在差距。習近平在二〇一三年初攫住了這個想法，希望和承諾提高亞洲的增長潛力，並藉「一帶一路」倡議宣揚這個理念。同時，金融基礎設施得以建立，二〇一四年成立的絲綢之路基金與二〇一六年成立的亞洲基礎設施投資銀行（AIIB，簡稱亞投行）總部均設於北京；「一帶一路」的品牌話語也得以加強。亞投行是一個多邊機構，除美國和日本拒絕加入之外，現擁百餘個成員，營造出「一帶一路」為近平全球認可的形象。全球「一帶一路」會議定期高調舉行，為習近平的全球品牌形象工程增添光彩。參見"Will China's Belt and Road Initiative Outdo the Marshall Plan?" *The Economist*, March 10, 2018；Simon Chen and Wilson Chan, "A Comparative Study of the Belt and Road Initiative and the Marshall Plan," *Palgrave Communications* 4 (2018)；Asian Development Bank, *Annual Report 2010: Volume 1*, Manila, 2011；Asian Development Bank, *Meeting Asia's Infrastructure Needs*, Manila, 2017；Luis Andres, Dan Biller, and Matias Herrera Dappe, "Reducing Poverty by Closing South Asia's Infrastructure Gap," World Bank, Washington DC, December 2013；以及Jonathan E. Hillman, "A 'China Model?' Beijing's Promotion of Alternative Global Norms and Standards," testimony before the US-China Economic and Security Review Commission, Center for Strategic and International Studies (CSIS), March 13, 2020。

18 參見Richard Turcsanyi and Eva Kachlikova, "The BRI and China's Soft Power in Europe: Why Chinese Narratives (Initially) Won," *Journal*

of Current Chinese Affairs 49, no. 1 (2020)。

⑲ 參見Julie T. Miao, "Understanding the Soft Power of China's Belt and Road Initiative through a Discourse Analysis in Europe," *Regional Studies, Regional Science* 8, no. 2 (2021)。

⑳ 參見Madi Sarsenbayev and Nicolas Veron, "European versus American Perspectives on the Belt and Road Initiative," *China & World Economy* 28, no. 2 (2020)。

㉑ 參見以下資料：Policy Planning Staff, Office of the Secretary of State, "The Elements of the China Challenge," Washington DC, November 2020；Jacob J. Lew and Gary Roughead (Chairs), "China's Belt and Road: Implications for the United States," Council on Foreign Relations Independent Task Force Report No. 79, 2021；Parag Khanna, "Washington Is Dismissing China's Belt and Road. That's a Huge Mistake," *Politico Magazine*, April 30, 2019；以及Syed Munir Khasru, "China Tries to Win Over Critics of the New Silk Road," World Economic Forum Global Agenda, May 29, 2019。

㉒ 參見以下資料：Daniel R. Russel and Blake H. Berger, "Weaponizing the Belt and Road Initiative," Asia Society Policy Institute, September 2020；Christopher Mott, "China's Belt and Road Initiative: Is It Really a Threat?" *National Interest*, February 18, 2020；Sara Hsu, "Is China's Belt and Road Initiative a Threat to the US?" *The Diplomat*, May 22, 2021。

㉓ 拜登執政初期，美國對「一帶一路」倡議的反應開始轉變。二〇二一年初，在英國舉行的七國集團（G7）會議上，美國率先提出了一項名為「重建更好世界」的提案，抗衡「一帶一路」倡議。該倡議細節上很模糊，但目標明確在解決中低收入國家約四十兆美元的基礎設施需求。跨太平洋夥伴協定（TPP）最初以一個沒有中國的泛亞洲區域貿易自由化為特色，拜登的新計畫顯然旨在複製相同公式，消弭發展中國家的基礎設施差距。參見White House Briefing Room, "FACT SHEET: President Biden and G7 Leaders Launch Build Back Better World (B3W) Partnership," June 12, 2021，資料來源：https://www.whitehouse.gov/briefing-room/statements-releases/2021/06/12/fact-sheet-president-biden-and-g7-leaders-launch-build-back-better-world-b3w-partnership/。

㉔ 參見Robert Greene and Paul Triolo, "Will China Control the Global Internet via Its Digital Silk Road?" Carnegie Endowment for International Peace, SUPCHINA, May 8, 2020。

㉕ 參見E. John Gregory, "Control Issues Are Feeding China's 'Discourse Power' Project," *National Interest*, August 2018。

㉖ 參見Eamon Barrett, "Broadcasting Rights, Ticket Sales, Sponsorships: NBA's Hong Kong Crisis Risks Its Massive China Business," *Fortune*, October 10, 2019。

㉗ 與此同時，詹姆士也被指責習慣以其反應過激的「推特手指」回覆貼文：參見Candace Buckner, "LeBron James's Tweet on Glenn Consor: An Eagerness to Judge and a Reluctance to Think," *Washington Post*, January 7, 2022。

㉘ 參見Ben Cohen, "China Standoff Cost the NBA 'Hundreds of Millions,'" *Wall Street Journal*, February 16, 2020。

㉙ 參見William D. O'Connell, "Silencing the Crowd: China, the NBA, and Leveraging Market Size to Export Censorship," *Review of International Political Economy*, March 29, 2021。二〇二一年十月，事態出現有趣的轉折，波士頓塞爾提克隊（Boston Celtics）中鋒坎特（Enes Kanter）發言貶低習近平後，中國中止了該隊NBA籃球比賽直播：參見Jacob Knutson, "China Pulls Celtic Games after Enes Kanter Criticizes Xi Jinping," *Axios*, October 21, 2021。除了取消波士頓塞爾提克隊的直播外，中國對坎特的反應遠沒有莫雷那麼極端。事情後續發展耐人尋味，坎特於二〇二一年十一月在名字中添加

了「自由」(Freedom)一詞,被球隊裁掉,更諷刺地被(暫時)交易到休士頓火箭隊。而波士頓塞爾提克隊比賽的中文直播於二〇二二年二月恢復。參見Dan McLaughlin, "Chinese Media Gloat about PRC Influence on the NBA as Enes Kanter Freedom Is Cut," *National Review*, February 13, 2022。

30 參見"Cambridge University Press Battles Censorship in China," *The Economist*, August 26, 2017。

31 參見Simon Denyer, "Gap Apologizes to China over Map on T-shirt that Omits Taiwan, South China Sea," *Washington Post*, May 15, 2018。

32 參見Bailey Vogt, "ESPN Memo Bans Discussion of Hong Kong Conflict in Wake of China, Houston Rockets Tensions," *Washington Post*, October 9, 2019。

33 參見Tufayel Ahmed, "Batman Poster Accused of Supporting Hong Kong Protests, Chinese Fans Threaten DC Comics Boycott," *Newsweek*, November 28, 2019。

34 參見Matt Apuzzo, "Pressured by China, E.U. Softens Report on Covid-19 Disinformation," *New York Times*, April 24, 2020。

35 參見"H&M, Nike Face Boycotts in China as Xinjiang Dilemma Deepens," *Bloomberg News*, March 25, 2021。

36 參見Liza Lin and Stu Woo, "It's China vs. Walmart, Latest Western Brand Entangled in Human Rights Dispute," *Wall Street Journal*, January 2, 2022。

37 參見Tom Uren, Elise Thomas, and Dr. Jacob Wallis, "Tweeting through the Great Firewall: Preliminary Analysis of PRC-Linked Information Operations on the Hong Kong Protests," Australian Strategic Policy Institute, September 2019;以及Atlantic Council Digital Forensic Research, "Chinese Discourse Power."。

38 參見Tom Cotton, "Coronavirus and the Laboratories in Wuhan," *Wall Street Journal*, April 21, 2020。柯頓參議員原先指控實驗室洩漏病毒,其早前和隨後的言論引發了相當大的爭議,質疑其真實性。參見以下資料:Paulina Firozi, "Tom Cotton Keeps Repeating a Coronavirus Fringe Theory that Scientists Have Disputed," *Washington Post*, February 17, 2020;Glenn Kessler, "Timeline: How the Wuhan Lab-Leak Theory Suddenly Became Credible," *Washington Post*, May 25, 2021;以及Olafimihan Oshin, "Washington Post Issues Correction on 2020 Report on Tom Cotton, Lab-Leak Theory," *The Hill*, June 1, 2021。

39 參見Jeff Kao and Mia Shuang, "How China Built a Twitter Propaganda Machine Then Let It Loose on Coronavirus," ProPublica, March 26, 2020。

40 參見Atlantic Council Digital Forensic Research, "Chinese Discourse Power"。

41 參見Marcel Schliebs, Hannah Bailey, Jonathan Bright, and Philip N. Howard, "China's Public Diplomacy Operations: Understanding Engagement and Inauthentic Amplification of PRC Diplomats on Facebook and Twitter," DemTech Working Paper, Oxford Internet Institute, University of Oxford Programme on Democracy and Technology, May 2021。

42 參見Jessica Batke and Mareike Ohlberg, "Message Control: How a New For-Profit Industry Helps China's Leaders 'Manage Public Opinion,'" *ChinaFile*, December 20, 2020。

43 參見Gary King, Jennifer Pan, and Margaret E. Roberts, "How the Chinese Government Fabricates Social Media Posts for Strategic Distraction, Not Engaged Argument," *American Political Science Review* 111, no. 3 (2017)。

44 參見Xi Jinping, "Speech at a Ceremony Marking the Centenary of the Communist Party of China," July 1, 2021。

45 參見Deng Xiaoping, "Emancipate the Mind, Seek Truth from Facts,

Unite and Look Forward," speech before the Central Party Work Conference, December 13, 1978。

46 參見Ann Florini, Hairong Lai, and Yeling Tan, *China Experiments: From Local Innovation to National Reform* (Washington DC: Brookings Institution, 2012)。

47 參見David Volodzko, "China's Biggest Taboos: The Three Ts," *The Diplomat*, June 23, 2015。

48 顯然，習近平的個人特點也有相當敏感性，中國的審查制度特別予以保護，尤其是網上影射其與米恩（A. A. Milne）創作的小熊維尼外形相似的言論：參見Benjamin Haas, "China Bans Winnie the Pooh Film after Comparisons to President Xi," *The Guardian*, August 6, 2018。

49 參見Josh Ye, "China Tightens Great Firewall by Declaring Unauthorized VPN Services Illegal," *South China Morning Post*, January 23, 2017。

50 參見以下資料：Kerry Brown, "China and Self-Censorship," in Michael Natzler, ed., *UK Universities and China*, HEPI Report 132, July 2020；Simon K. Zhen, "An Explanation of Self-Censorship in China: The Enforcement of Social Control through a Panoptic Infrastructure," *Inquiries Journal/Student Pulse* 7, no. 9 (September 2015)；以及Jingrong Tong, "Press Self-Censorship in China: A Case Study of the Transformation of Discourse," *Discourse & Society* 20, no. 5 (September 2009)。

51 參見Richard McGregor, *The Party: The Secret World of China's Communist Rulers* (New York: HarperCollins, 2010)。

52 二〇二一年七月，中國共產黨慶祝成立一百周年之際，西方社會爭論紛起：不出為奇，討論結果就是為以習近平為中心的百年歷史評估。參見以下資料：Orville Schell, "Life of the Party: How Secure Is the CCP," *Foreign Affairs*, July/August 2021；Ian Johnson, "A Most Adaptable Party," *New York Review*, July 2021；以及Isaac Chotiner, "Reconsidering the History of the Chinese Communist Party," *New Yorker*, July 22, 2021。

53 參見以下資料：Timothy Snyder, "The American Abyss," *New York Times Magazine*, January 9, 2021；John W. Dean and Bob Altemeyer, *Authoritarian Nightmare: Trump and His Followers* (New York: Melville House, 2020)；以及Karen Stenner and Jessica Stern, "How to Live with Authoritarians," *Foreign Policy*, February 11, 2021。

54 參見以下資料：Adrian Shahbaz, "Freedom on the Net 2018: The Rise of Digital Authoritarianism: Fake News, Data Collection, and the Challenge to Democracy," Freedom House, October 2018；Alina Polyakova and Chris Meserole, "Exporting Digital Authoritarianism: The Russian and Chinese Models," Brookings Institution, August 2019；Tiberiu Dragu and Yonatan Lupu, "Digital Authoritarianism and the Future of Human Rights," *International Organization* 75, no. 4 (February 2021)。

55 參見George Orwell, *Nineteen Eighty-Four* (London: Secker & Warburg, 1949)。

56 參見以下資料：Quinn P. Dauer, "The Digital Polarization Initiative: Teaching History and Information Literacy," *Perspectives on History*, American Historical Association, October 2019；以及Constella, "Polarization as an Emerging Source of Digital Risk: Case Study: Spain."。

54 參見以下資料：Keith Hagey and Jeff Horwitz, "The Facebook Files: Facebook Tried to Make Its Platform a Healthier Place. It Got Angrier Instead," *Wall Street Journal*, September 15, 2021；Paul M. Barrett, Justin Hendrix, and J. Grant Sims, "Fueling the Fire: How Social Media Intensifies U.S. Political Polarization—And What Can Be Done About It," NYU Stern Center for Business and Human Rights, September 2021；and Steve Rathje, Jay Van Bavel, and Sander van der Linden,

“Why Facebook Really, Really Doesn’t Want to Discourage Extremism,” *Washington Post*, July 13, 2021。

58 參見Aldous Huxley, *Brave New World* (London: Chatto & Windus, 1932)。

第九章　消費主義與動物本能 Consumerism and Animal Spirits

1 資料來源：筆者的計算基於中國國家統計局數據。

2 資料來源：國際貨幣基金組織 *World Economic Outlook* 數據庫。

3 資料來源：國際貨幣基金組織，Fiscal Monitor, October 2021, Methodological and Statistical Appendix。

4 資料來源：中國國家統計局。

5 資料來源：美國商務部經濟分析局。

6 資料來源：世界銀行發展指標。

7 參見James S. Duesenberry, Income, Saving, and the Theory of Consumer Behavior (Cambridge, MA: Harvard University Press, 1949)；以及Milton Friedman, “The Permanent Income Hypothesis,” in Milton Friedman, ed., *A Theory of the Consumption Function* (Princeton, NJ: Princeton University Press, 1957), 20–37。

8 資料來源：中國國家統計局。

9 二〇一九年，中國的勞動報酬占GDP比例比其他金磚國家巴西、俄羅斯、印度和南非高約六%，而比美國、日本、德國和英國的總和低約二%；資料來源：Penn World Tables Version 10.0，資料來源：www.ggdc.net/pwt。

10 參見Alan Greenspan and James Kennedy, “Sources and Uses of Equity Extracted from Homes,” Finance and Economics Discussion Series, Federal Reserve Board, March 2007。

11 資料來源：筆者的計算基於中國國家統計局的資金流數據。

12 資料來源：筆者的計算基於中國國家統計局數據。

13 資料來源：中國國家統計局及世界銀行發展指標。

14 資料來源：中國國家統計局。

15 以下文獻曾對中國城市化的挑戰作一更具批判精神的評估：Scott Rozelle and Natalie Hell, *Invisible China: How the Urban-Rural Divide Threatens China’s Rise* (Chicago: University of Chicago Press, 2020)。

16 二〇一三年，李克強就任國家總理。在此之前，於二〇一二年秋，他作為國家副總理曾強調：「城鎮化和服務業問題密切相關」。筆者依據的英文資料為Li Keqiang, “Promoting Coordinated Urbanization—An Important Strategic Choice for Achieving Modernization,” speech delivered at a seminar sponsored by the National Development and Reform Commission, September 7, 2012。

17 資料來源：中國國家統計局資金流數據；以及美國商務部經濟分析局。

18 參見Longmei Zhang, Ray Brooks, Ding Ding, Hayan Ding, Hui He, Jing Lu, and Rui C. Mano, “China’s High Saving: Drivers, Prospects, and Policies,” IMF Working Paper No. 18/277, December 2018。

19 資料來源：The International Monetary Fund, “People’s Republic of China: Selected Issues,” August 2017。

20 參見Arthur Kennickell and Anamaria Lusardi, “Disentangling the Importance of the Precautionary Saving Motive,” Federal Reserve Board Discussion Paper, November 2005；以及Ricardo J. Caballero, “Consumption Puzzles and Precautionary Saving,” *Journal of Monetary Economics* 58, no. 2 (1990)。

21 參見Dezhu Ye, Shuang Pan, Yujun Lian, and Yew-Kwang Ng, “Culture and Saving: Why Do Asians Save More?” *Singapore Economic Review* 66, no. 3 (February 2020)。

22 參見以下資料：Junsen Zhang, “The Evolution of China’s One-Child Policy and Its Effects on Family Outcomes,” *Journal of Economic Perspectives* 31, no. 1 (Winter 2017)；Gu Baochang, Wang Feng, Guo

42 參見John Maynard Keynes, *The General Theory of Employment, Interest, and Money* (London: Macmillan, 1936)。

43 阿克洛夫（Akerlof）和席勒（Shiller）重於研究經濟決策的行為方面：故事（story）或敘事（narrative）像自信心（confidence）一樣，是他們提出之動物精神理論的基礎概念。此一理論前設，也為本書第三章提到的席勒後期之敘事經濟學論著作了鋪墊。參見Robert J. Shiller, *Narrative Economics: How Stories Go Viral & Drive Major Economic Events* (Princeton, NJ: Princeton University Press, 2019)。

44 哥倫比亞大學經濟學教授、諾貝爾經濟學獎得主菲爾普斯（Edmund Phelps）長期專注於提出有關自主創新實踐的理論，特別強調該理論在解釋中國經濟發展時的適用性；多年來，他一直樂見中國自主創新的種種可能，認為中國創意人才庫和相關世代的原創（自主）突破已有重大進展。參見Edmund S. Phelps, "Achieving Economic Dynamism in China," in Huiyao Wang and Alistair Michie, eds., *Consensus or Conflict? China and Globalization in the 21st Century* (Singapore: Springer, September 2021)；Edmund S. Phelps, "Will China Out-Innovate the West?" *Project Syndicate*, March 5, 2018；以及Edmund S. Phelps, "The Dynamism of Nations: Toward a Theory of Indigenous Innovation," *Capitalism and Society* 12, no. 1 (May 2017)。然而，筆者二〇二二年三月致電菲爾普斯時，他對中國未來經濟活力表示極為憂慮，原因就是本書前文提到二〇二一年推出的共同富裕政策和相關監管調整。

45 參見Stephen S. Roach, "China's Animal Spirits Deficit," *Project Syndicate*, July 27, 2021。

46 參見Kai-Fu Lee, *AI Super-Powers: China, Silicon Valley, and the New World Order* (Boston: Houghton Mifflin Harcourt, 2018)。

47 參見"Xi Jinping Chairs Collective Study Session of Politburo on National Big Data Strategy," Xinhua News Service (China), December 9, 2017。

48 關於中國監管系統及其於個人隱私和國家主導之社會控制的影響，有學者曾作全面評估，參見Josh Chin and Liza Lin, *Surveillance State: Inside China's Quest to Launch a New Era of Social Control* (New York: St. Martin's Press, September 2022)。關於二〇二一年實施的《個人信息保護法》，詳細介紹可參見Alexa Lee, Mingli Shi, Qiheng Chen, et al., "Seven Major Changes in China's Finalized Personal Information Protection Law," Brookings and *DigiChina*, August 23, 2021。

49 參見Diego A. Cerdeiro and Cian Ruane, "China's Declining Business Dynamism," IMF Working Paper, WP/22/32, January 2022；儘管政策氣氛有變，仍有學者相信中國私營企業的活力不會受到影響，參見Tianlei Huang and Nicolas Véron, "The Private Sector Advances in China: The Evolving Ownership Structures of the Largest Companies in the Xi Jinping Era," Peterson Institute for International Economics, Working Paper 22-3, March 2022。

50 參見"Xi Stresses Promoting Common Prosperity amid High-Quality Development, Forestalling Major Financial Risks," Xinhua News Service (China), August 18, 2021。

51 這一問題已引起激烈辯論，也讓人想起一九六六至一九七六年中國文化大革命期間的諸多亂象。大多數西方觀察人士不太同意將現在與文革相提並論，畢竟，自黑暗歲月的結束至今已有四十五年之久，而中國已取得驚人成就。參見以下資料："Xi Jinping's Campaign: China's New Reality Is Rife with Danger," Leaders, The Economist, October 2, 2021；Lingling Wei, "Xi Jinping Aims to Rein In Chinese Capitalism, Hew to Mao's Socialist Vision," Wall Street Journal, September 20, 2021；以及Yuen Yuen Ang, "Can Xi End China's Gilded Age?" Project Syndicate, September 21, 2021。

52 參見Stephen S. Roach, "Connecting the Dots in China," *Project*

Syndicate, September 27, 2021。

53 參見Saad Ahmed Javed, Yu Bo, Liangyan Tao, et al., "The 'Dual Circulation' Development Model of China: Background and Insights," *Rajagiri Management Journal*, April 2021（此文未見刊前已於其他管道發表）；另見Bert Hofman, "China's Economic Policy of Dual Circulation," Hinrich Foundation, June 8, 2021；以及Blanchette and Polk, "Dual Circulation and China's New Hedged Integration Strategy"。

54 通過提出「有效的外循環」，雙循環政策還注重提高全球供應鏈效率，同時，也重視在早前宣布的「供應側結構性改革」之下提升生產率；參見Xi Jinping, "Understanding the New Development Stage, Applying the New Development Philosophy, and Creating a New Development Dynamic," July 8, 2021。

55 參見Stephen Roach, *Unbalanced: The Codependency of America and China* (New Haven, CT: Yale University Press, 2014)，第十二章。

56 二〇一七年，王滬寧被任命為中共中央政治局常委，成為中共最高領導團隊七名高級成員之一。這進一步證實了一種觀點，即習近平對意識形態的側重，應被解讀為長期醞釀的保守派回歸跡象。王滬寧是黨中央資深思想理論家，這一點是毋庸置疑的。在江澤民「三個代表」、胡錦濤「科學發展觀」、習近平「中國夢」及習近平思想等標誌性思想的提出，以及最近共同富裕的政策制定中，王滬寧都有著重要的作用。二〇一七年的十九大後，習近平思想寫入憲法；同年，王滬寧升任政治局常委。這表明，意識形態是中國「第五代」領導班子最注重的要素。有關王滬寧在中國意識形態方面影響和行動力，參見N. S. Lyons, "The Triumph and Terror of Wang Huning," Palladium: Governance Futurism, October 11, 2021；另見Matthew D. Johnson, "Introduction to Wang Huning's 1988 essay "The Structure of China's Changing Political Culture," 原文為王滬寧，〈轉變中的中國政治文化結構〉，《復旦學報》（社會科學版）1988.3: 55–64。中國保守派意識形態的回歸，尤見於「9號文件」事件。「9號文件」指二〇一三年底一份由「黨的高層領導人」執筆的黨內通報。獨立記者高瑜將此通報公布，現已在囚。參見*ChinaFile*, "Document 9: A China-File Translation," November 8, 2013；Stanley Lubman, "Document No. 9: The Party Attacks Western Democratic Ideals," *Wall Street Journal*, August 27, 2013；以及John Lanchester, "Document Number Nine," *London Review of Books* 41, no. 19 (October 10, 2019)。

57 參見Wang Huning, America against America (1991; independently republished, February 2022)；以及Yi Wang, "Meet the Mastermind behind Xi Jinping's Power," Washington Post, November 6, 2017。

第十章　帶有美國色彩的中國 China with American Characteristics

1 參見Jinglian Wu, "Improving the Socialist Market Economy, Building Inclusive Economic Systems," 載於*Facing the Era of Great Transformation* (Singapore: Palgrave Macmillan, 2021)；Kjeld Erik Brødsgaard and Koen Rutten, *From Accelerated Accumulation to Socialist Market Economy in China: Economic Discourse and Development from 1953 to the Present* (Netherlands: Brill, 2017)。

2 參見Yiping Huang & K. P. Kalirajan, "Enterprise Reform and Technical Efficiency of China's State-Owned Enterprises," *Applied Economics* 30, no. 5 (1998)。

3 該決定頒布於一九九三年第十四屆中央委員會三中全會，參見http://www.bjreview.com.cn/special/2013-10/23/content_574000_2.htm。

4 參見以下資料：Yongshun Cai, "The Resistance of Chinese Laid-Off Workers in the Reform Period," *China Quarterly* 170 (2002)；Louis Putterman and Xiao-Yuan Dong, "China's State-Owned Enterprises: Their Role, Job Creation and Efficiency in Long-Term Perspective,"

Modern China 26, no. 4 (October 2000)；以及Mary E. Gallagher, "Reform and Openness: Why China's Economic Reforms Have Delayed Democracy," *World Politics* 54, no. 3 (2002)。

5 參見Stephen Roach, *Unbalanced: The Codependency of America and China* (New Haven, CT: Yale University Press, 2014), 第三章；第十五屆全國代表大會原文參見http://cpc.people.com.cn/GB/64162/64168/64568/index.html。

6 參見Joseph Schumpeter, *Capitalism, Socialism, and Democracy* (New York: Harper & Brothers, 1942)。

7 參見See Shahid Yusuf, Kaoru Nabeshima, and Dwight H. Perkins, Under New Ownership: Privatizing China's State-Owned Enterprises (Washington DC: World Bank and Stanford University Press, 2006)。

8 See "Law of the People's Republic of China on State-Owned Assets in Enterprises," 選自二〇〇八年十月二十八日第十一屆全國人大常委會第五次會議，資料來源：http://www.xinhuanet.com/english/special/2017-11 /03/c_136725942.htm。

9 參見"Communiqué of the Third Plenary Session of the 18th Central Committee of the Communist Party of China," November 12, 2013，資料來源：http://www.china.org.cn/china/third_plenary_session/2014-01/15/content_31203056.htm。

10 筆者參考的英文資料：Premier Li Keqiang, "Report on the Work of the Government," presented to the National People's Congress," March 13, 2014, http://english.www.gov.cn/archive/publications/2014/08/23/content_281474982987826.htm。中國的混合所有制國企改革政策的成果如何，曾引起激烈辯論，最後普遍的結論是具批判色彩的。參見以下資料：Curtis J. Milhaupt and Wentong Zheng, "Why Mixed-Ownership Reforms Cannot Fix China's State Sector," Paulson Institute, Paulson Policy Memorandum, January 2016；Nicholas R. Lardy, "China's SOE Reform—The Wrong Path," Peterson Institute for International Economics, *China Economic Watch*, July 28, 2016；Henny Sender, "China's State-Owned Business Reform a Step in the Wrong Direction," *Financial Times*, September 25, 2017；Jiang Yu Wang and Cheng Han Tan, "Mixed Ownership Reform and Corporate Governance in China's State-Owned Enterprises," *Vanderbilt Journal of Transnational Law* 53, no. 3 (October 2019)；以及Ann Listerud, "MOR Money MOR Problems: China's Mixed Ownership Reforms in Practice," Center for Strategic International Studies (CSIS), October 2019。

11 參見Nicholas R. Lardy, *Markets over Mao: The Rise of Private Business in China* (Washington DC: Peterson Institute for International Economics, 2014)，以及Nicholas R. Lardy, *The State Strikes Back: The End of Economic Reform in China?* (Washington DC: Peterson Institute for International Economics, 2019)。耐人尋味的是，二〇二一年十月，共同富裕的辯論正值火熱，中國新一輪宏觀調控正在實施，拉爾地不再如他二〇一九年著作般質疑中國民營企業，風向一轉，反而煽情地為其辯解，參見Tianlei Huang and Nicholas R. Lardy, "Is the Sky Really Falling for Private Firms in China?" Peterson Institute for International Economics, *China Economic Watch* (Blog), October 14, 2021。

12 參見Deborah Petrara, "Ranked Network Operator Leaders Providing Enterprise 5G Connectivity," ABI Research, July 8, 2021；以及https://en.wikipedia.org/wiki/List_of_mobile_network_operators。

13 參見China Unicom, "China Unicom's Mixed-Ownership Reform Leaps Forward in Business Cooperation with Tencent," press release, October 23, 2017。

14 參見Dan Strumpf, "Tencent, Alibaba in Group Buying $11.7 Billion Stake in State-Owned Telecom," *Wall Street Journal*, August 16, 2017。

15 參見Eric Ng, "China Unicom Gets Funding and Stake Boost from

Patent in 'Mixed Ownership Reform,'" *South China Morning Post*, August 23, 2017；以及Huang Kaixi, Qin Min, Jiang Bowen, and Han Wei, "China Unicom Dials Up Private Capital in Ownership Reform," *Caixin*, August 27, 2017。

16 參見R. Ashie Baxter, "Japan's Cross-Shareholding Legacy: The Financial Impact on Banks," *Asia Focus*, Federal Reserve Bank of San Francisco, August 2009。

17 參見Alan G. Ahearne and Naoki Shinada, "Zombie Firms and Economic Stagnation in Japan," *International Economics and Economic Policy* 2, no. 4 (December 2005)。

18 參見Stephen S. Roach, "Technology and the Services Sector: The Hidden Competitive Challenge," *Technological Forecasting and Social Change* 34, no. 4 (December 1988)；Stijn Claessens, Daniela Klingebiel, and Luc Laeven, "Financial Restructuring in Banking and Corporate Sector Crises: What Policies to Pursue?" NBER Working Paper No. 8386, July 2001；以及Dani Rodrik and Arvind Subramanian, "Why Did Financial Globalization Disappoint?" *IMF Staff Papers* 56, no. 1 (January 2009)。

19 參見Daniel Ren, "Premier Li Keqiang Vows to Kill Off China's 'Zombie Firms,'" *South China Morning Post*, December 3, 2015。

20 中國企業的債務問題在二〇二一年稍有改善：該年第三季度，非金融企業負債率已經降至一五五・五%，稍低於二〇二二年第二季度的峰值一六三・三%，但仍高於二〇〇八年底的最低值九三・九%。資料來源：Bank for International Settlements, Credit to the Nonfinancial Sector, 參見https://www.bis.org/statistics/totcredit.htm?m=6%7C380%7C669。

21 參見Ricardo J. Caballero, Takeo Hoshi, and Anil K. Kashyap, "Zombie Lending and Depressed Restructuring in Japan," *American Economic Review* 98, no. 5 (December 2008)。

22 參見W. Raphael Lam and Alfred Schipke, 第11章, "State-Owned Enterprise Reform," 載於W. R. Lam, M. Rodlauer, and A. Schipke, *Modernizing China: Investing in Soft Infrastructure* (Washington DC: International Monetary Fund, January 2017)。

23 參見"China Cannot Accelerate Economic Growth by Increasing Leverage, Says 'Authoritative Insider,'" *People's Daily Online*, May 10, 2016；以及"China's 'Authoritative' Warning on Debt: People's Daily Excerpts," *Bloomberg News*, May 9, 2016。

24 金融市場經常被喻為循環系統，用於形容二〇〇八至二〇〇九年環球金融危機，是非常貼切的。當時全球金融系統幾近停擺，將世界經濟推向崩潰邊緣：參見以下資料：Alan S. Blinder, *After the Music Stopped: The Financial Crisis, the Response, and the Work Ahead* (New York: Penguin Press, 2013)。

25 參見Lawrence H. Summers, "International Financial Crises: Causes, Prevention, and Cures," Richard T. Ely Lecture, *American Economic Review* 90, no. 2 (May 2000)。

26 資料來源：International Monetary Fund, "Financial Development Index Database," https://data.imf.org/?sk=F8032E80-B36C-43B1-AC26-493C5B1CD33B。

27 參見International Monetary Fund, *Global Financial Stability Report: COVID-19, Crypto, and Climate: Navigating Challenging Transitions* (Washington DC: IMF, October 2021)。

28 謹此感謝 我在摩根史丹利的前同事Richard Berner 和 David Greenlaw幫忙更新計算美國銀行在信貸中介中所占成份，計算根據的資料來自Bank for International Settlements, Credit to the Nonfinancial Sector，資料來源：https://www.bis.org/statistics/totcredit.htm?m=6%7C380%7C669。

29 參見David Feliba and Rehn Ahmad, "The World's 100 Largest Banks, 2021," *S&P Global Market Intelligence*, April 12, 2021 ；R. Taggart

Murphy, "Power without Purpose: The Crisis of Japan's Global Financial Dominance," *Harvard Business Review*, March–April 1989；以及Douglas Frantz, "Top 8 Banking Firms in Japan, Magazine Says," *Los Angeles Times*, June 15, 1989。

30 資料來源：中國國家統計局的資金流數據。

31 參見Torsten Ehlers, Steven Kong, and Feng Zhu, "Mapping Shadow Banking in China: Structure and Dynamics," Bank for International Settlements, BIS Working Paper No. 701, February 2018。

32 參見Financial Stability Board, "Global Monitoring Report on Non-Bank Financial Intermediation: 2020," December 16, 2020。

33 參見Fitch Ratings, "China's Shadow Financing Under Pressure," *Special Report*, April 28, 2020。

34 參見Sofia Horta e Costa and Rebecca Choong Wilkins, "Evergrande 76% Haircut Is Now a Base Case for Bond Analysts," *Bloomberg*, September 12, 2021。

35 參見Harriet Agnew, "Evergrande Fallout Could Be Worse than Lehman for China, Warns Jim Chanos," *Financial Times*, September 22, 2021；以及John Authers, "China's Evergrande Moment Is Looking More LTCM than Minsky," *Bloomberg Opinion*, September 20, 2021。

36 參見Tian Chen and Tania Chen, "China Injects $18.6 Billion into Banking System during Evergrande Crisis," *Bloomberg*, September 21, 2021。

37 參見Nassim Nicholas Taleb, *The Black Swan: The Impact of the Highly Improbable* (New York: Random House, 2007)。

38 資料來源：United Nations, World Urbanization Prospects 2018, https://population.un.org/wup/。

39 參見Ying Long and Shuqi Gao, "Shrinking Cities in China: The Overall Profile and Paradox in Planning," 載於Ying Long and Shuqi Gao, eds., *Shrinking Cities in China: The Other Facet of Urbanization* (New York: Springer, 2019)；以及Iori Kawate, "China's Largest 'Ghost City' Booms Again Thanks to Education Fever," *Nikkei Asia*, April 19, 2021。

40 中國可支配家庭收入的非勞動收入部分取自（中國）國家統計局的資金流轉帳項；美國的數據取自美國商務部經濟分析局的國民收入和產品帳項。

41 「高水平對外開放」是中國最新第十四個五年規劃（二〇二一～二五年）的一大要點；參見"China's New Development Blueprint Heralds Opening-Up at Higher Level," Xinhua News (China), March 14, 2021。

42 參見以下資料：China Securities Regulatory Commission, China Capital Markets Development Report (Beijing: China Financial Publishing House, 2008)；National Equities Exchange and Quotations (NEEQ)，資料來源：http://www.neeq.com.cn/en/about_neeq/introduction.html；以及科創板市場的發展，資料來源：http://star.sse.com.cn/en/。二〇二一年九月，習近平宣布將成立一個北京證券交易所，主要服務對象為「創新型中小企業」，參見"Xi Says China to Set Up Beijing Stock Exchange for SMEs," Reuters, September 2, 2021。

43 中國證券監督管理委員會主席易會滿於二〇二二年四月談話中表示，中國有意願配合美國管理方的上市條件，打破了日漸令人擔憂的僵局，不會再因此妨礙到中國公司離岸集資。參見Zhang Hongpei, "China to Keep Offshore Listing Channels Open, Accelerate Launch of New Rules: Official," *Global Times* (China), April 10, 2022；以及"China's CSRC Calls for New Overseas Listing Rule to Take Effect," *Bloomberg News*, April 9, 2022。有關中國加入世貿前金融改革的討論，參見Nicholas R. Lardy, "Issues in China's WTO Accession," Testimony before the US-China Security Review Commission, May 9, 2001。

44 參見Franklin Allen, Xian Gu, and Jun Qian, "People's Bank of China:

History, Current Operations and Future Outlook," Riksbank Summer Institute of Finance Conference 2017, October 2017。

45 參見James Stent, *China's Banking Transformation: The Untold Story* (London: Oxford University Press, 2017)。

46 參見以下資料：Jun Zhu, "Closure of Financial Institutions in China," in Bank for International Settlements, *Strengthening the Banking System in China: Issues and Experience*, proceedings of a joint BIS/PBC Conference, Beijing, March 1–2, 1999；以及Douglas J. Elliott and Kai Yan, "The Chinese Financial System: An Introduction and Overview," Brookings Institution, John L. Thornton China Center Monograph Series No. 6, July 2013。

47 參見Weitseng Chen, "WTO: Time's Up for Chinese Banks—China's Banking Reform and Non-Performing Loan Disposal," *Chicago Journal of International Law* 7, no. 1 (2006)。

48 參見Allen et al., "People's Bank of China."

49 參見Stephen Roach, "The Boss and the Maestro," *Unbalanced*, 第3章。

50 二〇一八年，中國銀監會和中國保監會進行整合，組建成一個超監督管理職能單位，中國銀行保險監督委員會（簡稱銀保監會）由郭樹清擔任主席。郭樹清是一位經濟學家、法學博士，擁有傑出業務和共產黨職經驗，曾擔任不同單位的高層職位，單位包括銀行（建設銀行主席）、監督管理機構（證監會主席）及政策機關（國家外匯管理局局長和人民銀行黨委書記）；於二〇一三年被委任山東省人民政府省長，並且自二〇一七年就成為共產黨中國委員會正式成員。

51 參見以下資料：Alberto Alesina and Lawrence H. Summers, "Central Bank Independence and Macroeconomic Performance: Some Comparative Evidence," *Journal of Money, Credit and Banking* 25, no. 2 (May 1993)；Christopher A. Sims, "Fiscal Policy, Monetary Policy and Central Bank Independence," Jackson Hole Symposium, Federal Reserve Bank of Kansas City, August 2016；以及Athanasios Orphanides, "The Boundaries of Central Bank Independence: Lessons from Unconventional Times," Bank of Japan IMES Discussion Paper, August 2018。

52 參見Zhou Xiaochuan, "Managing Multi-Objective Monetary Policy from the Perspective of the Transitioning Chinese Economy," Michel Camdessus Central Banking Lecture, International Monetary Fund, Washington DC, June 24, 2016。

53 二〇二一年，國際貨幣基金（以美元）估算，中國的名目GDP相當於美國的七三%。國際貨幣基金在二〇二一年十月預測中國的名目GDP增長率會持續穩定下降，從二〇二二年的八．二%降至二〇二六的七．三%。為評估中國GDP趨同於美國的可能，中國GDP會另以一個稍降的增長率來推算，即名目GDP的增長率在二〇三二年跌至六．一%。根據國際貨幣基金的基線預測，美國的增長軌跡顯示，其名目GDP增長率據推算，將會於二〇二六年增加三．六%。以上述增長軌跡為基準，中國與美國的名目GDP應當在二〇三〇年趨同。該計算有個重要前提：美元和人民幣之間匯率若出現大幅波動，可能會對既定的趨同軌跡造成重大影響；人民幣增值加速的話，也會令美中GDP以相稱的速度趨同。筆者的計算基於國際貨幣基金組織 *World Economic Outlook* 的相關數據。

54 購買力平價（purchasing-power parity，PPP）是一個廣為接受的比較性指標，能根據國家間的價格水準差距做出調整。根據國際貨幣基金計算，美國和中國在按PPP衡量的全球GDP占比於二〇一六年已經相等；到了二〇二一年，國際貨幣基金估計中國的占比（一八．六%）幾乎比美國（一五．七%）多出三個百分點。資料來源：IMF *World Economic Outlook* database。

55 一九八一至二〇二〇年間，中國的人均GDP平均增長九．七%，美國在同一期間增長四．二%。以二〇二一年中國人均

GDP值一萬一千八百一十九美元和美國的六萬八千三百零九美元來推算，兩國人均GDP將於二〇五五年趨同。筆者的計算基於國際貨幣基金組織*World Economic Outlook*數據庫。

56 Ezra F. Vogel, *Japan as Number One: Lessons for America* (Cambridge, MA: Harvard University Press, 1979)。

57 資料來源：國際貨幣基金組織*World Economic Outlook*數據庫。

58 參見James Fallows, "Containing Japan," *The Atlantic*, May 1989；Clyde V. Prestowitz, *Trading Places: How We Are Giving Our Future to Japan & How to Reclaim It* (New York: Basic Books, 1990)；Paul Kennedy, *The Rise and Fall of the Great Powers: Economic Change and Military Conflict from 1500 to 2000* (New York: Random House, 1987)；以及Stephen Roach, "Japan Then, China Now," *Project Syndicate*, May 2019。

59 參見以下資料：Donald J. Trump, "National Security Strategy of the United States of America," White House, December 2017；Anthony H. Cordesman, "President Trump's New National Security Strategy," Center for Strategic & International Studies (CSIS), December 18, 2017；以及James Fallows, "China's Great Leap Backwards," *The Atlantic*, December 2016。

60 參見M. Nakamura, S. Sakakibara, and R. Schroeder, "Adoption of Just-in-Time Manufacturing Methods at US- and Japanese-Owned Plants: Some Empirical Evidence," *IEEE Transactions on Engineering Management* 45, no. 3 (August 1998)；以及John F. Krafcik, "Triumph of the Lean Production System," *Sloan Management Review* 30 (Fall 1988)。

第十一章 新型大國關係模式

A New Model of Major Country Relationships

1 參見Denise Chao, "The Snake in Chinese Belief," *Folklore* 90, no. 2 (1979)。

2 參見Xi Jinping, "Build a New Model of Major-Country Relationship between China and the United States"；習近平於二〇一三年六月八日對媒體的發言，中方版本參見Xi Jinping, *The Governance of China*, updated edition (Shanghai: Foreign Language Press, January 20, 2021)，第一冊。

3 參見Vice Premier Wang Yang and State Councilor Yang Jiechi, "Joint Comments to U.S.-China Strategic and Economic Dialogue Opening Session," Washington DC, July 19, 2013；以及Wang Yi, "Toward a New Model of Major-Country Relations between China and the United States," speech delivered to the Brookings Institution, Washington DC, September 30, 2013。

4 參見Sun Tzu, *The Art of War*, trans. Gary Gagliardi (Seattle, WA: Science of Strategy Institute/Clearbridge Publishing, 1999)。

5 參見Office of the White House Press Secretary, "Remarks by President Obama and President Xi Jinping of the People's Republic of China after Bilateral Meeting," Sunnylands Retreat, Rancho Mirage, California, June 8, 2013。

6 參見Yang Jiechi, "A New Type of International Relations: Writing a New Chapter of Win-Win Cooperation," *Horizons*, Summer 2015。

7 參見Dean P. Chen, *U.S. Taiwan Strait Policy: The Origins of Strategic Ambiguity* (Boulder, CO: First Forum Press, 2012)。近來，愈來愈多人對美國和台灣在大中華地區主義強盛的年代還保持戰略性模糊感到不滿，認為是時候給出一個肯定的承諾，採取更清晰的戰略：參見Richard Haass and David Sacks, "American Support for Taiwan Must Be Unambiguous," *Foreign Affairs*, September 2020。

8 參見Office of the White House Press Secretary, "Remarks by President Obama and President Xi Jinping." 陽光莊園會前，數位歐巴馬的高級顧問和表達過相似的看法，包括國務卿希拉蕊和國安顧問唐尼隆；參見Emily Rauhala, "Hillary Clinton's Long—and Complicated

—Relationship with China," *Washington Post*, October 12, 2015，及Tom Donilon, "The United States and the Asia-Pacific in 2013," remarks to the Asia Society, March 11, 2013。

9 哈德利（Stephen Hadley）尤其這麼認為。他在二〇〇五至二〇〇九年間於小布希政府下擔任國安顧問，同時也是個資深中國問題專家。參見Stephen Hadley, "America, China and the 'New Model of Great-Power Relations,'" speech before the Lowy Institute, Sydney, Australia, November 5, 2014，以及Caitlin Campbell and Craig Murray, "China Seeks a 'New Type of Major-Country Relationship' with the United States," US-China Economic and Security Review Commission Staff Research Backgrounder, June 25, 2013。有關評估中方如何看待此事的重要著作，參見Dai Bingguo, "On Building a New Model of Major-Country Relations between China and the United States," dialogue with Henry Kissinger before the China Development Forum, Beijing, March 2016；以及Cheng-yi Lin, "Xi Jinping, the U.S., and the New Model of Major Country Relations," *Prospect Journal* (Taiwan), 2015。

10 約翰霍普金斯大學（John Hopkins University）教授蘭普頓（David Lampton）提供了一個詳盡的行動計畫，以實現該新型模型。計畫強調需要提出務實的美中聯合外國直接投資方案，採用新的雙邊對話機制，還有增強軍事合作；參見David M. Lampton, "A New Type of Major-Power Relationship: Seeking a Durable Foundation for US-China Ties," *Asia Policy*, July 2013。中方的看法，以戴秉國和季辛吉之間的對話表達得最清晰，參見"On Building a New Model of Major-Country Relations"。

11 「競合」一詞首先為中國前任外交部副部長傅瑩所用，以傳達美中之間帶有合作的競爭關係，確保該詞能將兩國對彼此經濟和外交政策關係的問題納入考量範圍；參見Fu Ying, "China and the US Should Prepare for an Era of 'Coopetition,'" *Financial Times*, November 6, 2019。

12 政治評論員發揮無限創意，試圖進一步為美中關係定性。伯格斯滕（Fred Bergsten）是首個提出共享國際領導架構「G-2」的人；參見C. Fred Bergsten, *The United States and the World Economy: Foreign Economic Policy for the Next Decade* (New York: Columbia University Press, 2005)；以及Zbigniew Brzezinski, "The Group of Two that Could Change the World," *Financial Times*, January 13, 2009。另有些人提出「中美國」（Chimerica）這一新詞，指向兩種制度在職能上的合併。參見Niall Ferguson and Moritz Schularick, "Chimerica and Global Asset Markets," *International Finance* 10, vol. 3 (2007)。耐人尋味的是，二〇〇八至二〇〇九年的環球金融危機後，費格森（Niall Ferguson）和蘇拉里克（Moritz Schularick）對美中共生關係的觀點出現一百八十度大轉彎；參見Niall Ferguson and Moritz Schularick, "The End of Chimerica," Harvard Business School Working Paper No. 10–037, October 2009。當然，還有另一組人士一直強調美中處於病態依賴的狀態。

13 經濟學向來有一種不良傾向，社會科學本來是研究人類行為關係的模型，經濟學卻用理工科的研究方法，以數學運算，要求精準；一些頂尖經濟學家，如諾貝爾經濟學家羅默（Paul Romer），認為這種趨勢已偏離正軌。參見Paul M. Romer, "Mathiness in the Theory of Economic Growth," American Economic Review: Papers and Proceedings 105, no. 5 (May 2015)。

14 金融市場商家術語稱這種機制為「按市值計價」（marking to market）。該會計準則能在不斷變化的證券估值中，客觀地對貿易策略做出評價。參見以下資料：Committee on the Global Financial System, "Market-Making and Proprietary Trading: Industry Trends, Drivers, and Policy Implications," Bank for International Settlements, CGFS Papers No. 52, November 2014。

15 參見Ian Bremmer and Nouriel Roubini, "A G-Zero World: The New

Economic Club Will Produce Conflict, Not Cooperation," *Foreign Affairs*, March/April 2011。

⑯ 資料來源：世界銀行發展指標。

⑰ 資料來源：筆者的計算基於世界銀行發展指標數據。

⑱ 資料來源：筆者的計算基於世界銀行發展指標數據。

⑲ 參見Matthew P. Funaiole and Brian Hart, "Understanding China's 2021 Defense Budget," Center for Strategic and International Studies (CSIS), March 5, 2021。

⑳ 參見以下資料：the State Council Information Office of the People's Republic of China, "China's National Defense in the New Era," white paper (Beijing: Foreign Language Press Co. Ltd., July 2019)；Edmund J. Burke, Kristen Gunness, et al., "People's Liberation Army Operational Concepts," RAND Corporation Research Report, 2020；以及Demetri Sevastopulo, "China Conducted Two Weapons Tests This Summer," *Financial Times*, October 20, 2021。

㉑ 參見Office of the Secretary of Defense, *Military and Security Developments Involving the People's Republic of China: 2020*, Annual Report to Congress, Washington DC, September 2020。

㉒ 該預算過程假設，根據國際貨幣基金組織估算，中國名目GDP增長軌跡會持續增長至二〇二六年，並且每年增長七．四％，持續至二〇三五年；美國的名目GDP增長軌跡同樣來自國際貨幣基金組織估算，預計以每年三．七％的增長率，成長至二〇二六年。根據世界銀行世界發展指標，兩國軍事開支的GDP占比不變，與二〇二〇年的實際數據相同——中國占比為一．七％，美國則為三．七％。以該假定計算，中國的軍事指出將會與二〇二三年末或二〇二四年初超過美國。資料來源：筆者的計算基於世界銀行發展指標和國際貨幣基金組織*World Economic Outlook*相關數據。

㉓ 一九八〇年至二〇二一年間，中國的名目GDP增長五十五倍，比同期增長三十五倍的人均GDP高出許多。資料來源：筆者的計算基於世界銀行發展指標和國際貨幣基金組織*World Economic Outlook*相關數據。

㉔ 該按PPP計算的人均GDP排行榜顯示來自國際貨幣基金、世界銀行及美國中央情報局的估算平均值；資料來源：https://en.wikipedia.org/wiki/List_of_countries_by_GDP_(PPP)_per_capita。

㉕ 參見Paul Kennedy, *The Rise and Fall of Great Powers: Economic Change and Military Conflict from 1500 to 2000* (New York: Random House, 1987)。斜體按甘迺迪所用。

㉖ 甘迺迪在其一九八七年的著作《霸權興衰史》（*The Rise and Fall of Great Powers*）採用了相同的結論，認為美國也同樣犯了過度擴張的錯誤，美國經濟已經不復強盛，逐漸衰弱，軍事預算還遠超出其國內經濟能力的支持範圍。然而，面對二〇〇一年美國恐怖襲擊事件的餘波，甘迺迪的看法變了；參見"The Eagle Has Landed," *Financial Times*, February 2–3, 2002。

㉗ 參見Anton Cheremukhin, Mikhail Golosov, Sergei Guriev, and Aleh Tsyvinski, "Was Stalin Necessary for Russia's Economic Development?" NBER Working Paper No. 19425, September 2013。

㉘ 參見Susan E. Rice, "America's Future in Asia," remarks at Georgetown University, Washington DC, November 30, 2013。

㉙ 參見Donilon, "United States and the Asia-Pacific"。

㉚ 參見Hillary Clinton, "America's Pacific Century," Foreign Policy, October 11, 2011；以及Geoff Dyer and Tim Mitchell, "Hillary Clinton: The China Hawk," *Financial Times*, September 5, 2016。

㉛ 正如第七章所述，若曾懷疑美國是否下定決心對中國實行圍堵策略，那麼到二〇二一年的澳英美三邊安全協議簽訂之後，再不必懷疑了。參見David E. Sanger and Zolan Kanno-Youngs, "Biden Announces Defense Deal with Australia in a Bid to Counter China," *New York Times*, September 21, 2021；以及"AUKUS Reshapes the

Strategic Landscape of the Indo-Pacific," *The Economist*, September 25, 2021。

32 參見Charles L. Glaser, "A U.S.-China Grand Bargain? The Hard Choice between Military Competition and Accommodation," *International Security* 39, no. 4 (Spring 2015)。

33 參見James B. Steinberg, "U.S.-China Relations at a Crossroad: Can History Guide the Path Forward?" Ernest May Memorial Lecture in Leah Bitounis and Jonathon Price, eds., *The Struggle for Power: U.S.-China Relations in the 21st Century* (Washington DC: Aspen Institute, 2020)。

34 參見Office of the White House Press Secretary, "FACT SHEET: President Xi Jinping's State Visit to the United States," September 25, 2015。

35 資料來源：筆者的計算基於美國商務部經濟分析局數據。

36 資料來源：筆者的計算基於中國國家統計局數據。

37 資料來源：筆者的計算基於美國商務部經濟分析局數據。

38 資料來源：筆者的計算基於美國商務部經濟分析局數據。

39 參見Congressional Budget Office, "The Distribution of Household Income, 2017," October 2020；另外，亦見Board of Governors of the Federal Reserve System, "Distribution of Household Wealth in the U.S. since 1989," Distributional Financial Accounts, June 2021。

40 參見Office of the White House Press Secretary, "Remarks by President Obama and President Xi of the People's Republic of China in Joint Press Conference," Washington DC, September 25, 2015。

41 參見Asia Maritime Transparency Initiative, "China's New Spratly Island Defenses," December 13, 2016，資料來源：https://amti.csis.org/chinas-new-spratly-island-defenses/。

42 參見Asia Maritime Transparency Initiative, "China's New Spratly Island Defenses."。

43 參見Ankit Panda, "It's Official: Xi Jinping Breaks His Non-Militarization Pledge in the Spratlys," *The Diplomat*, December 16, 2016。

44 參見Jeffrey A. Bader, "The U.S. and China's Nine-Dash Line: Ending the Ambiguity," op-ed, Brookings Institution, February 6, 2014。

45 參見Sheila A. Smith, "A Sino-Japanese Clash in the East China Sea," Council on Foreign Relations Contingency Planning Memorandum No. 18, April 2013。

46 參見Robert D. Williams, "Tribunal Issues Landmark Ruling in South China Sea Arbitration," *Lawfare*, July 12, 2016。

47 參見"China's Claims in the South China Sea Rejected," A *ChinaFile* Conversation, July 12, 2016；若想瞭解相反的看法，意即認為中國在南海的主權主張和其對台灣的主權爭議並無二致，參見Weijian Shan, "Beijing and Taipei Are United—in Their South China Sea Claims," *South China Morning Post*, January 9, 2022。

48 參見Murray Hiebert, Phuong Nguyen, and Gregory B. Poling, eds., *Perspectives on the South China Sea: Diplomatic, Legal, and Security Dimensions of the Dispute, A Report of the CSIS Sumitro Chair for Southeast Asia Studies*, Center for Strategic & International Studies (Lanham, MD: Rowman & Littlefield: September 2014)。二〇二二年初，種種跡象顯示美國愈發擔心中國有可能在所羅門群島部署軍力。所羅門群島具有戰略意義，位於南太平洋，巴布亞新幾內亞以東，而且遠離中國九段線。二〇二二年四月，中國與所羅門群島簽下了安全協議，隨後，拜登政府國家安全委員會的印太政策協調員，同時也是第七章指出，美國「轉向亞洲」政策的策劃者，坎貝爾（Kurt Campbell）馬上隨一個高級使團，被派往所羅門群島處理這件事；參見Damien Cave, "Why China's Security Pact with the Solomon Islands Is a Threat," *New York Times*, April 21, 2022。

49 參見National Institute for Defense Studies, *NIDS China Security Report 2021: China's Military Strategy in the New Era* (Tokyo: National Institute for Defense Studies, 2021。

50 參見以下資料：Jeffrey B. Jones, "Confronting China's Efforts to Steal Defense Information," Belfer Center, Harvard Kennedy School, May 2020；James Millward and Dahlia Peterson, "China's System of Oppression in Xinjiang: How It Developed and How to Cure It," Global China, Brookings Institution, September 2020；Oriana Skylar Mastro, "China's Dangerous Double Game in North Korea," *Foreign Affairs*, April 2, 2021；以及Will Green, "China-Iran Relations: A Limited but Enduring Strategic Partnership," US-China Economic and Security Review Commission Staff Research Report, June 28, 2021。

51 美國和中國的高級官員不時會來聽我在耶魯大學開授的課，「下一個中國」（The Next China）。有一回，一位前任美國高級政策顧問剛好來聽我的概論課，課堂概述了美中互賴關係，以及這對南海日漸緊張的局勢意味著什麼。課後，這位美國官員有禮地說道：「我從來沒有從這個角度看待這個問題。我們沒有認真考慮過美中衝突的正反兩面。」

52 中信出版社於二〇一五出版我二〇一四年著作的中譯本，書名：《失衡——全球經濟危機下的再平衡》（譯者注：英文原著書名為*Unbalanced: The Codependency of America and China*，直譯為《失衡——美國和中國的互賴關係》）。中譯本不僅譯錯了書名，還沒有納入原著中的四百三十八個註腳；當我就這個惡劣的省略，要求中信出版社解釋，他們回道：「像你這種的熱門書籍，我們是不會那麼做的。」

53 參見American Psychiatric Association, *Diagnostic and Statistical Manual of Mental Disorders*, 4th and 5th eds. (Washington DC: American Psychiatric Publishing, 2003 and 2013)。

54 歐盟的政治經濟多年來一直都是個引起激烈辯論的議題，特別是因為歐盟缺乏泛區域的財政政策，其貨幣聯盟表現不盡理想。有關歐盟政治經濟的討論，參見Albert Alesina, Guido Tabellini, and Francesco Trebbi, "Is Europe an Optimal Political Area?" *Brookings Papers on Economic Activity* 2017, no. 1 (March 2017)：歐盟開始傾向實行財政政策，最近發起了一項泛歐洲財政倡議，名為「下一代歐盟計畫基金」（Next Generation EU fund），有關討論參見Lorenzo Codogno and Paul van den Noord, "Assessing Next Generation EU," London School of Economics, "Europe in Question" Discussion Paper Series No. 166/2020, February 2021。

55 參見Anonymous, "The Longer Telegram: Toward a New American China Strategy," Atlantic Center, Scowcroft Center for Strategy and Security, January 2021。

56 參見Wang Huning, *America against America* (1991; republished independently, February 2022)。

57 參見Zhang Jian, "Behind the Political Chaos: The Decline of American Values," *Guangming Daily* (China), January 12, 2021；Li Yunlong, "'American Democracy'—The End of the Myth," *People's Daily* (China), January 13, 2021；Zhang Shuhua, "The Deterioration of Western Politics Further Harms the World," Global Times (China), May 19, 2021；以及Jude Blanchette and Seth G. Jones, "Beijing's New Narrative of U.S. Decline," A CSIS Open Source Project, Center for Strategic and International Studies (CSIS), July 2021。

58 參見Rush Doshi, *The Long Game: China's Grand Strategy to Displace American Power* (New York: Oxford University Press, 2021)；以及"Elites in Beijing See America in Decline, Hastened by Trump," *The Economist*, June 13, 2020。

59 參見以下資料：Feng Zhongping and Huang Jing, "China's Strategic Partnership Diplomacy: Engaging with a Changing World," European Strategic Partnership Observatory, Working Paper 8, June 2014；

Shengsong Yue, "Towards a Global Partnership Network: Implications, Evolution and Prospects of China's Partnership Diplomacy," *Copenhagen Journal of Asian Studies* 36, no. 2 (2018)；以及Helena Legarda, "From Marriage of Convenience to Strategic Partnership: China-Russia Relations and the Fight for Global Influence," *Merics*, August 24, 2021。

60 資料來源：國際貨幣基金組織*World Economic Outlook*數據庫。

61 二〇二二年二月四日的中俄夥伴關係確實也用了明確的語言，強調雙方「都反對北約繼續擴張」：參見President of Russia, "Joint Statement of the Russian Federation and the People's Republic of China on the International Relations Entering a New Era and the Global Sustainable Development," February 4, 2022，資料來源：http://en.kremlin.ru/supplement/5770。此外，中國內一些受人敬仰的學者大力支持俄羅斯入侵烏克蘭的理由：參見Zheng Yongnian, "Will the War in Ukraine Lead to the Reconstruction of the World Order?" *Beijing Cultural Review*, February 25, 2022。

62 參見Edward Wong and Julian E. Barnes, "China Asked Russia to Delay Ukraine War Until After Olympics, US Officials Say," *New York Times*, March 2, 2022；以及Mark Magnier, "China, Told of Ukraine Move in Advance, Asked Russia to Wait Until Olympics Ended: Sources," *South China Morning Post*, March 3, 2022。

63 參見Christopher F. Schuetze, "Russia's Invasion Prompts Germany to Beef Up Military Funding," *New York Times*, February 27, 2022。

64 參見Stephen Roach, "Only China Can Stop Russia," *Project Syndicate*, March 7, 2022。

65 參見"China Says It Wants to Avoid US Sanctions over Russia's War," *Bloomberg News*, March 14, 2022。

66 參見Michelle Nichols and Humeyra Pamuk, "Russia Vetoes UN Security Action on Ukraine as China Abstains," *Reuters News*, February 25, 2022。

67 參見Phoebe Zhang, "Ukraine War: China Is on the Right Side of History, Foreign Minister Says," *South China Morning Post*, March 20, 2022；以及Christian Shepherd, "China and Russia's Military Relationship Likely to Deepen with Ukraine War," *Washington Post*, March 21, 2022。此外，有些報導指中國共產黨發起新一輪政治宣傳，大力支持俄羅斯的作為，參見Chris Buckley, "Bristling Against the West, China Rallies Domestic Sympathy for Russia," *New York Times*, April 4, 2022。

68 參見以下資料：Ministry of Foreign Affairs of the People's Republic of China, "State Councilor and Foreign Minister Wang Yi Meets the Press," March 7, 2022, https://www.fmprc.gov.cn/eng/zxxx_662805/202203/t20220308_10649559.html；Ken Moritsugu, "China Calls Russia Its Chief 'Strategic Partner' Despite War," AP News, March 7, 2022；以及Wang Qi and Xu Yelu, "Wang Meets Lavrov in China, Hails Ties as Withstanding Test of Changing Intl Situation," *Global Times* (China), March 30, 2022。

69 參見Stephen Roach, Paul De Grauwe, Sergei Guriev, and Odd Arne Westad, "China's Time for Global Leadership," *Project Syndicate*, March 17, 2022。

70 美國財政部長葉倫策劃了以美國為首、在國際上針對俄羅斯的制裁。她對中國和其他國家的警告非常直接，若在烏克蘭戰火肆虐之際還「舉棋不定」（sitting on the fence），就要準備面對後果。葉倫在二〇二二年四月中旬的談話中說道：「全球各國對中國的態度以及有多願意將中國納入全球經濟一體化，或取決於中國如何回應我們呼籲其對俄羅斯採取堅定不移的行動。」參見"Remarks by Secretary of the Treasury Janet L. Yellen on Way Forward for the Global Economy," speech before the Atlantic Council, April 13, 2022。

第四部　論述的對決

第十二章　意外的衝突Accidental Conflict

❶ 儘管美中關係自二〇一八年起急速惡化，兩國政策圈的普遍共識都傾向採取預防性措施以防止衝突。欲見美方觀點，參見Robert D. Blackwill and Ashley J. Tellis, "Revising U.S. Grand Strategy toward China," Council on Foreign Relations, Council Special Report No. 72, March 2015。並見The Policy Planning Staff, Office of the Secretary of State, "The Elements of the China Challenge," US State Department, November 2020；Michael D. Swaine, "China Doesn't Pose an Existential Threat for America," *Foreign Policy*, April 2021；以及Minxin Pei, "The China Threat Is Being Overhyped," *Bloomberg Opinion*, May 2021。欲見中方觀點，參見Wang Yi, "Interview on International Situation and China's Diplomacy in 2020," Xinhua News Agency and China Media Group, January 2, 2021；並見Yang Jiechi, "Dialogue with National Committee on U.S.-China Relations," Ministry of Foreign Affairs of the People's Republic of China, February 2, 2021。

❷ 在經濟政策辯論中，猜疑（paranoia）一詞多聚焦辯者動機多於論點根據，參見Raghuram G. Rajan, "Why Paranoia Reigns in Economics," *World Economic Forum Global Agenda*, August 12, 2013；另見Rafael Di Tella and Julio T. Rotemberg, "Populism and the Return of the 'Paranoid Style': Some Evidence and a Simple Model of Demand for Incompetence as Insurance against Elite Betrayal," Harvard Business School, Working Paper 17-056, December 2016。

❸ 參見Barbara W. Tuchman, *The Guns of August* (New York: Ballantine Books, 1962)；David Stevenson, 1914–1918: The History of the First World War (London: Gardners Books, 2004)；以及Greg King and Sue Woolmans, *The Assassination of the Archduke: Sarajevo 1914 and the Romance that Changed the World* (New York: St. Martin's Press, 2013)。

❹ 參見Lawrence E. Blume, "Duality," for *The New Palgrave Dictionary of Economics*, 2nd ed. (New York: Palgrave MacMillan, 2008)；William A. Jackson, "Dualism, Duality and the Complexity of Economic Institutions," *International Journal of Social Economics* 26, no. 4 (April 1999)；以及Stephen R. Lewis Jr., "Some Problems in the Analysis of the Dual Economy," *Pakistan Development Review* 3, no. 4 (Winter 1963)。

❺ 經濟學上另一個著名雙重性例子便是「影子定價法」，常見於典型線性規劃計算；操作上，影子價格是市場上不流通產品的隱含價格，從線性規劃計算所得。參見Robert Dorfman, Paul A. Samuelson, and Robert M. Solow, *Linear Programming and Economic Analysis* (New York: McGraw-Hill, 1958)。事實上，影子定價法的雙重性，曾用於估算蘇聯式中央計畫投入產出模式的價格結構；參見John M. Montias, Central Planning in Poland (New Haven, CT: Yale University Press, 1962)，以及Alec Nove, The Economics of Feasible Socialism Revisited (London: HarperCollins Academic, 1991)。

❻ 較早前在本書第四章提出過美國經濟儲蓄不足，貿易轉換的例子，例子強調，美中關係雙邊貿易逆差因關稅收窄，抵銷美國和墨西哥、越南、香港、新加坡、南韓和印度之間貿易逆差增闊；另見Stephen S. Roach, "The Myth of Global Decoupling," *Project Syndicate*, January 3, 2020。

❼ 由於後泡沫金融支援屢屢刺激後來的資產和信貸泡沫，美國自一九九〇年代後期接連不斷創造資產泡沫，廣為人知；參見Stephen S. Roach, "Double Bubble Trouble," *New York Times*, March 5, 2008。

❽ 資料來源：此處基準為世界銀行世界綜合貿易解決辦法（WITS）的數據。

9 這裡呼應本書第二章就病態依賴中人際關係特質的討論：參見Timmen L. Cermak, *Diagnosing and Treating Co-Dependence* (Minneapolis: Johnson Institute Books, 1986)。

10 參見以下資料：Karen M. Sutter, "'Made in China 2025' Industrial Policies: Issues for Congress," Congressional Research Service, August 11, 2020；Marco Rubio, "Made in China 2025 and the Future of American Industry," US Senate Committee on Small Business and Entrepreneurship Project for Strong Labor Markets and National Development, February 2019；以及USTR Section 301 report。

11 參見以下資料：Marcy E. Gallo, "Defense Advanced Research Projects Agency: Overview and Issues for Congress," Congressional Research Service, August 19, 2021；US Chamber of Commerce, "Q&A on 'Buy American' Policies," January 25, 2021；Executive Office of the President, "Buy American and Hire American," Executive Order 13788, April 18, 2017 (Trump)，以及"Ensuring the Future Is Made in All of America by All of America's Workers," Executive Order 14005, January 25, 2021 (Biden)；另見Julian M. Alston, "Benefits and Beneficiaries from U.S. Farm Subsidies," paper prepared for the American Enterprise Institute Project on Agricultural Policy, May 5, 2007。《美國創新與競爭法》二〇二一年六月通過參議院，但截至本書完稿前仍未通過眾議院。此法包含五百二十億美元的《晶片與科學法》，而《晶片與科學法》將為本地高端微晶片提供主要誘因：參見Steven Overly, "Frustration Builds over Stalled China Competition Bill," *Politico Weekly Trade*, October 25, 2021。

12 參見Nicholas Lardy, *The State Strikes Back: The End of Economic Reform in China?* (Washington DC: Peterson Institute for International Economics, 2019)。

13 參見Anshu Siripurapu, "Is Industrial Policy Making a Comeback?" Council on Foreign Relations Backgrounder, March 2021；另見Jared Bernstein, "The Time for America to Embrace Industrial Policy Has Arrived," *Foreign Policy*, July 22, 2020。

14 參見Serena Ng and Nick Timiraos, "Covid Supercharges Federal Reserve as Backup Lender to the World," *Wall Street Journal*, August 3, 2020；另見Paul Tucker, "The Lender of Last Resort and Modern Central Banking: Principles and Reconstruction," Bank for International Settlements, BIS Working Paper No. 79, September 2014。就最後貸款人的國際角色，參見Maurice Obstfeld, "Lenders of Last Resort in a Globalized World," keynote address for 2009 International Conference, Institute for Monetary and Economic Studies, Bank of Japan, Tokyo, May 27–28, 2009；另見Charles Calomiris, Marc Flandreau, and Luc Laeven, "Political Foundations of the Lender of Last Resort," VoxEU, Centre for Economic and Policy Research (CEPR), September 19, 2016。

15 參見Stephen S. Roach, "The Perils of Fed Gradualism," *Project Syndicate*, December 23, 2015；James Grant, "The High Cost of Low Interest Rates," *Wall Street Journal*, April 1, 2020；另見Lorie Logan and Ulrich Bindseil, "Large Central Bank Balance Sheets and Market Functioning," report prepared by a BIS Study Group, October 2019。

16 就中國對美國在二十一世紀衰退一事的觀點仍有相當多爭辯：參見Li Yunlong, "American Democracy— The End of the Myth," *People's Daily* (China), January 13, 2021；Rush Doshi, *The Long Game: China's Grand Strategy to Displace American Power* (New York: Oxford University Press, 2021)；"Elites in Beijing See America in Decline, Hastened by Trump," *The Economist*, June 13, 2020；以及Julian Gewirtz, "China Thinks America Is Losing," *Foreign Affairs* (November/December 2020)。

17 參見Matthew P. Goodman and David A. Parker, "Navigating Choppy Waters: China's Economic Decision-Making at a Time of Transition,"

Center for Strategic & International Studies (CSIS), March 2015；Alice Miller, "How Strong Is Xi Jinping?" China Leadership Monitor, no. 43 (March 2014)；另見Daniel H. Rosen, *Avoiding the Blind Alley: China's Economic Overhaul and Its Global Implications*, An Asia Society Policy Institute Report (New York: Asia Society, October 2014)。

18 二〇〇八至二〇〇九年環球金融危機時，就經濟援助或引致道德風險威脅一事激發熱烈辯論，具體說明便是從哲學上批判政府包庇企業借貸人和企業投資者劣行的文化。參見以下資料：Peter L. Bernstein, "The Moral Hazard Economy," *Harvard Business Review*, July–August 2009；Emmanuel Farhi and Jean Tirole, "Collective Moral Hazard, Maturity Mismatch and Systemic Bailouts, NBER Working Paper No. 15138, July 2009；另見Javier Bianchi, "Efficient Bailouts?" *American Economic Review* 106, no. 12 (December 2016)。

19 共同富裕的目標，乃在習近平二〇一二年十一月成為黨領導時已提出，但到二〇二一年夏季才突然獲得廣泛關注。習近平二〇二一年七月在共產黨黨報《求是》刊登文章，和八月在中央財經委員會發表演講，釐清中國共產黨的新思想工程。參見Xi Jinping, "Understanding the New Development Stage, Applying the New Development Philosophy, and Creating a New Development Dynamic," *Qiushi Journal* (China), July 8, 2021；另見"Xi Stresses Promoting Common Prosperity amid High-Quality Development, Forestalling Major Financial Risks," Xinhua News Service (China), August 18, 2021；Ryan Hass, "Assessing China's 'Common Prosperity' Campaign," *Order from Chaos* (blog), Brookings Institution, September 9, 2021；以及Dexter Tiff Roberts, "What Is 'Common Prosperity' and How Will It Change China and Its Relationship with the World?" *Atlantic Council Issue Brief*, December 2021。

20 參見Stephen S. Roach, "China's Animal Spirits Deficit," *Project Syndicate*, July 27, 2021。

21 參見Jeanny Yu and Ishika Mookerjee, "Even after $1.5 Trillion Rout, China Tech Traders See More Pain," *Bloomberg*, August 20, 2021。

22 現代中國的平權主調和當初毛澤東提出的階級鬥爭大相徑庭：參見Kerry Brown and Una Aleksandra Berzina-Cerenkova, "Ideology in the Era of Xi Jinping," *Journal of Chinese Political Science* 23, no. 3 (2018)。

23 前世界銀行中國局局長、現任新加坡國立大學東亞研究所所長郝福滿也強調過這一點，並將兩位領導人的政策掛鉤，分別為習近平的共同富裕政策，和鄧小平一九八六年開放沿海城市這句名言：參見Bert Hofman, "China's Common Prosperity Drive," *EAI Commentary*, National University of Singapore, September 3, 2021。有不少意見爭論人工智慧可否緩和地區收入和貧富差異，也就是指利用可擴增人工智慧程式增加利益，變相回應針對溫家寶「四不」所謂「雜亂無章」的批評：參見Shiyuan Li and Miao Hao, "Can Artificial Intelligence Reduce Income Inequality? Evidence from China," *Munich Personal RePEc Archive*, MPRA Paper No. 110973, October 2021。

24 參見"Xi Jinping's Talk of 'Common Prosperity' Spooks the Prosperous," Free Exchange, *The Economist*, August 28, 2021。

25 參見以下資料：Macabe Keliher and Hsinchao Wu, "Corruption, Anticorruption, and the Transformation of Political Culture in Contemporary China," *Journal of Asian Studies* 75, no. 1 (February 2016)；Melanie Manion, "Taking China's Anticorruption Campaign Seriously," *Economic and Political Studies* 4, no. 1 (May 2016)；Jiangnan Zhu, Dong Zhang，另見Huang Huang, " 'Big Tigers, Big Data': Learning Social Reactions to China's Anticorruption Campaign through Online Feedback," *Public Administration Review* 79, no. 4 (July/August 2019)；以及Yuen Yuen Ang, *China's Gilded Age: The Paradox of Economic Boom and Vast Corruption* (London: Cambridge University Press, 2020)。

㉖ 參見以下資料：Steven Levitsky and Daniel Ziblatt, *How Democracies Die* (New York: Crown, 2018)；Sarah Smarsh, *Heartland: A Memoir of Working Hard and Being Broke in the Richest Country on Earth* (New York: Scribner, 2018)；Timothy Snyder, *On Tyranny: Twenty Lessons from the Twentieth Century* (New York: Random House Crown, 2017)；另見J. D. Vance, *Hillbilly Elegy: A Memoir of Family and Culture in Crisis* (New York: HarperCollins, 2016)。綜觀近一百五十本書籍評估川普總統生涯和緣起，參見Carlos Lozada, *What Were We Thinking: A Brief Intellectual History of the Trump Era* (New York: Simon & Schuster, 2020)。

㉗ 普遍意見認為，生產力在近代經濟增長理論中的角色由諾貝爾獎得獎經濟學家索羅定義：參見Robert M. Solow, "A Contribution to the Theory of Economic Growth," *Quarterly Journal of Economics* 70, no. 1 (February 1956). 多年來，爭辯焦點已轉至生產力增長的來源，尤其針對本土創新方面討論：其中一例，可參見Edmund S. Phelps, "The Dynamism of Nations: Toward a Theory of Indigenous Innovation," Capitalism and Society 12, no. 1 (May 2017)；另見Edmund Phelps, Raicho Bojilov, Hian Teck Hoon, and Gylfi Zoega, *Dynamism: The Values That Drive Innovation, Job Satisfaction, and Economic Growth* (Cambridge, MA: Harvard University Press, 2020)。另見Stephen S. Roach, "The Sino-American Innovation Dilemma: A Conflict with Deep Roots and Tough Solutions,"*Asia-Pacific Journal* 16, no. 20 (October 2018)。

㉘ 本書第五章亦論及美中兩國研究及發展方向趨同。STEM是（Science）、科技（Technology）、工程（Engineering）和數學（Mathematics）四個科學學科範疇的英文單詞首字母組成的簡稱；就未來美中STEM發展趨同，參見Remco Zwetsloot, Jack Corrigan, Emily Weinstein, et al., "China Is Fast Outpacing U.S. STEM PhD Growth," CSET Data Brief, Center for Security and Economic Policy, August 2021。

㉙ 如本書第四章所述，前美國總統助理納瓦羅當時主導傳遞這個訊息。這可見於他在二〇一八年六月十九日全國廣播公司商業頻道（CNBC）的訪問，也可見於他帶領白宮貿易與製造業政策辦公室完成並在二〇一八年六月提交的白皮書，參見"How China's Economic Aggression Threatens the Technologies and Intellectual Property of the United States and the World," June 2018。二〇二〇年十一月川普大選落敗後，前美國貿易代表萊特海澤失去靠山，回歸普通市民生活，但仍有所作為：參見Robert Lighthizer, "America Shouldn't Compete against China with One Arm Tied Behind Its Back," *New York Times*, July 27, 2021。這並不單單是共和黨的意見，就中國科技上威脅美國領導地位存亡，民主黨的領導人物同樣表達過類似的反中情緒。參見Maggie Miller, "Senators Warn of Chinese Technology Threats Ahead of International Meeting," The Hill, October 4, 2021；另見Vincent Ni, "China Denounces US Senate's $250b Move to Boost Tech and Manufacturing," *The Guardian*, June 9, 2021。

㉚ 參見Ha-Joon Chang, *Bad Samaritans: The Myth of Free Trade and the Secret History of Capitalism* (New York: Bloomsbury Press, 2010)。

㉛ 本書第五章已論及，華為主席任正非態度強硬，事關重要，故再次討論：二〇〇七年思科系統控告華為抄襲，指其其中一隻路由器裝有思科盜版軟件，連同證據質詢任正非時，他只回應：「巧合。」參見Chuin-Wei Yap and Dan Strumpf, "Huawei's Yearslong Rise Is Littered with Accusations of Theft and Dubious Ethics," *Wall Street Journal*, May 25, 2019。

㉜ 參見Mark Scott, Laura Kayali, and Laurens Cerulus, "European Commission Accuses China of Peddling Disinformation," *Politico*, June 10, 2020；Kuni Mayake, "China's Information Warfare Is Failing Again," *Japan Times*, March 16, 2020；另見Ruth Levush, "Government

Responses to Disinformation on Social Media Platforms," Law Library of Congress, Global Legal Research Directorate, September 2019。

33 參見Pew Research Center, "Most Americans Have 'Cold' Views of China. Here's What They Think about China, in Their Own Words," June 30, 2021。

34 參見Globely staff, "How Do the Chinese People View America?" *Globely News*, March 17, 2022；Ilaria Mazzocco and Scott Kennedy, "Public Opinion in China: A Liberal Silent Majority?" *Big Data China*, Center for Strategic and International Studies (CSIS), February 9, 2022；Kaiser Kuo, "How Do Chinese People View the United States?" SupChina Sinica podcast with Yaswei Liu and Michael Cerny, November 26, 2021；另見Adam Y. Liu, Xiaojun Li, and Songyin Fang, "What Do Chinese People Think of Developed Countries? 2021 Edition," *The Diplomat*, March 13, 2021。

35 就霍根關於臉書的啟示，參見"Statement of Frances Haugen," testimony before the US Senate Committee on Commerce, Science, and Transportation, Sub-Committee on Consumer Protection, Product Safety, and Data Security," October 4, 2021。另見Jeff Horwitz, "The Facebook Whistleblower, Frances Haugen, Says She Wants to Fix the Company, Not Harm It," *Wall Street Journal*, October 3, 2021；Ryan Mac and Cecilia Kang, "Whistleblower Says Facebook 'Chooses Profits over Safety,'" *New York Times*, October 3, 2021；以及Scott Pelley, "Whistleblower: Facebook Is Misleading the Public on Progress against Hate Speech, Violence, Misinformation," CBS *Sixty Minutes*, October 4, 2021。關於前總統歐巴馬發表演講，論說社交媒體為民主帶來的威脅，參見Barack Obama, "Disinformation Is a Threat to Our Democracy," speech before Stanford University Symposium on Challenges to Democracy in the Digital Information Realm, April 21, 2022。

36 參見Stephen Roach, "Codependency, the Internet, and a Dual Identity Crisis," 載於*Unbalanced: The Codependency of America and China* (New Haven, CT: Yale University Press, 2014)，第13章。

37 參見Daniel H. Rosen and Lauren Gloudeman, "Understanding US-China Decoupling: Macro Trends and Industry Impacts," Report of the Rhodium Group and US Chamber of Commerce China Center, February 2021。另見Keith Johnson and Robbie Gramer, "The Great Decoupling," *Foreign Policy*, May 14, 2020；以及Stephanie Segal, "Degrees of Separation: A Targeted Approach to U.S.-China Decoupling—Final Report," A Report of the CSIS Economics Program, Center for International and Strategic Studies, October 2021。

38 參見Graham Allison, *Destined for War: Can America and China Escape Thucydides's Trap?* (New York: Mariner Books, 2017)。

39 美中兩國在亞洲展開熱戰風險增加，引來不少關注；參見Minxin Pei, "China and the US Dash toward Another MAD Arms Race," *Nikkei Asia*, May 16, 2021；另見David C. Gompert, Astrid Stuth Cevallos, and Cristina L. Garafola, *War with China: Thinking Through the Unthinkable* (Santa Monica: The RAND Corporation, 2016)。就南中國海局勢，參見Oriana Skylar Mastro, "Military Confrontation in the South China Sea," Council on Foreign Relations Contingency Planning Memorandum No. 36, May 21, 2020；另見Edith M. Lederer, "US and China Clash at UN over South China Sea Disputes," *Military Times*, August 9, 2021。就台灣局勢，參見以下資料：Lindsay Maizland, "Why China-Taiwan Relations Are So Tense," Council on Foreign Relations Backgrounder, May 10, 2021；Alastair Gale and Chieko Tsuneoka, "As China-Taiwan Tensions Rise, Japan Begins Preparing for Possible Conflict," *Wall Street Journal*, August 27, 2021；以及Economist Intelligence Unit, "Is War between China and Taiwan Inevitable?" Economist Group, June 16, 2021。自俄烏戰爭開始，普

丁的核武威脅更加嚇人：參見以下資料：Uri Friedman, "Putin's Nuclear Threats Are a Wake-Up Call for the World," *The Atlantic*, March 15, 2022；Steven Simon and Jonathan Stevenson, "Why Putin Went Straight for the Nuclear Threat," *New York Times*, April 1, 2022；Matthew Kroemig, Mark J. Massa, and Alyxandra Marine, "To Decipher Putin's Nuclear Threats, Watch What He Does—Not What He Says," New Atlanticist (Atlantic Council, March 4, 2022)。

40 參見以下資料：Office of the Secretary of Defense, *Military and Security Developments Involving the People's Republic of China: 2020*, Annual Report to Congress, Washington DC, September 2020；以及Anthony H. Cordesman, "Chinese Strategy and Military Forces in 2021: A Graphic Net Assessment," Center for Strategic and International Studies, August 2021。

41 本書第六章首次提出此論點：參見Paul Kennedy, *The Rise and Fall of the Great Powers: Economic Change and Military Conflict from 1500 to 2000* (New York: Random House, 1987)。

42 參見以下資料：Gloria Cowan, Mimi Bommersbach, and Sheri R. Curtis, "Codependency, Loss of Self, and Power," *Psychology of Women Quarterly* 19, no. 2 (June 1995)；Marolyn Wells, Cheryl Glickauf-Hughes, and Rebecca Jones, "Codependency: A Grass Roots Construct's Relationship to Shame-Proneness, Low Self-Esteem, and Childhood Parentification," *American Journal of Family Therapy* 27, no. 1 (1999)。

43 參見以下資料：Alison Favorini, "Concept of Codependency: Blaming the Victim or Pathway to Recovery?" *Social Work* 40, no. 6 (November 1995)；Ofer Zur, "Rethinking 'Don't Blame the Victim': The Psychology of Victimhood," *Journal of Couples Therapy* 4, no. 3–4 (1995)。

44 參見Jimmy Carter, "Energy and National Goals: Address to the Nation," July 15, 1979, Jimmy Carter Presidential Library and Museum，資料來源：https://www.jimmycarterlibrary.gov/assets/documents/speeches/energy-crisis.phtml。

45 參見Stephen S. Roach, "Japan Then, China Now," *Project Syndicate*, May 2019。

46 參見Jude Blanchette, "Xi's Gamble: The Race to Consolidate Power and Stave Off Disaster," *Foreign Affairs*, July/August 2021；Dexter Tiff Roberts, "Xi Jinping's Politics in Command Economy," Scowcroft Center for Strategy and Security, Atlantic Council Issue Brief, July 2021；另見Susan L. Shirk, "China in Xi's 'New Era': The Return to Personalistic Rule," Journal of Democracy 29, no. 2 (April 2018)。

第十三章　從猜忌到信任 From Distrust to Trust

1 參見以下資料：David S. Mason, "Glasnost, Perestroika and Eastern Europe," *International Affairs* 64, no. 3 (Summer 1988)；Lilita Dzirkals, "Glasnost and Soviet Foreign Policy," RAND Note, Rand Corporation, January 1990；以及George A. Carver Jr., "Intelligence in the Ages of Glasnost," *Foreign Affairs*, Summer 1990。

2 參見Chris Buckley, "China Sees 'Trust Deficit' before Xi's US Trip," Reuters, February 7, 2012。欲見對比中美長久以來戰略互疑兩國各自的觀點，參見Kenneth Lieberthal and Wang Jisi, "Addressing U.S.-China Strategic Distrust," John L. Thornton China Center Monograph Series, Number 4 (Washington DC: Brookings Institution, March 2012)。

3 崔天凱在約翰霍普金斯大學完成碩士學位，並在中國外交部工作長達二十年，包括二〇〇七～二〇〇九這三年間為中國駐日本大使，其後二〇一三年出任駐美國大使：參見"Biography of Ambassador Cui Tiankai," Embassy of the People's Republic of China in the United States of America，資料來源：http://www.china-

embassy.org/eng/sgxx/ctk/boa/。

4 參見Jonathan D. Spence, *The Chan's Great Continent: China in Western Minds* (New York: W. W. Norton & Company, Inc.: 1998)。

5 參見Phoebe Scott, "Mimesis to Mockery: Chinoiserie Ornament in the Social Space of Eighteenth-Century France," *Philament 5* (January 2005)。

6 參見Spence, *The Chan's Great Continent*, 16。

7 參見Jonathan D. Spence, "Kissinger and China," *New York Review*, June 9, 2011。

8 川普政府在二〇一八年十一月推出中國行動計畫，據聞乃為應對中國間諜活動，維護美國國家安全不受中國威脅。美國司法部迅速改變計畫焦點，從經濟間諜活動和網路駭客入侵轉移到「研究誠信」，尤其針對沒有透露中資背景的研究計畫。根據麻省理工科技評論（MIT Technology Review），中國行動計畫下控告的一百五十人當中，近九成被告都是華人。數所美國大學學院去信司法部長加蘭（Merrick Garland），抗議濫用中國行動計畫，並且要求立即終止行動；我也是耶魯大學二〇二二年一月向司法部長投函一百九十三位聯署人之一。參見Eileen Guo, Jess Aloe, and Karen Hao, "The US Crackdown on Chinese Economic Espionage Is a Mess. We Have the Data to Show It," *MIT Technology Review*, December 2, 2021；以及Isaac Yu, "'A Chilling Hostile Environment': Faculty Protest China Initiative as Tensions Continue to Disrupt Research," *Yale Daily News*, December 2, 2021。為了應對批評聲音越來越高漲，拜登政府最終在二〇二二年二月正式結束中國行動計畫，美國司法部國家安全部門中止及放棄不少提訴中國的間諜案；參見Katie Benner, "Justice Dept. to end Trump-Era Initiative to Deter Chinese Threats," *New York Times*, February 23, 2022。

9 參見以下資料：See Tamim Bayoumi and Yunhui Zhao, "Incomplete Financial Markets and the Booming Housing Sector in China," International Monetary Fund Working Paper No. 2020/265, December 2020；Kenneth S. Rogoff and Yuanchen Yang, "Peak China Housing," NBER Working Paper 27967, August 2020；Stella Yifan Xie and Mike Bird, "The $52 Trillion Bubble: China Grapples with Epic Property Boom," *Wall Street Journal*, July 16, 2020；以及Maya Bhandari et al., "If the Chinese Bubble Bursts: The Views of 30 Experts," *International Economy*, Fall 2019。欲見相反意見，參見Thomas Orlick, *China: The Bubble that Never Pops* (New York: Oxford University Press, 2020)；Hanming Fang, Quanlin Gu, Wei Xiong, and Li-An Zhou, "Demystifying the Chinese Housing Boom," NBER Working Paper No. 21112, April 2015。有關中國恆大物業二〇二一～二〇二二問題和美國雷曼兄弟二〇〇八年倒閉兩件事件比較，參見Martin Farrer and Vincent Ni, "China's Lehman Brothers Moment? Evergrande Crisis Rattles Economy," *Guardian*, September 17, 2021；以及Desmond Lachman, "Is This China's Lehman Brothers Moment?" *The Hill*, September 21, 2011。

10 參見以下資料：Dinny McMahon, *China's Great Wall of Debt: Shadow Banks, Ghost Cities, Massive Loans, and the End of the Chinese Miracle* (New York: Houghton Mifflin Harcourt, 2018)；Wojciech Maliszewski et al., "Resolving China's Corporate Debt Problem," IMF Working Paper No. 16/203, October 2016；以及Yukon Huang and Canyon Bosler, "China's Debt Dilemma: Deleveraging While Generating Growth," Carnegie Endowment for International Peace, September 2014。

11 參見以下資料：Stephen S. Roach, "Deciphering China's Economic Resilience," *Project Syndicate*, July 25, 2017；以及Barry Naughton, "Two Trains Running: Supply-Side Reform, SOE Reform and the Authoritative Personage," *China Leadership Monitor*, August 2016。

⑫ 華盛頓當局一直對中國未遵循入世承諾一事感到遺憾：參見The Broken Promises of China's WTO Accession: Reprioritizing Human Rights," Hearing Before the Congressional-Executive Commission on China, March 2017；以及Elizabeth Economy, "Trade: Parade of Broken Promises," *Democracy: A Journal of Ideas*, no. 52 (Spring 2019)。現代化理論將經濟發展和民主相掛鉤，與這個論點方向一致，以下資料為例：Seymour M. Lipset, "Some Social Requisites of Democracy: Economic Development and Political Legitimacy," *American Political Science Review* 53, no. 1 (1959)；以及Samuel P. Huntington, *The Third Wave: Democratization in the Late Twentieth Century* (Norman, OK: University of Oklahoma Press, 1961)。二〇〇八年，四個經濟學家進行了一個與眾不同的實證研究，針對經濟發展和民主的因果關係提出質疑：參見Daron Acemoglu, Simon Johnson, James A. Robinson, and Pierre Yared, "Income and Democracy," *American Economic Review* 98, no. 3 (June 2008)。

⑬ 參見Joe Renquard, "The Nixon-Mao Summit: A Week that Changed the World?" *US, Asia, and the World: 1914–2012 17*, no. 3 (Winter 2012)。

⑭ 參見"The Shanghai Communique., February 28, 1972," *Foreign Policy Bulletin 8*, no. 2 (1997)。

⑮ 季辛吉與中東及中國斡旋時模糊外交策略廣受好評。參見以下資料：Robert D. Blackwill and Philip Zelikow, "The United States, China, and Taiwan: A Strategy to Prevent War," Council on Foreign Relations, Council Special Report No. 90, February 2021；Joel Singer, "The Use of Constructive Ambiguity in Israeli-Arab Peace Negotiations," in Yoram Dinstein, ed., *Israeli Yearbook on Human Rights*, vol. 50 (Leiden and Boston: Brill Nijhoff, 2020)；以及Khaled Elgindy, "When Ambiguity Is Destructive," op-ed, *Brookings*, January 22, 2014。

⑯ 參見Henry Kissinger, *On China* (New York: Penguin Press, 2011)。

⑰ 一九七三年十一月十九日，季辛吉致信尼克森，詳述訪華任務。在信中，季辛吉形容聯絡處乃支持「更大的任務執行更大的工作，除了名義，裡裡外外都已經是大使館了。」Office of the Historian, Foreign Relations of the United States, 1969–1976, Volume XVIII, China, 1973–1976, Document No. 62。

⑱ 資料來源：世界銀行發展指標。

⑲ 參見以下資料：Nicholas R. Lardy, *Integrating China into the Global Economy* (Washington DC: Brookings Institution, 2002)；US Congress, "Normal Trade Relations for the People's Republic of China," Public Law 106-286, October 10, 2000；以及Gary C. Hufbauer and Daniel H. Rosen, "American Access to China's Market: The Congressional Vote on PNTR," International Economic Policy Briefs, Institute for International Economics, May 2000。

⑳ 參見World Trade Organization, "Protocol on the Accession of the People's Republic of China," decision of November 10, 2001。

㉑ 參見Bill Clinton, "Speech on China Trade Bill," before the Paul H. Nitze School of Advanced International Studies, Johns Hopkins University, Washington DC, March 9, 2000。

㉒ Clinton, "Speech on China Trade Bill"。

㉓ Clinton, "Speech on China Trade Bill"。

㉔ 中國完全不是世貿收到多項投訴的主要對象，在世貿一九九五年至二〇二一年的期間，針對美國的投訴有一百七十八項，另外有一百零一項則直指歐盟，遠比中國二〇〇一至二〇二一年間收到的四十九項投訴多：參見World Trade Organization Dispute Settlement Database，資料來源https://www.wto.org/english/tratop_e/dispu_e/dispu_by_country_e.htm. 另見James Bacchus, Simon Lester, and Huan Zhu, "Disciplining China's Trade Practices at the WTO," Cato Institute Policy Analysis No. 856, November 15, 2018。

㉕ 參見US Trade Representative, "2020 Report to Congress on China's

WTO Compliance," January 2021。

26 拜登政府新任美國貿易代表戴琪繼續就不公產業政策資助向中國施壓。參見David Lawder and Andrea Shalal, "U.S. Trade Chief Tai Seeks Talks with China, Won't Rule Out New Tariff Actions," Reuters, October 4, 2021。

27 參見US Department of Commerce, "U.S.-China Joint Commission on Commerce and Trade (JCCT)," 資料來源：https://2014-2017.commerce.gov/tags/us-china-joint-commission-commerce-and-trade-jcct.html。

28 參見Tiffany Barron et. al., *Engagement Revisited: Progress Made and Lessons Learned from the US-China Strategic and Economic Dialogue*, National Committee on American Foreign Policy, September 2021。

29 參見US Department of the Treasury, "U.S.-China Comprehensive Economic Dialogue: 2017"，資料來源：https://www.treasury.gov/initiatives/pages/china.aspx。

30 參見charter of the US-China Economic and Security Review Commission，資料來源：https://www.uscc.gov/charter.。

31 中國外交部一直就USCESRC反中的偏頗立場表達關切。二〇一七年，中國外交部發言人耿爽評論道：「委員會（USCESRC）在涉華問題上一貫充滿偏見。」參見Reuters staff, "China Denounces U.S. Call to Register Chinese Journalists as Agents," Reuters, November 16, 2017；以及Tom O'Connor, "China Says US Report to Congress Filled with 'Conspiracies, Pitfalls, Threats,'" *Newsweek*, December 2, 2020。這個觀點亦引起他方迴響。參見"U.S. Urged to Do More against Rising Threat of Assertive China," *Bloomberg News*, December 1, 2020；以及Government of the Hong Kong Special Administrative Region, "HKSARG Vehemently Refutes Groundless Accusations by the United States-China Economic and Security Review Commission," press release, December 2, 2020。

32 參見US-China Economic and Security Review Commission, *2020 Report to Congress*, Washington DC, December 2020。二〇二二年，美國經濟戰略研究所創始人及主席普雷斯托維茲（Clyde Prestowitz）向USCESRC提交證言，提出蘋果公司行政總裁庫克（Tim Cook）和橋水基金創始人暨聯任主席達利歐（Ray Dalio）二人應該註冊為外國代理人，原因為二者轄下企業反覆向中國「磕頭」，為公司爭取有利待遇。參見Clyde Prestowitz, "Testimony Before the U.S.-China Economic and Security Review Commission," April 6, 2022；另見Robert Delaney and Joshua Cartwright, "Tim Cook of Apple and Financier Ray Dalio Should Register as Foreign Agents for China, US Panel Hears," *South China Morning Post*, April 15, 2022。

33 參見Stephen S. Roach, "Chinese Rebalancing: Transitioning from the 12th to the 13th Five-Year Plan," testimony before the USCESRC, April 22, 2015；Stephen S. Roach, "A Wake-Up Call for the US and China: Stress Testing a Symbiotic Relationship," testimony before the USCESRC, February 15, 2009；以及Stephen S. Roach, "Getting China Right," testimony before the USCESRC, September 25, 2003。我每份證言後的大篇詢問都展露成員反中的偏頗立場。每次聽證會均有問答記錄，參見：https://www.uscc.gov/hearings。

34 參見China Development Forum website for meeting agendas from 2000 to 2021，資料來源：https://www.cdf.org.cn/cdf2021/index.jhtml。

35 除了二〇〇〇年缺席中國發展高級論壇首次會議之外，我自二〇〇一年起出席之後CDF每一次會議，並有發表，包括二〇二一年線上出席和二〇二二年因疫情取消後增開的網路研討會；二〇一七至二〇二〇年間，川普政府並沒有派出任何高層官員出席會議。

36 參見https://english.boaoforum.org/；https://www.weforum.org/about/new-champions；http://english.cciee.org.cn/；http://www.ciids.cn/node_64908.htm；以及http://new.cf40.org.cn/index_en.php。

㊲ 雖然二軌對話是外交常見輔助手段，二〇〇九年十月北京第一次才舉行高層次二軌對話，中方代表有溫家寶總理，而美方則有季辛吉、舒爾茨（George Schultz）、魯賓（Robert Rubin）、和佩里（William Perry）：我過往也參加過數次二軌對話，並且與美中關係全國委員會贊助的對話長期合作。同見Charles Homans, "Track II Diplomacy: A Short History," *Foreign Policy*, June 20, 2011：Jennifer Staats, "A Primer on Multi-Track Diplomacy: How Does It Work?" United States Institute of Peace, July 31, 2019：以及Jiao Liu, "China-US Track Two Diplomacy Injecting Huge Positive Energy," China Daily, November 7, 2018。

㊳ 參見Henry Kissinger, *On China* (New York: Penguin Books, 2011)：另見"Kisn singer among Featured Speakers at Johnson Center's First Annual Conference," *Yale News*, April 1, 2012。

㊴ 一九七三年美中關係熱線絆腳點早前在美國外交檔案中也有提及過。參見Office of the Historian, *Foreign Relations of the United States, 1969–1976*, Volume XVIII, China, 1973–1976, Document No. 55：以及Kazushi Minami, "Re-examining the End of Mao's Revolution: China's Changing Statecraft and Sino-American Relations, 1973–1978," *Cold War History 16*, no. 4 (2016)。

㊵ 在早期研究中，陳教授暗示過毛澤東對一九七〇年代美中談判起動搖影響：參見Chen Jian, *Mao's China and the Cold War* (Chapel Hill: University of North Carolina Press, 2001)。陳教授後來為周恩來作傳，引用近期釋出的中國檔案。陳也在二〇一二年耶魯會議上討論過相關資料，顯然核實了他早前的推斷。

㊶ 特此感謝耶魯大學前任校長萊文（Richard Levin），證實二〇一二年耶魯研討會中這段話。

㊷ 參見Matt Bevan, "Xi Jinping discussed the Thucydides Trap with Malcolm Turnbull, Revealing His View of the World Today," ABC News Australia, July 5, 2021："China Generals Urge More Spending for U.S. Conflict 'Trap,'" *Bloomberg News*, March 8, 2021：Michael Crowley, "Why the White House Is Reading Greek History," *Politico Magazine*, June 21, 2017：以及Ministry of Foreign Affairs of the People's Republic of China, "Transcript of Ambassador Cui Tiankai's Dialogue with Professor Graham Allison at the Annual Conference of the Institute for China-American Studies," Washington DC, December 5, 2020。

㊸ 參見Intergovernmental Panel on Climate Change, *Climate Change 2021: The Physical Science Basis*, Contribution of Working Group I to the Sixth Assessment Report of the IPCC (Cambridge: Cambridge University Press, August 2021)。

㊹ 參見Our World in Data, "Coronavirus (Covid-19) Vaccinations"，資料來源：http://new.cf40.org.cn/index_en.php。

㊺ 參見Peter J. Hotez, *Preventing the Next Pandemic: Vaccine Diplomacy in a Time of Anti-science* (Baltimore, MD: Johns Hopkins University Press, 2021)：以及Gina Kolata, "Fauci Wants to Make Vaccines for the Next Pandemic Before It Hits," *New York Times*, July 25, 2021。

㊻ 參見Matt Warren, "Ransomware: A Global Problem," *RMIT Australia*, July 5, 2021：以及Enrique Dans, "Ransomware Is a Global Threat That Requires a Coordinated Global Response," *Forbes*, August 5, 2021。

㊼ 參見Derek Kortepeter, "Shipping Giant COSCO Brutalized by Ransomware Attack," *TechGenix*, August 3, 2018："The Latest: 29,000 Chinese Institutions Hit by Cyberattack," Associated Press, May 15, 2017：以及Naveen Goud, "Over 20K Chinese PCs Infected with a New Ransomware Variant," *Cybersecurity Insiders*, December 2016。

㊽ 參見Joseph R. Biden, "Paris Climate Agreement," White House Briefing Room, January 20, 2021。

㊾ 參見US Department of State, Leaders' Summit on Climate, https://www.state.gov/leaders-summit-on-climate/：另見UN Climate Change

Conference (COP26): UK 2021, https://ukcop26.org/。

50 參見Chris Buckley, "China Opened a National Carbon Market. Here's Why It Matters," *New York Times*, July 16, 2021；另見Bianca Nogardy, "China Launches World's Largest Carbon Market: But Is It Ambitious Enough?" *Nature*, July 29, 2021。

51 US Department of State, "U.S.-China Joint Statement Addressing the Climate Crisis," Media Note, Office of the Spokesperson, April 17, 2021.

52 凱瑞曾表態認為COP26是美中領導在處理全球氣候變化的一個重要起點，在格拉斯哥會議後也繼續推動美中合作。參見Steven Mufson, Brady Dennis, and Michael Birnbaum, "Beyond Glasgow, Kerry Pushes to Close Emission Gaps," *Washington Post*, December 30, 2021；另見Tripti Lahiri, "An Old Friendship Is Behind the Surprise US-China COP26 Announcement," *Quartz*, November 11, 2021。與此同時，初步資料顯示，二〇二一年溫室氣體排放量出現驚人急勢，令COP26的目標更加遙遠駭人；參見Alfredo Rivera, Kate Larsen, Hannah Pitt, and Shweta Movalia, "Preliminary US Greenhouse Emissions Estimates for 2021," Rhodium Group Note, January 10, 2022。有關二〇二二年初能源價格因戰飆升，導致煤炭需求大增的意見，參見Darrell Proctor, "Coal Use Rises, Prices Soar as War Impacts Energy Markets," *Power*, March 8, 2022；以及Ajit Niranjan, "Russia-Ukraine War Risks Greater Carbon Pollution Despite Boost to Clean Energy," DW Akademie (Germany), March 15, 2022。

53 參見White House Briefing Room, "Statement by President Joe Biden on the Investigations into the Origins of COVID-19," May 26, 2021。

54 參見Office of the Director of National Intelligence, "Unclassified Summary of Assessment on COVID-19 Origins," Intelligence Community Assessment, August 27, 2021，資料來源：https://www.dni.gov/index.php/newsroom/reports-publications/reports-publications-2021/item/2236-unclassified-summary-of-assessment-on-covid-19-origins；Michael Worobey, Joshua I. Levy, Lorena M. Malpica Serrano, et al., "The Huanan Market Was the Epicenter of SARS-Cov-2 Emergence," *Zenodo*, February 26, 2022，資料來源：https://doi.org/10.5281/zenodo.6299116；以及Jonathan E. Pekar, Andrew Magee, Edyth Parjer, et al.,"SARS-CoV-2 Emergence Very Likely Resulted from Two Zoonotic Events," *Zenodo*, February 26, 2022, https://doi.org/10.5281/zenodo.6291628。

55 參見White House Briefing Room, "Statement by President Joe Biden on the Investigations into the Origins of COVID-19," August 27, 2021，資料來源：https://www.whitehouse.gov/briefing-room/statements-releases/2021/08/27/statement-by-president-joe-biden-on-the-investigation-into-the-origins-of-covid-%E2%81%A019/。

56 參見White House Briefing Room, "Statement by President Joe Biden on the Investigations into the Origins of COVID-19," May 26, 2021。

57 參見Chao Deng, "China Rejects WHO Proposal for Second Phase of Covid-19 Origins Probe," *Wall Street Journal*, July 22, 2021。

58 參見Raymond Zhong, Paul Mozur, and Aaron Krolik, "No 'Negative' News: How China Censored the Coronavirus," *New York Times*, January 13, 2021。

59 參見Embassy of the PRC in the United States of America, "Statement by the Chinese Embassy in the United States on the 'COVID-19 Origin-Tracing' Report of the U.S. Side," August 27, 2021；另見Ministry of Foreign Affairs of the PRC, "Remarks by Ambassador Chen Xiaodong at Press Briefing on COVID-19 Origin-Tracing," Chinese Embassy in South Africa, August 30, 2021。

60 參見White House Briefing Room, "Background Press Call by Senior Administration Officials on Malicious Cyber Activity Attributable to the People's Republic of China," July 19, 2021；另見Zolan Kanno-Youngs

and David E. Sanger, "U.S. Accuses China of Hacking Microsoft," *New York Times*, July 19, 2021。

61 參見Office of the Secretary of Defense, *Military and Security Developments Involving the People's Republic of China: 2020*, Annual Report to Congress, Washington DC, September 2020；以及Office of the Attorney General, "U.S. Charges Five Chinese Military Hackers for Cyber Espionage against U.S. Corporations and a Labor Organization for Commercial Advantage," Office of Public Affairs, Department of Justice, May 19, 2014。美國新聞報導強調「行動只是為了宣傳好看，卻無法阻嚇駭客」；另見Jaikumar Vijayan, "Hacker Indictments against China's Military Unlikely to Change Anything," Computerworld, May 19, 2014。二〇一四年尚未提控的刑事控罪乃首次向一個國家就此行為提告，司法部在二〇二一年七月再作跟進，起訴另外四名中國國民環球網路入侵，攻擊美國及全球多所企業、大學，及政府機構。參見Office of the Attorney General, "Four Chinese Nationals Working with the Ministry of State Security Charged with Global Computer Intrusion Campaign Targeting Intellectual Property and Confidential Business Information, Including Infectious Disease Research," Office of Public Affairs, Department of Justice, July 19, 2021；另見Katie Benner, "U.S. Accuses Chinese Officials of Running Data Theft Ring," *New York Times*, July 19, 2021。

62 參見Teddy Ng and Echo Xie, "China Confirms Xi Jinping Will Attend Biden's Earth Day Climate Summit," *South China Morning Post*, April 21, 2021. 習近平也沒有參與二〇二一年十月格拉斯哥COP26全球氣候會議，自新冠疫情爆發起從未離開過中國。

63 參見以下資料：Ma Jun, *The Economics of Air Pollution in China: Achieving Better and Cleaner Growth* (New York: Columbia University Press, 2017)；Angang Hu and Qingyou Guan, *China: Tackle the Challenge of Global Climate Change* (China Perspectives) (New York and Beijing: Routledge and Tsinghua University Press, 2017)；以及Weiguang Wang and Guoguang Zheng, eds., *China's Climate Change Policies* (New York: Routledge, 2012)。

64 參見Stephen Roach, "Time for the U.S. and China to Collaborate, Not Complain," *Bloomberg Opinion*, March 30, 2020。

65 中國承諾為全球提供疫苗的規模（二〇二一年提供二百億劑）遠超美國計畫發放的數量（一百二十億劑，當中超過四千萬劑當在二〇二二年二月前送往一百一十二個國家）；然而，就兩種疫苗的相對效用仍有不少重要考量，尤其涉及應對傳染力極強的Omicron變種病毒。參見以下資料：White House Briefing Room, "FACT SHEET: The Biden Administration's Commitment to Global Health," February 2, 2022；Liu Zhen, "Xi Jinping Says China Promises 2 Billion Covid-19 Vaccine Doses to Other Countries in 2021," *South China Morning Post*, August 6, 2021；以及Smriti Mallapaty, "China's COVID Vaccines Are Going Global—But Questions Remain," *Nature*, May 12, 2021。

66 參見Sam Meredith, "Dr. Fauci Says U.S. Will Remain a WHO Member and Join Global Covid Vaccine Plan," CNBC, January 21, 2021。

67 有關中國處理大流行病在領導環球公共衛生中角色的意見，參見Yanzhong Huang, "The COVID-19 Pandemic and China's Global Health Leadership," Council on Foreign Relations, Council Special Report No. 92, January 2022；關於美中在新冠疫情的合作可能，參見Stephen Roach, "Time for the U.S. and China to Collaborate, Not Complain," *Bloomberg Opinion*, March 30, 2020。

68 中國二〇〇一年爆發非典型肺炎（SARS），二〇〇二年設立疾病預防控制中心。在體制上，疾控中心屬於中國國家衛生健康委員會。美國疾病管制與預防中心則是在一九四六年設立，而全球最大型生物醫學研究機構國家衛生院則是在一八八七年建立。在體制上，兩所機構都屬於美國衛生及公共服務部。參見 "U.S.-China Dialogue on Global Health," Background Report of the Georgetown University Institute for US China Dialogue, April 2017。

㊉ 參見Stephen Orlins, "How Joe Biden's America and China Can Turn the Page on a Rocky Relationship," South China Morning Post, January 14, 2021，作為一例。

㊀ 放寬非政府機構活動的顯著例子或許包括：減少向美國當地中孔子學院施壓，和寬鬆處理中國當地美國律師協會現已暫停的活動。參見以下資料：Jessica Batke, "The New Normal' for Foreign NGOs in 2020," ChinaFile, The China NGO Project, January 3, 2020；Elizabeth Knup, "The Role of American NGOs and Civil Society Actors in an Evolving US-China Relationship," Carter Center China Program, 2019；以及Yawei Liu, Susan Thornton, and Robert A. Kapp, "Finding Firmer Ground: The Role of Civil Society and NGOs in US.-China Relations," A Report on US-China Relations Produced by the Carter Center, 2021。就美國清單上的中資企業，參見"How the Delisting of Chinese Firms on American Exchanges Might Play Out," Buttonwood's Notebook, The Economist, August 14, 2021；Paul Kiernan, "SEC to Set New Disclosure Requirements for Chinese Company IPOs," Wall Street Journal, July 30, 2021；以及Keith Zhai, "China Plans to Ban U.S. IPOs for Data-Heavy Tech Firms," Wall Street Journal, August 27, 2021。關於美國外資投資委員會的擴充，參見Alan Rappeport, "U.S. Outlines Plans to Scrutinize Chinese and Other Foreign Investment," New York Times, September 17, 2019。關於「實體清單」引起的黑名單問題，參見Eversheds Sutherland LLP, "US Maximizes Sanctions Pressure on China with 'Entity Listing' of 59 Chinese Entities," JD Supra, December 22, 2020。

第十四章 通往相互依賴之路 A Path to Interdependency

❶ 資料來源：美國商務部經濟分析局。

❷ 參見The Conference Board, "The China Trade Challenge: Phase II," Solution Briefs, July 2020。

❸ 彼得森國際經濟研究所經濟學家鮑恩 (Chad P. Bown) 密切監督了第一階段的合規情況。參見Chad P. Bown, "US-China Phase One Tracker: China's Purchases of US Goods," Peterson Institute for International Economics, March 11, 2022。鮑恩曾就美中貿易協定的徹底失敗作一回顧。讀來相當精彩。參見Chad P. Bown, "China Bought None of the Extra $200 Billion of US Exports in Trump's Trade Deal," Peterson Institute for International Economics, March 8, 2022。美國貿易代表戴琪多次公開聲明中國在第一階段違規。應負責任。參見David Lawler, "U.S. Trade Chief Tai Says Getting 'Traction' with China in 'Phase I' Deal Talks," Reuters, November 10, 2021；另見"Testimony of Ambassador Katherine Tai Before the House Ways & Means Committee on the President's 2022 Trade Policy Agenda," March 30, 2022。資料來源：https://ustr.gov/about-us/policy-offices/press-office/speeches-and-remarks/2022/march/testimony-ambassador-katherine-tai-house-ways-means-committee-hearing-presidents-2022-trade-policy。

❹ 參見Chad P. Bown, "US-China Trade War Tariffs," Peterson Institute for International Economics, March 26, 2021；另見Erica York, "Tracking the Economic Impact of U.S. Tariffs and Retaliatory Actions," Tax Foundation Tariff Tracker, September 18, 2020。

❺ 據估計，高達六百五十億美元的「關稅」將因美國和中國關稅全面降至二〇一八年一月的水準而消除，計算如下：美國對約六六％的中國進口商品關稅率一度從二〇一八年一月的三．一％提高到二〇二一年一月的一九．三％；取消一六．二％的關稅上調，相當於每年節省約五百四十億美元。中國對五八％的美國出口產品實施的關稅上調一二．七％（從二〇一八年一

月的八％升至二〇二一年一月的二〇・七％），一旦回落，每年約節省一百一十億美元。五百四十億美元美國關稅和一百一十億美元中國關稅的總和，就是美國和中國的關稅削減所致的節省總量，合共六百五十億美元。資料來源：筆者的計算基於鮑恩在彼得森國際經濟研究所的研究（二〇二一年十月）及美國商務部經濟分析局的數據。

6 參見以下資料：David Wessel, "How Worried Should You Be about the Federal Deficit and Debt?" Brookings Voter Vitals, July 8, 2020；Douglas W. Elmendorf, "Why We Should Not Reduce Budget Deficits Now," Princeton University, Princeton, NJ, February 22, 2020（會議論文）；以及Desmond Lachman, "With Low Interest Rates, Should We Really Ignore Budget Deficits?" American Enterprise Institute, June 8, 2020。

7 參見Stephen S. Roach, "The Fed Must Think Creatively Again," *Project Syndicate*, November。

8 參見"Pelosi-Schumer Remarks at Press Conference on Trump FY2021 Budget," February 11, 2020，資料來源：https://www.speaker.gov/newsroom/21120-0；以及Mitch McConnell, "President Biden's Budget 'Would Drown American Families in Debt, Deficits, and Inflation,'" May 28, 2021（新聞發布），資料來源：https://www.republicanleader.senate.gov/newsroom/press-releases/mcconnell-president。

9 關於儲蓄政策的批評，通常是在有關美國巨額預算赤字之影響的辯論中提出。這種辯論歷史已久。諾貝爾經濟學獎得主克魯格曼（Paul Krugman）素來批評所謂的「赤字怪責」，認為這是一種錯誤的方向；他是最高調批評美國赤字政策的學者之一。其早期評論，可參見Paul Krugman, "What the Deficit Scolds Won't Say about the Fiscal Cliff," *Akron Beacon Journal*, November 13, 2012。另見Jason Furman and Lawrence H. Summers, "Who's Afraid of Budget Deficits?" *Foreign Affairs*, March/April 2019；以及James McBride and Andrew Chatzky, "The U.S. Trade Deficit: How Much Does It Matter?" Council on Foreign Relations Backgrounder, March 8, 2019。美國對赤字和儲蓄問題的否認態度，已捲入了最近關於「現代貨幣理論」的辯論，參見Stephanie Kelton, *The Deficit Myth: Modern Monetary Theory and the Birth of the People's Economy* (New York: Public Affairs, 2020)。

10 「另類事實」是由前總統川普的顧問康威（Kellyanne Conway）首先創用的熱詞，旋即成為川普政府及共和黨派的行動指引。參見Aaron Blake, "Kellyanne Conway's Legacy: The 'Alternative Facts'-ification of the GOP," *Washington Post*, August 24, 2020。

11 參見以下資料：Jyh-An Lee, "Forced Technology Transfer in the Case of China," *Journal of Science & Technology Law* 6, no. 2 (August 2020)；Anton Malkin, "Beyond 'Forced' Technology Transfers: Analysis of and Recommendations on Intangible Economy Governance in China," Center for International Governance Innovation, CIGI Papers No. 239, March 2020；Julia Ya Qin, "Forced Technology Transfer and the US-China Trade War: Implications for International Economic Law," *Journal of International Economic Law* 22, no. 4 (December 2019)。

12 如第四章所述，還有一個完全合法的技術轉讓中介機制，容許外國公司透過支付許可費和特許權使用費，合法獲得外國智慧財產權；美國和中國在內的大多數國家都在正常商業過程中以此合法形式進行技術轉讓。值得注意的是，儘管近年中國為使用外國智慧財產權所支付的費用大幅增加，但數額仍遠遠不及愛爾蘭、荷蘭，還有（是的，沒錯）美國。那些將中國妖魔化為貿易戰之罪魁禍首的言論往往忽略中國所行的合法技術轉讓。參見Nicholas R. Lardy, "China: Forced Technology Transfer and Theft?" China Economic Watch (blog), Peterson Institute for International Economics, April 29, 2018。

13 參見Rappeport, “U.S. Outlines Plans to Scrutinize Chinese and Other Foreign Investment”。

14 參見以下資料：Nicolas F. Runnels, “Securing Liberalization: China’s New Foreign Investment Law,” *Journal of International Law and Politics*, December 6, 2020；Jia Sheng, Chunbin Xu, and Wenjun Cai, “Implementing China’s New Foreign Investment Law,” *Emerging Trends, Pillsbury Law*, July 2020；Maurits Elen, “What’s Missing in China’s Foreign Investment Law?” *The Diplomat*, January 22, 2020（訪問稿）；以及Yawen Zheng, “China’s New Foreign Investment Law and Its Contribution towards the Country’s Development Goals,” *Journal of World Investment and Trade* 22, no. 3 (June 2021)。另見US Department of State, “2021 Investment Climate Statements: China”，資料來源：https://www.state.gov/reports/2021-investment-climate-statements/china/。

15 拜登政府承諾重審美國對中貿易政策，但再三延宕。二〇二一年夏天，人們顯然已越來越不耐煩；也有跡象表明，美國將針對中國產業政策和國有企業補貼而採取新行動。參見Gavin Bade, “‘Lay Out the Strategy’: Corporate America Grows Impatient on Biden’s China Trade Review,” Politico, August 16, 2021；以及Bob Davis and Lingling Wei, “Biden Administration Takes Aim at China’s Industrial Subsidies,” *Wall Street Journal*, September 11, 2021。

16 參見以下資料：Petros C. Mavroidis and Andre Sapir, “China and the WTO: An Uneasy Re-lationship,” VoxEU, April 29, 2021；Romi Jain, “China’s Compliance with the WTO: A Critical Examination,” *Indian Journal of Asian Affairs* 29, no. 1/2 (June–December, 2016)；以及US Trade Representative, “2020 Report to Congress on China’s WTO Compliance,” January 2021。

17 參見Todd Allee and Clint Peinhardt, “Evaluating Three Explanations for the De-sign of Bilateral Investment Treaties,” *World Politics* 66, no. 1 (January 2014)。

18 美國曾與玻利維亞和厄瓜多爾簽署雙邊投資協定，隨後被終止；另有六個雙邊投資協定，分別與白俄羅斯、薩爾瓦多、海地、尼加拉瓜、俄羅斯和烏茲別克斯坦簽署，但尚未批准生效。資料來源：https://www.state.gov/investment-affairs/bilateral-investment-treaties-and-related-agreements/united-states-bilateral-investment-treaties/。

19 參見Michael Froman, “Trump Needs a Comprehensive Trade Deal with China. Luckily, He Has This to Build On,” *WorldPost*, February 4, 2019。

20 資料來源：美國貿易代表署網頁的雙邊投資協定（BIT）頁面，https://ustr.gov/trade-agreements /bilateral-investment-treaties。

21 二〇一二年美國雙邊投資協定範本，參見：https://www.state.gov/investment-affairs/bilateral-investment-treaties-and-related-agreements/。

22 資料來源：美國貿易代表署網頁的雙邊投資協定（BIT）頁面，https://ustr.gov/trade-agreements /bilateral-investment-treaties。

23 參見以下資料：Peter Carberry, “China’s Fourth Model Bilateral Investment Treaty,” European Guanxi, November 15, 2020；Arendse Huld, “China BITs: How to Use Investment Agreements,” *China Briefing*, Dezan, Shira & Associates, August 17, 2021，https://www.china-briefing.com/news/china-bits-how-to-use-bilateral_investment-treaties/；以及https://tcc.export.gov/Trade_Agreements/Bilateral_Investment_Treaties/index.asp。

24 參見Huld, “China BITs”。

25 例如，在一九八一年啟動的美國方案之下的第一個雙邊投資協定，乃在美國與埃及之間簽定，協定含有保護埃及外匯儲備的特別規定，還有一個很長的「負面清單」，列明受排除的產業，特別是分銷領域（即批發、零售和進出口活動）的產業，也包括投資銀行、商業銀行和再保險公司。美國與波蘭的雙邊投資協定更有所拓展，包括一些考慮到「東歐不同景觀」的重大修改：這也是美國首次延伸至發展中國家以外國家的雙邊投資協定，特名為「商業和經濟關係條約」。參見以下條約及簽定日期：“Egypt Bilateral Investment Treaty,” Senate Treaty Doc. 99–24, March 11, 1986（此為修訂本）：“Argentina Bilateral Investment Treaty,” Senate Treaty Doc. 103–1, November 14, 1991：“Poland Business and Economic Relations Treaty,” Senate Treaty Doc. 101–18, March 21, 1990：“Turkey Bilateral Investment Treaty,” Senate Treaty Doc. 99–19, December 3, 1985：“Uruguay Bilateral Investment Treaty,” Senate Treaty Doc. 109–9, November 4, 2005：以及“Rwanda Bilateral Investment Treaty,” Senate Treaty Doc. 110–23, February 19, 2008。各協定全文可於美國貿易代表署網頁查閱：https://tcc.export.gov/Trade_Agreements/Bilateral_Investment _Treaties/index.asp。

㉖ 參見Gisela Grieger, “EU-China Comprehensive Agreement on Investment: Level-ling the Playing Field with China,” Briefing, European Parliament, March 2021：Alicia Garcia-Herrero, “The EU-China Investment Deal May Be Anachronic in a Bifurcating World,” China-US Focus, March 2021：以及Weinian Hu, “The EU-China Comprehensive Agreement on Investment,” *CEPS Policy Insight*, May 2021。

㉗ 參見Alexander Chipman Koty, “European Parliament Votes to Freeze the EU-China Comprehensive Agreement on Investment,” *China Briefing*, Dezan, Shira & Associates, May 27, 2021：以及“China's Embrace of Sanctions Costs It an In-vestment Deal with the EU,” *Bloomberg News*, May 20, 2021。

㉘ 參見Jonathan T. Stoel and Michael Jacobson, “U.S. Free Trade Agreements and Bi-lateral Investment Treaties: How Does Ratification Differ?” *Kluwer Arbitration Blog*, Wolters Kluwer, October 28, 2014：以及Jane M. Smith, Daniel T. Shedd, and Bran-don J. Murrill, “Why Certain Trade Agreements Are Approved as Congressional-Executive Agreements Rather than Treaties,” Congressional Research Service, April 15, 2013.

㉙ 一九九三年十一月，《北美自由貿易協定》在眾議院以二百三十四票對二百票獲得通過，在參議院以六十一票對三十八票獲得通過，略低於參議院的三分之二多數；美國—墨西哥—加拿大協議（美國管理認證協會）在二〇一九年以三百八十五票對四十一票在眾議院通過，在二〇二〇年在參議院以八十九票對十票通過。資料來源：美國眾議院執事記錄，https://clerk.house.gov/Votes：以及美國參議院記錄，“Legislation and Records”，https://www.senate.gov/legislative/votes_new.htm。

㉚ 有關國際祕書處的文獻顯示，這些組織具有五項關鍵職能：服務、交流、整合、談判和維護集體良知。參見Anne Winslow, “Functions of an International Secretariat,” *Public Administration Review* 30, no. 3 (May–June 1970)：另見Charles Winchmore, “The Secretariat: Retrospect and Prospect,” International Organization 19, no. 3 (Summer 1965)。

㉛ 二〇〇九至二〇一二年在美國財政部擔任中國與戰略與經濟對話高級協調員的駱文格（David Loevinger）曾帶領一個由五名專家組成的駐華盛頓專責團隊，負責每年戰略與經濟對話的準備工作。筆者在二〇二一年九月曾與駱文格電郵通信，得知隨著年度戰略與經濟政策會議的臨近，團隊規模曾擴至「數百人之多，美國駐北京大使館大多數部門都有派員加入，也有來自所有相關機構（包括美國國務院和白宮國家安全委員會）的先遣小組」。駱文格同意筆者的說法，認為「年度或半年一度的大型會議其實是我們涉外工作中最不重要的部分」。他強調，美國財政部與中國大部分官方機構的交涉，主要是少數的美國和中國高層官員之間持續進行的工作。

㉜ 參見Stephen Roach, “Time for the U.S. and China to Collaborate, Not

Complain," Bloomberg Opinion, March 30, 2020。

33 美國堅持要世貿組織進行改革，以致二〇一八年以來世貿對上訴法官的任命屢屢受阻，爭端機制也難以得到改良。雖然如此，世貿仍以擁有「世界上最活躍的國際爭端解決機制之一」而自豪。自一九九五年成立以來，世貿已作出三百五十多項裁決，解決約六百零六項爭端。資料來源：https://www.wto.org/english/tratop_e/dispu_e/dispu_e.htm。另參見Jeongho Nam, "Model BIT: An Ideal Prototype or a Tool for Efficient Breach?" *Georgetown Journal of International Law* 48, no. 4 (Summer 2017)。

視野97

意外的衝突

美中「冷戰2.0」，全球地緣政治衝突下的明天

Accidental Conflict: America, China and the Clash of False Narratives

作　　者：史蒂芬·羅奇（Stephen Roach）
譯　　者：葉家興、葉嘉
責任編輯：王彥萍
校　　對：王彥萍、唐維信
封面設計：許晉維
版型設計：王惠葶
排　　版：王惠葶
寶鼎行銷顧問：劉邦寧

發 行 人：洪祺祥
副總經理：洪偉傑
副總編輯：王彥萍
法律顧問：建大法律事務所
財務顧問：高威會計師事務所
出　　版：日月文化出版股份有限公司
製　　作：寶鼎出版
地　　址：台北市信義路三段151號8樓
電　　話：(02)2708-5509／傳　　真：(02)2708-6157
客服信箱：service@heliopolis.com.tw
網　　址：www.heliopolis.com.tw
郵撥帳號：19716071 日月文化出版股份有限公司

總 經 銷：聯合發行股份有限公司
電　　話：(02)2917-8022／傳　　真：(02)2915-7212
製版印刷：中原造像股份有限公司
初　　版：2024年04月
定　　價：550元
I S B N：978-626-7405-41-3

國家圖書館出版品預行編目資料

意外的衝突：美中「冷戰2.0」，全球地緣政治衝突下的明天／史蒂芬·羅奇（Stephen Roach）著；葉家興、葉嘉譯 -- 初版. -- 臺北市：日月文化出版股份有限公司, 2024.04
472面；14.7×21公分. --（視野；97）

譯自：Accidental Conflict: America, China and the Clash of False Narratives
ISBN 978-626-7405-41-3（平裝）

1. CST：中美關係　2. CST：國際關係
3. CST：地緣政

578.52　　113002104

日月文化集團
HELIOPOLIS
CULTURE GROUP
客服專線 02-2708-5509
客服傳真 02-2708-6157
客服信箱 service@heliopolis.com.tw

廣告回函
台灣北區郵政管理局登記證
北台字第 000370 號
免貼郵票

日月文化集團 讀者服務部 收

10658 台北市信義路三段151號8樓

對折黏貼後，即可直接郵寄

日月文化網址：**www.heliopolis.com.tw**

最新消息、活動，請參考 FB 粉絲團

大量訂購，另有折扣優惠，請洽客服中心（詳見本頁上方所示連絡方式）。

大好書屋　寶鼎出版　山岳文化

EZ TALK　EZ Japan　EZ Korea

大好書屋・寶鼎出版・山岳文化・洪圖出版　EZ叢書館　EZKorea　EZTALK　EZJapan

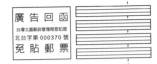

日月文化集團
HELIOPOLIS
CULTURE GROUP

感謝您購買 **意外的衝突** 美中「冷戰2.0」，全球地緣政治衝突下的明天

為提供完整服務與快速資訊，請詳細填寫以下資料，傳真至02-2708-6157或免貼郵票寄回，我們將不定期提供您最新資訊及最新優惠。

1. 姓名：＿＿＿＿＿＿ 性別：□男 □女
2. 生日：＿＿＿年＿＿＿月＿＿＿日 職業：
3. 電話：（請務必填寫一種聯絡方式）
   （日）＿＿＿＿＿（夜）＿＿＿＿＿（手機）＿＿＿＿＿
4. 地址：□□□＿＿＿＿＿＿
5. 電子信箱：＿＿＿＿＿＿
6. 您從何處購買此書？□＿＿＿＿縣/市＿＿＿＿書店/量販超商
   □＿＿＿＿網路書店 □書展 □郵購 □其他
7. 您何時購買此書？ 年 月 日
8. 您購買此書的原因：（可複選）
   □對書的主題有興趣 □作者 □出版社 □工作所需 □生活所需
   □資訊豐富 □價格合理（若不合理，您覺得合理價格應為＿＿＿＿）
   □封面/版面編排 □其他＿＿＿＿＿＿
9. 您從何處得知這本書的消息： □書店 □網路／電子報 □量販超商 □報紙
   □雜誌 □廣播 □電視 □他人推薦 □其他
10. 您對本書的評價：（1.非常滿意 2.滿意 3.普通 4.不滿意 5.非常不滿意）
    書名＿＿＿ 內容＿＿＿ 封面設計＿＿＿ 版面編排＿＿＿ 文/譯筆＿＿＿
11. 您通常以何種方式購書？□書店 □網路 □傳真訂購 □郵政劃撥 □其他
12. 您最喜歡在何處買書？
    □＿＿＿＿縣/市＿＿＿＿書店/量販超商 □網路書店
13. 您希望我們未來出版何種主題的書？＿＿＿＿＿＿
14. 您認為本書還須改進的地方？提供我們的建議？

視

野

寶鼎出版

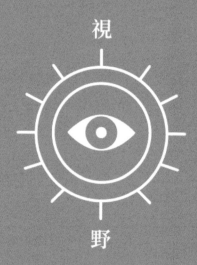

視

野

寶鼎出版

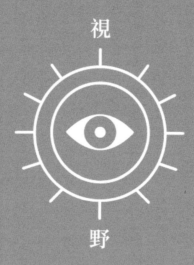